世界历史有一套

- 白金版 -

罗马帝国

霸主养成记

ROME

杨白劳

——作品

中国出版集团 现代出版社

图书在版编目（CIP）数据

罗马帝国：霸主养成记 / 杨白劳著 . — 北京：现代出版社，2020.10
（世界历史有一套）
ISBN 978-7-5143-8824-4

Ⅰ . ①罗… Ⅱ . ①杨… Ⅲ . ①罗马帝国—历史—通俗读物 Ⅳ . ① K126-49

中国版本图书馆 CIP 数据核字（2020）第 160969 号

罗马帝国：霸主养成记（世界历史有一套）

作　　者：杨白劳
责任编辑：张　霆　姚冬霞
出版发行：现代出版社
通信地址：北京市安定门外安华里 504 号
邮政编码：100011
电　　话：010-64267325　010-64245264（兼传真）
网　　址：www.1980xd.com
电子信箱：xiandai@vip.sina.com
印　　刷：固安兰星球彩色印刷有限公司

开　　本：710mm×1000mm　1/16
印　　张：25　　字　　数：370 千字
版　　次：2020 年 10 月第 1 版　　印　　次：2023 年 12 月第 3 次印刷
书　　号：ISBN 978-7-5143-8824-4
定　　价：52.00 元

目　录

东罗马（拜占庭）

起 源 篇

一 “浪漫”的爱琴海

公元前1800年的一个早上，米诺斯国王像往常一样推开了窗，宫殿依山而建，国王的寝宫每一扇窗户都能看见大海，丝缕咸腥气味随着海风弥漫。这是米诺斯最熟悉的气息，他深呼吸了几次，这气息提醒着，他管理着一个美丽富饶的岛国。珍珠一般美丽的小岛啊，海洋在阳光下蓝得纯粹，蓝得透彻，近岸的浅蓝一直到远处湛蓝，没有一丝波纹，各种蓝色在视线中安静过渡，一直到极远处，汇入天空，如果不是偶尔驶来的白帆和那些晨早觅食的海鸟，海天浑然一体，你会觉得这海水是从天空倾泻下来的。

白帆在晨光中摇曳，通体被阳光镀成浅金色，挂着各种各样奇怪的标志，米诺斯国王一眼就可以分辨出哪些船来自海上哪些岛国，他们向自己称臣纳贡，还有些来自西亚和非洲的商船。现在，又是岛上橄榄丰收的季节了，扁圆的绿色小果经过萃炼变成黄金般珍贵的液体，带着奇异的浓香和神赐的光泽。还有那些低矮的小葡萄，酿酒师的魔术般的工作，把它们变成像紫罗兰汁液一样魅惑的琼浆。来来往往的商船，都是带着自家的奇珍异宝来岛上交换特有的橄榄油和葡萄酒。街上有各种打扮的商人、琳琅的物品，穿梭的人群忙碌而安逸，来自西亚和埃及的工艺师傅，上了岸就不愿离去，留在岛上定居，随时享受天堂般的海风和阳光。岛上修建了各种宫殿，纷繁复杂，美轮美奂，都是各地技师的手艺，技师们国家的特色与海岛特色糅合统一，点缀在一片纯蓝中，与自然之美相比毫不逊色。这真是一个蒙宙斯喜悦的国度，天神的光辉普照岛上的生灵，生机勃勃，明亮纯净！

想到宫殿，米诺斯国王突然一点好心情都没有了，不远处的山坡上，有一座精致绝伦的宫殿，是岛上最聪明的人代达罗斯特意为国王设计建造的，国王相信代达罗斯肯定是将他的天才发挥到了极致，那宫殿的华美也达到极致，可是国王却绝对不会进去参观。

这是米诺斯国王一生中最伤心的事之一。自己一直蒙天神庇佑，祥和平安，即使海神波塞冬出了名的坏脾气，可对米诺斯王国的海域一向照顾有加，海面上永远风平浪静，安静得像深谷中的幽湖，照应着来往的商船货轮，让米诺斯的国度生意兴隆。大家都知道，海神的有点焦躁的病态人格，让他行事常常出人意料。这一天，他突然牵来一头牛，让米诺斯国王将这头牛杀了献祭。岛国隔三岔五地向海神献祭已经是一件最平常不过的事了，可是这一次不一样，波塞冬不知道从哪里搞来的牛，它实在太漂亮了，米诺斯想不到，世界上怎么会有这样优秀的牲畜。他越看越爱，竟然迟迟不愿动手杀掉它。波塞冬脾气多臭啊，偏激而且不好沟通，他见米诺斯竟然违抗神谕，火冒三丈，惩罚方式也有些不可理喻，他居然施法让国王美丽的皇后爱上了这头牛！神安排的爱情谁能抗拒呢？过了不久，皇后居然生下了一个人头牛身的怪物！国王看着这怪物一天天长大，想到这个错误其实是自己造成的，郁闷之余竟然没有杀它，对外宣称这怪物就是自己的儿子，为了防止它伤害别人，国王专门修了宫殿将它关在里面。这宫殿其实是个迷宫，进去就无法出来，叫米诺牛的皇子每天在迷宫里疯狂乱跑，脾气越来越凶残。恐怖的怪兽和诡异的宫殿已经是来往商人必打听的八卦内容，这个故事传到其他国家，更加恐怖了 180 倍，让所有人都感觉到，米诺斯这么富庶美丽的地方总有些让人不太舒服的阴影。

感触最深的是离米诺斯岛国不远的雅典。若干年前，米诺斯国王的独子拜访雅典国王阿吉斯，阿吉斯国王显然不懂待客之道，他听说这米诺斯的王子是个勇士，竟然委托他去杀一只为祸的大公牛，事情的结果是王子一去不回，成了公牛的美餐。能想象米诺斯的丧子之痛吗？很快他就集结大军杀向雅典，找阿吉斯这个不懂礼数的傻国王报仇。米诺斯富裕强大，雅典当时还闹瘟疫，这种仗实在没法打，阿吉斯国王直接求饶，米诺斯的退兵条件很简单，每隔 9 年，雅典向他进贡 7 对童男童女，他将这 14 个小孩儿接送进米诺牛的宫殿，听天由命吧。当然，送了好几批童男童女，没人能出来，倒是那只怪牛越吃越肥了。

最近这段时间，雅典国王阿吉斯有个失散多年又回到身边的儿子，叫提修斯，魁梧骁悍，英勇无比。眼看着又到了为米诺斯国王预备童男童女的日子了，国王整天唉声叹气，每日愁眉苦脸，在王宫里转圈。提修斯王子是个天不怕地不怕的人，从来以解救天下苍生为己任，是个极出名的英雄人物，遇上这等大事，自然不会退缩。他要求加入童男的队伍，进入米诺牛的迷宫，并将这祸害杀死。雅典国王也算是爱民如子，他答应了儿子的要求，并亲自将王子和其他小孩儿送上了扬着黑帆的海船。临走时，他拉着儿子的手约定，如果能完成任务凯旋，就将这象征死亡的黑帆涂成白色，国王会每天到海边等待这一叶白帆。

米诺斯国迎接雅典来的童男童女是个很盛大的活动，港口上的人群翘首等待，远来的黑帆带着阴冷和绝望，米诺斯国的人已经习惯看到那些哭哭啼啼的孩子们。

米诺斯的女儿，阿里阿得尼也夹在人群中，她也到了可以出门看热闹的年纪了。那些从雅典来的孩子有的比自己大，有的比自己小，每个人脸上已经被恐怖折磨得有些呆痴，阿里阿得尼心里默默地叹息，可她对这一切也无能为力。突然，那最后一个跳下船板的年轻人引起了她的注意，这是个高大健壮的青年男子，有着黑色的卷发和深色的双眸，跟其他祭品不同，他脸上没有一丝恐惧，反而带着坚毅的淡定。这个青年当然就是雅典王子提修斯。港口上嘈杂的人群中，阿里阿得尼公主也是夺目出众的，这个蜜色皮肤的姑娘，穿着柔软的亚麻长裙，全身上下散发着宝石般美丽的光芒。

微醺的海风让刚成年的公主春心萌动，在即将被送进迷宫的前一夜，公主来到了提修斯面前。绮丽的异国之恋从码头那一刹就已开始，公主让提修斯许她一个未来，王子自然毫不犹豫地答应，只要能杀掉怪兽逃生出来，就会带公主走，从此幸福地生活在一起。迷宫是代达罗斯建的，他当然有办法从里面出来，聪明的公主从他那里套出了脱身的办法。在得到提修斯的承诺后，公主交给他一卷棉线。王子一看就明白了。

第二天，王子将棉线的一端绑在入口，毫无畏惧地走进了迷宫。米诺牛正趴着睡午觉，它哪里想到有人敢大大咧咧地走到它跟前来。提修斯赤手空拳将睡梦中的米诺牛活活打死，然后牵着棉线的另一端，走出了迷宫，带着其他的童男童女和公主上了船，赶回雅典去了。

在返航的路上，米诺斯公主阿里阿得尼因为晕船很不舒服，提修斯将她放在一个岛上休息，自己回到船上拿东西，结果一阵怪风吹来，将船远远吹走，王子永远失去了公主。此后的归途，提修斯一边感受着胜利回家的喜悦，一边哀悼美丽的公主，喜忧交集之下脑子很混乱，总觉得有一件很重要的事情要做，又想不起来是什么事。

雅典国王阿吉斯每天在临海的断崖上遥望远方，祈求诸神让儿子平安回来。天天想，日日念，海天之间越来越近的黑帆彻底断绝了他的希望，既然帆还是黑色，就说明儿子已经死在迷宫了，顷刻崩溃的阿吉斯不等船到跟前，就从断崖上一纵而下，葬身大海。从此这片海域就有了一个新名字，用阿吉斯国王的名字命名的，中文翻译非常唯美，叫爱琴海。

用一个美丽的神话打开古希腊浪漫瑰丽的历史之门。米诺斯王国所在地就是爱琴海上第一大岛克里特岛，根据 20 世纪末的考古发现，克里特岛在公元前 3000 年前就已经是一个统一的国家了。因为丰富的物产、便捷的海上交通，米诺斯王朝成为当时的海上霸主。岛内繁荣兴盛，手工艺品和金银制品精致秀美，造诣极高，彩色陶器的制作更是登峰造极。他们使用一种线形文字，有音乐般的律动和流畅，可惜至今无人可以破解其含义，成为古代文明中的一个谜题。

宫殿的建设是米诺斯文明的核心，整个王国都是围绕宫殿运转的，建筑精美，富丽堂皇，有单独的浴室和冲水厕所，墙上还有颜色鲜艳的壁画。政治、宗教、经济等涉及国家的重大事情都在不同宫殿中决策执行，宫殿里不仅有王室的住房、政府部门办公室，还有库房和各种作坊，以至于房间甚多，用走廊、回廊、过道、楼梯等分割，区分用途。这上万间房间组合在一起，结构复杂，没有 GPS 导航之类的工具很容易在里面迷路，所以就有米诺斯国王这个迷宫的传说了。但这个建设方法让国家机器过于集中，很不科学，如果被敌人袭击，只要占领皇宫就可以让国家瘫痪。

克里特岛华丽缤纷的文明后来就消失了，大部分的历史书都认为是希腊半岛上的希腊人入侵了岛国，占领了皇宫。但似乎也有很多疑点，外敌的灭绝不会这么彻底。根据考古的发现，克里特岛文明最后消失得无影无踪应该是因为一场巨大的火山爆发引发的海啸，将这个远古时代的富饶国家彻底摧毁，而曾经入侵克里特岛的希腊人学习了这里的文化并将它复制到希腊半岛的迈锡尼地区。

克里特岛的爱琴文明是迈锡尼文明的开端，而整个西欧的文化就是源自迈锡尼文明，西欧的所有国家，在远古时代都是一体的，其历史不可分割，不论英国、德国、法国还是西班牙，都要从西欧的起源开始，整个地球上，最美丽的神话故事就来自地中海，古希腊和古罗马的历史最浪漫绮丽，最精彩壮美，当然也最神乎其神。

二　金苹果之争

一个文明的崛起总伴随另一个文明的衰退，米诺斯王朝在克里特岛忙着修宫殿养怪兽的时候，欧洲中部的一群人进入了伯罗奔尼撒岛，并生活下来。这是一伙希腊人，当时的他们又土又穷，因为尚武好战，经常到非洲、西亚一带打短工，基本就是收钱替人打架，学名叫雇佣军。因为离克里特岛比较近，对那里的文化和繁荣还是非常仰慕的，时不时过去旅游、留学、务工。克里特岛不是使用一种音乐般的文字吗？专业称呼叫“线形文字”，希腊人学走后，简化了一下，整理得让大多数人都认识了，当然还是“线形文字”，不过克里特岛的叫“线形文字 A”，迈锡尼终于学明白的叫“线形文字 B”，学到最后的结果是，迈锡尼的军队开进米诺斯王朝的皇宫，不学了，直接搬回家去用。

希腊的迈锡尼文明在公元前 1400 至公元前 1200 年达到巅峰，这是考古学家说的，因为他们挖出的这个时期的墓葬，黄金泛滥，人死了要戴金面具，金箔裹身，金银器皿陪葬，一个穷国是不舍得把这么多黄金往地下埋的。从散居的小村子开始，不断集中成为大城邦，希腊逐渐形成很多国家，原来的村长、乡长表现好的就成了各个小国的王。伯罗奔尼撒半岛东北部的迈锡尼城是迈锡尼文明的中心，附近还有梯林斯城，是迈锡尼的军事要塞，它们组成迈锡尼王国，在希腊诸国中最强大。其他著名的王国还有伯罗奔尼撒中部的斯巴达和西部的派罗斯，以及中希腊的雅典、底比斯等，它们经常结成军事同盟合伙打架，迈锡尼自然成为武林盟主。

迈锡尼文明鼎盛时期也是称雄海上的，不过也稀里糊涂地消亡了。大家都说穷兵黩武是重要原因，迈锡尼带着同伙，跨海攻打现在土耳其靠近达达尼尔海峡的一个城邦——特洛伊，打了 10 年才搞定，活生生地将希腊诸国拖垮，让北方的多利亚人大摇大摆走进来，将迈锡尼等王国送进考古遗址。到底迈锡尼张狂的时候是什么样的，我们就不是太清楚了，但他们那一次组团跨海的战役，被江湖人称为“特洛伊战争”，却是地球打架史上很出名的一战，其规模堪比奥运会，不论团体项目和个人项目都有光照千秋的看点，特别是掺和的高手之多，人物之众。参战的物种包括士兵、勇士、成名英雄、天神、精灵、怪兽，宏大轰动，无与伦比。

好看的历史基本就是各类打架，既然有这么重要的打架事件，我们就详细研究一下吧。

打架总有起因，不论多大的斗殴事件，开头一般都是小事。

古希腊诸神中天神宙斯和海神波塞冬是兄弟俩，神界权势最大的两个人，这两个人最大的共同点就是好色。神、人、兽不论什么种类，只要看对了眼就不放过，私通事件时有发生，各类私生子遍及希腊，所有的成名人物都有些神族血统，所以经常有些畸形胎儿，比如半马人、人面牛身人等，当然，肯定少不了鸟人。

海洋中有个女神叫忒提斯，忒提斯自然是美女，宙斯和波塞冬都想跟她有点超友谊关系。但这个女人身上有个邪门预言，说是她生下的孩子将是超过父亲的英雄。不管是宙斯还是波塞冬，都有翻天覆地、排山倒海的能耐，可是如何跟一个女神发生点特别关系，还不让她生出孩子来，这可难倒他们哥俩了。在没有人卖给他俩杜蕾斯和毓婷的情况下，宙斯和波塞冬在乎自己的权势超过在意一个女人，以至于两个人都不敢对忒提斯下手。宙斯为了防止自己胡思乱想，把持不住，就做主将忒提斯嫁给当时的超级英雄佩琉斯。这家伙仔细算来是宙斯的孙子（提醒大家一下，听希腊神话的故事，千万不要研究人物的血缘关系，因为过于复杂，会让大脑超负荷运作以致死机）。

佩琉斯娶忒提斯的过程也不顺利，两口子打了好几架，女方终于承认不是对手，这才同意结婚（“不打不相识”这句俗语就是这两口子发明的）。男方是人而女方是神，牛郎织女的故事，要在中国是绝对不能容许的。希腊人心态很开放啊，忒提斯高调下嫁佩琉斯得到了神界诸神的祝福，两人还郑重其事地摆了几十桌酒席，写了婚帖，诚邀神界诸位大仙莅临指导。所有人都邀了，宙斯家的园丁、车夫也有座位，独独将一位上仙漏了。这位上仙主管世间的是非，人间所有的矛盾和不团结都跟她有关，她是纷争女神埃里斯，这姑娘人际关系不好，在神界也没人理她，偶尔听说有人结婚请了所有神仙，赶紧备了三色礼品过去赶饭局。到了婚宴门口才发现，进门是需要请柬的，而只有她没有。可以理解，人家百年好合大喜的日子，躲是非还来不及，谁会把是非女神往家里请啊。可怜埃里斯为了这个饭局好几天没吃饭，眼下还是吃不着，快气疯了。但她是纷争之神啊，专业制造不团结，老娘吃不着，你们也别想好好吃！

于是，正在胡吃海塞的诸神突然发现，席间出现了一个金光闪闪、璀璨夺目的金苹果，上面写着一行字，“献给最美丽的女神”。这下乱套了，席间争先恐后站起来一群仙女。这个神界最出名的选美大会经过预赛、复赛，最后进入决赛的是三名佳丽，一个是宙斯的正房原配老婆天后赫拉，一个是女战神并智慧和勇气之神雅典娜，还有一个是爱与美之神阿佛洛狄忒。选美会进入这个阶段，诸神都知道结果不容易产生了，这三个女人来头都不小。赫拉是宙斯的老婆兼姐姐，雅典娜是宙斯的私生女，阿佛洛狄忒虽然是从泡沫里生出来的，知情人都知道也是宙斯播的种啊，一个皇后两个公主，而且这三个女人的美貌的确也是不相上下的。赫拉美在高贵华丽，是熟女，雅典娜美在知性健康，是气质美女，阿佛洛狄忒美在性感妖艳，是尤物，神仙也不好给她们分高低啊，怎么办？宙斯说了，公平起见，我们找个不相干的凡人，让他公正裁决。

这个不相干的人是谁呢？宙斯找到了一个放羊的。羊倌可不是普通的羊倌。他的真实身份是城邦特洛伊的一个王子，他还没出生，就有人预言他将毁灭特洛伊城，他妈妈宁可信其有不敢信其无，所以这个孩子一出生，他妈妈就亲手交给一个仆人，让他把这祸害带到树林里丢掉。事实证明祸害遗千年，这小子被丢在树林里几天都没死，传说是有个母熊喂养了他，那个负责丢他的仆人知道遗弃儿童和乱丢垃圾都犯法，所以一直不敢走，躲着看，发现这小子死不了，于是就将他收养。这个可怜的王子虽然模样挺俊，看着也英武，但只能在树林里放羊，到了懂事的年龄，娶了个森林里的精怪，过着普通放羊人的生活，这家伙大名叫帕里斯。

帕里斯意外当选为神界选美大会评委会主席，他放羊的森林成为选美分会场，这个放羊娃不知此事的重大，还浑浑噩噩呢，在一棵树下一边放羊一边捡蘑菇烤着吃。突然，一个美艳贵妇从天而降，天后赫拉温柔地告诉他，如果将金苹果判给她，她将让帕里斯成为人间最有财富和权势的人，听得帕里斯直发愣，以为吃了毒蘑菇产生了幻觉。还没容他想清楚，一个全身金甲的矫健美女，带着地中海上的耀眼阳光出现在他面前。雅典娜承诺，如果让她取得金苹果，将赐给他勇气和力量，让他成为威震天下的大英雄，拥有所有的光荣和荣誉。雅典娜一走，帕里斯明白过来了，从这一刻起，他为后来所有的选美比赛立了规矩，那就是潜规则和黑金交易，这个放牛娃举着一朵蘑菇龇着牙狂笑。眼下，世界上所有的东西，他唾手可得，比摘蘑菇还容易！很快，姗姗来迟的阿佛洛狄忒出现了，她风情万种地告诉放羊娃，如果她得到金苹果，放羊娃会得到这世上最美的女人的爱情，看羊倌张着嘴，发着昏，知道这个乡下娃对世上最美的女人没啥概念，为了让他有个直观认识，阿佛洛狄忒给他看了样品，她将自己的长袍解开，给帕里斯展示了一下。刹那间，放羊娃目光呆滞了，鼻血也流出来了，天旋地转，五雷轰顶，他几乎想都没想，就将金苹果交给了阿佛洛狄忒！这个选美的结果让赫拉和雅典娜勃然大怒，据说比赛结果一公布，这两个女人就发出狠话，要让整个特洛伊付出代价。

阿佛洛狄忒说话算数，过了一阵，她就安排帕里斯到斯巴达王国去旅游。斯巴达国王墨涅拉奥斯好客而周到，很亲热地招呼这位特洛伊王子。但他正好有事要到克里特岛公干，临走安排自己的老婆招呼远来的客人。

这个斯巴达国王显然是个行事不走脑子的人，别的人让自己老婆抛头露面招呼客人是天经地义的，只有他不行，因为他老婆不是普通老婆啊，他老婆大名叫海伦。

这个海伦正是阿佛洛狄忒承诺给帕里斯的女人，世间第一美女，是阿佛洛狄忒的人间翻版。据说她待嫁闺中时就已经让所有希腊地面上的英雄疯狂，为了做她老公，有一阵希腊地区天天都有恶性斗殴事件，还死了不少人。海伦的父亲担心海伦跟其中任何一个结婚，其他那些没得手的都会豁出命找麻烦，所以召集希腊各条好汉诅咒发誓，无论她选择了谁结婚，剩下那些人将与海伦的未来老公结成同盟，保护海伦不受伤害，如果出了意外要为她报仇雪耻。这个看似不合理，拿希腊英雄当傻小子的要求竟被他们全体答应了！海伦最后嫁给斯巴达国王，绝世美女成为最美的王后，还生了个女儿。

帕里斯见到海伦的时候，海伦刚做了妈妈，正是玫瑰盛放的时候，美得不可方物。开始说过，帕里斯是个帅哥，又因为长期在树林养羊，有宫廷贵妇没见过的非主流气质。最关键的是，阿佛洛狄忒是管理爱情与欲望的，总跟在她身后的那个光屁股小孩儿（长着翅膀，自然是鸟人）不是有一套很流氓的弓箭吗，比咱家月老那根麻绳灵验多了，中了箭的人不管是男女、男男、女女、人兽都会发生天雷地火般的爱情和欲望。帕里斯根本没费什么劲儿就让海伦坠入爱河，并且毫不犹豫地将海伦拐上船，一起回到了特洛伊。这羊倌做人不地道，不仅拐走别人的老婆，还把富裕的斯巴达后宫洗劫一空，那些个面目姣好的宫女也带走不少。

斯巴达国王回到皇宫，吃了不少急救药品才缓过气来。原来不是说过希腊各国都是些小村子组成的吗，基本都有些亲戚关系，你家二姨是我六姑，我家三舅是他七叔，千丝万缕，藕断丝连。斯巴达国王的哥哥叫阿伽门农，他是迈锡尼的国王，是希腊地界上的武林盟主大哥大。

斯巴达戴着顶绿帽子哭哭啼啼找他哥给他出头，作为希腊地区的大佬，自己的弟媳被特洛伊人抢走，奇耻大辱！阿伽门农马上发出盟主令，召集天下英雄来开紧急会议。

海伦被抢是大事啊，所有希腊英雄豪杰晚上睡不着觉想的就是这女人，鉴于她是斯巴达王后大家都挺收敛的，不敢勾搭，现在居然被一个特洛伊的放羊小子染指了，太不值了，早知道这女人这么水性，自己咋不先下手呢？按照这个理论，帕里斯不是拐走了斯巴达的王后，而是拐走了全希腊英雄的女人，这帮人不是曾组团起誓为海伦而战吗？到了表现的时候了！一收到武林盟主令，所有人什么都不干了，聚全本部人马，集结在阿伽门农旗下，组成声势浩大的希腊联军，摩拳擦掌，预备横跨爱琴海，将特洛伊烧成白地，以灭心头之醋！

跟其他那些吃醋吃昏了的愣头青不同，盟军主帅阿伽门农考虑的事情多了，那海伦是他弟妹，就算抢回来也不好意思自己留着，还是要还给弟弟，他这么起劲地帮助组织这么大规模的跨海行动，其实有自己的打算，干掉特洛伊，他就可以独霸爱琴海，扩充领土和捉拿奸夫淫妇两不误！

既然揣了更大的想法，打架就有了更高的意义，不能乱打了，阿伽门农物色了一文一武两个帮手，他知道得此二人者，可得天下！

三　特洛伊之战

前文说到，武林盟主阿伽门农已经预备跨海对特洛伊开战，希腊地界不缺好汉，英雄遍地，可开战需要军师啊，没人出主意，打仗心里没底。

当时希腊最聪明、智商最高的人叫奥德修斯，是伊卡塔岛的王。海伦被奸夫拐走时，奥德修斯的老婆刚给他生了个宝贝儿子，一家三口，其乐融融。丢了老婆的斯巴达国王过来找他出山打架，他当然是千万个不愿意。可人家戴着绿帽子一脸乌龟相，要多可怜有多可怜，作为同盟不好拒绝啊。怎么办呢？奥德修斯不是个谋士吗，他很快想出办法来了。斯巴达国王带着自己的朋友正游说他，奥德修斯突然发了狂病，具体表现为口眼歪斜、流哈喇子、全身抽搐，最后还跳起来套了架牛车，到海边的盐碱地带去耕地。这奥德修斯也没正规学过表演，肢体夸张，流于表面，没有内心戏，装疯装得破绽百出。斯巴达国王带来的朋友也是个聪明绝顶的人，他看着奥德修斯一番做作，十分好笑，也不揭破他，而是去到他的宫殿里，将尚在襁褓之中的奥德修斯视如生命的儿子抱来，放在犁车要经过的盐碱地，然后一脸坏笑，看着聪明人怎么处理。奥德修斯的犁车继续疯跑，眼看到儿子附近时，他稍微抬了抬犁，从儿子身上跃过，这一下露了马脚，装疯的计划彻底破产，奥德修斯只好一边在心里问候阿伽门农兄弟的长辈，一边告别妻儿，踏上为别人找老婆的路。

奥德修斯一肚子怨气，郁闷得很，自己不好过，就琢磨着让别人也倒霉。他一到盟军大营就提出，根据神谕，只有阿喀琉斯才能攻破特洛伊的城墙，所以必须让他参战。

阿喀琉斯是谁呢？江湖第一高手啊！

整个希腊地界的英雄豪杰，不管按什么标准排名，他都可以稳居榜首，即使是比靓。这家伙是希腊万千少女的偶像，万千少男的榜样，所有父母心中最完美的儿子。那到底是谁这么优生生出这等宝贝来呢？我们的老熟人，佩琉斯和忒提斯，大家还记得吧，就是这两口子的婚宴引发了这一场混乱。最开始不是说过吗，根据神界预言，忒提斯的儿子将是个盖世英雄，现在应验了。

忒提斯嫁给一个凡人，这阿喀琉斯是半人半神，他妈妈为了让他更接近神，从他一落地，就把他放在冥河里浸着，冥河水流湍急，他妈妈怕他被水冲走，所以死死地抓着他的脚踝，倒吊着他。可怜这孩子跟着神仙妈妈也没少遭罪，但是收获也不小，全身上下刀枪不入，水火不侵，躯体不仅有神的健美，也有神的品质，可惜啊，只有在脚踝部位，被他妈妈抓住不敢松开的地方还保留人的脆弱，成为这个完美英雄唯一的破绽。

阿喀琉斯在万众瞩目中出世，自然也有很多关于他的预言。有神仙对他妈妈说，这个小孩儿要么默默无闻得享长寿，要么成为绝世英雄战死疆场。虽然他妈妈已经知道自己的儿子绝对会选择第二条路，但还是想把这个灾难延迟一点，于是就把他扮成女孩子，送到一个小岛国，混迹在这个岛国国王的一堆公主中，隐姓埋名。阿喀琉斯是人类历史上最早的花样美男，据说化上妆比女孩子还美，混在一群公主中间还出类拔萃的。

奥德修斯加入盟军后第一件事就是把阿喀琉斯找出来，根据一些预言师的指引，他来到了阿喀琉斯藏身的岛国。海洋王国比较开放，王宫门上都不贴“谢绝推销”之类的东西，刚走了个嬉皮笑脸的保险推销员，又进来一个鬼头鬼脑的游方货郎，拎着一筐子发卡、头花、胸针、纱巾之类的东西。公主们一看就发狂了，围着货郎七嘴八舌，左挑右拣，热闹得一塌糊涂。这么好的生意，这货郎却显得心不在焉，他一直注意着最漂亮的那个公主，虽然唇红齿白，貌美如花，可这身材未免也太高太壮了吧，而且对这一篮子的花花草草，她的表情似乎并不感冒，在一旁冷眼旁观着。货郎装作无意将筐子里堆的东西翻弄了一阵，露出了藏在筐底的一把亮闪闪的宝剑，这宝剑寒光一现，那些吵得来劲的公主谁也没注意，只有站在一旁的大个子壮公主瞪大了眼睛，目光中露出了渴望。货郎心里有数了，突然大叫一声：“有刺客！”所有公主集体发出一声惨叫，争先恐后地跑开了，只有大个子公主毫不犹豫地冲到货郎筐前，掏出藏在下面的宝剑，挡在所有人面前，摆出了战斗架势。货郎哈哈大笑显出真身，原来这家伙是奥德修斯假扮的，看着目瞪口呆的阿喀琉斯，赶紧晓之以理，动之以情。阿喀琉斯这样的天生英雄，扮女人扮得憋屈坏了，一听说有这样的打架闹事、扬名立万的机会，自然无限向往，欢呼雀跃地同意加盟，完全不在意那个战死沙场的预言。

有了奥德修斯和阿喀琉斯文武两翼，阿伽门农将军队也整顿得差不多了，不仅兵强马壮，港口上那些密林般的船帆铺满海面，望不到尽头，每一艘战船都做好了出征远航的准备。

最高统帅阿伽门农临出征前还惹是生非，估计是想到要上沙场，心里多少有些慌张，所以就到林子里打猎。一只漂亮的梅花鹿进入了他的视线，大家都知道，这个等级的动物肯定是狩猎女神的祭品，只有女神才有资格将它射死。阿伽门农不信邪，挽弓搭箭，百步穿杨，一箭就将梅花鹿放倒。射就射吧，趁动物保护协会的人没发现还不快跑，他还口出狂言，说他的箭法绝对是天下无双，就算是狩猎女神亲自动手，也无法射得这样姿势标准、动作漂亮。

古希腊的神都有些小性格，有时比人还偏激，争风吃醋、要小心眼是经常的事。阿伽门农大言不惭地胡说八道，让狩猎女神很发飙。狩猎女神也是月神，有些刮风下雨的事还是能说了算的，阿伽门农正预备打海战，所有战舰要等顺风才能开出港口远征。到了出发的日子，那些意气风发、杀气腾腾的希腊战士在船上一脸豪迈，岸上的欢送活动结束了半天，送行的人发现他们送的人还在原地。战船一动不动，海面上比一面镜子还平缓宁静，冲天的士气顷刻烟消云散。诸位英雄不知发生了什么事，在船上急得跳脚。阿伽门农暗想不好，赶紧找了随军的大仙，也就是祭司一类从神怪角度分析战情的人。这大仙掐指一算，原来是狩猎女神降罪了，总司令不是杀掉了女神的祭品吗？赔给人家一个！拿什么赔啊？总司令杀一个女儿献给女神，大家两清，女神该放风放风，该下雨下雨，以后不再为难希腊军队。

阿伽门农傻了，虎毒不食子，杀自己的女儿怎么下得了手。可现在由不得他了，不干，手下的各路英雄也饶不了他，尤其是奥德修斯，虽然很不情愿加入盟军，但既然来了，他就预备效益最大化，这狡诈的家伙心里打的算盘，就是等这盟军司令失势好取而代之。

阿伽门农权衡了好长时间，最后咬咬牙，给老婆写了封信，让她把女儿送来。这样平白无故地要女儿，老婆当然不会答应，阿伽门农设了个骗局，说是将女儿许配给阿喀琉斯。

阿喀琉斯是全希腊的女孩儿最想嫁的人，也是全希腊的“欧巴桑”心中最理想的女婿。一听说有这样的好事，司令夫人激动了，颤抖着手，赶紧收拾行装，亲自为女儿送嫁。阿伽门农狠着心肠，早早建好了祭坛。他女儿倒是个刚烈的女子，听说了一切后，大义凛然地走上祭坛，预备用自己的生命为父亲赎罪。最后时刻，狩猎女神动了恻隐之心，刮起一阵大风，将女孩儿卷上天空，让她成为自己的祭司。希腊盟军解决了出征前的一场大麻烦，终于可以再次出发了。阿伽门农不用亲手杀自己的女儿，长出一口气，擦擦脑门上的汗，以为躲过一场大劫，可他不知道，更大的灾难已经开始酝酿。作为盟军司令，阿伽门农没机会战死沙场，打完特洛伊战争凯旋后，他老婆因为他杀女儿的事一直不原谅他，趁他回家惬意泡澡的时候，伙同一个相好将他杀死。这个希腊的王中之王，一辈子忙着收拾别人的奸夫，最后死于自己老婆的奸夫之手，真是不幸的宿命啊！

希腊盟军驾驶着千艘战舰临近了特洛伊城，那个著名的奸夫帕里斯王子拐了海伦后并没有直接回家，而是带着美女在一个荒岛上风流快活了好几年，在盟军快要攻打之前，他乐颠颠地回家了。除了美女，他不是还洗劫了斯巴达国的金银财宝吗？拿到特洛伊王宫每人一份，每个人都很高兴，已经揣进口袋的财物绝对不能交回去了。那个时代的道德观有些非主流，对于抢别人老婆这种事，被抢的一方固然不爽，抢的一方还是挺得意的，能抢别人老婆，多有种啊，特洛伊王为这个英雄的王子而自豪。最关键的，帕里斯有个大哥，也就是特洛伊大王子，那也是个不信邪的，说起来，他也是江湖猛人榜的上榜人物，高手榜前几位，估计最少能进入前五名，他大名叫赫克托耳，人送外号：特洛伊城墙（前面说过，根据神谕，只有阿喀琉斯才能击穿特洛伊城墙）！

希腊舰队逼近了特洛伊的大陆，祭司预言，第一个踏上特洛伊的希腊人将会横死当场。这个预言吓住了各路英雄。当时最大的英雄阿喀琉斯正在别处忙些别的事，否则他肯定第一个跳上岸。作为三军参谋长的奥德修斯要想办法啊，这伙计贼头贼脑尽是馊主意，他装模作样在船头转了一圈，在希腊众勇士崇拜的目光中，跳到岸上，摆了个很酷的pose，下令众英雄登陆。有个叫普罗忒西拉奥斯的好汉，立功心切，看奥德修斯在岸上半天没事，毫不犹豫也跟着跳下去了。还没站稳，以逸待劳的特洛伊大军潮水般涌出，主将赫克托耳一支长矛带着劲风飞来，准确无误地从普罗忒西拉奥斯心口穿过，可怜这个刚在家完成订婚的年轻人，成为第一个惨死特洛伊战场的英雄。大家奇怪了，为什么奥德修斯跳上岸就没事，普罗忒西拉奥斯却死了呢？神不是安排第一个踏足特洛伊海岸的人死去吗？奥德修斯是第一个跳下去没错，可他没站在地上，他先丢了个盾牌下去，他正好跳在盾牌上，所以，严格意义上说，第一个登陆的就是倒霉的普罗忒西拉奥斯。后来据说普罗忒西拉奥斯的未婚妻万般悲恸下也加入战斗，成为一个英勇的女战士，最后也战死疆场。

普罗忒西拉奥斯的死激起了希腊战士的冲天怒火，尤其是阿喀琉斯知道后，马上杀进了特洛伊军营，将特洛伊大军打回城里，不敢出来。头次亮相，阿喀琉斯银色的盔甲就成为特洛伊人的噩梦。第一仗算是打平，希腊盟军抓紧时间在特洛伊城外安营扎寨，开始围城，阿喀琉斯和大埃阿斯的营寨在外围，大埃阿斯也是英雄榜上的好汉，地位应该仅次于阿喀琉斯。这两员大将守在外围，总司令、总参谋长驻扎在中间，准备停当，单等破城，这些意气风发的希腊人谁也没想到啊，这围城的生涯一过就是10年。

特洛伊城久攻不下，希腊联军将特洛伊周围的小国和海岸线上的各个岛屿全收编了，也不算是蹉跎岁月吧。这些人各存心事组合在一起，能团结10年根本不可能，终于，各种各样的矛盾爆发了！

四　木马计

所有的希腊英雄都来头不小，不仅都有点神族血统，还都是各国的王子或是国王，这些人带着各自的小弟结伙打架，刚开始还行，时间长了肯定是互相猜忌。不是特洛伊城久攻不下吗，阿喀琉斯和大埃阿斯这两个高手有劲儿没处使，就在特洛伊附近的城邦小国和海岛掠夺。

像阿喀琉斯和大埃阿斯这样的高手改行抢劫，就如同 NBA 球星突然跑来打 CBA，对手基本是连招架都不敢。这两人带着各自的舰队，纵横爱琴海东岸，秋风扫落叶一般。阿喀琉斯在海上攻克了 12 座城市，在陆上攻陷了 11 个城池，所到之处，金银财宝、珍珠玛瑙，装完一船又一船。除了这些固定资产，还有些“流动资产”（不搬不会动的是固定资产，不用搬自己会走的是流动资产），那就是各色漂亮女人，希腊人的战利品中，女奴是非常重要的部分。在讨伐一个叫密西埃的小国时，他劫持了太阳神阿波罗神庙祭司（希腊诸神都有自己的神庙、自己的祭司、自己特别的祭品，分得很清楚）克律塞斯的美丽女儿克律塞伊斯。进攻吕耳纳索斯时，他逼得国王兼祭司勃里塞斯自杀身亡，国王的女儿勃里塞厄斯成为他宠爱的奴隶。

另一个好汉大埃阿斯收获也不差，他劫来一个更有价值的“流动资产”，那就是特洛伊国王为了躲避战祸而藏在一个海岛上的幼子，特洛伊最小的王子——波吕多洛斯！

因为是盟军，所以阿喀琉斯和大埃阿斯的掠夺是要回去跟众兄弟分的，充分体现了盟军咆哮海洋、大块吃肉、大秤分金的绿林风格。金银好分，女奴分起来就有点麻烦，因为没有统一标准啊，又不能像分猪肉那样切开一人一块，怎么办呢？阿喀琉斯还是很有大局观念的，他手里有两个最漂亮的“战利品”，上面说过的克律塞伊斯和勃里塞厄斯。阿喀琉斯权衡了一下，两个女孩子显然是克律塞伊斯各方面条件好些，算了，把她送给总司令吧。阿伽门农觉得很满意，赶紧带着这个新鲜的漂亮姑娘走了，围城 10 年，抛妻弃子，长夜漫漫，没个女人不好过啊。

过了几天，阿伽门农就遇上麻烦了，苦主找上门。克律塞伊斯姑娘的爹来了。还带了不少金银，可怜巴巴地求阿伽门农让他赎回女儿，一把眼泪一把鼻涕求了半天，阿伽门农竟不理他。金银财宝老子有的是，现在就是缺花姑娘，好歹到手一个，怎能还你，打完仗还要带她回家呢。

克律塞伊斯的爹不是阿波罗的祭司吗，他在阿伽门农这里受了窝囊气，跌跌撞撞来到海边开始哭天号地。他发挥专长，直接接通了他主子太阳神阿波罗的专线，将自己的冤屈叙述了一番，将希腊人的穷凶极恶夸张地描述了一通。接到这个电话，阿波罗火冒三丈。原来说过，希腊的神心胸都比较狭窄，洗劫我的神庙，欺负我的祭司，打狗都不看主人，我阿波罗是好欺负的？太阳神放下电话，就开始在家里策划收拾希腊人的事。

话说大埃阿斯不是抓了特洛伊的小王子吗，根据参谋长奥德修斯的主意，正好可以用这小子跟特洛伊谈判，如果他们愿意将海伦交出来，再把抢的钱财还给斯巴达，这一仗就可以不用打了，希腊人也可以回家过年啊。这一轮特洛伊战争中难得的外交斡旋后来还是失败了，特洛伊国不仅有大王子赫克托耳这个能打的硬角，还有个鹰派的人物，就是驸马爷埃涅阿斯，他在谈判过程中提出让斯巴达国王在特洛伊公主中挑一个回去，代替海伦做老婆这种解决方法。用特洛伊公主换海伦，就如同用傻姑换小龙女，根本是个侮辱性建议。谈判最终破裂，希腊人在特洛伊王室的亲自观看之下，乱石将小王子打死。这件事让两边的仇恨更深了。请大家记住特洛伊的驸马埃涅阿斯这个人物，他是我们以后的故事中的主角。

太阳神阿波罗在家里生了几天闷气，想了个出气的主意，带上他的金质弓箭，来到了希腊的营寨上空，一通乱射，希腊联军立刻开始流行瘟疫，战士、牲口大批死亡。好在随军的大仙很快搞清楚了问题所在，为了大军的前途，阿喀琉斯作为主将去找大帅阿伽门农交涉。让他赶紧把克律塞伊斯姑娘还给他爹，中止灾难。阿伽门农身为大帅，从没有什么无私的胸怀，不管死多少士兵，已经到手的女人是不能交出去的（整个希腊的神话，很少有抢了别人的东西还回去这件事，很酷，很有性格）。希腊军营里，将帅开始吵架，最后还是阿伽门农做了了不起的让步，他答应将克律塞伊斯送还，但有个条件，就是阿喀琉斯必须将当时俘虏的另一个姑娘勃里塞厄斯送给他交换，反正大帅晚上必须有美女伺候，既然送走了一个，必须找一个来补上。勃里塞厄斯姑娘伺候阿喀琉斯，深得大英雄宠爱，可是为了大局着想，阿喀琉斯只好眼睁睁地看着自己钟爱的女奴被带到司令的大帐里去了。事情解决，瘟疫很快就消失了。整个事件中，阿喀琉斯实际损失最大，既丢人又丢脸，极大地挫伤了自尊，他一气之下回到自己的船上，并发了狠话，不再为阿伽门农进行任何一场战斗！也就是说，主将撂挑子不干了！

特洛伊这场仗，如果仅是一群地球人打架就没这么复杂了，关键是奥林匹斯山上的各路神仙也掺和进来一起添乱，像看球赛一样，神仙们一边看热闹，一边分成两部分为自己支持的球队加油。啦啦队的分布状况是这样的：站在希腊人这边的神仙有赫拉和雅典娜（这两个女人早就要报复特洛伊人了）、赫耳墨斯（古希腊的道路保护神，接引死者进入冥界，也是商旅保护神和信差，最出名的是神偷，诸神的兵器和家伙都被他偷去玩过）、波塞冬、赫淮斯托斯（阿佛洛狄忒的老公，神界最出名的手艺人，奥林匹斯山的宫殿和精密设备及诸神的盔甲、兵器之类都是出自他的手，也是个出名的乌龟，他老婆跟战神阿瑞斯私通，被他捉奸在床）；站在特洛伊那边的神仙包括：阿瑞斯、阿波罗和阿佛洛狄忒。大头目宙斯呢？他最不好说，一直很骑墙，两头跑，态度暧昧，就算他是裁判吧。宙斯这个态度是有原因的，以后就知道了。这些神仙是最早的球赛流氓，不满足于在站台上喊“加油”或是“×××下课”之类的话，差不多时候，他们各操家伙亲自上阵厮杀。整个特洛伊战争过程中，有时是两个地球人打，有时是一个地球人打一个神仙或是被神仙打，有时是神仙互相打，宙斯勉强能算个裁判，可也长期黑哨，让战局越发没完没了，越来越乱。

却说阿伽门农和阿喀琉斯将帅不和，谁也不理谁了，失掉阿喀琉斯这支生力军，希腊人经常被收拾，节节败退。

先放下战局，跟大家说说第一高手阿喀琉斯这位万众偶像的私生活。倾倒在他盔甲下的女人比牛毛还多，他想要谁，谁都乐得跟吃了蜜似的。根据古希腊各种狗仔资料、八卦传闻，跟阿喀琉斯发生过绯闻的女人可不少，可是在大帅哥的情史上，这些女人如过眼云烟般不留痕迹，最让这位大英雄上心的是另一个帅哥，跟他青梅竹马、两小无猜的帕特洛克罗斯。不用大惊小怪，在古希腊人的观念中，两个男人的结合是最完美的，阿喀琉斯和帕特洛克罗斯的爱情比罗密欧朱丽叶还有美感。江湖传说，阿喀琉斯之所以愿意一直留在盟军给阿伽门农卖命，并受他的鸟气，就是因为自己的情郎在这里，而这位情郎当年曾向海伦求婚，属于发过誓的英雄，必须为海伦而战（读者晕死了吧？要不怎么叫神话呢，别深究）！

阿喀琉斯生气罢战，让希腊联军吃了大亏，所有人都知道必须让这家伙重上战场。小情郎帕特洛克罗斯过来劝说，阿喀琉斯狠心拒绝了他，帕特无奈之下，只好穿上了阿喀琉斯的盔甲出征。这身盔甲在战场上比鬼还吓人。帕特本来就是条好汉，披挂了这身行头更是威风八面，在特洛伊战场上来往冲杀，特洛伊人都以为是阿喀琉斯归来，吓得魂飞魄散。可惜啊，帕特打得兴起，不知道他已经不是跟人在打仗，太阳神阿波罗偷偷加入了战团，在特洛伊主将赫克托耳身边帮忙。帕特不是太阳神的对手，赫克托耳的长矛将帕特扎个对穿，还把阿喀琉斯的盔甲抢走了。多亏希腊联军拼死血战，总算保住了帕特的尸体。

爱人惨死，让阿喀琉斯心如刀割，追悔莫及。阿喀琉斯这个人最大的优点就是绝不记仇，因为不用记，他当场就把仇报了。当他决定重上战场找赫克托耳算账时，甚至先跟阿伽门农和好，互相肉麻吹捧一通后尽释前嫌。

自从阿喀琉斯上了战场，他妈妈忒提斯就一直在天上跟着他，她已经告诉过儿子，如果为帕特报仇杀掉赫克托耳，自己也会丢了小命。可阿喀琉斯根本就不考虑这些，对他来说，此时他恨不能陪帕特去死。忒提斯知道，宿命的安排已不可逆转，只好含泪为儿子装备一副新的战甲，送他上战场。

阿喀琉斯重临，王者归来，他和赫克托耳的世纪之战已不可避免。月圆之夜，紫金之巅，阿喀西来，惊动神仙！此时的黑哨宙斯犯愁了，他不知道该让他俩谁打赢，但他有自己做选择题的办法，抓阄呗！不知道从哪里掏出来一座天平，又拿来两个砝码，这两个砝码，一个代表阿喀琉斯，一个代表赫克托耳，他把这两个砝码往天平上一放，代表赫克托耳的那一端就向冥王哈里斯那个方向倾斜。宙斯知道，赫克托耳完了。阿喀琉斯没有辜负观众的期望，赫克托耳被他顺利杀掉了。

古希腊的风俗，人怎么死不要紧，关键死后的礼数是很重要的，对待尸体的态度比对待活人还重要。话说阿喀琉斯抢回自己情郎的尸体后，一直不舍得安葬，就是要等赫克托耳血祭他。干掉仇人，阿喀琉斯将赫克托耳的尸体拖在自己的马后，绕着帕特的火化台跑了三圈。特洛伊的国王看到自己英勇的爱子惨死已经悲恸欲绝，现在尸体还被这样侮辱更是差点崩溃。这个父亲还是挺伟大的，他镇定了情绪，勇敢地面见阿喀琉斯，祈求用金银赎回他儿子的尸体，阿喀琉斯出尽了这口恶气，也没有做得太绝，既然大仇已报，没再为难老头，就答应他了。

失去主将的特洛伊危险了，阿喀琉斯对特洛伊人展开屠杀。神仙不答应了。上面说过，特洛伊城和赫克托耳是太阳神阿波罗罩的，现在阿喀琉斯这样嚣张，阿波罗岂能坐视不管！阿喀琉斯的致命弱点是脚踝，这一点，阿波罗是不会弄错的，弯弓搭箭，金色箭矢划过一条绝望的直线，精准无误，正好从阿喀琉斯的脚踝穿过，这个半人半神的希腊第一条好汉轰然倒下，失去了生命。后来“阿喀琉斯之踵”成为希腊文中一个成语，表示完美事物中唯一而且致命的缺陷（有一阵儿在我国特指刘翔）。

武将们陆续都没了性命，现在就指望军师出一个一击即中，了结战事的好点子了。奥德修斯作为总参谋长责任重大，快愁死了。

阿喀琉斯被阿波罗干掉，支持希腊人的神仙肯定要反击啊。据说是雅典娜偷偷提示奥德修斯一下，这个绝顶聪明的人马上想出了破敌的办法。

第二天，希腊军营动作很大，驻扎了10年的营寨开始拆除，希腊战士都在收拾行装，排着队很有次序地开始向船上撤退。很多船只已经扬帆离开海岸，所有的事情表明，打了10年没有得手的希腊人终于撤退了！特洛伊人正在猜疑中，城里的传闻越来越多，大约是说神仙们已经不喜欢希腊人了，希腊人如果不走要倒大霉的，而且雅典娜女神还留了个宝贝在希腊的营地。这传闻越来越喧嚣，信的人也越来越多，当特洛伊人确定希腊人已经从海上跑掉了后，赶紧跑到希腊的营地上去找战利品。

雅典娜留下的礼物还真新鲜啊，居然是一匹巨大的木头马！这木马高大奇伟，手工讲究，很像是神赐的宝物。特洛伊人高兴坏了，围城10年，大家都不好过，这匹木马是个很好的形象工程，可以提醒特洛伊人战斗胜利了，10年动乱终于结束，平静的生活又降临特洛伊。这匹巨大的木马被特洛伊人费好大劲弄进了城中。后面的故事大家都知道了，当天夜里，木马里跳出几十名希腊战士，打开城门，潜伏在海岸的希腊大军卷土重来，特洛伊终于城破！

特洛伊战争发生在古希腊历史中迈锡尼文明这一段时间。以迈锡尼为首的希腊诸城邦，到土耳其的这10年折腾，将特洛伊烧成白地，周边的小国被劫掠一空，而自己也没落下什么好处，这一仗让希腊诸国都有些吃不消。不久，公元前1200年左右，一批多利亚人从巴尔干半岛西南方向长驱直入，直捣伯罗奔尼撒岛，将迈锡尼文明彻底摧毁。这群多利亚人也没有建立新文明的本事，专长就是打架和破坏，所以他们在希腊胡闹的时间被称为希腊历史上的“黑暗时期”，既然是黑暗时期，自然是看不清楚，后来对这段历史的了解，来自一本叫《荷马史诗》的书，这段时期又叫“荷马时代”。

《荷马史诗》是一个叫荷马的人写的，传说他是个盲诗人和乐师，生活在公元前9世纪至公元前8世纪。到现在为止，这个人是不是真的存在还是历史学家喜欢争论的事。

《荷马史诗》分为两部，一部是《伊利亚特》，一部是《奥德赛》。《伊利亚特》讲的就是特洛伊战事，主要是战争最后一年，阿喀琉斯跟阿伽门农为女人掐架的故事。而《奥德赛》的主角是总参谋长奥德修斯，他打完特洛伊战争后赶着回家，大约是得罪了海神，遭到些莫名的阻挠，这一趟回城走了10年，前后离家20年，不少人打他老婆的主意，参谋长回家还忙着收拾情敌，真如日理万机一般。

《荷马史诗》是整个希腊乃至欧洲文学的祖宗，像咱家的《诗经》一样，也是来自一些民间流传的段子，荷马既然是个乐师，这些段子就带着节奏，加上些感叹词和重要句子不断重复，虽然咱不懂希腊文，但想象那感觉应该是这样：快使用双节棍哼哼哈嘿，希腊战士切记仁者无敌！是谁在特洛伊，风生水起！诸如此类。

荷马时代希腊人开始使用铁器了，海洋贸易也挺发达，开始出现腓尼基字母，正式的希腊文字随后也被开发出来。公元前 776 年，开了第一届奥林匹克运动会，各城邦训练战士的课程，每 4 年集体考试一次，2008 年中国就经历了这样的大考。人口不断增加，陆续向外移民，城邦小国有的也越来越兴旺发达，最厉害的国家有两个，分别是斯巴达和雅典。

讲到这里，我们的古希腊之行可以暂告一段落了，随后希腊跟波斯旷日持久地打架，让他们打着吧，我们换个地方玩去！

五　诸神的安排

先交代特洛伊战争结束后几个主角的结局吧！奥德修斯又忙了 10 年才回家，而阿伽门农安全回家后被自己的老婆伙同“西门庆”干掉。奸夫淫妇帕里斯和海伦呢？帕里斯在城破之前就被射伤，神谕说他的前妻可以救他。还记得他前妻吗？在树林里放羊时随便娶的妖精，帕里斯为了“小三”海伦，把这妖精像抹布一样抛弃，此时陈世美为了活命又去求她，这个弃妇妖精没给负心人机会，让帕里斯惨死。不过在火化的时候，妖精突然后悔，竟跳进火堆殉情了。“小三”海伦呢？城破后，自然回到前夫手里，她跪在斯巴达国王脚下，委屈万分地叙述了帕里斯如何强迫她，她如何三贞九烈求死未遂，只好委身强奸犯，每日以泪洗面，思念郎君的故事（对比《三国演义》中，貂蝉跟吕布、董卓那一段）。斯巴达国王念旧啊，这个被别人用了十几年的老婆也是有苦衷的，现在回到了自己身边，他欢天喜地地收下，两口子继续回斯巴达过日子去了。而特洛伊王室呢？男的大都被杀，女的自然为奴，只有一个例外，前文说的特洛伊的驸马爷埃涅阿斯，我们写这么长的希腊神话，就是为了带出这个人物，他虽然出场不多，却是绝对的男主角！

这位驸马传说是维纳斯的私生子，维纳斯私生活混乱，跟埃涅阿斯的老爸有段露水情缘，维纳斯想立牌坊，所以警告他不许将两人的关系告诉别人。跟天上地下最性感的女人有过一腿，一般的男人都会忍不住吹牛，这家伙喝了点老酒，没管住自己的舌头，这桩地下情史被小报曝光，让维纳斯好一阵子身陷“艳照门”，不敢见人。一气之下，把这老相好整成了瞎子，以示惩戒。

特洛伊城破，埃涅阿斯妻离子散，背着自己的瞎爹，带着一批忠诚的手下，冒死冲出了特洛伊的冲天大火，逃到海上，开始流亡生涯。因为有维纳斯这个老妈在天上指引，埃涅阿斯的船队在食水耗尽，筋疲力尽，几乎绝望的时候，被指引到了一个叫迦太基的国度（现在的北非突尼斯）。

迦太基这个地方是个什么样的所在呢？也有故事。现在的黎巴嫩西海岸一带啊，当时是个很强的国家叫腓尼基，对，就是发明了腓尼基字母的那帮人。这一天老国王死了，留下两个孩子，姐弟俩都挺招老爸待见，不好取舍，所以老国王让他俩一起登基。弟弟可不是个善茬，他不愿意跟姐姐分享权力，所以他设计除掉她。他姐夫是腓尼基的大祭司，想除掉姐姐必须先把姐夫扳倒，于是他用诡计先干掉了姐夫。他姐姐大名叫狄朵，是个高智商美女，老公离奇死亡，她马上就知道什么情况了。幸好平时身边还有些靠得住的亲信，在他们的帮助下，狄朵躲开她弟弟的监视，组织了船只，悄悄驶进地中海，扬帆而去了。

在非洲大陆的北端，狄朵发现了一块土地肥沃、港湾优良的美丽土地，而且地势险要，易守难攻，很适合做一个安身之地。狄朵上岸后，跟当地的土著要一块地方定居。谁也不喜欢陌生人提这种领土要求，但是看对方颇有姿色，忍不住就想调戏一下。首领掏出一张牛皮，对狄朵说，这个牛皮以内的土地可以给他们。一张牛皮能有多大呢，这纯粹是难为这些流亡者啊！正当腓尼基人预备上船继续流浪时，狄朵掏出一把刀子忙开了。她仔细将牛皮分薄，然后裁成很细的长条，将这些细长条牛皮接在一起，用这根牛皮绳开始圈地，这一圈就圈走了土著 300 多公顷的土地，土著首领张着嘴，半天合不上。按说狄朵这个做法有点偷换概念，有耍赖之嫌，但以非洲北部土著的智商，他们也想不出反驳这个解法的理论，只好眼睁睁地看着这个异乡的美女开始在自己的土地上造城，最后发展为迦太基国。

埃涅阿斯登陆这个小国时，这里已经被狄朵女王建设成物产丰富、自给自足的世外桃源了。埃涅阿斯藏在水手中隐藏身份，让他儿子做使节，给女王赠送礼品，并请求收留。正在此时，迦太基附近的一个小国过来打架，狄朵女王马上安排抵抗，埃涅阿斯作为特洛伊战争的好汉，对战斗有天生的热情，马上脱掉水手服，露出英雄本色，带领手下那些在特洛伊被训练了 10 年的职业军人、特种部队，替女王收拾了来犯之敌。狄朵女王立时坠入情网，疯狂爱上了这个特洛伊人。

饱经磨难的埃涅阿斯掉进了温柔乡，地中海的熏风、异国美女的柔情、非洲大地的绮丽风景都让他陶醉，每天吃了睡，睡了吃，过着猪一般安逸的日子。他忘记了一件很重要的事：特洛伊城破之时，宙斯曾给他谕示，会帮他逃生，但他必须到某个地方建立新的王国，复兴特洛伊。这个带着复国使命的英雄，居然变成了后宫的男宠，花天酒地，乐不思蜀。宙斯冷眼旁观了一阵子，实在看不下去了，终于发火了，给他托梦并警告他赶紧上路办正经事，别继续这般腐败。埃涅阿斯知道宙斯发火可不是好玩的，但这狄朵女王对自己有恩，还一往情深的，说走就走开不了口啊，算了，连夜逃吧，他把宝剑留下，算是给这段短暂情缘一个交代。

特洛伊人在海上走得没影了，狄朵女王才反应过来，这种被人抛弃的感觉让这个女人立刻就疯了。她在海边设了祭坛，燃了一把大火，发下了一个惊心动魄的诅咒：从今而后，所有迦太基的人都要记住埃涅阿斯的罪孽，迦太基的子孙要代代追杀埃涅阿斯的子孙，见一次打一次，哪怕天涯海角，绝不放过，两个民族永远没有和平，只有仇恨，让两国间的海域永远成为战场！为了表示这个诅咒的真诚和重要性，狄朵女王用埃涅阿斯留下的宝剑抹了脖子。这个诅咒是用狄朵的生命和热血完成的，所以狠毒无比，灵验无比，后来双方的后代真是打得天昏海啸，以后会说到。

埃涅阿斯又开始流亡了，在地中海很多小岛都混迹过，最后终于在亚平宁半岛中部的台伯河畔找到了组织。这里有个叫拉丁姆的小国，国王长期跟人干仗，埃涅阿斯自然又专业对口，找到工作了。打了几架后，国王很满意，为了留住这帮打架的好手，直接将他招为女婿，让埃涅阿斯再次成为驸马，最后还接了岳父的班成为国王。

大家这时有点疑惑了，整个特洛伊战争一直到埃涅阿斯离开迦太基，旷日持久，声势浩大，期间生灵涂炭，死人无数，到底大老板宙斯怎么想的呢？以他老人家的神通，应该是举手间就可解决所有的“杯具餐具”，而其他的神仙跟着掺和也貌似唯恐天下不乱，没一个是为和平努力的。这一切究竟是为什么？其实，上面这一场混乱真正的起因是：地球上人口越来越多了，大地之神不堪重负，请求宙斯帮忙，于是奥林匹克山的诸神精心安排了一出好戏，达到了目的，还娱乐了自己。从这个故事我们知道，造物之神给人类设定了生殖功能，保障繁衍，再增加了忌妒、贪婪、报复这些基因，让人类每到合适的时间就自相残杀，以减轻大地的负担。

六　罗马的“狼图腾”

前文说到埃涅阿斯带着特洛伊的复兴使命要到新的土地建立新的国家，他坐享其成，娶了个公主，直接接手了别人的产业，少奋斗30多年。埃涅阿斯死后将王位传给儿子，儿子传给孙子，传了好几代，这一年，努米托尔做了国王。

虽然此时的国家也不过就是个稍微发达点的部落，氏族公社，国王最多相当于乡长，但后来西欧此起彼伏的宫廷阴谋就已经开始启蒙了。争权夺利这事，几乎是存在于每个人的血液里的。努米托尔登基后不久就被他弟弟阿穆里乌斯篡了位，他把下了台的哥哥驱逐出境。为了杜绝后患，他将哥哥唯一的女儿，也就是自己的侄女西尔维娅送到神殿做祭司，祭司中文叫尼姑，六根清净，不准恋爱结婚。阿穆里乌斯自以为用了一个聪明而仁慈的法子让他哥哥这一族绝了后，以后就没人找自己麻烦了。不过呢，人算不如神仙算，战神阿瑞斯自然是不怕遭报应的，管她什么尼姑、贞妇，他喜欢就可以发展超友谊关系。战神偶尔光顾神殿的结果就是，西尔维娅生下一对双胞胎。战神这臭小子始乱终弃，双胞胎一出世，他就消失得无影无踪了。

阿穆里乌斯的如意算盘落空，气得杀人，西尔维娅可以杀，战神这两个儿子他可不敢随便下手啊，怎么办呢？他找了个大盆，将这两个孩子放进台伯河，让他们顺流而下，看看能不能靠自然力量整死这两个孽种。

事实证明所有被丢在河里漂流而不死的婴儿都能成大事，比如唐玄奘也被遗弃在河里，没死还成佛了。这对双胞胎下水时正值汛期，他们顺着滔滔江水一直漂到下游，在岸边一个地方搁浅。两个孩子的哭声惊动了附近的一只刚产仔的母狼，它不仅没吃他们，还过来喂他们奶吃，经过的一个放牧人很快发现了这一幕，狼奶妈一走，他赶紧把这两个孩子捡回家去了。

这两个婴儿跟着牧人夫妇在一个村子里长大了，因为有战神的血统和狼的营养，他俩骁悍异常。当时环境下，有一把子傻力气会干活会打架就是好青年，所以这对兄弟很快在村里组织了一个帮派聚啸山林。动作大了，就惊动了国王，后来因为国王的追捕，两人身世曝光，一种使命感油然而生，带着自己已经小有规模的打架队伍，杀回王宫，推翻了篡位的叔公，还找到被下放的外公，让他重新执掌了乡长之位。

两兄弟一个叫罗慕洛斯，一个叫瑞莫斯，重新成为王子后的兄弟俩不愿在外公家里混，他们回到当年母狼哺育他们的地方，传说是一夜之间就建了一座新的城池。兄弟俩都想用自己的名字为这个新城命名，本来这种事，抓阄或是猜拳都能很快决定，可他俩更愿意接受神谕，两人各跑到一座大山上向远处眺望，接收神的安排。哥哥看见 12 只秃鹫从头顶飞过，弟弟看见 6 只秃鹫从头顶飞过。不管这种迷信活动的规矩是什么，显然哥哥的优势是明显的，但弟弟坚持认为，秃鹫是自己先看到的，耍赖，不同意比赛结果。哥俩各自造了一部分城墙，弟弟为了表示哥哥的城墙没自己造得高，就在他哥哥施工的地方上蹿下跳，张牙舞爪作猴子状，以达到羞辱哥哥的目的。结果目的达到了，他哥哥果然被激怒，二话不说就砍掉了弟弟的脑袋，这样患难与共的兄弟，居然是不能开玩笑的。弟弟已死，哥哥当然就是新城唯一的主子，用自己的名字为它命名吧，这，就是罗马城！地球历史上最华丽奢靡的古都之首就这样出现了。母狼哺育两个幼子的图案成为永恒的罗马标志，母狼更成为古罗马的图腾。根据考古学家瞎猜得到的结论，罗马城建成的时间是公元前 753 年 4 月 21 日，这么精确的时间也不知是怎么算出来的。那是咱家的东周时代，各路诸侯已经开始预备将中原变成战场了。

罗慕洛斯成为罗马之父，第一个君王，埃涅阿斯的后代终于完成了宙斯交代的任务。

上面这个建城说，只是个神话故事，全世界的人往自己脸上贴金都自称神族之后，其实罗马真正成为城邦时，人种是很复杂的。希腊移民算是来得比较晚，最早的居民是来自非洲的利古里亚人。意大利人的祖先来自七八个地方，列出名字和来历容易糊涂，就不仔细说了。不管罗慕洛斯是不是战神的儿子，反正意大利人认他为祖先，咱们也不好有意见，随便他吧。

罗 马 篇

一　王政时代

罗慕洛斯绿林出身，当了王最看重军队建设。罗马作为一个新城，吸引了很多流浪的、无所事事的人入住，罗慕洛斯来者不拒，投奔来的都接受，很快组织了强大的军队。可很快他就发现不对了，来的都是男的，罗马城里的性别比例日趋失衡，满大街走的都是光棍，能娶上媳妇的会招很多人嫉恨，大闺女不敢上街乱走，有人抢亲。罗慕洛斯预备将罗马城万世光大下去，老百姓如果绝了后，这万世基业也就没了。他赶紧派媒公（女人不够，所以没有媒婆）到周围其他部落城邦去找花姑娘，游说她们嫁到罗马来。那时的罗马在亚平宁半岛上算是个老少边穷的地区，谁家的姑娘愿意嫁过去受苦啊，媒公在罗马周围的大小城邦转了一圈，有婚姻意向的一个也没有。罗慕洛斯智商高，很快有主意了，他对外宣布罗马建成要开个庆典，他杀猪宰羊地请客吃饭，摆流水席，让罗马隔壁的萨宾部落全过来白吃，特别注明可以带家属。这下好了，萨宾人听说白吃白喝，大喜过望，赶紧扶老携幼地过来蹭饭。一进罗马就发现中计了，流水席没吃上，罗马军队抄家伙招呼他们，男的全部打出去，女的留下，以最有效的手段解决了罗马城男多女少的问题。萨宾人饭没蹭上还丢了婆娘，这口窝囊气差点让他们集体吐血。萨宾人也顾不上吃饭了，得集合军队把婆娘、女儿、妹子之类的抢回来啊。

罗马和萨宾为这事正式结仇，见一次打一次，前后打了四次。此时的萨宾人忘了，这么长的时间，萨宾女人留在罗马男人手里，生米早就煮成熟饭。所以在第四次两边打架打得热闹的时候，突然有一群萨宾妇女抱着孩子冲上了战场，对这些女人来说，罗马和萨宾都是亲人，任何人的伤亡都不是好事。在她们的苦苦哀求下，双方总算是决定停战，现在两边有些打断骨头连着筋的暧昧关系了，怎么办？结盟吧，罗马和萨宾成为盟友兼同伙。

罗慕洛斯的死亡是个谜，传说平地起了一阵大风，这个伙计就消失了，后来意大利人自己说是上天接了父亲的班成为战神。他这样一走，给后来的罗马立了很好的规矩，王位大部分都不世袭。

在罗马最初的时代，整个国家的权力由三部分组成，军事元首（也就是王）、元老院和公民大会。王的形象地位大于实权地位，最多算个最高法官或是最高祭司；管理国家的各项政策条例由元老院决定，元老院基本由罗马的各氏族头目构成，日常的国家大事都由他们商量着办；而公民大会则是所有氏族的成年男子参加的会议，选举新的王或是发动战争、制定或废除新法律这些要紧事，是要公民大会投票的。现任的王死去或是被风吹走，元老院会临时提名一个代班的，5 天之内，公民大会选举下一个王出来。这种上古时代的民主听起来颇令人神往，其实元老院是可以操控公民大会的，王不能世袭，那些氏族部落的头目却是世袭的，这些人后来都成为罗马的贵族，而在罗马历史上，贵族的力量一直是绝对的主导。

从罗马建成一直到公元前 509 年，历史上称为王政时代，共经历了包括罗慕洛斯在内的 7 个王，挑有故事情节的大概讲讲这“七王时代”的故事吧。

第三个王时期，罗马跟邻居阿尔巴年年征战，两边的国王都觉得这样打下去两败俱伤，老百姓流离失所，谁也没占到便宜。最后两边达成协议，搞个“华山论剑”，各派高手比武，赢的那一边，就成为两国的王。

当时正好罗马和阿尔巴都有一组三胞胎兄弟，还是同时出生的，所以就让这 6 个人代表各自的国家打架。斗殴开始不久，罗马的三胞胎兄弟就被干掉了两个，剩下那个毫发无伤，可阿尔巴那边的三兄弟虽然各自都受了伤，却都活着。再打下去，罗马这边的就要以一敌三，显然不是人家的对手。罗马这个小伙子很聪明，他假装害怕开始逃跑，因为不杀光不算赢啊，所以阿尔巴的三兄弟赶紧追。这三兄弟都有伤，轻重不同，受伤轻的追得快，受伤重的落后，很快三人就分开了。罗马士兵立即掉头回来，一对一各个击破，将阿尔巴三兄弟全部收拾掉。从此，罗马国王也是阿尔巴国王，等于是将阿尔巴并入了罗马。

第六个王塞尔韦乌斯时期进行了改革，完成了古罗马从氏族公社向一个正式国家的过渡。

第六个王有个女儿，骄奢残暴，贪婪成性，找个老公跟她一路货色，两口子每天在家里计划篡夺王位的事。这位叫塔克文的驸马策划了一段时间，眼看着各方面条件都成熟了，就带兵杀进王宫将岳父杀掉，自己接班做了罗马王。

塔克文是罗马王政时代第七个也是最后一个君主，出名的昏君，他两口子篡位的原因就是对财富和地位贪得无厌，所以横征暴敛、大兴土木、穷兵黩武这些个昏君标准动作他全都有。当时罗马城最大的贵族反对他，被他杀掉，家里留下个小儿子卢修斯，这小子为了逃脱这种灭门之灾，开始装疯，应该是装得很像，以至于塔克文放了他一马而留下后患。罗马前几个王都挺温和的，冷不丁出个暴君，老百姓还一时不知怎么办。好在昏君一般都不是个会教孩子的爹，昏君养出来的孩子大部分时候会犯昏的。

话说塔克文带领罗马将领出外征战。那时候的征战不论是规模还是态度都跟找邻居打群架没啥区别，白天打仗，晚上在寂寞的军营大家就找乐子。这一天，罗马将士估计是斗地主斗腻歪了，开始聚集在王子的大帐里神聊各自的老婆了（一群老男人扎堆，不聊女人就不正常了）。罗马男人厚道啊，不说老婆是人家的好，每个人都把自己的老婆夸成一朵花，其中有个叫克拉廷努斯的更是说自己的老婆鲁克丽斯贞洁贤淑，天下无双。口说无凭，鉴于自己夸自己的老婆没有说服力，这帮没事干的罗马军事干部居然集体从前线返回罗马，就为突击查自己老婆的岗！查岗的结果让所有的老公都很自豪，因为他们远征打仗，老婆在家绝对没有郁闷或者封闭，这些军官夫人都在各自的 party 上 high 呢，还有不少在别人的床上 high 呢。唯一的异类就是克拉廷努斯，他的老婆鲁克丽斯居然跟侍女在家里纺线！罗马军官的眼中，烛光中的她闪着圣洁的光泽！这光泽折服了所有的罗马军人，其中还包括王子。王子自然是塔克文的儿子，塔克文夫妇可以弑父篡位，估计血统里没啥善良的遗传。其他罗马男人被鲁克丽斯折服了，回家以她为榜样教导自己的老婆，王子的想法不一样，他在前线想了几天，居然偷偷回到罗马，趁夜拜访鲁克丽斯，并在留宿的当晚将她奸污，然后天不亮就逃之夭夭！

鲁克丽斯还真是个三贞九烈的女子，不论后来的罗马妇德沦落到何种程度，鲁克丽斯绝对可以进入罗马烈女传！第二天她找回父亲和老公，然后在城堡上，当着许多罗马百姓的面讲述了自己的受害经过，然后一刀捅进了自己的胸膛，血溅当场！整个罗马震惊了，罗马人有奇异的道德观和正义感，苛捐杂税可以忍，独裁残暴也可以忍，滥杀无辜、草菅人命也忍了，唯独是强奸别人的老婆不能忍。反对塔克文，让他“下课”的呼声越来越高。这时，那个贵族公子卢修斯不再装疯了，跳出来公开控诉塔克文的罪行，并带着鲁克丽斯的遗体进入城中，将罗马人的义愤掀到顶点，罗马人找到了组织，立即推举卢修斯为首领，占领了王宫，并将塔克文一家驱逐出境。

塔克文下台后，罗马人对独裁深恶痛绝，对“国王”这个职业产生莫名的厌恶，所以共同决定，以后就不要设这个位置了，罗马没有王，选两个执政官出来，一年一换，权力相等，互相制衡，一个可以宣布罢免另一个，从这时候算起，罗马共和国时代开始了。

二　高卢人的入侵

我们原来经常说“德国法西斯”“日本法西斯”，眼看着“法西斯”这个东东又要活跃在街坊。在我们知道的名词解释里，“法西斯”这个词大约就是代表残酷、粗暴、灭绝人性，到底这个词是怎么来的呢？其实这个词是原装的意大利货，古罗马出品，绝对有血腥保证。

古罗马时代，“法西斯”是一种刑具，跟中国的老虎凳、辣椒水同类，它是一根束棍，将很多有韧性的木条绑在一起成为一个整棍，中间插着一把利斧。这个刑具的操作方法是，先用这根束棍没头没脸地照人身上乱打，打得皮开肉绽站不起来之际，抽出斧头一家伙剁掉脑壳。在古罗马时期，执政官出巡，身后会跟随 12 名侍卫，扛着这种刑具，而用“法西斯”执行刑罚，是执政官的权力，所以它逐渐成为古罗马最高权力的象征。1921 年 11 月，意大利猛人墨索里尼组成一个新的反动党派，这个党派用“法西斯”做党名，以黑衫做制服，用罗马执政官的“法西斯”图案做党徽。随着墨索里尼的江湖名声越来越差，“法西斯”这个名字就沾上我们现在理解的意思了。

“法西斯”这种刑具比较极端，一般国家都认为死者最大，既然已预备执行死刑，之前不太会暴打一顿，多半会给安排一顿大鱼大肉的断头饭吃，酷刑大多也不是为了杀人，像罗马这种折磨到半死再执行死刑的刑罚比较罕见，充分显示了罗马人疾恶如仇的性格。

前文说到，古罗马王政时代结束了，进入了共和时代。罗马共和国是真正三权分立的，执政官、元老院和部族大会，各司其职，这是现代西方议会制的渊源。元老院在贵族中选了两名执政官，一个自然是领导推翻塔克文政权的卢修斯，另外还有一个贵族。

这两个执政官上任不久，被驱逐出境的塔克文国王就卷土重来了。他暗中勾结了一些对新生的共和国体制不满的贵族子弟，组织了军队，预备杀回来恢复独裁的糜烂生活。这个共和制的国家是全罗马人民的选择，当然会受到全体老百姓的保护，很快塔克文的阴谋就被发现，罗马人民将塔克文收买的预备做内应的贵族子弟抓了出来。这几个贵族子弟被押上广场时，现场顿时安静了，因为大家没想到，这里面的头目，两个是执政官卢修斯的儿子，而另两个是另一个执政官的外甥！

在罗马市民的注视下，两名执政官各带着 12 名侍卫来到了广场，卢修斯的儿子承认了自己叛国的罪行，并泣不成声地祈求父亲原谅。卢修斯没有任何表情地宣布，自己两个儿子叛国罪成立，按律现场执行“法西斯”。卢修斯身后的侍卫开始用束棍抽打执政官的两个儿子，很快就血肉模糊，没有人样，打得差不多时，将他们扶住跪下，用束棍中的斧头切掉了他们的脑袋。整个过程，卢修斯的脸上一直坦然而冷漠，就如同这两个人完全跟他没有关系。轮到另一个执政官审自己的外甥了，看到整个“法西斯”的执刑过程，这个执政官不忍了，竟要求大家将他两个外甥放逐，而不要处死他们。你说这伙计多傻，人家卢修斯连自己儿子都杀了，怎能放过你外甥？所以他的求情直接变成了小丑表演，卢修斯替他宣布了执刑，两个外甥被“法西斯”处死。

事情结束后，卢修斯这种铁面无私、大义灭亲的冷酷形象受到全罗马人的支持和拥护，民调支持率节节上升，而另一个执政官做了小丑后，被所有罗马人唾弃。不久，卢修斯提议罢免了这个同行。本来执政官退休可以进元老院，可这个执政官直接被赶出了罗马城。由这件事可以看出罗马人对这种刚性司法的认同，民主和法制成为古罗马战车的双辙，是后来古罗马驰骋欧洲、称霸世界、创下壮丽版图的重要基础。

古罗马人可能是当时全世界最自由的人民，已经如他们所愿成立共和国了，执政官也一年一换了，没人敢独裁了，可是他们还不满足。罗马有贵族、平民和奴隶三种人，最不可开交的社会矛盾就是平民不能容忍贵族权力太多，因为所有国家机器中，元老院的权力无疑是最大的，而元老院全部由贵族组成，所以古罗马共和国的民主，是对所有贵族的民主，只要这帮人结成一党，国家的大小事都可以左右，以至于平民不断地要求改变这个现状。整个罗马共和国的历史，就是一部平民与贵族拔河的历史。

罗马共和国刚建立时就跟邻村不对付，要打架，可打架要人啊，没想到所有平民商量好了，行动默契、整齐划一地带着家伙离开了罗马城，拒绝帮贵族出征。罗马贵族被整得没办法，只好低下高贵的头颅开始谈判，结果是不得不同意设立保民官这个职位，负责保护平民的利益不受贵族侵犯。保民官权力很大，可以在各级别的事情上否决贵族的提议，当然是打着维护平民利益的旗号。后来又同意由平民和贵族联合组成立法委员会，废除了贵族与平民不能通婚的规定，再后来，两个执政官中必须有一个出身为平民。早先罗马有个缺德规定，平民一旦破产，就变成债务奴隶，这个条例被所有平民深恶痛绝，所以最后这一条也被废除了。厉害吧！这是公元前494年到公元前367年发生的事，没有武装暴动，也没有学生运动，平民就这样在柔性的抗争中逐步争取自己的权益，改善自己的待遇。那时的中国是战国时代，印度是难陀王朝，埃及和两河流域正忙着摆脱波斯的侵略，谁家的老百姓敢跟政府叫板要求自己的公民权利？！大家能想象战国时代，战国七雄中能有一个国家的老百姓集体抗议，要求国家给予自己参与立法或否决各种法规的权利吗？老杨相信，就算当时真有一个思想超前了2000年的君王，他愿意给老百姓这样的公民权利，中国的老百姓恐怕也不太敢要。

罗马共和国开始也不过是个城邦小国，土地有限。原来的规矩是掠夺来的土地只有贵族享有分配权，自从平民地位不断提高后，他们强烈要求把抢来的土地，也要给他们分一点。这下僧多粥少，不够分了，怎么办？多抢点就行了，所以罗马共和国开始大举扩张了。

先是在亚平宁半岛上，从北打到南，公元前3世纪上半叶，意大利基本被罗马合并。这其中最大的挫折就是被高卢人欺负了一次。大家看地图，意大利北部横亘着欧洲最雄伟的阿尔卑斯山，山北面住了一群凯尔特人，他们有一个部落翻山过来在意大利西北部住下，凯尔特人被罗马称为高卢人，进入阿尔卑斯山南部的这一支就被称为山南高卢，当然没翻山过来的就是山北高卢，大家记住这些高卢人，他们也是欧洲历史上的重要人物。罗马对高卢的战争是罗马战争史上最精彩的篇章之一，两边第一次交锋，是在公元前390年。

山南高卢敢翻越天险到全新的世界找生活，绝对不是省油的灯。他们在新的土地上站稳脚跟后，自然也有扩大居住环境的需要，所以他们就对附近的一个小国下手。这小国被欺负了几次后，向自己的多年老邻居罗马求救。当然罗马帮邻居出头绝不会出于街坊感情的考虑，他们感觉到这是个向西北扩张势力的大好机会。于是派出 3 个人组成的调解团，到小国去解决纷争了。

这 3 个罗马人的调解立场根本是不公正的，他们来的目的就是帮着小国撑腰，所以耀武扬威地命令高卢人退兵。谁知这些高卢人根本没把罗马放在眼里，还告诉罗马人，打完这个小国，他们就直接南下收拾罗马。高卢人的嚣张让骄傲惯了的罗马人火大，其中一个使节是神射手，他干脆一箭射死了一个高卢酋长出气，事后高卢人要求罗马交出凶手，罗马坚决不干。这下马蜂窝炸了，高卢首领亲率大军狂风般扑到罗马城下，在台伯河一条支流上与罗马决战。

这是罗马人第一次面对高卢人，这支光着头的军队如狼似虎，打架玩命，据说如果是砍掉了罗马人的胳膊，高卢人敢直接拿起来啃着吃进肚里！这种猛兽般的疯狂把罗马人吓坏了，从没想过地球上还有这种生物。没几个回合，罗马大军就全部被赶进河里，被激流吞噬。剩下的卫戍部队丢盔弃甲逃回罗马城，带领元老院、执政官等爬上一座山冈躲避。罗马城门大开，高卢人毫不客气进来溜达。也没把自己当外人，烧杀抢夺狠狠地干了一天。那是公元前 390 年 7 月 18 日。后来罗马把这一天定为罗马的国耻日。

对于躲在山上的罗马高层，高卢人也不想放过，打了几次没成功后，他们决定以逸待劳了，一部分人围住山冈，一部分人继续抢劫。那山上一时也种不出粮食来，围他们几个月，粮食、淡水用尽时，自然就投降了。藏在山上的执政官不能坐以待毙啊，他找到一个勇士，让他从山上的密道下去，出城联系援军。可惜这个勇士刚落地就被高卢人干掉了，还把这条密道暴露了。高卢人捡到宝贝，一边狂笑，一边设下了半夜顺密道上山，偷袭山上的罗马人的计划。

计划真完美，十几个高卢勇士无声无息地向罗马人山顶的驻地前进，他们知道只要将山上这些罗马人干掉，罗马共和国基本就可以宣布亡国了。眼看就要到山顶，四周一片深邃的寂静中突然传来几声刺耳的鹅叫，“嘎……

嘎……”这样的夜晚，传来这样突兀的声音，正在向山顶攀登的高卢人吓得差点掉下山去，很快，这凄厉的鹅叫声将熟睡的罗马人惊醒，大家捡起板砖，抄起板凳，脱下板鞋对着高卢人砸过去，偷袭的高卢勇士掉头就跑。

好好的，山上怎么会有鹅呢？原来，这是罗马人供奉给女神的祭品，被围困的那些日子，罗马人自己缺少吃喝，却依然喂养着一只白鹅，可见这种虔诚是有用的，后人称这一段为“白鹅拯救罗马”。此后，白鹅在罗马的地位异常尊崇，成为最受欢迎的动物。

罗马人宁死不降，僵持了几个月，高卢人围困罗马，眼看就要奏效，谁知天降横祸，军中突然暴发瘟疫了。

高卢人卫生习惯不好，吃生肉、喝生水，上完厕所不洗手，掉到河里才算洗回澡，军中流行疫情是自然的。传闻一夜之间死了几千人。躲在山顶上的罗马人一听到这个消息，心中乐得开了花，派个代表哼着小曲走下山来，大模大样地要求跟高卢人和谈。

高卢的首领对围城前景也不乐观，答应撤军，条件是罗马支付 1000 罗马斤黄金的军费，相当于现在的 300 多公斤黄金，可怜罗马城已经被洗劫得相当干净了，现在还要把藏在鞋垫下，缝在内裤里的私房钱全部交出来。交接黄金时，量具是高卢人提供的，罗马人称了几次就发现很有问题，于是抗议高卢人做手脚。人家高卢人不受理投诉，只是拔出剑来摆了个 pose，罗马人基本就没脾气了。稀里糊涂赔了一堆金子，高卢人扬长而去。

罗马被这一次折腾伤了元气，窝在家里韬光养晦了十几年，修复城墙，整饬家园，最重要的是实行了有效的军事改革，扩充军队、增加兵种、加强政治思想建设。应该说，如果没有被高卢羞辱的这一仗，也没有后来在扩张中勇猛善战的罗马军队了。

罗马在公元前 3 世纪已经拥有了意大利的大部分地区，但并没有强行将它们整合成一个国家，那些小国对于罗马基本是同盟或是臣属，“分而治之”。这种开放式的管理模式，使所有被征服的小国基本维持了原状，不用改户口，不用换护照，省了很多琐碎事务，感念罗马的天恩浩荡，所以紧密团结在它周围。就这样一个繁荣、强盛、民主的大国傲然雄踞在地中海北岸。

地中海风水好啊，像罗马这样的国家，海对岸还有一个，那就是迦太基王国。还记得狄朵女王和她临死的诅咒吗？这样凄厉的诅咒，地中海那些波涛和海浪都不会忘记的，埃涅阿斯和狄朵的爱恨情仇，需要他们的后人用血与火来了结。

三　地中海的真正霸主

迦太基的发展完全是因为他家地段好，背靠北非大陆，面向广袤的地中海，一边在大陆上种庄稼，抓奴隶，一边通过海上贸易向四周贩卖产品。产供销一条龙，还有专门为保护贸易建立的强大海军，军舰护航，超级物流保障，所以一直以来，地中海有两大霸主，东边是希腊，西边就是迦太基。这两条大鲨鱼为了独霸这个海域，翻江倒海厮咬了几百年。后来，希腊诸城邦内部打群架，把自己打残废了，迦太基乘势收编了整个地中海的势力，成为海上的寡头。

看地图，在罗马和迦太基之间有个岛，叫西西里，它是地中海最大的岛屿，一直以黄金海岸的旖旎风光和肥沃土地的丰富物产闻名于世，现在更出名的是因为这是黑手党的老巢。西西里岛孤悬在地中海中央，像块宝石闪烁着悦目的光华，左邻右舍谁会不想把它据为己有呢！如同乱世中的美女，比如陈圆圆，哪个男人称霸，她就会被送进这个男人的卧房，成为该男人成功的标志。西西里岛也是红颜薄命，千百年来，地中海上哪个国家强势，哪个国家就将它收入自己的版图。

西西里岛最先是希腊的别院，大量的希腊人向这个小岛移民，希腊残废后，自家大院都照看不了，顾不上这别院了，迦太基毫不客气地到岛的西部占了块地盘。

西西里岛和意大利之间的海峡上，还有些零散的小城邦，有一天，其中一个小城邦发生了叛乱，雇佣兵造反，小城邦解决不了这么大的事，只好求左邻右舍帮着调解。左邻和右舍都没安什么好心，巴不得有这样一个机会揩油，说是来帮忙平乱的，最后的结果是这两个劝架的邻居打起来了。这两个邻居一个是罗马，一个是迦太基，罗马人叫迦太基为“布匿”，所以这场上古时代军事发展史上有重要意义的战争被称为“布匿战争”。这两边还真不是随便打打这么简单，缠斗了100多年，共打了三次。

刚才说为了帮别人家解决纠纷而打起来的是第一仗。其实两边都知道，对方这么兴师动众地打架，不过都是想霸占西西里岛。

攻占海岛是打仗中的大考，必须水陆两栖作战，陆军和海军都要有很强的实力。罗马拥有久经考验的强悍的陆上武装，可在海上，迦太基称霸地中海这么多年磨炼出来的海军也不是浪得虚名，所以第一次布匿战争开始的格局就是，罗马在陆上将迦太基揍了，迦太基在海上欺负罗马没商量。好在罗马人聪明啊，他们很快找到问题所在，原因就是没有迦太基那么高级的战船。正好，罗马人在岸边捡到一艘迦太基搁浅的战船，大喜过望，赶紧拖回去盗版。请了些希腊工匠，倾举国之力复制出了100多艘跟迦太基一样的战船。罗马人不光会盗版，他们在学习的基础上勇敢地搞技术革新，开发了后来让罗马人扬威海上的神奇武器"乌鸦吊"。其实就是个长吊桥，敌船靠近时，这个吊桥直接搭上对方的船头，孔武有力的罗马士兵就可以跳上敌舰跟对方展开白刃战，这样一来，等于将海战变成了陆战。

新战舰和新技术的使用，让罗马人很快就在海上找回了威风，这些后来被称为"乌鸦战舰"的罗马战船已经不满足于在西西里岛附近称雄了，它们悍然大举渡过地中海，直接攻打迦太基本土。第一次布匿战争最后以罗马打胜结束，迦太基割地、赔款，罗马人将西西里岛收进口袋里，并掌握了地中海西部的制海权。

失败的迦太基并没有被完全打废，在家里喘了几口气，休整一下后，又开始厉兵秣马预备找罗马拿回失去的土地。第二次布匿战争几乎是迦太基国在世界历史上的最后一场大戏，所以上天为他们安排了一个伟大的男主角，让这个男人伴随着这个消失的古老王国名垂历史，这个男人就是上古时代最了不起的军事统帅汉尼拔。

汉尼拔出身军事世家，他父亲参加过第一次布匿战争，迦太基的陆上战斗能力比罗马差远了，可汉尼拔老爸率领的步兵却是打赢过罗马的。汉尼拔要求加入作战时，他老爸将他带进神庙，让他发毒誓跟罗马人势不两立，死磕到底。汉尼拔父子俩在第一次布匿战争失利后出兵伊比利亚半岛，在那里建立了新的迦太基城，并以那里为据点，向罗马进攻。

第二次布匿战争开始于公元前218年，汉尼拔改变了战术思路，他决定跟罗马人在陆地上决一胜负。大家看地图，汉尼拔的军队越过比利牛斯山和阿尔卑斯山两座天险，5个月的时间，行军1600公里，进入意大利北部。神兵天降，罗马人怎么也想不到，还有人绕这么远的路来打架，尤其是还带着大量的战象！

随着汉尼拔军队的节节推进，意大利半岛北部的同盟国和臣属国不堪迦太基这样锐利的兵锋，纷纷倒向汉尼拔，直接跟罗马反目。从汉尼拔成功越过阿尔卑斯山那一刻起，罗马军队基本就是节节败退，情势紧急之下全国总动员，招募了一支罗马共和国历史上最庞大的军队，总数超过10万人，由两个执政官亲自率领，开到已被汉尼拔占领的坎尼城下。

这一仗，江湖人称“坎尼会战”，是世界军事史的教案之一，这个战役要是被咱家那个写兵法的孙子同学知道，他怕是要捧着兵书晕半天的。“孙子兵法”有云：“十则围之，五则攻之，倍则分之。”意思是你如果有超过对方十倍的兵力，就围歼他；五倍的优势就大胆进攻；两倍的优势就夹攻。这是个很保守的战法，如果给汉尼拔知道，就笑掉大牙了，因为这个不读兵法的哥们儿，硬是用自己的5万兵力包围了罗马的10万大军，而且歼灭了其中的7万人。这一天成为罗马战争史上最惨痛的失败记忆，还创下了单日单次战役伤亡最大的世界纪录，罗马30%的元老院成员死于此役，这一仗也让年轻的汉尼拔成为古代战争史上最耀眼的将领。

罗马还是底子厚啊，迦太基打到家门口了，他们还是有反手的实力，虽然很多同盟投降了汉尼拔，但大多数意大利同盟还是跟罗马站在一起的。汉尼拔这样远距离征战，补给和援兵是必须解决的问题，如果当地老百姓不搭理你，将土豆和红薯藏起来，壮丁（雇佣兵）也抓不着，这样就很难维持下去。时间一长，迦太基军队就发现有点撑不住。又加上汉尼拔虽然不按兵法行事，罗马人却是读过兵书的，知道围魏救赵的道理。既然迦太基的军队打上罗马的土地，罗马自然也可以打进迦太基，汉尼拔再厉害也不能分身吧。很快，汉尼拔接到了本部受袭要求回援的命令，大军千里奔袭回师驰援。结果嘛，可想而知：这些迦太基士兵磨破了脚板，累得吐血，回到家后，大势已去。

迦太基向罗马投降，这一次降得比较真诚，除了巨额赔款，还割让了所有海外的土地，将整个舰队拱手让给罗马。罗马人厚道啊，没全要，地中海不是有海盗吗，给你家留 10 艘船打海盗吧，不许再造新的战船了啊，没有罗马允许，迦太基不许设置军队。

虽然是赢得很彻底，可汉尼拔留给罗马人的伤痛太深刻了，所以后来罗马人一直不放过他，终于逼他在异国他乡服毒自尽。

第二次布匿战争过后的 40 多年，眼看着迦太基经济慢慢又有点起色，罗马觉得这个肉中刺不拔掉，自己睡觉不安稳，干脆把这国家直接灭了，省得又有个汉尼拔冒出来。这第三次布匿战争没有任何实质性的起因，就是因为罗马要斩草除根。

公元前 149 年，罗马突然出兵围攻迦太基，迦太基人砸锅卖铁顽强抵抗了 3 年，最后以罗马人攻入城中，血洗了这个国家而告终。这一次罗马心狠手辣消灭得非常彻底，不仅屠城，还把所有的港口破坏，传说为了不让这个地区再有任何生机，罗马人还往土地里撒盐，让这里再也种不出庄稼，真是断子绝孙的玩法！

三次布匿战争打完，迦太基这个富强的古老国家基本算是消亡了，罗马成为真正的地中海霸主，可在陆上还有敌人，比如马其顿帝国！（写罗马史就是写打仗）

布匿战争中有一个重要花絮，一定要说一下。

第二次布匿战争时，罗马军队进攻西西里岛的叙古拉城吃了大亏，叙古拉城里伸出些带着挂钩的古怪长臂，抓起罗马的战舰，甩在岩石上砸得粉碎；城里还有些不知名的怪物，会吐出火球、巨石等东西；最恐怖的是，停泊在海面上的罗马战舰，经常莫名其妙就着了大火。所有的罗马士兵都在传说叙古拉城里有鬼或者有神，反正是人力不能对付的东西，这种仗不能打。好在这支罗马军队的将军马塞拉斯是个不信邪的，他很快搞清了事实真相，原来叙古拉城里啊，果然住着神仙，这个神仙就是大数学家阿基米德！

阿基米德的故事不用说了吧，他是国王的亲戚，他最著名的事迹就是通过发现浮力原理解决了国王的皇冠质量问题，最牛的名言是：“给我一个支点，我要撬地球玩！”老伙计一直拿国家科技扶持基金从事各类研究，上面那些把罗马军队打傻的玩意儿都是他的创造。罗马军队远距离着火，据说是他召集了大量百姓用镜子聚焦的结果。罗马将军当时无奈地说了一句话：这是罗马舰队与阿基米德一个人的战斗，可是还赢不了他。

了解了内幕后，罗马人心里反而踏实了，阿基米德虽然是个神人，可毕竟不是仙，他要吃饭啊。所以后来的罗马军队不跟叙古拉城直接交手，开始围城，3 年后这个小国终于弹尽粮绝，罗马士兵趁着守军麻痹大意攻陷了城池。

罗马的将军进城第一件事就是找到阿基米德，他倒不是要找人家报仇算账，而是对这位老人家多少有些崇拜，所以让一个士兵专门去请他来见面恳谈一下。罗马士兵都是些粗人，这个士兵大大咧咧地就冲进了阿基米德的研究室，耀武扬威地要求阿基米德跟他走。当时的阿基米德不知道在证明什么理论，反正是全神贯注，根本不知道罗马人已经破城，作为一个 75 岁的老知识分子，长期养尊处优的，哪里跟野蛮的罗马士兵打过交道。阿基米德傻兮兮地还抱着他那些题板、图纸啥的。他对士兵说："保持安静！我要先证明完这个理论！"士兵哪知道一个数学家的书呆子气啊，只知道自己过来请他，老头居然不给面子，暴怒之下，一剑就结果了老头的性命。

罗马将军好心办了错事，懊恼异常，虽然杀掉那个蠢大兵，可阿基米德这样的天才却再难得了。罗马厚葬了这位历史上最杰出的数学家，为他建造了带有几何图形的墓冢，总算让西西里岛除了黑手党的坏名声之外，还带了点上古时代的智慧之光。阿基米德、牛顿、高斯被认为是历史上最有影响的三大数学家。

四　斯巴达克起义

罗马共和国的扩张之路是很艰苦的，除了上面说的三次布匿战争，还跟希腊的马其顿王国打了四次，巧妙利用希腊诸城邦之间的矛盾，终于将马其顿剿灭，跟迦太基一样，将之收为罗马的行省。之后，罗马又跟叙利亚打架，将势力推进到西亚。公元前 2 世纪左右的罗马共和国，已横跨非洲、亚洲、欧洲，雄踞地中海，成为当时世界上最霸道的大国之一（那时的中国是秦汉时代）。

古时候打仗没有优待俘虏这一说，冷兵器时代血肉横飞，要么胜利，要么战死，俘虏绝对是很低贱的，所以一落在敌人手里，基本命运就是沦为对方的奴隶。罗马连年征战，经常打赢，家里这种性质的奴隶越来越多，古罗马人在娱乐方面对世界文化是有特殊贡献的，是暴力美学的先锋派代表，而且，他家在情色方面对世界艺术的贡献也是比较大的，这事以后再说。

罗马的贵族打架之余发明了“角斗”这种玩法，不是每个贵族都分到一些战俘奴隶吗？贵族会在这些人中仔细挑选，高大英俊、肌肉健壮的有福了，不用到农庄里干活或是喂猪，可以进学校进修。修什么呢？专业学厮打。毕业之后国家安排就业，平时基本是戴着脚镣，被关在笼子里，到重要日子，贵族会把自己培养出来的角斗士打扮漂亮，给他们配上短刀、匕首、盾牌等物，到角斗场让他们互相厮杀，代表各自的主人出战。场外除了看热闹，自然也可以投注，娱乐博彩业显示了勃勃生机。打赢的角斗士奖励他吃饱关回笼子里。打输而没被打死的则由女巫之类的神职人员决定命运，她的大拇指向上，这人还能活着下次再打，如果她大拇指向下，现场就欢声雷动了，因为所有人到角斗场晒半天太阳看打架，最渴望的结果就是就地处决战败者，没看到手起刀落人头飞起、血花喷薄这个高潮画面，观众是要退票的。神职人员出于收视考虑，一般会满足观众要求，让战败者就地被残杀，观众大呼过瘾，罗马社会一片和谐。

这一年，在马其顿战争中，有个叫色雷斯的希腊人被俘了，他的名字叫斯巴达克，此人出身希腊城邦一个上等家庭，除了长得高大俊美，虎背熊腰，还受过很好的教育，举手投足颇有修养。这个宝贝落在谁手里谁不喜欢啊，他主子高兴坏了，连忙把他送进角斗学校重点培养，眼看着自己将拥有一个明星角斗士了！

像斯巴达克这样的人怎么可能甘心给人家当奴隶呢，一进入角斗士学校，他就开始构筑地下组织进行革命宣传，告诉同学们：宁可自由而死，绝不做奴隶而活。这人还是有些煽动天分的，居然说动了不少人，他们决定发动起义，逃离魔窟。

大约过程是，有天晚上，斯巴达克和一帮人在学生宿舍（牢房）里大喊大叫，骗得看守的卫兵打开了牢门，这些准角斗士一拥而上，抢了卫兵的剑和钥匙，打开牢门就往外跑，这些专业暴徒要发狠，谁能拦得住啊。这一次大约冲出来 78 人，运气非常好，一逃出来就碰上了罗马军队的后勤运输队，缴获了一批武器。这些武林高手手里有了家伙，底气更足了，斯巴达克号召大家到意大利最著名的维苏威火山去集合，准备更大的造反动作。

斯巴达克登上维苏威火山安营扎寨，这个消息很快传遍了意大利，各地的奴隶听说自己有组织了，都跑过来要求入伙，顷刻之间聚集了万余人。这帮人是梁山泊的祖师爷，占据山头造反，吃喝拉撒的费用主要是山下的有钱人报销，美其名曰：杀富济贫。当然他们那时没想出“替天行道”这样高屋建瓴的语录。

罗马元老院赶紧派军队镇压，想把他们困死在山上，事实证明“卑贱者最聪明”这句话是对的，被围在维苏威山顶的起义军，居然用山上的葡萄藤编成软梯，从后山的峭壁上下来，抄了罗马军队的后路，将他们打败。斯巴达克当时的计划是：不能在意大利内跟罗马军队硬碰，还是应该翻越阿尔卑斯山到山那边去建立自己的家园。于是这万人大军向北进发，沿途不断收编新的奴隶，队伍日渐壮大，到阿尔卑斯山脚下时，起义军大约已经有 10 万的人马，声势浩大，士气喧天。

罗马军队几次剿匪行动都铩羽而归。斯巴达克当时肯定是意气风发的，他大概已经在构思新的家园如何管理规划了，可他万万没有想到，真正的阿尔卑斯山跟地图上看到的不一样啊。那一排排尖锐的山峰直插九霄，雪线上冷冷地闪着惨白的寒光，起义军大部分都是海边长大的居民，还不习惯穿秋裤呢，如今都露着胳膊露着腿，想要翻越这皑皑的雪山谈何容易！

斯巴达克的起义军被雪山吓坏了，决定还是不要迎着困难上，便掉头南下，到西西里岛去。罗马元老院郁闷死了，本来这帮人只要翻越了阿尔卑斯山就算离开意大利了，不再给罗马找麻烦，也不用追着他们剿匪了，虽然跑了不少奴隶，但毕竟奴隶是个容易收获的品种，正预备欢庆这帮祸害离境呢。突然间，听说他们又回来了，而且目标是西西里岛，到罗马人费了牛劲搞回来的宝地去捣乱，是可忍孰不可忍！尤其这支奴隶兵团伙在意大利半岛上飓风般一会儿从南到北，一会儿从北到南，来回乱窜，元老院的老人家看得眼花缭乱，极大地影响了罗马正常的社会秩序，严重侵害了罗马政府的权益。所以啊，无论如何，还是要把这帮人消灭。

据说罗马军队在斯巴达克军队手下吃了几次败仗后，有点打怕了。那阵子，没人愿意出来竞选执政官，因为这个执政官肯定是要统率部队去跟奴隶打架的，他们天天看角斗表演，知道角斗士的厉害，传说中的斯巴达克更是角斗士中的角斗士，如雄狮般威猛刚烈，谁敢跟他正面交锋啊。最后总算选了个叫克拉苏的大地主出来。这克拉苏最大的特点就是手黑，为人血腥冷酷。他一上台，就恢复了罗马军队禁绝了多年的军法，那就是，临阵脱逃的士兵，十人一组抽签，中签的倒霉鬼当场处决。这法子奏效，罗马军队打不赢就跑的情况得到了极大的改善，在对起义军的战斗中渐渐掌握了些主动。

起义军终于挣扎着到了南部海边，斯巴达克跟地中海的海盗交了订金，让他们帮忙将军队偷渡到西西里岛。结果是到了合同约定的偷渡日，海盗船队无影无踪，只有后面的罗马军队说话算数，如约而至，绝不迟到！

克拉苏将斯巴达克堵在海边，还横跨意大利南部挖了好大一条壕沟，起义军进退无路，被瓮中捉鳖、关门打狗。突围过程中，6 万起义军阵亡，斯巴达克身受十几处重伤，惨死沙场。克拉苏打得辛苦，赢了以后还是气愤难平，将 6000 名战俘全部钉死在十字架上，从起义开始的卡普亚一直到罗马，一条路上全是挂着尸体的十字架。

斯巴达克起义失败的原因，是马克思等人喜欢研究的问题，这事咱们国家是权威，乌合之众组合在一起，没有共同的主义、共同的信仰，也没给自己一个合理定位，光是为打架而打架，也没个长远算计，不知道建根据地，步步为营，主力部队像没扯线的风筝在敌军的地盘上乱跑，等等。反正既然是失败了，就可以找出几百个理由来，但斯巴达克起义作为古代奴隶社会历史上最大规模的革命活动，绝对是伟大的壮举，算是为后代的奴隶找到一种新的活法。

起义失败后，斯巴达克的余部还坚持了十几年，罗马费了老大的功夫才把他们肃清。这段时间贼不太平，除了斯巴达克起义，西西里岛的奴隶也造了反，国内贵族和平民阶层一直矛盾重重，最近有点激化的兆头，元老院感觉到，罗马好像要出大事啊！

五　独裁官苏拉

连年征战，土地、奴隶越来越多，利益矛盾越来越多，罗马国内危机四伏。所谓的民主共和国的权力把持在几个大贵族手里，政府机构从上到下贪污成风，腐化堕落，社会风气差得一塌糊涂。国乱方显忠良，从这一章起，罗马进入英雄辈出、猛将如云的时代。

先说一对叫格拉古的兄弟，这哥儿俩出身贵族，都参加过罗马的各级战事，都做过一任保民官，后来被元老院的保守派贵族杀掉。这兄弟俩在历史上出名的事迹是倡导罗马土改，简单说就是打土豪分田地，所以共同的下场都是被土豪干掉，不过这两人付出的生命代价并不是一点效果也没有。

因为平民的土地问题总是得不到合理公正的解决，平民仇恨贵族，对国家的政策越来越不认同，也不配合，奴隶和奴隶主矛盾日深，靠打仗起家的罗马想征兵成了很头痛的事，时间一长，罗马人就发现自己的军队不行，江湖地位受到挑衅了。

干掉迦太基后，罗马在北非收了好几个小弟，自称是人家的保护国，其中有个叫努比底亚的，大约就在现在的阿尔及利亚一带。这个小国原来是迦太基的邻居，经常拿自己的鸵鸟毛换迦太基的玻璃之类的东西，贸易关系密切。努比底亚的骑兵是出了名的善战，本来一直是迦太基打架的重要帮手，后来两家反目，努比底亚站到罗马那边去了。战神汉尼拔罕见的陆上战役的失败就是输在努比底亚骑兵手里。

努比底亚依靠罗马成为北非之霸，家里也有些争权夺位的事儿。有个叫朱古拉的最后掌权了，因为在夺位的过程中，罗马并没有支持他，所以他一登基就开始跟罗马算旧账，杀了他城里不少罗马人。罗马为了收拾他，又要干仗了。

公元前 111 年，罗马开始出兵，在努比底亚征战数年，虽然有效地打击了朱古拉的嚣张气焰，但要完全消灭他还是做不到，朱古拉开始了游击战生涯，整日以骚扰罗马军团为乐，让罗马大军陷在北非不能自拔。

此次带兵出战北非的罗马将军叫马略，他一登陆就消灭了朱古拉的主力，迫使朱古拉的反动活动转入地下，所以声望很高。

公元前 107 年，他如愿成为罗马执政官。马略从战场上回国参加选举，就是希望自己上台后，能为罗马军队带来新的生气。所以一当选，就启动了他规划已久的军事改革。原来的罗马成年男人都有兵役义务，国家下令要出国打架，这些伙计就要自己预备家伙盔甲，因为战事频繁，再穷也不好拿兵器换酒喝，因为不知道什么时候就要用的。兵器铠甲自备不说，打完仗回家，地也荒了，老婆也跑了，儿子也混黑社会了。拿得出盔甲兵器为国打架的，都属于小有财产的罗马人，因为那些没有财产的人不许他们参军，怕这帮人耍无赖不好好干。大家想，有家有口的人谁愿意上战场玩命啊！

针对这个情况，马略实行了一种叫募兵制的征兵方式。就是说：参军自愿，国家提供装备，按月发给工资；随着军阶提高，工资跟涨；到岁数没被杀死、健康退休的还能分块地，有养老保险。简单地说，就是军人职业化。很快，马略手里就诞生了罗马第一支职业军队。大家不要小看这次军事改革，它对后来罗马的影响几乎是翻天覆地的。

马略带着他的新军队再次光临北非战场，职业军人的作风就是不一样，罗马很快就将朱古拉和他的游击队逼上绝境，朱古拉本人不知躲到哪里去了，罗马人好像发扬了现在美国人搜索萨达姆的精神，上天入地到处找。可是北非地势险要，环境复杂，这个朱古拉也不知钻到哪个老鼠洞去了，怎么找都找不到。烦恼啊，不把这家伙抓出来，此次远征北非不算完胜，马略回家也不能充分神气。这时，另一个古罗马明星登场了。

正当马略为抓不住朱古拉烦恼时，他手下的爱将，财务官苏拉来了。根据罗马军队的情报，朱古拉很可能藏在毛里塔尼亚，而那里的国王就是朱古拉的岳父。苏拉根据一些小道消息和传闻分析得出一个正确的看法：朱古拉的岳父对朱古拉是很不满意的，翁婿俩关系一向不太好。所以苏拉跟马略请缨，要求去游说毛里塔尼亚的国王让他帮着诱捕朱古拉。这件事很冒风险，万一岳父不肯出卖女婿，苏拉自己说不定就回不来了。在苏拉的坚持下，马略只好让他去了。他这一去，单刀赴会，不仅成功地抓住了朱古拉，还让毛里塔尼亚的老国王对他推崇备至，说苏拉是大大的英雄。

北非一战，除了执政官马略赢得很高的声誉外，更出名的却是深入虎穴、勇擒匪首的苏拉了。马略这么多年领军非洲，运筹帷幄，辛苦经营，才有这战争的胜利，可苏拉不过是临门一脚射中，就功高震主，扬名立万，这事让马略特别不爽。不爽归不爽，马略作为一个执政官，手下还是要用人的，回到罗马后，苏拉在马略的提拔下一路平步青云，做到保民官。

苏拉是个野心很大的人，做到保民官并没有让他满足，但他发现，马略好像已经没有再提拔他的意思了。好在罗马有两个执政官，各自都有属于自己的小集团，此处不留人，自有留人处，苏拉以最快的速度投奔到另一个执政官的阵营，这件事，让马略决定不跟苏拉玩了，两边绝交。随后，又出了件事，直接导致翻脸决裂。

公元前 90 年，意大利爆发了同盟者战争，主要是罗马的意大利同盟找麻烦。这绝对是罗马内部管理不善造成的，意大利盟军天天帮罗马打仗，为罗马卖命，却得不到罗马的公民权，当然也就没有分赃的权益，所以这帮人集合起来跟罗马叫板，逼得罗马投入全部的精力来整饬亚平宁半岛的秩序，那些海外的行省和殖民地之类的根本顾不上了。这时黑海边上有个叫本都的国家开始作乱了，它的国王米特拉达梯也因为跟罗马为敌成为罗马史上的知名人物。

米特拉达梯的大军占领了罗马在西亚的亚细亚行省，正预备向希腊行省进发，为了表示自己与罗马战斗的决心，他一边在罗马的海外领土上不断推进，一边屠杀罗马人，女人和孩子都不放过，杀了六七万人。罗马在这个地区的驻军司令也被他抓获，米特拉达梯将黄金烧熔灌进他的喉咙，让他到另一个世界不缺钱用了。

眼看着罗马的东方土地逐渐被米特拉达梯蚕食，罗马实在不能坐视不管了，只好再次组织军队远征。

派谁指挥这支西亚远征军呢？罗马又乱套了，元老院推荐的统帅是苏拉，而公民大会却认为应该由马略领军，两边争持不下。马略的门客越看苏拉越不顺眼，闹到忍无可忍的时候，这帮人直接上街杀人，当然杀的都是苏拉派的支持者。矛盾彻底激化，苏拉也是个做事果决有效的人。他立即潜出城，赶到自己的军营，集合军队杀进了罗马。这个动作太突然了，马略也没想到苏拉能干出这种指挥罗马军队打罗马的事，两边在大街上激烈械斗，马略战败，逃之夭夭。苏拉进城后，俨然以罗马老大自居了，马上召集元老院开会，公布了新政策：以后元老院决定的事，公民大会不准反对，保民官也不准叽叽歪歪，可怜罗马平民哭着喊着争取了几百年的权益又被剥夺了。

苏拉搞定了内部事务，没时间享受成功喜悦，赶紧带上军队到西亚去收拾另一个麻烦。他前脚刚走，后脚马略就卷土重来了，他跟当时的执政官里应外合，很快就平定了苏拉留在罗马的势力，并对所有苏拉的支持者发动屠杀。报了仇之后，马略再次成为罗马执政官，这是马略第七次出任这一职务。

深陷在西亚战争中的苏拉当然知道罗马的变故，可他无法抽身啊，只好咬着牙忍着，因为憋着这股要回去报仇的力气，所以在对米特拉达梯的战争中特别勇猛。3 年后，他终于在希腊击败对手，迫使米特拉达梯求和。外敌肃清，苏拉赶紧掉头回到罗马找家里的敌人报仇。

苏拉大军登陆意大利，正式宣布罗马的内战开打，马略没等到苏拉的复仇早早就病死了，跟苏拉作战的，是他的余党。罗马人对自己人下手也不留情面，这场罗马对罗马之战打了两年，死了 10 多万人，苏拉终于攻陷罗马，再次以征服者姿态入城。苏拉这次更暴躁了，他发布了历史上著名的“公敌宣告”，中心思想是：我的敌人你们走运了，我将用最残酷的手段惩罚你们！

说话算数，整个罗马立即陷入严打，所有跟马略一党有染，或疑似有染，或即将有染的人通通杀无赦，不用审判，没得投诉。

将仇家斩尽杀绝后，苏拉的权力达到顶点，公民大会竟然选举他为终身的独裁官，立法、行政、司法、财政、军事这些琐事他一个人决定就行了。他还进行了一系列改革，基本上都是为了加强独裁领导，让共和国的独裁制度化，那些支持他的保守贵族之前一直受到民主派的冲击，现在地位得到了巩固，恢复了昔日的荣光。

苏拉在罗马史上有显赫的地位，虽然所有人都认为他是扼杀民主的专制刽子手，但在罗马当时的环境下，他的这种军事独裁统治确实是形势发展的必然产物，也帮助当时的罗马社会解决了一些紧急的麻烦。但他的榜样作用太恶劣了，在他的感召下，后来的罗马，稍微有点本事的人都打独裁的主意，最后终于将共和国葬送，上古那一缕清新的民主之风就这样被一代代的罗马英雄争权夺利，厮打的血腥空气取代，弥散在硝烟里。

苏拉这人挺有意思，他浴血奋战这么多年，终于登基成了实质上的罗马皇帝，每个人都认为他的成功源自于对权力孜孜不倦的求索，可他做了3年左右独裁官，就突然宣布退休，从此隐居山林，不再过问国家政治。这件事当时轰动了整个罗马，谁也想不出这个猛人要出什么新花样。结果他还真的放弃了一切地位，成为一个平头百姓回家种地去了，留下身后无数惊愕的目光。苏拉为什么在巅峰时期退休一直是历史之谜，现在已过去2000多年，老杨估计没什么机会问他了。

六　鹬蚌相争

上面说过，整个罗马共和国的历史就是贵族和平民的拔河史，随着平民的权益增加，逐渐出现了一批掌握巨大财富的平民，加上一些在征战中立有军功而获得封赏的骑士，这些人慢慢向罗马的管理层渗透，元老院的人越来越多，种类越来越复杂，渐渐地形成了以老贵族老地主为首的保守派和新兴贵族为主的民主派。跟美国大选一样，哪一派选出来的执政官占了上风，哪一派的势力就明显壮大，此消彼长，高低起伏。

苏拉在西亚对本都国王打仗时，马略获得了罗马执政官的位置，另一个执政官名叫秦纳，马略和秦纳都是民主派代表，所以这段时间，老牌贵族被挤对，民主派的势力日渐增强。

马略出身平民，但娶了个家世不错的老婆，娘家出了好几个执政官、大法官、总督等，非常显赫，尤其是老婆有个很英俊健壮的侄子，对马略崇拜得五体投地，经常过来找姑父请教国家大事，探讨人生理想，小小年纪文韬武略，颇有见识，隐隐有龙驹凤雏之相，整个家族都对这个孩子寄予很大的期望，都认为他将会是家族新的骄傲。这个男孩儿的名字叫尤利乌斯·恺撒!

为了让家族的地位更加牢固、恺撒的前途更加顺利，18 岁那年，恺撒迎娶了执政官秦纳的女儿，在秦纳的支持下，恺撒获得成为祭司的资格。可惜好景不长，叔父和岳父先后死去，而他俩的仇家苏拉杀进罗马，取得了独裁地位，并开始对马略和秦纳的余党进行清算。

恺撒此时在罗马已经微有影响，因为经常参与民主派活动，与老百姓打成一片，亲民形象颇有人缘，可以预见这个年轻人金光灿烂的前途。可政治这东西，不怕办错事，就怕站错队，苏拉得势，恺撒作为马略的侄子、秦纳的女婿，绝对应该是苏拉“敌人黑名单”里 VIP 级的仇家，既然疑似马略党人都被处死了，像恺撒这样无数次公开支持马略的更该死了。不过苏拉毕竟是个成熟的政治家，下棋嘛，不需要吃光所有棋子，恺撒是个人才，这是地球人都知道的事，年轻人犯了错误，上帝都会原谅的，只要能改，就要给机会，在苏拉心目中，恺撒属于可以改造好的反动派子弟，所以开始着手拉拢他了。

他请恺撒吃饭，自己的女儿作陪，然后连明示带暗示，只要休掉自己的发妻（秦纳的女儿），娶自己的女儿，作为终身独裁官苏拉的女婿，恺撒的前途锦绣一片，不可限量。可苏拉万万没想到，自己这么礼贤下士的一腔热情竟遭遇一桶冰水，恺撒这死孩子坚决不肯抛妻弃女。苏拉爱才之心深受打击，恺撒的命运自然就堪忧了。在亲戚朋友的帮助下，恺撒避祸西亚，虽然苏拉后来还是决定原谅恺撒放他一马，但出于谨慎考虑，恺撒还是待在小亚细亚，在当地的总督手下谋个差事，打发日子。资深老政治家苏拉对恺撒的评价是："这小子比几个马略加在一起还难对付！"

用女儿钓鱼，将政治新星发展为女婿是苏拉拉拢人才的重要方法，一直卓有成效，比如说那个手握重兵、战功显赫、动辄跟苏拉叫板的庞培。

庞培出身贵族，接了父亲的班成为家长后，很是有事业心，当时苏拉和马略正在鏖战，庞培天生的政治敏感让他预见，苏拉的胜算更大，于是立即在自己的属地招募了一支军团，投靠了苏拉阵营。庞培也是个锥子，早晚肯定要扎穿口袋冒出头来的，几次战役打下来，苏拉发现还有这么个军事尖子在自己麾下，自然大力培养，重点关照。苏拉如愿取得罗马后，更有笼络人才的需要，而庞培看到老头子成了独裁官，权倾天下，自己则有进一步亲近他的需要，两边王八看绿豆，越看越顺眼，很快庞培就抛妻弃子，隆重迎娶苏拉的女儿，成为当朝驸马，标准版陈世美。

随后的庞培就如日中天，先后挥师西西里岛和非洲追击马略余部，闪电般涤清了这两个地区的余孽，尤其是非洲一战，用了 40 天时间，就让整个非洲臣服在他脚下。非洲的风水适合罗马大将，这个战场最容易出名，不知不觉中整个罗马又在传颂庞培的英勇事迹了。这件事引起了苏拉的警惕，当年的苏拉就是在非洲战场崛起，功高震主，最后废了自己的主子马略。现在庞培的声势似乎比当年的自己还高，这可不好，要把这家伙的气焰打灭，扼杀在摇篮里。苏拉马上下令，让庞培解散军队，交出军权，等待安排，罗马元老院紧急开会商量如何安置庞培转业。谁知庞培的效率比苏拉高多了，苏拉正跟元老院开会，还没开出什么结果呢，突然收到消息，庞培带着自己的大军已经出现在罗马城下。

非洲归来的庞培带着一身的征尘，胜利者的骄傲让他脸上发亮，全副武装站在罗马城门口，他向自己的岳父兼上级提了个小小的要求，他认为苏拉应该为自己举行一个凯旋礼。

罗马军队奖罚严明，冷兵器时代军人荣誉比什么都重要，所以物质方面的奖励就显得很庸俗，各种花哨的仪式最受欢迎。比如第一个登上敌人城墙的战士，或者在激战中救过战友的士兵给予的最高奖励就是给戴个花冠；而胜利的统帅如果在一次战役中歼敌 5000 人以上，且有开疆辟土的功勋，则由元老院决定授予月桂冠，举行凯旋式，这是古罗马人顶级的荣誉了（后人对罗马名帅的排行榜很多是以获得凯旋式的数量来衡量的，恺撒经历过 5 次）。但这个统帅必须是有一定的行政职务的，不是执政官也应该是各级行政长官，庞培虽然是胜利者，可他毕竟只是苏拉军中一个将军，没有正式公职，不够凯旋式的资格啊。可这时庞培说了句名言："崇拜朝阳的人肯定要多于崇拜落日的人！"

对苏拉来说，谁是朝阳谁是落日是很清楚的，尤其是在罗马城下的庞培大军，士未卸甲，马未解鞍，万一惹毛了，这支大军杀进罗马城易如反掌，最让苏拉郁闷的是，带着罗马战士进攻罗马城这个大好传统，是苏拉老大自己一手开创的，如今自己栽的苦瓜自己要吃下去，还非说很去火。最后，苏拉在反复权衡之下，屈服于庞培的要求，为他举办了盛大的凯旋仪式，庞培这轮朝阳在罗马人民的崇拜眼神中冉冉上升到罗马的天际。

苏拉在位时，他所代表的元老院保守贵族派非常嚣张，他突然离奇隐退又仙逝乡村后，元老院的民主派又抬头了。不是东风压倒西风，就是西风压倒东风，所以元老院赶紧扶持庞培，让他用武力压制民主派的崛起。庞培也算不负地主老财所托，干掉了一伙民主派的官员，再次远征，这次是到罗马的西班牙行省去收拾当地一个民主派的总督，就在这时，斯巴达克起义爆发了，元老院两派不能狗咬狗了，得先把这些造反的奴才收拾了。

前文说过，镇压斯巴达克，一个叫克拉苏的统帅应势而起，声名大噪。其实最后的胜利是在庞培了结了西班牙的战事并获得大胜后，立即回援克拉苏的镇压行动，两人双剑合璧，才最终解决了罗马的起义危机，平定了家中的局势。现在这两个人双悬日月照耀罗马，风头都很盛，罗马人觉得冷落得罪了哪边都不好，都手握重兵呢，算了，让这两人一起当执政官吧。但奴隶起义对保守派是个打击，克拉苏和庞培当选后，发现民主派有点咄咄逼人，所以两人竟心有灵犀，动作统一地开始拉拢讨好民主派，逐渐将苏拉时代独裁统治的各项法律法规剔除了，罗马共和国的政府又沐浴了点民主的清风。

克拉苏和庞培在罗马叱咤期间，大家别忘了还有个猛人流落海外呢。

七　恺撒的身价

旅居东方的恺撒在小亚细亚打小工，给罗马亚细亚行省的总督做侍从。当时黑海边的一圈小国中，有个叫比提尼亚的国度，罗马总督向这个小国招募一支舰队打仗，比提尼亚的国王尼科美德既不敢得罪罗马，又不愿受他们敲诈，所以虽然答应赞助，却迟迟不兑现。左等右等，这支舰队总是弄不到手，总督着急啊，就派了自己的助理恺撒去催账。大家都认为这事是个不可能的任务，因为尼科美德摆明是敷衍罗马的，他干吗要白白将舰队拱手送人啊？总督派恺撒去出这趟差，实在是很强人所难。谁也没想到的是，恺撒到了那里没多久，尼科国王非常痛快地交出了一支舰队，一点没有不情愿，看起来似乎还颇为愉快。

到底恺撒有什么本事，可以将这次野蛮敲竹杠的艰巨任务轻松完成呢？因为啊，恺撒长得帅，是个唇红齿白的美男子。他一出现在尼科美德国王的视线里，就让他堕入情网。根据“狗仔”的消息：恺撒一身红衣，躺在黄金卧榻上，向尼科美德奉献了他的贞操！这个“狗仔”绝对信得过，因为他大名叫西塞罗，是古罗马著名的思想家、法学家、政治家和收藏家，最大的收藏是各种裸体的男子塑像，所以他关于恺撒出柜（同性恋公开）的消息应该是真的。尼科美德不仅将舰队送给了罗马，还在死后将自己的国家送给了罗马，当然啊，恺撒这样的男人给他做了男宠，不大大地破费怎么行呢？

恺撒奇迹般从比提尼亚王国要来一支舰队，各种名声都有了，包括后来对他最著名的一句评价：他是所有男人的女人，他是所有女人的男人。一个人获得这样的评价到底应该得意还是汗颜呢？抛开私生活和性取向不说，至少恺撒完成了上级领导交代的任务，为国家利益牺牲了自己的贞操，省了国家外交或者军事上的大量经费，正是一个巨大的爱国动作，让恺撒的行情渐渐又看涨了。

在东方漂了几年，跟着凑热闹，也参与几场战事，还获得过花冠。苏拉死后，恺撒回到罗马，也没什么有前途的差事，就是替人辩护，打官司，不太低调，也不太张扬，估计时间长了自己也觉得没劲，在东方住习惯了，还是出去留学吧。恺撒选择了爱琴海上靠近土耳其的罗德岛，找一位雄辩大师深造去了。

罗德岛几乎是希腊在爱琴海域最东端的领土，离土耳其只有 18 公里。这个岛最出名的是，岛上曾经有一尊像现在的自由女神像那么高的太阳神像，据说是屹立在海港入口，所有的船只要从神像两腿之下穿过。这个神像是世界七大奇观之一，也是最短命的疑似豆腐渣工程，这么大的家伙还不到 100 年就被地震震塌了，虽然后人都知道有这么个东西，可究竟是什么样子，在哪个具体位置，这些都是历史之谜。罗德岛也是爱琴海文明最早的发源地之一，聚集着很多学者，开着各类补习学校补习班，是当时罗马上流人士求学镀金的首选，于是恺撒也到这里来了。

江湖上有三个行当是历史最悠久的，一个是卖淫，一个是行医，另一个就是海盗。爱琴海和地中海之间岛屿密布，是欧亚的重要商道，自动成为海盗的大本营。小亚细亚半岛的海域，很早就可以看到象征死亡和掠夺的黑色骷髅旗，罗马人和希腊人兜里有钱，没事还喜欢在海上闲溜达，遭遇海盗的概率跟咱家古代出门办事遭遇山匪也差不多。恺撒就是个倒霉的，在去罗德岛求学的途中，就被奇里乞亚（塞浦路斯以北）的海盗抓去了。

罗马贵族出身的恺撒自然气度不凡，海盗是专业人士，肉票的身价一看便知。扣押了恺撒后，向家属发信要求赎金 20 塔兰特（一种希腊货币）。恺撒一听就乐了，教育他们:“我说你们这帮不着调的东西业务能力也太差了，抓了恺撒才要这么点钱，传出江湖去，我回罗马怎么混啊，你们在海上还怎么混啊，你真给全世界的坏人丢脸！”把海盗骂蒙了，只好不耻下问，让恺撒自己报个价，恺撒让他们要求 50 塔兰特。这个金额大约相当于多少呢？如果你在古罗马时代是个带兵的统帅，这笔钱可以支付大约 800 个士兵一年的全部开销。海盗虽然觉得这个价格有点哄抬物价，不符合工商局标准，但能要更多的钱自然是不介意的，所以就按这个金额发了勒索信。

剩下等赎金的日子，海盗就倒霉了，别的人质一被海盗关起来基本都吓得精神失常了，天天哭爹叫娘的，恺撒这个人质却是来度假的，读书写字打瞌睡。他能保持安静固然好，可是他不让海盗好过啊。据说被关押期间，恺撒作为著名文学青年写了大量诗歌，最要命的是，他写诗的时候要求海盗必须保持安静，不准喧哗，诗写完后，他大声朗读，读完了诸海盗必须鼓掌叫好，还要跟着一起诵读。这些海盗郁闷坏了，分明是不爱读书才做了海盗，如今干绑票比高考还累，什么事啊，不过这伙计值 50 塔兰特，是张金票，还是别惹他，横竖闲着没事，跟着熏陶一下也好。仅仅是要求读书也还罢了，这个嚣张的肉票隔三岔五喜欢威胁海盗："你们千万别让我活着回去啊，老子回去后立即带兵来把你们全钉在十字架上！"他每次说完，海盗就跟着哄笑一场，时间长了，一致认为这个肉票脑子是有毛病的，下次再绑架可一定要先检验清楚，脑子有病的，喜欢写诗的都不能再绑了。

38 天后，海盗居然如愿收到了 50 塔兰特的赎金！不仅读了书，还发了笔小财，精神物质双丰收。海盗高兴啊，赶紧给恺撒收拾干净，放他回家。离去的恺撒给海盗留下一个意味深长的笑容，海盗忙着分钱，没工夫分析这个诗人的表情。

这 50 塔兰特还没花光，罗马舰队就出现了，轻而易举地将这些海盗全部抓获。即将被钉上十字架的海盗发现，领导这支舰队的罗马将军正是那个写诗的肉票恺撒！恺撒是个恩怨分明的人，考虑到这些海盗曾经高度赞扬自己写的诗，恺撒决定给他们点优惠政策，先割断他们的喉咙再钉十字架。这帮海盗如果知道恺撒后来的江湖地位，就应该后悔这 50 塔兰特实在是太便宜了，而如果他们知道恺撒后来的战绩，就应该荣幸有机会跟这样的巨星交手。千百年来，地中海一带的海盗比过街的老鼠还多，只有这一小撮随着恺撒的大名留在世界历史上！

罗德岛学成回国，恺撒的仕途渐渐走入正轨，公元前 69 年，32 岁的恺撒当选当年的财务官，并进入元老院。同年，进入罗马西班牙行省，为那里的总督管理财政。在西班牙做会计是恺撒人生中的重要转折，巡视各地查账期间，他参观了当地的一个神庙，里面有一尊亚历山大大帝的塑像，恺撒突然想到，亚历山大在自己这个年纪的时候，已经指挥千军万马、开疆辟土，征服了半个地球了，自己每天窝在这里打算盘，看账本，什么时候是个头啊！

受了刺激的恺撒毅然辞去了财务官的职务，回到罗马，并参选成为罗马市长。

罗马市长犹如2004年至2008年的北京市长，第一要务是办好奥运。罗马市长最重要的工作是要保障老百姓的娱乐生活丰富多样。罗马一直富庶而繁荣，老百姓也不愁吃喝，各种大型竞技活动最受欢迎。元老院当然知道罗马人这么点爱好，但是这么大一个国家，不能一天到晚就是把钱花在这些个事上啊，所以啊，政府对罗马城内娱乐项目的拨款是非常少的。恺撒为什么要当罗马市长？自然是为了给自己积攒政治资本啊。恺撒一直是以民主派的形象出现在政坛的，民主派最大的筹码就是老百姓的支持。如何成为一个受老百姓欢迎的罗马市长？很简单，多建几个娱乐设施，多请几个明星组织几次大型文艺活动就行了。可政府没这笔预算啊，不要紧，政治前途是自己的，掏自己的腰包给老百姓办事，恺撒惯于牺牲自己利益为国家人民谋福祉，其拳拳的爱国之情相当令人感动！

罗马市长任内，恺撒获得了极高的人气，当然，这些都是钱买的，一年任期内，民众支持率节节攀升，腰包却像泻肚子一样越来越瘪。终于光荣交班的时候，本来就不太富裕的恺撒在财政上基本破产，欠了几百塔兰特的外债（应该相当于百万欧元）！

好在那些钱花得有价值，公元前63年，这是恺撒生命中另一个重要的年份，这一年已经身无分文、背水一战的恺撒同时获得了祭司长和大法官两个职务，并在同年迎娶了苏拉的孙女（原配此时已经去世）。

恺撒是个英雄，并不是圣人，他一生最受人诟病的是：私生活混乱和行贿。兼任祭司长和大法官后，又加上恺撒除了有点秃顶，还是个帅哥，所以罗马的贵族女眷跟他传绯闻的不少，而他与苏拉孙女庞培亚的短暂婚史，就是个很戏剧性的事件。罗马有个风俗，每年12月初，罗马的各级长官家里会轮流组织一个祭祀慈爱女神的活动，由长官家的女主人主持，只允许罗马上流社会的女性参加。当时的罗马政坛有个愤青刺头，叫普尔喀，这家伙本来是当时执政官西塞罗（前文说过的“狗仔”）的亲信，后来两人反目了，长期跟西塞罗作对。普尔喀是个离经叛道的人，经常毁僧谤道，对于罗马神话的各类神仙也有自己的看法，语不惊人死不休。这一年罗马的祭祀慈爱女神的活动轮到了恺撒家，恺撒的新夫人庞培亚就成了女主持人。祭祀活动的现场纯是各类老少女人，种类应该比女澡堂还单纯，突然大家发现有个异样的女佣，粗手大脚的，还露着腿毛，这下热闹了，马上揪出来验明正身，发现这个假扮女佣的竟是普尔喀！

普尔喀男扮女装闯进祭祀大会，本来是想证明这个祭祀活动其实没有所有人想得那么庄严神圣，他绝对想不到这事闹这么大。普尔喀的宗教探索行动马上演变为风化问题，全罗马都在传闻普尔喀这样做肯定是因为跟当时参与祭祀的某个贵族女眷有染，全罗马陷入家庭信任危机，都在排查自己的老婆是不是事件女主角。当然，传得最盛的，就是普尔喀跟恺撒的新夫人的关系。大家都知道，在没有电视、网络的时代，新闻靠邻居、同事口耳相传，那阵子罗马人的茶余饭后，都在讨论普尔喀如何在神圣的祭祀大会上勾搭恺撒老婆的事，版本之多，内容之劲爆，咱们不能在现场听直播，真是个遗憾。虽然后来经过仔细调查，没有任何证据证明恺撒夫人失节，可是恺撒仍然不依不饶，所以结婚不到一年，恺撒就果断休妻，他的说法是："恺撒之妻不容怀疑！"

恺撒自己在罗马几乎是夜夜做新郎，送出去的绿帽子更是数量不详，可对老婆的事却表现得比一个卫道士还高尚、还洁癖。老杨一直阴暗地认为，当时对于手头拮据的恺撒来说，这一次婚姻，他考虑利益方面多些，各种目的达到，陪嫁也落到自己腰包了，这个女人基本就可以不用了，借着这件事，顺利达到抛妻的目的，名正言顺，大义凛然。

恺撒的成功之路是靠大笔金钱铺就的，没钱的日子特别难过，好在命中有贵人相助，罗马有些眼光长远的人喜欢在他身上长线投资，而最大的财神爷、恺撒的提款机则是罗马的首富克拉苏。

八　恺撒的上位

话说恺撒在仕途上披荆斩棘不断攀登时，罗马政坛还有两个巨头级的政治人物，公元前 70 年的执政官，前面讲过的庞培和克拉苏。

克拉苏号称是罗马最有钱的人，是个标准的心狠手辣的角色，当时的罗马社会跟古代中国一样，认为贸易这个动作有点下三烂，不入流，所以稍有身份的人是绝对不干的。克拉苏虽然也出身名门，但思想还是比较前卫的，不管入不入流，有钱赚的事他都决不放过，经常把自己当小商人定位。苦心经营之下，口袋里的钱越来越多，据说贩卖人口（奴隶）、放高利贷等事都有他的份，但最出名的还是“趁火打劫”。

罗马城内的房子年久失修，经常闹火灾，克拉苏专门训练了一支很专业的救火兼维修队伍，哪里一冒烟，他们就出现在哪里，可别以为这帮人是大救星啊，一到现场，克拉苏就会跟房主讲价，要求对方把着火的房子以低得惊人的价格卖给自己，基本上克拉苏买一栋房子绝对不超过一辆三轮车的价格。如果房主不答应，克拉苏便好整以暇地坐在旁边掏出鸡翅膀烤着吃，任由房子化为灰烬。一般的房主都会答应，当时没有保险公司，都烧光是没人会赔的，卖给克拉苏好过连渣都不剩，而且也由不得房主不卖，因为左邻右舍怕火烧到自己家，都提着板凳、菜刀等家伙群起而攻之，逼这着火的倒霉鬼赶紧卖给克拉苏，好让他赶紧灭火啊！在这种形势下，克拉苏基本都能达到目的。跟对方一成交，克拉苏的小分队就会以最专业的速度和动作将火扑灭，然后将房屋维修粉刷。焕然一新的住宅成为克拉苏名下的物业，他再出租或者出卖。这种昧心钱克拉苏赚得顺畅之至，逐渐地，克拉苏成为罗马最大的包租公，拥有半个城的地产。

因为这些事，克拉苏在罗马的地位很尴尬：一方面，他手里攥着半个罗马的财富，比神仙还奢侈；另一方面，个人形象非常恶劣，比恶鬼还招人恨。

但作为一个政治人物，声望和名誉显然更重要。

而庞培则不一样，因为是元老院保守派力捧的明星，所以庞培的受欢迎程度要高多了。比如镇压斯巴达克起义，公平地说，克拉苏是立下大功的，后期的战争中，跟奴隶死磕的罗马军队靠的就是克拉苏源源不断的金钱支援，出钱又搏命，表现真是可圈可点。克拉苏将斯巴达克主力干掉后，庞培才从西班牙战场赶回来，帮着收了个尾，可是元老院的表彰却是规格不同的，两个人都享受了凯旋式，克拉苏的规模却比庞培小多了，这让克拉苏从那时起就在心里忌恨庞培，两人结下梁子。

一起成为执政官后，克拉苏觉得一定要在人气上压倒庞培，可想在军功上有所作为也没机会啊，怎么办？他不是有钱吗，开始花钱买民心，在罗马献祭的日子里，这伙计摆了上万桌的流水席请罗马百姓吃饭，还送给每个人 3 个月的谷物津贴。而在元老院，克拉苏打点的钱就更多了，几乎所有的罗马贵族都跟他借过钱。那些很有政治前途的人，克拉苏更是坚持长期投资，绝不担心血本无归，比如说恺撒，他就像克拉苏一直捂在手里的金蛋，几乎每次经济困境都是克拉苏帮他解决。恺撒大法官的任期结束，获得了西班牙总督的位置，临到上任，还欠着一屁股外债走不掉，还是克拉苏仗义疏财，帮他打发了各类债主，让恺撒安心上班去了。

恺撒到西班牙做总督，为了解决自己的经济拮据问题，一上任，他就开始跟周围的小国和部族打架，恺撒的整个西班牙总督任期都被用来抢劫了，人穷志短啊，大英雄恺撒没钱的时候，吃相也挺难看的。

罗马城内，苏拉和克拉苏虽然到期都从执政官职位退下，可两人争风一直没断过，苏拉是元老院贵族派的代表，而克拉苏是骑士派的代表，虽然克拉苏在老百姓身上也散了不少钱，可买账的平民还是不多，毕竟以前的名声太差了。

这时，罗马又出了件大事，老百姓突然发现，罗马城突然物价飞涨，各类生活用品紧缺，甚至出现了粮荒。难道是通货膨胀了？！奴隶制社会也有这毛病？当然不是，管事的很快发现，造成这个局面最主要的原因是地中海的海盗太猖獗了，进出罗马的商船基本被他们抢完了。

罗马人自己基本不种地，绝大部分粮食供应都是靠埃及，肥沃的尼罗河流域一直是罗马人的粮仓。被这些海盗一劫，罗马城很快就要没饭吃了。既不用宏调也不用政府补贴，只需要消灭这帮海盗就能解决生活用品的价格问题。根据罗马人最近几年形成的思维定式，要打仗，找庞培！所以，名将庞培再次披挂出征，剿匪去了。

这次战争关乎整个罗马的生计，绝对不能失败的，所以元老院授予庞培巨大的权力，光战舰就有270艘，大军12万人，军费超过6000塔兰特，限他在3年期限内，荡清地中海，恢复罗马海上正常贸易。

庞培果然是不负众望的，他采取一边打，一边招安的政策，分片围剿，用了3个月就将地中海上的海盗全部扫清。此时的庞培再次如旭日东升在罗马天空，人要是走运，走路都能踢到金子。一结束地中海的剿匪行动，庞培就被派到小亚细亚与本都国王（苏拉曾经打败的家伙，一直找罗马麻烦）开战，其实当时的战事已经明显对罗马有利了，这时安排庞培过去接收战局，就是让他领这件天大的功劳，摘别人种好的桃子。庞培到西亚不久就彻底击溃了本都军队，逼其国王自尽，建立了新的罗马行省，还对巴勒斯坦之类的事务指手画脚，在小亚细亚的各小国扶植自己的势力，安排别人家的国家大事，那一段时间，庞培被称为罗马东方片区的"王中之王"，风头之盛，气势之高，完全是正午的烈日，让人不敢直视。

根据庞培这人的做事风格，让他低调显然是不可能的，在西亚期间，新建的行省内所有的财政、税收之类的政策都是按庞培的意思制定的，他将各地的税收承包给手下的骑士，还想将土地分给那些跟自己东征西讨多年的老兵，这些事，当然罗马元老院是不愿意答应的。所以，两次大战，庞培立下了不世军功，可元老院硬是磨蹭了一年才给他举办凯旋式。此时的庞培已经由不得别人跟他说"不"了，元老院啰啰唆唆对自己在西亚动作的诸多批评让这轮烈日火冒三丈，庞培逐渐意识到，跟这帮老东西混一点好处也没有，作为元老院贵族派代表的庞培开始公开与自己代表的阶层反目。罗马政局的变化，让很多人心里有了新的政治斗争策略，比如恺撒。

西班牙总督恺撒一通劫掠，总算是让自己的经济窘境得到缓解，一有了钱，他才不愿意在西班牙混呢，要上位自然是到权力中心去，眼看着新的执政官提名要开始了，恺撒甚至顾不上等新来的总督交接工作，就跑回罗马参选去了，据说本来恺撒在西班牙的抢劫活动可以为他赢得一次凯旋式，但为了获得执政官的候选资格，他放弃了。

一回到罗马，恺撒就仔细分析罗马局势，他发现整个罗马，权势和声望是庞培最高，而财富当然克拉苏最多，如果自己能与这两人结成一党，对自己的顺利当选是很有利的。恺撒作为民主派的代表，在广大老百姓中人气很高，又加上自己是克拉苏的金蛋，所以跟克拉苏的结盟是一点问题也没有的，关键是庞培，他跟克拉苏有仇啊，到底能不能冰释前嫌，共襄盛举呢？

如果这么点小事都做不好，恺撒就不成为恺撒了，公元前 60 年，罗马城内最轰动的娱乐事件就是，年近 50 岁的庞培迎娶 14 岁的恺撒女儿（这庞培是个老流氓，谁想拉拢他只要把女儿嫁给他就行了）！恺撒成为庞培的岳父之后，很快就让庞培和克拉苏握手言和了，这对庞培来说也是斗争需要，他刚跟保守派闹翻了，有投靠民主派的需要。这样恺撒、庞培、克拉苏的联盟就正式形成，这样的同盟，罗马还能有什么麻烦事呢？恺撒顺利当选当年的执政官。

当时的元老院已经感觉到，这三人联盟后的势力是不受控制的，所以不惜通过暗箱操作加贿选让他们的一个忠实代表也成为执政官。这家伙也算是罗马史上最没面子的执政官了，上班第一天，就因为想反对恺撒一项会议提议，直接被恺撒派人抄棍子打出去了。在后来的任期里，这位联合执政官每天的工作就是躲在家里，向元老院的老贵族传字条，抒发自己不到年龄提前退休的郁闷心情。虽然罗马法律规定，任何一个执政官的政策必须取得另一个执政官的同意，元老院也忧虑地发现，恺撒提出的各项政改，从来就没遇到过任何阻挠，很多人经常忘记罗马还有另一个执政官。

恺撒上任第一天，就抛出了他酝酿已久的土地法案，这个法案摆明就是答谢选民的，尤其是对自己的女婿庞培，这个法案明确承认庞培在西亚的所有政策，并同意分给老兵土地，而罗马平民自然也应该获得土地，毕竟这些人一直是恺撒的支持者。恺撒的这个法案获得了老百姓山呼海啸般的欢迎，所以当元老院的老贵族调唆另一个执政官否决此法案时，这个倒霉的家伙竟被老百姓当场痛打！法案通过后，元老院气急败坏，眼看着恺撒的任期快到了，他们准备联手将他打发到罗马最穷的行省去管事。恺撒对元老院的挑衅完全不放在心上，现在他手里有百战百胜的斗争王牌——百姓的支持。他觉得元老院有诡计，就上诉公民大会，罗马百姓的力量从没让恺撒失望，又闹了一场，结果是，卸下执政官的恺撒当选为他最渴望的高卢总督。

为什么对阿尔卑斯山脚下的高卢行省这么看重呢？恺撒知道，意大利这个小半岛对他来说实在太小了，他的世界应该在阿尔卑斯山的另一面！

九　征战高卢 I

古罗马军队的每个军团有一个“鹰帜”，用铜或是银铸的展翅雄鹰的雕像，下面用同样材料的杆支起，由专人举着，行走在军团前列，其功能相当于现在的军旗，不过地位要更尊崇一些。《罗马军法》规定：罗马的军团只要失去了鹰帜就会被直接解散，主要责任人不但要受到重罚，而且被认为是奇耻大辱，失去生命都要抢回来。而敌方如果缴获了鹰帜，则成为自己手上一个重要的谈判筹码，罗马人会放弃很多权益来换回这件冰冷的物件。鹰帜代表罗马军人的荣誉，代表着罗马军团的战斗精神。西风残阳、衰草枯杨、黄沙碧血、雁鸣马嘶，所有的生命都在哀号，只有一只雄鹰闪耀着寒冷的金属光泽漠然矗立在遍地的尸首中，锐利如刀锋的鹰爪上滴着血，这个场景带着油画般的浓郁和华丽、铁与血交织的古典美。公元前 58 年至公元前 50 年这段时间里，这个画面在西欧的各个地区随处可见。

恺撒与庞培、克拉苏组成联盟后，被称为三巨头，因为后来也有三个狠角色这样的联盟，所以这一次高手抱团被称为“前三头”。

三人中，恺撒实力最弱，他委身于这两个人也是权宜之计，他知道这两人拥有的是军功声望和财富，只要他也拥有，就可以超越这两人，不用再跟着他们混了。而军功、声望、财富这三样东西，全都是一次次漂亮征伐的衍生产品，选择一个好地段，打几场漂亮仗，什么问题都能解决。在地中海沿岸地区大部分都成为罗马行省后，要掠夺新的土地、财富和奴隶，就要向北方想办法了，所以恺撒费尽心机也要成为高卢总督，就是希望以山南高卢为根据地，打过阿尔卑斯山，在那里的广袤大地上实现自己所有的理想。

高卢人就是如今法国、比利时、德意志西部和意大利北部的凯尔特人。恺撒进入高卢前，高卢分为三个部分：山南高卢，阿尔卑斯山以南到卢比孔河流域的意大利北部地区，这里的高卢聚集地已经完全罗马化；那尔波高卢，这里是臣服罗马的行省；山北高卢，即阿尔卑斯山经地中海北岸，连接比利牛斯山以北广大地区，这一带是罗马没有征服的地带，被称为“野蛮高卢”。

高卢地区土地肥美、水草丰茂，很适合人类定居，吸引了很多游牧部落居住，人口稠密，看上去很富饶。这里农业、畜牧业、林业和手工业都挺发达，尤其是手工业中已有明显的劳动分工。由于手工业的发展，各个地区有一些壁垒森严、防卫安全的城市逐渐发展成为中心，比如现在的巴黎和奥尔良都是在那段时间成形的。每遭到攻打，散居在郊野的居民便蜂拥地逃进这些城市，随着进城的农民工越来越多，中心城市的人口也逐渐增加。有人就有商机，于是这里定期组织各类经贸活动，如农贸市场等，发展到一定规模时，有广交会的效果，吸引了不少罗马、希腊的商人来此地进行交易。

恺撒几乎是一到任，就启动了对山北高卢的攻击。一进入外高卢，恺撒就发现一个问题，有一群人活得很碍眼。他们居住在多瑙河以北、莱茵河以东的地区，长得高大壮实，既不种地也不生产，一直维持着原始的生活形态。部落聚居，打野兽分着吃，男女老少都披着兽皮，目光中闪着猛兽般的光芒。罗马人称呼这帮野人为日耳曼人。这个名字翻译成中文就是恐怖而好战的斗士。听这个名字就知道是一些茹毛饮血的猛人啊，在罗马人心里，这帮人的形象是跟上古的各种怪兽联系在一起的。

日耳曼人不开荒不种地，因为他们不需要，各种生活物资都可以通过狩猎解决，如果需要适当提高生活质量，他们就直接杀过莱茵河到高卢人家里借，想要什么借什么，反正借多久也不用还。而住在这一带的高卢氏族部落林立，发展中贫富分化越来越大，实力强大的氏族部落头领有更多的领土和人口要求，要扩张就要欺负邻居，所以经常邻里纠纷，斗殴频繁。这些来自莱茵河对岸的日耳曼人就找到工作了，自然成为高卢人的雇佣兵，帮着打群架。看来是收益不错，来抢劫和打工的日耳曼人越来越多。这帮人图省事，反正春运也买不到火车票，所以在哪儿打工就在哪儿安家，也不回河对岸的老家去了。慢慢地高卢人发现，怎么自己这边满大街都是日耳曼人啊，这个移民动作也太大了吧。到恺撒执掌高卢时，他发现过了河定居的日耳曼人已经超过 20 万了，好像还一边跟高卢人进行各种规格的战事，一边向前推进，照他们的进度，这帮人不久就要进入罗马的版图借东西了。

恺撒心里清楚，这支日耳曼人是整个高卢地带最不安定的因素之一，想在高卢有大型的军事动作，必须先把这帮人赶回莱茵河东岸去。恺撒与当时日耳曼人的老大阿里奥维司都斯谈判，好言劝说，看这位老大能不能从占领的高卢土地上撤出去。这位老大从会吃奶起就会打架，只有他威胁别人，从没人敢威胁他。对于恺撒的要求，他的回答是："奶奶个熊，你也太狂了，这高卢的地盘许你罗马霸占，不许俺们也来踩一脚啊！你要是不服啊，约个地方咱哥儿俩过两手！"

恺撒知道碰上这种蛮子，不打怕他他是不会服的。可真要开打，恺撒又犹豫了。据说当时罗马军队一听说要跟日耳曼人开战，很多士兵要求回家。这些可以为军人荣誉付出生命的罗马战士认为，跟那些打架比吃饭还专业、高大结实像公牛的日耳曼人硬碰，绝对是以卵击石。一时间，整个罗马军营充斥着浓郁的悲观气氛，那些老兵不敢撂挑子，都偷偷地写下了遗书。

古罗马时期的统帅，首先要会煽动，恺撒还是专业学过雄辩的，口才一流。他赶紧召集了一次战前动员大会，再次强调了军人的荣誉，并告诫大家不要轻信流言，日耳曼敌人其实是纸老虎。另外又说，如果大家都不愿参战，他将带领自己的警卫部队——第十军团投入战斗，因为只有第十军团是真正勇敢无畏的罗马战士（因为这个军团曾护送恺撒与日耳曼人谈判）。恺撒这一招激将法非常成功，第十军团本来只是担任恺撒的警卫团，听说要打日耳曼人心里也发毛，现在被老大这样提名表彰，热血沸腾之下，当场表态，他们将在恺撒的指挥下在任何时候与任何敌人开战，绝不退缩！而第十军团也由此时起扬名天下，成为后来罗马军团中的王牌。第十军团的表态激发了其他军团的争强好胜之心，所有军团都不再叽叽歪歪，硬着头皮跟野蛮人干仗去！

当时恺撒来高卢上任带着 6 个军团，为了后勤保障，他留下 2 个军团，实际参战的只有 4 个军团 2 万多人。而对手日耳曼人则有 10 万大军！两军在莱茵河畔各自列阵，日耳曼人将自己的老婆孩子、锅碗瓢盆都摆在旁边，用一些战车之类的围起来，这个动作的意思是，如果战败，这些东西就都给罗马人拿走，不管罗马人要不要。所以士兵都有背水一战的心情，如狼似虎，敢于搏命。

其实，日耳曼人并不是一个统一的种族，而是一些语言、文化和习俗相近的民族聚居在一起后的总称，所以在打仗时，他们也是以民族为单位作战的，老乡听老乡的，是乌合之众。在指挥上，日耳曼这10万大军的效率显然就比恺撒那2万人差多了。

日耳曼人最厉害的战法就是龟盾阵，所有人将盾牌举起，连成一片，密不透风，军团如一个大乌龟般向前推进，刀枪不入，威力很大。可是久经考验的罗马士兵毕竟不是浪得虚名的，虽然战前有点腿软，一正式开打，罗马战士的血性就被释放了。恺撒手下有大批忠勇骁悍的基层领导——百夫长，这些人的战斗经验和战斗精神是罗马军团的最大财富。面对日耳曼人的龟盾阵，又是这些百夫长发扬了善打硬仗的精神，他们直接跳上敌人的盾牌，用手将这些连在一起的盾阵分开，挥剑对盾牌下面的日耳曼人猛刺，这种同归于尽的打法，彻底破了日耳曼人的战阵。加上训练有素的罗马骑兵的支援、冲杀，10万日耳曼人很快就溃不成军，纷纷败逃，老婆孩子、锅碗瓢盆都顾不上了。

日耳曼那个猖狂得不得了的阿里奥老大乘小船逃到莱茵河对岸，老婆和女儿都落在罗马人手里。在后来的几年，恺撒不断清洗在高卢地区的日耳曼人，在莱茵河西岸基本清理干净后，恺撒认为还是应该杀过莱茵河，给日耳曼人留下永远的心理创伤，让他们以后都在河对岸老实待着。他用了10天时间在莱茵河上架设一座木桥，罗马大兵开进了莱茵河东岸，这样咄咄逼人的铁骑让当地的日耳曼人根本无力招架，恺撒在河对岸停留了8天，确认这帮野兽绝不再敢撸罗马的虎须后，才心满意足地撤回高卢。

恺撒对日耳曼的出击让罗马军队在高卢地区军威大振，那些长期被日耳曼人欺负的高卢人对恺撒更是崇拜得无以复加。对于如何处理大量日耳曼俘虏，很多高卢人要求将他们卖为奴隶，或是赶过河去，永远不许他们再回来。可恺撒有自己的考虑，他在莱茵河西岸开辟了一个地区让那些战败的日耳曼人居住，给予他们原来的生活，前提必须是服从罗马的领导。这个动作后来被证明非常高明，就是这部分日耳曼人，一直不断地为罗马军团提供精锐的战士，在后来的罗马战史上，来自日耳曼的骑兵部队是非常出众耀眼的。

日耳曼人种很复杂，在发展过程中，他们演化出斯堪的纳维亚民族、英国人、弗里斯兰人和德国人，后来这些人又演化出荷兰人、瑞士的德国人、加拿大、美国、澳大利亚以及南非的许多白人。虽然败于恺撒，但这帮人好战、善战、执拗的特征依然是很出名的，所以给后来的世界制造了很多麻烦。

干掉了最难缠的敌人后，恺撒面对的是外高卢那些桀骜不驯的部落，最出名的是一群叫厄尔维几的人，他们是恺撒征讨外高卢时碰到的最强硬的对手。

十　征战高卢Ⅱ

恺撒的高卢战事是他戎马生涯的重要篇章，因为在打仗之余，恺撒作为一个文学爱好者一直在直播战事，可惜他当时不能与网络同步，否则他那名为“高卢战记”的帖子肯定红遍“铁血”或者“天涯国观”之类的论坛。

不论是打仗还是写文章，恺撒都有大师级的风格，整个《高卢战记》原来可能是他向罗马元老院做的年度工作总结，但集结成书后，文字平实朴素，行文流畅自如，将惊涛骇浪般的杀伐写得如深谷幽涧般不动声色，文如其人，可以感觉到恺撒从容淡定却极为强大的心理能量。而《高卢战记》这本书，不但文学成就很高，对研究历史的帮助也是非常大的，我们可以拣选最重要的战事了解一下。

上一节，恺撒渡过莱茵河，让日耳曼的蛮族领教了“现代战争”的威力。在出击日耳曼前，恺撒先平复了外高卢最猛的部落厄尔维几人的南迁行动。

厄尔维几人大约发源于现在的瑞士境内，生活在莱茵河、汝拉山、罗纳河之间的地带，原本日子是过得不错的，按恺撒的说法，这帮人天生好战，被夹在这样的环境里，发展的空间有限，如果想对外发展，攻击邻居都施展不开手脚。于是这帮人就在首领的煽动下，做了两年的准备，预备了大量物资，计划将整个部落南迁，找个宽敞的地方欺负别人也壮大自己。为了表示去广阔天地施展抱负的决心，他们烧掉了自己的村庄和镇子，带了 3 个月的粮食，坚定果断地背井离乡。在恺撒刚接任高卢总督时，这支武装就开始在高卢大地上游动了。

恺撒上任的第一战就是阻止这支武装乱跑，一边追袭，一边集合部队，终于在阿拉河畔追上了大军。当时的厄尔维几人已经开始渡河，大约渡过了 3/4 的人，剩下那 1/4 既然落在恺撒手里，结局自然是不太幸福。据恺撒自己说，他杀掉的这 1/4 正好属于一个叫几古林尼的部落，而这个部落曾经在公元前 107 年跟罗马交手，干掉了领军作战的执政官，还逼着罗马军队钻了轭门。

钻轭门是罗马军队对战败者的最大惩罚，将两支矛插在地上，上面再搭一支矛，形成一个小门，败军从这个小门通过，算是一个投降仪式。这个动作被认为是对罗马军人最大的侮辱，凡是钻过轭门的将领，罗马基本就当他已经死了，家人会为他举办丧礼，如果还厚着脸皮苟活，就等着天天挨批斗，境遇还不如死掉。这事传遍江湖后，罗马军队的敌人经常用这招羞辱他们。

恺撒歼灭了这个曾经让罗马军团受过奇耻大辱的部落，军队更是士气昂扬。恺撒下令搭桥渡河，厄尔维几人搭桥过河共用了 20 多天，所以他们认为罗马人过河怎么也要半个月，还慢腾腾地溜达呢。神勇的罗马士兵在一天之内便全部渡过阿拉河出现在厄尔维几人面前，惊恐万状的厄尔维几人顾不上研究恺撒是怎么空降到面前的，赶紧议和。事实证明，这些蛮夷部落就是不学好，恺撒作为一个受过罗马高级文明熏陶的大知识分子，有人谈判一般是接受的，但他很快发现，这帮人过来谈判并不是服软，而是过来危言恐吓，恺撒显然不是怕吓的，看到他们嘴还这么硬，只好给他们点教训了。

这一仗的结果是，厄尔维几军团参加迁徙的人数大约 40 万，幸存的被恺撒强制性遣返回乡的人口是 11 万。可怜这帮家伙妻离子散，财物损失严重，还要跑回原住地，把自己烧掉的房子重新盖起来，一边重建家园，一边后悔自己当初怎么烧得这么彻底。

从公元前 58 年到公元前 55 年这几年的时间里，恺撒的军队在整个高卢地区纵横无忌，摧枯拉朽，基本占领了外高卢地区的中部和北部，有些历史悠久的部落和民族直接被恺撒灭族。休息了几天，恺撒登高望远，目光越过英吉利海峡，落到了不列颠群岛上。据恺撒自己说啊，他征战高卢这几年，几乎每一场战役都能在敌方阵营里看到不列颠过来帮忙打架的，既然这小岛不学好，他就准备到那里去显示一下军威，以绝后患。

居住在不列颠沿海地区的人主要是来自高卢北部的比尔及人，而这些比尔及人是很早就渡过莱茵河到高卢定居而繁衍的日耳曼人后代。不列颠内陆则是一些岛上的土著，这些土著依然过着原始状态的生活，喜欢在身上涂上些蓝色的植物汁液，身上蓝荧荧的，吱哇乱叫；还处在兄弟、父子共用一个老婆的禽兽阶段。但是这些看起来很落后很不开化的不列颠人却让恺撒费了不少工夫，公元前55年至公元前54年，恺撒经过两次艰苦卓绝的跨海远征，总算勉强让不列颠臣服，此后不列颠要向罗马交纳赋税，还要定期送人质到罗马以示忠诚。

公元前53年，恺撒占领高卢大部分地区，在各重镇和交通要道建立常驻军营，要求各邦提供人质、纳贡、听从恺撒的军事调度和服从罗马的统治。高卢人虽然总是打败仗，可并不是容易屈服的，那些骁悍的部落，一边巧言令色地应付罗马，一边私下勾勾搭搭，预备团结所有被欺压的高卢人起来反抗恺撒。正好公元前52年，罗马城内发生了点混乱，高卢各部认为机会来了，于是便联手起义了。

高卢起义是许多民族和部落联合发起的，他们推选了造反的头目维钦格托列克斯。这家伙曾经在罗马军团服役，还有些拉帮结派的才华，所以很快就游说高卢各部团结在自己周围，正式跟恺撒作对。一听说自己新打下的土地造反，在罗马解决政治斗争的恺撒赶紧杀回高卢战场，新组建的日耳曼骑兵团发挥了重要作用，很快就让起义大军大受挫折。维钦格托列克斯也算是恺撒戎马生涯的最重要对手之一了，他很快就改变了战术，不再与罗马军队正面对抗，改打游击战骚扰后方，破坏补给线。为了达到坚壁清野的目的，高卢人在维钦格托列克斯的领导下，将沿大路的村庄全部烧毁，甚至还烧掉了20多个不易防守的市镇。亲手烧毁自己辛苦建立的家园，高卢人的心痛是可想而知的，也表达了对罗马人的战斗决心。

接下来罗马大军就陷入了人民战争的汪洋大海，对高卢起义军来说，不论在哪一个部族、哪一个地区作战，当地的百姓都会无条件地支持子弟兵，红米饭、南瓜汤，妻子送郎上战场，母亲叫儿打罗马，村村寨寨开展声势浩大的拥军活动，高卢起义军的游击战打得风生水起。而罗马就惨了，一边要应付游击队的不断滋扰，一边还要分出很多兵力出去找食物和粮草。

维钦格托列克斯的焦土策略获得了巨大成功，可也没有万事如意。有一个美丽的城市叫阿凡历古姆，被称为整个高卢最美丽的城市，当地人哀求维钦格托列克斯保留这颗明珠，不要烧毁它，虽然维钦格托列克斯认为这时的一念之差肯定会后患无穷，但他扛不住所有人趴在地上哀求，最后他只好安顿下很强的守城人马，将这个城市留在了罗马的征途中。恺撒知道，这个城池是他的重要机会，所以攻城战，恺撒几乎拼尽了全力，好在最后还是拿下了。进城后，恺撒下令屠城，老人、妇女、小孩儿都不要放过，全城 4 万人几乎被杀光，不要责怪恺撒的冷酷，他的士兵要吃饭，他必须将其他吃饭的人杀光，以节省粮食。而这个城市给弹尽粮绝的罗马军团提供了很好的休憩场所，几乎被饥饿拖垮的罗马军队吃饱了肚子，恢复了往日的斗志，战争形势再次逆转。可怜高卢起义曾经那么接近幸福。

高卢联军来自不同的部族，像沙子一样难以聚拢成团，而恺撒也知道各个击破是唯一的镇压办法。其实高卢地区也从没有真正团结过，很多部落看到罗马军胜利就投靠罗马人，高卢人占上风又倒向起义军，所以维钦格托列克斯的很多协同作战的策略都没办法付诸实施，而手下的各部首脑也不可能是完全听指挥的。如果评价个人能力，维钦格托列克斯绝对算得上高卢最卓越的统帅，但要指挥这样一群乌合之众，也是很艰难的。相比之下，恺撒军团就显得更加指挥有素，行动一致。很快，这次高卢人付出巨大代价发起的反罗马起义失败，而维钦格托列克斯在战争的最后阶段为了不让高卢人受更大的打击，主动要求手下将自己交给恺撒。这个几乎让恺撒英名大丧的高卢英雄成为远征军最牛的战利品被带回罗马，关押 6 年后，在为恺撒举办的凯旋式上被砍掉了脑袋，是恺撒军功章上最耀眼的一抹血色。

后来的高卢基本就没什么太大的反抗动作了，公元前 50 年左右，该地区总算安静了，高卢战事胜利结束。

经过恺撒对高卢的多年远征，大量的奴隶与财富源源流入罗马，奴隶制经济高速发展；丰饶繁荣的高卢地区归属罗马版图，使罗马的疆土扩展到莱茵河西岸和比利牛斯山脉以东，并远至不列颠。整个罗马的土地和人口几乎都增加了一倍。

离开罗马开始远征的恺撒只有 4 个军团的人马，其中一个军团还是庞培赞助的。战事结束时，恺撒的鹰帜下指挥着 10 个军团。原来说过，马略的军事改革给后世的罗马军队带来很大的影响，自从军队职业化以后，大兵一般只对自己的长官忠诚，无论什么样的战事，跟谁作战，他们都只忠于自己的统帅，恺撒的军团只为恺撒而战，从来都不是为罗马而战，所以这 10 个军团完全是恺撒的嫡系部队，忠诚无比，团结有力。高卢征战的 7 年时间里，恺撒大军占领了 800 多个城市，征服了 300 多个部落，对罗马作战的各种高卢人超过 300 万，其中 100 万人被歼灭，100 万人被俘。

对高卢的征战，是恺撒政治生涯中的重要阶段。当初，他的两个同盟者，庞培和克拉苏支持恺撒出任高卢总督并没有什么善良的用意，地球人都知道高卢人英勇善战不畏死，战争一启动，便是无穷无尽的深渊，谁陷进去都别想轻易出来，就算恺撒可以在高卢全身而退，他也没精力插手罗马的政局。然而，恺撒一直在罗马广布亲信耳目，远征的这几年，虽然人很少在罗马，可罗马所有的大事都没有躲开他的操控，每次公民大会召开，恺撒在罗马的亲信就纠集大批的奴隶和城市贫民组成打手冲进会场，干扰公民大会的各种决定。所以，征战高卢期间，恺撒不但在战争中取得了巨大的声望和荣誉，累积了不计其数的钱财和奴隶，而且在罗马政治事务中的地位还不断在提升。此时的恺撒野心也不一样了，他开始做更高级的人生规划！

十一　一山不容三虎

读者掐指一算，貌似“埃及艳后”要出场了吧？看了这么久罗马史，就等这一章呢！大家都伸长脖子瞪大眼，早知道大家就这点出息，应该直接开篇写罗马艳情史以挽救收视率。反正古罗马“断臂”“拉拉”“父女”“兄妹”甚至“人兽”这些活动要多少有多少，还可以写穿越文体，让有兴趣的读者穿越过去亲历其盛。

时间还早呢，“埃及艳后”没那么早出来呢，人家还要梳妆打扮好一阵子呢。

先讲个花絮，关于中国的。

在甘肃省永昌县，那里有个叫者来寨村的小村庄，这个村子前几年突然轰动了世界，因为有几个外国考古学家在这一带瞎逛的时候，发现这个村子里有一些人长着金色卷发、深凹蓝目、鹰钩鼻子、络腮胡子，而且身材高大，皮肤白皙，我现在一说这些特征，大家马上知道这是标准的欧洲品种，可这些人如果生活在中国西北一个贫瘠的小山村，趿拉着一双烂布鞋，靠墙根抽旱烟袋，就不能不引起考古学家的兴趣了。

随着考古学家和好事者的介入，这个村子很快就声名远播、脱贫致富了，很多人去甘肃会慕名前往参观的。考古学家在小村子里一通乱刨，挖出了上百具欧洲人的骸骨，现在对那些黄毛村民进行 DNA 检测，已经验证出这些在正宗中国人群里平时很自卑，以为自己是怪物的村民实实在在是有欧洲血统的，那么到底是为什么，这个村子会聚居繁衍着一批欧洲人呢？

……

恺撒自己给自己分配了高卢地区做总督，因而创下了罗马战史不朽的伟业，而他的两个同盟呢，既然是同伙，分猪肉的时候就要公平啊，所以庞培得到了西班牙行省，而克拉苏得到了东方的叙利亚行省。

随着恺撒在高卢的战绩不断传回罗马，家里那两个同伙有点坐不住了。尤其是克拉苏。本来克拉苏也是个人物，要头脑有头脑，要胆略有胆略，放在哪一朝都是一条好汉，可他时运不济啊，偏偏跟恺撒和庞培这样熊猫一样罕见的天才英雄降生在同一时期同一地点，以至于克拉苏的能力和光彩总是得不到展示，尤其是作为一个天生商人的贪婪，让他在人品上永远输一筹，虽然后来的克拉苏成为最亲民的罗马贵族，经常到乞丐、贫民那里去做秀，做悲天悯人状，差点改名叫克大善人，可老百姓的眼睛是雪亮的，克拉苏每次散钱，他们都不客气地收下，可要打心眼里认同克拉苏，还是做不到的。

恺撒和庞培则不同，他俩的名望和人气是建立在赫赫的军功上的，罗马人对英雄的崇拜是盲目的，对贪婪商人的原谅却是理智的。随着恺撒的身价水涨船高，克拉苏在前三头中的地位似乎有些没落，他在家憋屈了几天后认识到，再多的钱买不回荣誉，罗马的地位是需要金戈铁马的战斗才能巩固的。于是，他决定以他的叙利亚行省为根据地，向东方扩张战斗，像恺撒和庞培一样，为自己打出一支忠诚的嫡系部队和金银遍地的土地，获得像他俩一样的荣光。

克拉苏的目标是占领富饶肥沃的两河流域，所以他必须进攻的敌人就是当时的西亚强国波斯帕提亚（伊朗一带，咱们叫安息）。开战前元老院是非常反对的，因为在之前的几次交手中，那些快如幽灵、锐如利刃的波斯轻骑兵让罗马军队很吃亏，稍微有头脑的人都告诫克拉苏，挑衅波斯是没有好处的，可此时的克拉苏还能听进这样的建议吗？

开战之前，西亚的罗马盟国曾经建议克拉苏沿山地进军，这样波斯最强的轻骑兵就发挥不了作用，可克拉苏心想，老子难得出来打一次仗，造型老重要了，怎么能鬼鬼祟祟像组团行窃呢？于是他骄傲地说，罗马大军不需要躲躲闪闪。于是克拉苏带着 7 个军团，渡过了幼发拉底河，浩浩荡荡，大摇大摆地进入了浩瀚闷热的戈壁沙漠。

迎战克拉苏的波斯军队统帅叫苏来纳，刚过 30 岁，已经是波斯的大将军，在国内一人之下，万人之上，苏来纳是波斯历史上的名将，而且生得健壮俊美，战神一般的人物，偶像派统帅。传说他出征时排场极大，光他个人的行李就要动用1000匹骆驼来拉，还有200辆车上是他的各色嫔妃，铁甲护卫不下千人，加上门客、幕僚、管家、用人、厨子、发型师、化妆师、修甲师、经纪人、助理，约有1万人，生活质量极高，这样的富贵公子上了战场多半脓包，所以克拉苏压根没把这小白脸放在心上。

跟克拉苏预料的一样，双方大军还未相接，波斯军队就开始溃逃。克拉苏没想到胜利来得如此容易，也不管罗马士兵口渴、中暑、昏昏沉沉这些不宜参战的迹象，竟踏着那些炙热的黄沙全力追击波斯军队。很快，克拉苏就发现，波斯军队并没有走远，而是密集地围在罗马军队周围，罗马大军就这样陷入了苏来纳诱敌深入的口袋阵。其后的战斗不用说了，兵败如山倒，罗马大军抛弃伤员退守卡莱城，被苏来纳设计诱出，克拉苏在突围中死于乱军，这伙计一心想成就伟大功业，最后却惨死异乡，不但没给自己和罗马带来荣光，还让波斯军队成为罗马永远的屈辱。

波斯一战，克拉苏带领着4万大军，而苏来纳却只出兵2万，被打散的罗马军队最后只有不到1万人回到叙利亚。后来罗马和波斯断断续续的战争持续了很多年，两边都打不动以后，决定和解，罗马要求波斯将卡莱城之战俘虏的罗马士兵交还，可是波斯交出的俘虏人很少，克拉苏长子曾带领罗马第一军团6000人率先突围，清点下来，这帮人居然活不见人，死不见尸，活生生地失踪了！

现在大家已经可以猜到这一路人马的去向了，但仅仅是猜测，还没有特别的铁证。根据咱家的历史书，公元前36年，西汉大军杀进现在的哈萨克斯坦，收拾北匈奴时，发现匈奴军队中有一支特殊的雇佣军，装束模样都不太一样，他们用盾牌围成铁桶阵前进，喜欢远距离投掷标枪，虽然那时咱们大汉的军队也不知这伙人的来路，但也猜到肯定不是本地人，而现在我们知道，这样的战法是罗马军团的专利，也就是说，可能当年卡莱城突围的罗马士兵，有一些投靠了匈奴等部族打工去了。

大汉对北匈奴的征伐大获全胜，当时俘虏了100多个疑似罗马兵，汉元帝看他们长得挺好玩的，就将他们集中安置在河西走廊的一个村子里，当时给这里起名叫骊靬县，而“骊靬”是当时对罗马的称呼。后来这个地区在隋朝被合并到另外一个县，这些罗马士兵的事就再没人提起了。

现在甘肃永昌者来寨也把自己定位为罗马古城，还修了个有罗马士兵的雕塑，反正是发展旅游嘛，有这样的噱头自然大加利用，至于这些人到底是不是古罗马第一军团的后代，让考古学家继续研究吧。

回到罗马，克拉苏战败，罗马政坛上就剩了恺撒和庞培双头并立，少了克拉苏这个中间制衡的力量，两个人争权夺利的矛盾日渐突出，每个人都知道，这是个一山容不得二虎的时刻。而两人本来是翁婿关系，庞培娶了恺撒未成年的女儿，这种老夫少妻的组合往往都是老头先死比较符合自然规律，谁知道恺撒那个薄命的女儿年纪轻轻的却先死掉了。如此一来，两个人就什么关系也没有了，剩下的就是狭路相逢看谁先死。

元老院的贵族派感到三头同盟出了问题，就马上下手拉拢庞培，庞培审时度势，觉得这时自己很有必要回到保守派怀抱，利用他们的力量钳制恺撒。正好当时罗马城里出现平民暴动，元老院以处理紧急事态的名义，授予庞培特别执政官的权柄，虽然任期只有两个月，可其权力几乎是独裁。

公元前 49 年，恺撒在高卢第二个任期期满，现在的高卢行省几乎相当于整个罗马，而且外围还有巨大的想象空间，恺撒当然希望留在这个广阔天地，更有作为。所以他对元老院要求延长高卢总督的任期，但此时的元老院对他已经起了杀心，除掉恺撒上升为元老院工作重心。元老院拒绝了恺撒的要求，命令他立即返回罗马，如果在约定时间没有赶回，则直接宣布恺撒为“国敌”！

踌躇中的恺撒带着他的军团来到了卢比肯河边，这是一条十几米宽的小水沟，可却是罗马与高卢之间的界河。当时罗马的法律规定，像恺撒这样的封疆大吏，渡过卢比肯河回国是不允许带兵的，否则将视为反叛。恺撒在河边对他的军团说：“渡河之后，将是人世间的悲剧；不渡河，则是我自身的毁灭。”权衡之后，恺撒对全军喊出了他的反叛宣言：“The die is cast！”这句话的意思就是说，骰子已经掷下！只能前进不能后退，没有什么犹豫了。

恺撒军队在整个罗马的震惊中渡过了卢比肯河，正如他自己说的，人间悲剧就这样开始了！

十二 “埃及艳后”

恺撒“悍然”带兵开进了罗马，这个公然反叛的动作让整个罗马都震惊了，大家都在传说：“勒个瓜娃子胆子朗个这样大哦！”庞培当然也没想到，他一直以为靠吓唬就能将恺撒清除，所以当恺撒那些在高卢战场上百炼成金刚的大军越过卢比肯河后，庞培和元老院的死硬派立时慌了，庞培作为一个军事专家，深谙“三十六计”，非常睿智地选择了“逃之夭夭”这一反抗方法。带着一群元老院的老家伙，带着各种行李细软，逃向希腊。恺撒本来以为会面临一场罗马城内的厮杀，没想到大军像观光旅游一样，溜达着就进了城。既然讨厌的对头都跑了，剩下的元老院成员都是识时务之辈，赶紧册封恺撒为独裁官吧，别废话了，还有好多事要做呢。

剩下的日子就忙碌了，恺撒和庞培上演了一幕古典版的《猫和老鼠》，基本上是庞培在前面疯跑，恺撒的大军在后面猛追，从罗马追到希腊，再从希腊追到西班牙，在庞培的西班牙老巢干掉了老庞的主力，让老庞这个大老鼠丢盔卸甲、狼狈不堪地窜进了埃及。

……

好了，女主角终于出来见客了。

公元前 323 年至公元前 30 年这段时间，埃及处于托勒密王朝时代。在此之前，埃及隶属波斯帝国，马其顿的亚历山大大帝征服了波斯，当然也将埃及收入囊中。亚历山大将自己的部将托勒密留在埃及做总督，老大死后，托勒密毫不客气地自立为埃及国王，开启了埃及历史上的托勒密王朝。

庞培逃到埃及是有原因的，埃及的上一任国王托勒密十二世是个暴君，被老百姓推翻，避祸罗马。庞培老哥义薄云天，拉了这个埃及兄弟一把，出钱出枪帮他夺回了王位。这样大的人情，自然是要收高利贷的，所以庞培一落难，当然到埃及收利息。按照庞培的想法，他到了埃及，应该受到恩公一样的礼遇，说不定还可以跟托勒密王朝借一支军队，打回罗马，重整山河。

此时的埃及，托勒密十二世已死，将王位传给了自己的女儿和儿子共同执掌。埃及王朝一直有个大好的优良传统，就是近亲结婚。从公元前3000多年起，埃及的国王就把自己设定为一个神族的形象，既然是神，当然就不能跟人通婚，而且，跟家族以外的人联姻，很容易产生外戚干政这样危害社稷的事件。于是，基本上埃及王都是在家族内部繁殖，肥水不流外人田。最多是兄妹联姻，父女也有，最离谱的还发生过祖孙成亲的情况。到了托勒密王朝，都知道创立者托勒密是人不是神啊，他偏偏要维护这个神族的传统，可他的后代却要遵循人类的遗传学规律。根据现代医学的研究，近亲结婚产生畸形的可能性很高，但因为产量大，广种薄收的，总能找到一两个正常的，所以埃及国王也不全是小傻子，但是从各方面素质来讲，正是秋后的韭菜——一茬不如一茬。

托勒密十二世的儿女却很不错，不像近亲结婚生出来的，尤其是这个闺女，绝对是最成功的优生结晶，不仅生得天使面孔、魔鬼身材，而且有着天才般的头脑，天文地理、机械数学、规划设计无一不通，会讲9种语言，如果不是因为身高稍微差了一点，参加各种环球选美绝对艳压群芳，稳操胜券，这样的女人如果遇上合适的时机是可以改变国际局势的，这位埃及的新女王大名叫克利奥帕特拉。

克利奥帕特拉和自己的弟弟按照父王的要求结为夫妇，共同登基。此时的姐弟俩，一个18岁，一个9岁。虽然没有外戚，埃及王朝也分为帝党和后党，既是骨肉又是夫妻。这种近亲结婚的小孩儿一般都没什么良心，赶走另一个独掌王权是共同的心思。在克利奥帕特拉姐弟俩的争权斗争中，弟弟占了上风，将姐姐放逐叙利亚。姐姐也不是省油的灯，她在叙利亚集结军队，预备杀回埃及讨个说法，姐弟俩都摩拳擦掌，咬牙切齿，整个埃及弥漫着即将开战的紧张气氛，而垂头丧气的庞培就是在这样的环境下，出现在埃及的海域。

克利奥帕特拉的弟弟托勒密十三世虽然只是个十几岁的小孩儿，身边的老狐狸可不少，大家凑在一起开个会，一致认为庞培已是丧家之犬，为他得罪此时如潜龙腾渊般的恺撒是很愚蠢的，不如帮恺撒干掉庞培，送个人情给罗马的新主，如果恺撒非要表示感谢，那就让他帮忙收拾克利奥帕特拉，解决心腹大患。主意一定，托勒密王朝的文武百官就到码头列队欢迎庞培上岸，看到岸上的欢迎仪仗，庞培的老心对未来充满了新的希望。可他万万没有料到，这不是个欢迎仪式，而是个盛大的处决仪式，托勒密十三世的一个手下从背后一剑劈下，将庞培白发苍苍的脑袋砍落在地。

恺撒紧跟着登陆后，托勒密十三世奉上了庞培的戒指和头颅作为见面礼，以为会受到这个新罗马王的高度赞扬，谁知恺撒拿着庞培的头流出了眼泪。托勒密王朝的庸人理解不了这种高手间的爱恨情仇。对恺撒来说，庞培曾是自己的挚友和对手，面对这样一个人的死，恺撒的心理是很复杂的，尤其对他来说，更希望的结局是和庞培相约华山绝顶，由自己亲手决定庞培的结果，而不是在这里坐着接受他的头颅。另外，像庞培这样的盖世英雄死在鼠辈手上，同样是盖世英雄的恺撒心里肯定是会有些落寞的感慨。虽然托勒密十三世送出这样一份厚礼，恺撒对他却是嫌恶得很，没表现出对方期盼中的亲热和礼遇。

罗马一直以埃及的庇护国自居，恺撒到了这里后，既然庞培的事不用操心了，就干点别的吧。不是国王和王后各陈重兵预备干仗嘛，恺撒觉得自己有义务、有责任调解这场皇族纠纷，以稳定埃及的局势。打发托勒密十三世回去时，恺撒通知帝后双方，第二天，恺撒将到埃及王宫召集三方会谈，解决悬而未决好几年的姐弟恩仇。

罗马历史就从这一晚开始散发出氤氲透骨的暗香，一支艳丽的玫瑰幽幽地绽放在古罗马的金戈铁马、惊涛骇浪中。

当天晚上，有人禀告恺撒，有个埃及富商要给恺撒送一条地毯，根据传统，卖给第一次见面的罗马人地毯，像藏族人献哈达一样，是一种尊崇的待客仪式。送来的毛毯贴着金箔，手工细致，华丽精美，虽然只是卷着，但可以想象打开后的美丽。实际情况是，地毯打开后，果然是好东西，一个身材小巧的绝世美女缓缓地从金光闪闪的地毯上站起来。

恺撒一生经历的女人无数，罗马城中的各色美女，试用过不少，远征期间，对各民族各人种的女子自然也没有客气，对美女的认识和品位还是不错的。初进埃及的这个夜晚，非洲的空气这样闷热，庞培那死不瞑目的脑袋还历历在目，54 岁的恺撒这时太需要有人陪伴自己。而出乎意料的是，这个小巧的希腊美女不仅有着炫目的美丽，还有让恺撒惊叹的谈吐和智慧。这一夜，不知道这个躲在毛毯中的神秘美人跟恺撒谈了些什么，第二天，托勒密十三世就惊恐地得知，自己的姐姐和老婆克利奥帕特拉已经成为恺撒的情妇。

参加三方会议的恺撒满面红光、神清气爽，他宣布遵照先王的遗诏，王位还是由姐弟俩共同坐着，谁也不许挤对另一个。这样的结果，帝党肯定是不满的，为了反对恺撒，托勒密十三世的幕僚发动埃及的军队和老百姓开始跟恺撒叫阵，罗马军队和埃及军队厮打起来。

这一仗打得不算激烈，恺撒招来援军，很快就将埃及人制服老实了，托勒密十三世在逃亡的过程中，淹死在尼罗河。虽然战事不算好看，可造成的损失非常大，罗马的火箭命中了亚历山大城的图书馆，60多万本图书付之一炬，影响了整个欧洲历史的大量古希腊珍贵书本也都随着这一场无端的战事化为灰烬，其中包括《圣经·旧约》的很多章节，因为这些章节的缺失，后来对《圣经》的一些观点总是缺少权威的解释。

本来按恺撒以往的习惯，既然征服了埃及就应该宣布这里成为罗马的行省，可恺撒直接将新宠扶上埃及女王之位，让埃及继续保留自己的主权。接下来，恺撒跟埃及的新女王进行了为期两个月的尼罗河巡游之旅，算是度了一个举世闻名的蜜月。

恺撒在埃及蜜月期间，庞培的老同党，西亚的本都国王闹事了，恺撒立即领军开进土耳其，让西亚领教了恺撒的军威，到此时为止，恺撒围绕意大利打了一圈，在几乎所有的罗马领土和行省上与各种对手战斗，基本都是漂亮的胜利。平定西亚后，恺撒给元老院发了一封战况报告，言简意赅，只有三个动词，“veni，vidi，vici”，这三个动词的意思就是“到、见、胜”，后来我们翻译为：“我来过，我见到，我战胜！”这三个词已经成为恺撒一生的总结，虽然历史上的大人物豪言壮语都不少，什么“燕雀安知鸿鹄之志”，“王侯将相，宁有种乎”等，都挺振聋发聩的，但恺撒的这三个动词，绝对可以超越所有的名言，烫金镶在世界历史的封面上！

将庞培的残渣余孽打扫干净，恺撒长长舒了一口气，现在他应该回到罗马整饬国事了，他隐隐感觉到，也许执政官或是独裁官这样的职务都不足以承载恺撒这样巨大的荣誉和辉煌了！

十三　恺撒之死

公元前46年，恺撒回到了罗马，带着埃及的女王和他们的孩子，连续10天的第四次盛大凯旋式前无古人，后无来者，让他成为历史上最荣耀的罗马人。据说这10天罗马进入普城的狂欢，最有趣的是，活动高潮时，恺撒手下的军团长、百夫长等突然高声呼喊："市民们，藏起你们的妻子，专门诱拐女人的秃头来了！"随后，几万个士兵也跟着呼喊，全城都哈哈大笑。由此可见恺撒的军队跟老大的亲密关系。

回到罗马后，恺撒着手进行了各项改革，比如分给老兵土地，授予被征服土地人民的罗马公民权，让高卢等民族的一些老实人进入元老院，将行省的地位提升到跟罗马相同的地位，等等。接着便大兴土木建设城市、美化环境，建造和平广场，改革税收制度等。最重要的是，他为罗马制定了新的历法，每年按365天计算，多出的那一天，每4年在2月份增加一天。这就是大名鼎鼎的儒略历，我们对它都不陌生。

恺撒的改革让古老陈旧的罗马焕发了新的生机，在此之前，罗马已经被效率低下的共和制拖累成一个步履沉重的老人。恺撒的改革高效、迅捷地实施并收到效果，最根本的原因是他独裁，此时的元老院成为政策研究室兼咨询机构，而公民大会更是聋子的耳朵——纯粹摆设。回到罗马的恺撒，已经被授予"祖国之父"的头衔，后来他逐渐将执政官、祭司长、大法官、大将军等职务全部收下，一人承包了共和国所有的大小事务，于公元前44年成为终身独裁官，坐在黄金象牙的御座上，画像跟天神并列。此时的恺撒离皇帝之位所差的不过是一顶皇冠！

俗话说"一个好汉三个帮"，恺撒也不是一个人在战斗。戎马生涯，恺撒一直有两个左右手般的人物，一个是恺撒大军的副指挥官安东尼，一个是后来恺撒的骑兵队长雷必达。这两人在恺撒的扶持下，都进入了政界的顶峰，就任执政官一职，当然，这两人所有的成就都是在无限忠于恺撒的前提下。恺撒带兵进入罗马，后来一直在外出差，罗马就是交给这两个人看守，能够帮助恺撒管理后方，足见此二人在恺撒心目中的重要地位。

公元前 44 年，成为终身独裁官的恺撒踌躇满志，放眼环球，谁是敌手！突然想到，当年克拉苏攻打帕提亚国惨败，还有大量的罗马士兵被对方俘虏，这一奇耻大辱是伟大罗马的一个难看的污点。恺撒也是个闲不住的，黄金象牙御座总是坐不舒服，心里有只小猫挠得难受，总想出去找人打架，西征帕提亚的渴望又让他蠢蠢欲动。

根据古代的习惯，打仗前一定要找人占卜一下的，巫师的妖言惑众一般是替某个政权服务的，以至于占卜经常坏事。这一次关于恺撒东征的预言是这样的：只有王者才能征服帕提亚！此言一出，罗马的局势立时紧张了。现在罗马的元老院面对这样一个命题：想打败帕提亚为罗马复仇必须有人称帝；如果没人称帝，罗马军队在西亚的侮辱永远得不到洗刷！

对恺撒独裁时的元老院贵族派来说，日子是非常艰难的，几百年的所谓共和国让这些老家伙吃香的喝辣的养得胖胖的，每天到元老院商量着开个会就能决定罗马老少爷们儿的命运，当然，这些决定都是以他们自己获得最大权益为前提的。随着恺撒让他们退居二线，失去权力和相应的利益，这样的生活让他们生不如死，恺撒一点一点将所有的权势集中在自己手里，老贵族知道，恺撒长官成为恺撒大帝完全是个时间问题，而罗马共和国似乎正逐渐向帝国缓缓过渡，每当想起这事，老东西吃不香睡不好，头都想破了，希望能找到解决的办法。

在这件事上，元老院的贵族跟罗马的老百姓还是一致的，古罗马的老百姓是世界上最不喜欢皇帝的人，虽说对于恺撒的拥护是毋庸置疑的，而且即使是恺撒独裁他们也能接受，可如果非要在形式上立一个皇帝，他们就产生本能的抵触感，罗马绝不能出现皇帝这个职称，即使是恺撒也不能给他面子！

公元前 44 年 2 月，春归大地，万物复苏。罗马传统在这个月份有一个祭祀牧神的盛大活动，这本是个万民同庆的节日，恺撒带着元老院的众贵族出现在祭祀现场，虽然各怀心事，但场面还是热闹的。这时，突然出现了一个小插曲，恺撒最大的小弟，当时的罗马执政官安东尼突然拿出来一个花环，毕恭毕敬地将花环戴在恺撒的头上，并称呼他为皇上！这是个黄袍加身的关键时刻，安东尼的这个动作显然也是一个善解人意的巨大的拍马屁行为。可惜啊，这个祭祀现场不是咱家宋太祖陈桥兵变时的环境，恺撒傻乎乎地顶着个花冠，没有听到他希望的排山倒海般的请他登基的欢呼声，现场虽然有几个忠实“粉丝”拍手呐喊、高声叫好，但大多数人选择了沉默。恺撒在贵族和老百姓脸上清楚地看到了厌恶和反感，所以他毫不犹豫地摘下花冠掷在地上。安东尼这个马屁精明显是对形势不了解，或者他还想再赌一把，所以赶紧捡起来，又给他老大戴上了。恺撒心里已经非常清楚了，面对眼下的形势他必须顺应民意，所以他用一个更坚决的动作摘下花冠丢掉，这个动作引起了现场潮水般的欢呼，所有人都松了口气：“爷唉，只要你不当皇上，咋个整都没问题！”

这个 2 月，恺撒离罗马的帝位就是一步之遥，元老院的贵族回家擦干身上的冷汗后，开始仔细思考：这一次算是躲过一劫，完全因为恺撒自觉，下一次，还会不会这样幸运？只要恺撒还坐在黄金宝座上，这个危险永远存在！对！一劳永逸的解决方法是：耐伊组忒（周立波语，意思就是，把他干掉）！一想到这个解决办法，所有的元老贵族都松了一口气，再复杂的问题，总有死人这个最终的解决办法。下面的问题就是，怎么让他死？

让贵族派的元老在家仔细研究吧，我们趁恺撒还没死，赶紧关心一下他的私生活。老秃头恺撒号称有半个城的相好，各种情妇更是数不胜数。像恺撒这样的男人是属于全体女人的，如果其中一个有点变态的痴情就很容易痛苦。恺撒的情妇在历史书上是很难查找的，因为数量太多，而留在史册上有名字可查的有两个：一个自然是改变了埃及国家命运的“埃及艳后”；另一个名叫塞维利亚。

塞维利亚也出身显赫的罗马政治世家，是罗马著名的贵妇，也是著名的寡妇，老公被庞培杀害，带着儿子生活。她的儿子大名叫布鲁图斯。所谓寡妇门前是非多，孤儿寡母的，想日子过得好一点靠山很重要，而整个罗马城最大的靠山就是恺撒了，加上这老秃子又好这口，所以塞维利亚成为恺撒床上的新宠基本没费什么工夫。江湖传闻这个女人将情书投递到元老院，让坐在御座上的恺撒一边主持会议，一边神摇意夺地暗爽，后来因为被怀疑是阴谋信，恺撒不得不将情书公开。这个“情书门”又让罗马的八卦人群 high 了一把。

塞维利亚的儿子布鲁图斯长大后自然也进入政界，这个小孩儿很奇怪，在庞培和恺撒对打的期间，他一直是站在他的杀父仇人庞培那一边的。但是恺撒对他却是照顾有加，恺撒大军预备杀进罗马跟庞培血战之前，他还特别关照要保全布鲁图斯的生命，以至于后来很多人怀疑布鲁图斯根本就是恺撒的儿子，这当然不可能，因为布鲁图斯出生时恺撒才 15 岁，还不具备勾引一个贵妇的各种条件。

庞培兵败逃亡埃及后，布鲁图斯很识时务地投靠了恺撒阵营，恺撒不但不处理他，反而对他亲热得很，并将他收为义子，器重而宠爱。布鲁图斯有这个待遇，自然跟他母亲对恺撒的服务是分不开的。

时间来到了公元前 44 年 3 月 15 日，欧洲历史上最神秘的日子之一，恺撒突然收到消息，元老院邀请他去接受一封陈情书。这天之前，已经有很多传闻说有人将刺杀恺撒，一大早起床，恺撒的妻子就过来告诉他，说自己做了噩梦，让恺撒不要到元老院去。对身经百战的恺撒来说，一个小小的谋杀传闻不见得会让他改变行动。在去元老院的路上，有人塞给他一个纸条，告诉他这里有关乎恺撒的大事，恺撒虽然收下了这张纸条，当时却没有看，只是随手揣进了口袋里，而这张纸条上就是那些要谋杀他的人的名字。

坐在元老院黄金御座上的恺撒像往常一样拿着一支笔和一块蜡版，让元老将他们所说的陈情书拿来看，如果恺撒稍微敏感一点，他会发现，这一天的元老院充满着一种说不出的诡异气氛，几个老家伙的表情鬼鬼祟祟，目光中互相交换着阴谋诡计。这时一个贵族突然走到恺撒面前，请他宽恕自己被流放的兄弟，态度太诚恳了，不仅跪在面前，还紧紧抓着恺撒的两肩，这样亲昵的动作显然不适合元老院的肃穆气氛，恺撒在这一刹那发现了异样。可是一切都太迟了，后面的人从长袍下抽出短剑，刺向恺撒的喉咙，然后，屠杀就开始了，纷乱中，不断有人冲上来，抄各种凶器在恺撒身上乱刺，这是一次集体谋杀活动，参与者超过 60 人。恺撒面对着层层叠叠的凶手，以最后的雄风反抗着，突然，他看到了一张熟悉的脸，那是布鲁图斯，自己钟爱的干儿子！在确信布鲁图斯也是谋杀者之一后，恺撒彻底崩溃了，他看着布鲁图斯问了一句：“还有你吗？我的孩子！”这是英雄恺撒留在人世的最后一句话，说完后，他放弃了抵抗，用最后一丝力气撩起长袍，盖住自己的脸，轰然倒地，在他的仇人和朋友庞培的雕像下溘然离世。

这次举世闻名的谋杀，主谋者之一就是布鲁图斯。在恺撒死后，他也表现出了深深的哀伤。布鲁图斯又不是吕布，为什么要杀自己的义父呢？因为布鲁图斯的祖先就是前文说的带领罗马百姓推翻皇帝塔克文的人，布鲁图斯的家族是罗马共和制的缔造者，所以当有人想要刺杀恺撒，挑唆布鲁图斯出来主持，最好的说辞就是，杀死恺撒维护共和是他们家族的责任！显然，这个游说达到了效果。

整个谋杀活动是在布鲁图斯家里策划并完成的，而在背后出谋划策的，就有布鲁图斯的老妈，恺撒的情妇塞维利亚。这应该是个标准的爱恨一线的故事，恺撒注定不会停留在一个女人身边，尤其是这次回来，还带着埃及的妖女和一个小恺撒。很多历史书都说恺撒将他的情妇安置得很好，互相不太争风吃醋找麻烦，但从布鲁图斯这件事来看，恺撒的后宫也不见得如他自己想象的和谐。一个女人如此处心积虑地安排儿子杀害情郎，除了被抛弃因爱生恨似乎也没有别的解释，但凡还有一些情意，怎么也会阻止一把，或者向恺撒通个消息吧。看着倒在血泊中的恺撒，布鲁图斯沉痛地说：“我爱恺撒，但我更爱罗马！”他在告诉全世界的人，他下手弑父乃是为造福罗马的大义灭亲行为！

十四　恺撒的继承人

恺撒被乱剑砍死在元老院，身上共中了23刀，不过据验尸报告说，只有一处捅对了地方，足以致命，可见这个庞大的谋杀集团在下手的时候是怎样的一场混乱。恺撒的死讯很快传遍罗马，当那些满身是血的凶手走出犯罪现场时，街上已经开始有人围观，没人欢呼，没人鼓掌，罗马人一脸冷漠地看着他们。

带头杀死恺撒，给了这位神一样的人物最致命的打击的干儿子布鲁图斯郁闷无比，自己做了一个爱国的举动，维护了先祖辛苦缔造的共和国，让自己的家族再一次成为罗马的民主之光，这明明是一件应该让自己很骄傲、很得意的事，为什么心里却高兴不起来呢？看着元老院外围观人群的脸色，布鲁图斯感觉到一种莫名的沮丧，所以当谋杀集团的其他人要求将恺撒的尸体丢进台伯河，并追剿恺撒的左右手安东尼和雷必达时，布鲁图斯拒绝了，他认为恺撒已经为他所做的事付出生命，就不要再迁罪于其他人。

一听说恺撒被杀，小弟安东尼就以博尔特的速度窜出了罗马，直到听说布鲁图斯不预备诛九族，惊魂未定的安东尼才想起来，自己是罗马的执政官啊，恺撒已死，自己是罗马最大的行政长官，这样像兔子似的乱窜像话吗？赶紧收拾了一下，回罗马去，恺撒还有后事要办呢。

安东尼曾是个出名的花花公子，在所有人心目中，这家伙除长了一张漂亮脸蛋，打仗不要命之外，没什么上得了台面的地方。年轻时代，喝酒、赌钱、狎妓无所不为，欠了一屁股债，若不是从了军，绝对就是个危害社会的坏分子。后来恺撒出门打架，将罗马交给他管理，这家伙居然让整个城市陷入无政府状态，办事相当不靠谱。对元老院那些老家伙来说，这个对手不构成威胁。可是他们忘记了，安东尼的祖父曾是罗马最著名的辩论家，如果放在中国，应该是鬼谷子这个门派的纵横学门徒，这帮人如果真要耍心眼，是可以玩死很多人的，而安东尼会不会被遗传一点呢？

恺撒的葬礼规格很高，布鲁图斯无比悲痛地向民众诉说了他杀害恺撒的无奈和他为国弑父的悲壮。这个“祖国英雄”在一刹那间让整个罗马感动，如果不是有人跳出来搅局，老百姓真要扑上去亲吻布鲁图斯，感谢他为民除害了。

葬礼的尾声，执政官安东尼带着恺撒的尸体来到了集会现场，这个曾经的花花公子从没有像今天这样表情庄重，还未开言就泪如雨下。接着，安东尼以哀伤平静的语调发表了一次演说。虽然安东尼一辈子荒唐事干了不少，但恺撒葬礼上的这篇讲话，却让他改变了历史。在演讲中，他先是逐条辩驳了恺撒的野心独裁论：他在外征战几寒暑，提着脑袋扩版图，打来的钱帛都进了国库；听说百姓有怨言，看到百姓受了苦，他经常流着眼泪默默哭；我三次敬冕让他受，他戴上就能做君主，可他严词拒绝我，大家说，这样的人何曾有野心，恺撒的冤屈向谁诉？！（一边打快板一边说的。）

罗马的老百姓容易受忽悠，开始布鲁图斯罗列恺撒的罪状让他们觉得，恺撒这老东西就是想搞独裁想称帝，很不是东西，死不足惜。现在听完安东尼的快板书，又觉得恺撒挺冤的，搞不好是错怪他了。此时安东尼被他祖父附体，纵横学家的所有才华在他身上熠熠发光。看到民众的情绪出现转变，他挑起了恺撒被刺时穿的袍子，那 23 个窟窿和深紫色的血迹触目惊心，安东尼一边痛哭，一边向大家介绍，这个窟窿是张三刺的，那个窟窿是李四捅的，罗马的百姓被震惊了，这不是简单的处决，这是虐杀，就算恺撒有罪，这样的死法也太残酷了。民众情绪开始转移方向了，开始有少部分人要求处罚凶手。

看到形势已经成功反转，安东尼抛出了最后的撒手锏，他向大家宣读了恺撒的遗嘱。在恺撒的遗嘱里，这位罗马英雄将自己那座极尽华美的台伯河私人花园赠送给罗马人民成为公共娱乐场所。另外，所有的罗马公民，每人可获得 300 塞斯特尔提乌斯的馈赠，相当于多少钱呢？当时的消费水平，1 阿斯可以购买半升葡萄酒加面包，而 1 塞斯特尔提乌斯 = 4 阿斯，这笔钱肯定能让每人好好吃一顿了。恺撒实在太有钱、太慷慨了。而且在对自己可能出生的孩子指定的监护人中，很多都是谋杀俱乐部的成员！

吃人家的嘴短，拿人家的手软。遗嘱一读完，整个广场泪水化作倾盆雨，罗马百姓一边考虑拿那笔意外收入如何消费，一边感念恺撒的恩德。这样的好人，岂能让他冤死？民众愤怒了，元老院这帮老东西阴谋杀死了一个圣人，他们必须血债血偿。当天夜里就发生了暴动，民众举着火把围攻谋杀组织成员的住所，那些凶手慌不择路逃亡到国外。安东尼借着百姓激昂的情绪和对恺撒的怀念和支持，接受了罗马的大权，可是他知道，自己的野心前途也是波折的，因为名正言顺、根正苗红的恺撒继承人出现了！

补一个花絮，最近一些犯罪学家、精神分析学家、考古学家等比较有空的同志得出一个新结论，说是国外种种迹象表明，恺撒的死是他自己策划的！确切地说，他知道这场谋杀，而主动配合了所有的事。因为参与谋杀的人太多了，整个俱乐部有超过 60 人，这么大的阴谋涉及这么多人，怎么能指望他们严格保密呢！尤其是，恺撒即使征战高卢、远离罗马时，对罗马的大事小情也都了如指掌，当时这么大的事他会一点风声都收不到吗？而且在出发去受死之前，很多人都给他预警，恺撒纵然完全不知道谋杀的事，也不可能一点不设防吧，而他几乎是孤身一人将自己送进了虎口。如果恺撒真是这样不小心的人，在南征北战中不知道死几百次了。他被杀之前，元老院说要授予他一个荣誉称号，他却不站起来接受，这个傲慢的举动直接激怒了元老院，可是恺撒从不是这样不懂礼数的人，这一切疑点如何解释呢？

根据现代医学对恺撒遗留下来的验尸报告分析，这个绝世的男人当时已患有严重的颞叶性癫痫，发作时，行动不受控，而且大小便失禁。对于恺撒这样的人来说，得了这样的病，还不如死去。他突然修改遗嘱，并慷慨地千金散尽收买人心，就是处心积虑地为自己的继承人铺路，他知道，自己的宏图霸业已经没有机会实现了，但是自己精心选择的接班人会延续自己的荣耀，甚至是自己的名字！他将自己的名字“恺撒”传给了自己的继承人，这个年轻的新恺撒名叫屋大维！如果恺撒天上有灵，他应该得意于自己所有的安排和他自己的惊人慧眼，因为恺撒这个名字加上屋大维这个后缀后更加艳光四射，烁古灿今！

十五　新“恺撒”屋大维

屋大维的母亲是恺撒的外甥女，按辈分屋大维应该叫恺撒外公。恺撒除了“埃及艳后”生的小崽子，也没有正经儿子，如果有DNA检测，亲生儿子肯定还有，但当时的科技不太容易确定这件事，尤其是这些孩子的妈大部分不止恺撒一个老公。恺撒选择屋大维做自己的继承人，作为恺撒的养子，获得了“恺撒”这个尊贵无比的名字。别跟罗马人讲辈分啊，他们不懂这个。

恺撒遇刺时，屋大维正在外地的军队接受军训，时年18岁。这样一个小屁孩不容易让人重视，虽然他总是把恺撒的大名挂在嘴上。一收到恺撒遇刺的消息，屋大维火速从亚得利亚海边赶回罗马，根据恺撒的遗嘱，他将继承75%的遗产，是真正意义上的恺撒继承人。

走到安东尼面前的屋大维一脸稚气，军营的生活条件让他看上去有些黑瘦，他嘀嘀咕咕、低声小气地向安东尼要求他的权益时，安东尼觉得很好笑。此时的安东尼铁了心要欺负小孩儿，他嬉皮笑脸地对屋大维说：“小子，已经继承了恺撒的名字，你就知足吧。现在要钱没有，我把恺撒的政权给你，敢要吗？”看着安东尼戏弄的脸，这个18岁的青年什么也没说，转身走了出去，安东尼不知道，此时走出去的屋大维直接走上了罗马历史的舞台中心，而且将是他和罗马共和国的掘墓人！

安东尼恣意戏弄屋大维，在安东尼心目中，屋大维不过是个穿男人衣服的女子，之所以得到恺撒的信任，完全是因为屋大维是恺撒的男宠，否则不能解释为什么恺撒参加所有的大型活动都把这个瘦弱的男孩儿带在身边。

恺撒死后，直接参与谋杀的元老院成员都作鸟兽散了，留下的元老院成员也惶惶不可终日，因为不知道接下来的命运会是什么。他们感觉到，现在独揽大权的安东尼似乎比恺撒更难对付。看到他日益高涨的人气，老家伙又睡不着觉了，已经杀掉一个恺撒，又冒出来一个独裁者，共和国的危机还是没有解决啊，而且，虽然没有直接参与刺杀，但或多或少都有牵连，安东尼高兴的时候不追究，不高兴的时候随时找他们算旧账。这时，他们发现有个可以处理他们难题的人出现了，这个 18 岁的男孩儿刚把自己的名字改为恺撒・屋大维，这是恺撒的正牌继承人，只要扶植这个正版恺撒，安东尼这个山寨版的恺撒自然就嚣张不起来了。于是，在安东尼还在肆无忌惮地调戏屋大维的时候，这个男孩儿已经成为元老院的新宠，而且居然开始拍卖家产，招募军队！

恺撒军团转业后，都受到很好的关照，分钱分地日子逍遥，就因为跟了恺撒生活有着落，因而心里对恺撒更加感激和忠诚。如果恺撒重生，这些旧部随时会披上征衣再次为老大搏命。恺撒死后，军团的士兵主要有三个投奔方向，一个自然是安东尼，另一个则是原来的骑兵队长雷必达，更大一部分则是静观其变。随着恺撒・屋大维招募军队的消息传出，那些老兵听说将再次为恺撒而战，纷纷丢掉锄头，找出铠甲，围绕在这个 18 岁的少年周围。上有元老院扶助，下有百姓支持，顷刻之间，屋大维就拥有了属于自己的精锐部队，效率比变戏法还高，安东尼晃了好久脑袋才反应过来。

安东尼大约盘算了一下，发现自己输给这小子就输在人气上了，在罗马要获得民众支持就是靠出去打架啊。为了找回属于自己的威风，安东尼出兵意大利北部，因为那里窝藏着谋杀恺撒的几个元凶。紧跟着安东尼的军队，屋大维的军团也出发了，不过他是在元老院的安排下去征讨前者的。

两军终于对峙，战争似乎在所难免。这一仗是标准的正版和山寨版的对垒，安东尼的军团很快就溃不成军。并不是安东尼打仗不如屋大维，就算再天才，也不能指望一个 18 岁的小孩儿战胜老兵油子安东尼，问题就在于，安东尼的手下也是恺撒旧部，他们不愿意跟小恺撒的军队同室操戈，而屋大维的手下，因为觉得自己的统帅是正宗的，所以理直气壮，士气如虹。

击溃安东尼的军队，屋大维马上察觉到了元老院的态度变化，他意识到元老院一直是拿他当枪使的。如今借他手铲除了安东尼，元老院立时变脸，排挤限制他。这帮老家伙也小看了这个小孩儿，此时的屋大维已经不可能再被任何人调戏了，他即刻率大军回到罗马，以干净利落的武力控制了罗马政局。安东尼并没有彻底失败，他很快就重新招募了军队，与另一个恺撒余部雷必达合兵一处，也向罗马开进。此时的罗马出现了三个巨头，全都拥兵自重，霸道异常。屋大维、安东尼、雷必达，这三人谁也控制不了谁。而这三个人很快发现，元老院那帮老家伙很希望他们"三国演义"，狗咬狗一嘴毛，在内耗中将恺撒的势力全部清除。但三人智商都不低，马上就有了对付元老院的办法，那就是抛弃前嫌，携手合作，先干掉共同的敌人再说。就这样，历史上著名的"后三头"联盟形成了。

"前三头"的联盟化敌为友的基础是联姻，这个办法显然适用于任何人。屋大维很痛苦地娶了安东尼的继女（安东尼娶了个孕妇），而这孩子当时还没成年。三头成功地获得了 5 年的罗马统治权，三头成立的第一件大事是追剿刺杀恺撒的人。这是一次大清洗，所有曾跟三人作对，或是让他们看不顺眼的、桀骜不驯的、贼眉鼠眼的通通上了黑名单，有 300 名元老院成员和 2000 多各类地主富翁，全部杀掉，不用审判，不准上诉，家产全部充公！清理完罗马的异己，那个谋杀俱乐部的头目，恺撒最爱的干儿子布鲁图斯还在外流窜呢，据说他也集结了部队，预备杀回来。这倒是同仇敌忾，安东尼和屋大维马上携手，各率部队开进希腊，找布鲁图斯及其同伙算账。

安东尼和屋大维这一次联手出击发生在马其顿的菲利比城，算是一场实地考试，测出了两人的实力高下，这场战争 2 对 2，结果是安东尼打败了自己的对手，屋大维却被对手打败，自己还差点被俘虏。好在安东尼的军团在沼泽地芦苇荡跟对手死磕，终于控制了局势。

从理论上和形势上分析，这场仗应该是要打一段时间的，然而却出人意料地突然结束了，结束得很有戏剧性，估计是恺撒在天上显灵了。布鲁图斯的军队虽然受到重创，战斗力犹存，只是布鲁图斯的"心商"太低了，自从亲手杀掉自己的义父，他就一直活在莫名的恐惧中，还经常梦到恺撒找他索命，以至于在对安东尼的战斗中失势时，他马上想到不论他如何努力，失败的结局都将是注定的，因为他要为弑父受到惩罚。如果早晚会落在安东尼和屋大维手里被他们万般凌辱，还不如自行了断，一死了之。他叫来手下，举着自己的短剑，然后闭着眼扑上去。这个死法也不知道究竟算自杀还是他杀，反正是死翘翘了，而插在他心口的短剑，正是他刺杀恺撒的那一把。后来的人清算发现，当时参与刺杀恺撒的人，最长的也没有活过 3 年，活着是最厉害的活人，死了是最厉害的死人。

主帅自刎，这仗就打得没意思了。安东尼和屋大维基本清理了元老院贵族派的残渣余孽，现在这三人谁想独裁，道路都是通达的，可问题是，谁上位成为老大呢？既然势均力敌，还是继续吃大锅饭吧，回到罗马，三巨头照规矩开始分地盘，安东尼统治东部地区，屋大维统治意大利和高卢，雷必达统辖北非，包括西班牙。

这三人各有特点，在野心上，最大的应该是屋大维，安东尼和雷必达都有点小富则安。安东尼领到了他梦寐以求的东部行省，这个伙计骨子里是个享受派，他幼时有很长一段时间生活在希腊，对这里的碧海蓝天有天然的亲切感，如今成了希腊之主，更是实现了人生最大的理想。流连在爱琴海那些岛屿上，安东尼的小日子过得非常惬意。值得称道的是，在东部行省执政的安东尼享乐之余没耽误工作，在东方各小国，他帮着驱除暴君，建设城市，改革赋税，有条有理地将自己那块自留地耕耘得有声有色。

雷必达比较超然，他自觉躲在西班牙，从不冒头添乱。而屋大维在罗马则是如火如荼地培养自己的势力，不断地壮大、成长，走向成熟，现在谁也不敢小觑这个年轻人了。安东尼自然知道他与屋大维的联盟基础是很薄弱的，屋大维找自己的麻烦是早晚的事，所以也在动脑筋。此时他想到了一个女人。

罗马国家军功赫赫，内部经济却一塌糊涂，GDP 的增长基本靠打仗掠夺，大部分的生活生产用品依靠进口。比如说粮食，罗马人忙着玩，没时间种地，他家的一稻一麦、面包大米统统需要从埃及进口，尼罗河每年泛滥扩展出的肥沃土地滋养着不断增长的罗马人口，所以埃及对罗马的意义就显得异常重要。

又见到我们的老熟人，埃及女王克利奥帕特拉了。恺撒遇刺后，她以最快的速度逃离了罗马，有很长一段时间，她为自己和儿子的命运担心，也为埃及的命运担心。随着安东尼、屋大维在罗马城的一通喧闹，风平浪静后，“埃及艳后”开始打其他主意了。本来她生的儿子是恺撒的亲生儿子，如果是继承人也应该是第一位的，“埃及艳后”梦想着，如果自己的儿子接掌罗马，罗马和埃及将合并成一个巨大的帝国，则创下了和她的亚历山大祖先一样的霸业。可现在恺撒另有其人，那个顶着恺撒名号在罗马冉冉上升的却是屋大维。而对屋大维来说，海对面那个叫恺撒·里昂的小野种，也是心腹大患。克利奥帕特拉在家里寻思了好几天，跟罗马为敌，她显然是没有实力的，面对随时会发生的屋大维的绞杀，她必须赶紧为自己找一个可以跟屋大维对峙的靠山，这个人，地球人都知道，当然是安东尼。

这段宿世的情缘从心有灵犀开始。在“埃及艳后”想到安东尼的时候，安东尼也正在想她。他知道，只要掌握埃及，在干掉屋大维成为罗马老大的这盘棋上，他就拥有了最有力量的棋子。于是他就找了个借口，宣“埃及艳后”来西亚相见。这借口也很有意思，他认为“埃及艳后”曾经私下帮助刺杀恺撒的叛军。收到安东尼的会见邀请，“埃及艳后”知道，这是上苍给她和儿子的最后机会，若干年前，她将自己卷在毛毯中献给恺撒，改变了自己和埃及的命运，如今，她需要再赌一次，看自己的魅力在安东尼身上能否产生效力。

两个人的会见是在一条游船上，跟恺撒一样，安东尼也是阅女无数，据说他在希腊各海岛流连期间，那些小岛国的国王都很愿意让自己的王后陪伴他共度春宵。乍见“埃及艳后”，安东尼并没有眼前一亮，可随着这个小巧的希腊美女闪着明亮的大眼睛，娓娓地向安东尼述说，安东尼发现，这个彻底迷惑了恺撒的女人有着一般女人都不具备的学识和智慧，这种知性气质让她如此与众不同，性感迷人。会面的结果是，安东尼以一种年轻人的狂热坠入爱河，甚至表现出比恺撒还炙热的痴狂。他换上了埃及的装束，开始学习埃及的一切，以女王的臣民自居，这个雄师般的罗马战将彻底堕入埃及的温柔情网。

对于安东尼如此严重地陷入情网这件事，其实是很值得研究的，“埃及艳后”固然迷人，但她更迷人的资本却是：她曾是恺撒的女人。安东尼作为一个小弟，对老大的一切肯定有些说不明的敬仰，如今自己媳妇熬成婆，他绝对相信有一天他会建立跟老大一样的霸业，所以啊，先享用老大的女人正是一个成功的标志。

安东尼疯狂地爱上了“埃及艳后”，这是个“小三”事件，因为安东尼在罗马还有原配老婆，安东尼的老婆也是个人物，她几乎是整个罗马野心最大的女人了！

十六　那些花儿

安东尼在西亚坠入“埃及艳后”那张无边无际的情网。罗马将军的政治素质普遍不高，做事很少出于高尚的主义或是理想。为国出征，一是为了给自己赢得地位、权势、荣耀；二是为了掠夺金银财宝。有钱就有各种享受，能吸引更多的女人，让自己过上纸醉金迷、奢侈淫乱的生活。对于当时的罗马人来说，饿了有肉吃，闲了有女人，绝对是生活的最高境界。安东尼就是这样一个标准的罗马浪荡男子。在西亚，他不仅接收了“埃及艳后”的身体，还有她带来的大批耀眼的珠宝，所以当“艳后”盛情地邀请他一起回埃及时，安东尼已经开始憧憬那个神秘国度里的财色兼收的神仙日子，二话不说将他最初预备征伐帕提亚的梦想抛到西伯利亚，欢天喜地溜达到埃及去了。

罗马人的私生活混乱，但基本上不喜欢独身，无论家外如何野花灿烂，家里至少要常备盆景一尊。安东尼此时的老婆叫福尔维亚，原来也是恺撒一个亲信将领的妻子，似乎安东尼跟这位仁兄关系还不错。显然，朋友妻不可欺这件事对安东尼来说是没有任何意义的。后来福尔维亚的老公替恺撒出征，败在非洲一个小国手里，是恺撒军团里比较没用的东西，估计福尔维亚的前老公临死时已经想明白，安东尼这个王八蛋每次说来探访我，实际上都是为了泡我的老婆。福尔维亚嫁给安东尼的时候，是带着肚子里的陪嫁来的，罗马人对子嗣的血统似乎并不在意，而且尤其喜欢娶孕妇。这个孩子生下来八九岁时，就嫁给了屋大维以维系三头的联盟。福尔维亚后来又生了两个孩子。

作为安东尼的老婆，福尔维亚对权势的关心超过安东尼本人，在诛杀共和派乱党的过程里，这个女人显示出异乎寻常的心狠手辣。他老公黑名单上的很多人，是由她亲自指定的，该杀的原因是她看中了那家的花园，或是其他什么好东西，干掉主人据为己有。安东尼常驻东方行省期间，罗马的事他是全权交给老婆的，福尔维亚亲领两个军团的子弟兵，对屋大维虎视眈眈。对这个如母老虎般的岳母，屋大维也经常郁闷烦躁。好在有人替他解决问题了。

原来说过，罗马是当时世界上八卦最发达的国家之一，小道消息成吨地批发，那些终年来往于地中海的商人兼职“狗仔”，罗马散布在天边海角的各行省新闻、各类花边绯闻都会在第一时间进入罗马城，满足市民茶余饭后的文化生活需要。

安东尼到埃及后，过上了闲云野鹤的生活，王宫的厨师使出看家本事为他炮制美食，女王温柔多情如小猫，那些几千年历史留下的国库财宝随便拿，安东尼每日穿着长袍拖鞋，钓鱼摸虾听小曲，整日逍遥乐无边。安东尼和“埃及艳后”的段子被包装成各种版本传回了罗马，主流媒体都以报道此事为乐，而更多的人则是在等另一场热闹：那个出名厉害的安东尼原配夫人，又如何处理这起高调张扬的老公娶小老婆事件呢？当时有本著名杂志叫“知己”的，头条就是：多情的女强人啊，你要如何面对海那边负心的丈夫？！

福尔维亚作为一个贵族妇女，深知好歹，尤其对方是埃及女王，纵然福尔维亚敢越海撒泼吃醋，也不见得能突破人家的舰队屏障啊。在家里愁了好几天，福尔维亚想到一个绝顶的办法，她预备利用手中的安东尼军队挑衅屋大维，发动一场新的罗马内战。战事一旦开始，安东尼如果心痛自己的老婆，还顾念夫妻之情，自然要回来帮忙，就算他已经毫无夫妻之情，自己的老婆跟自己的同盟打起来，他也必须回来劝解。那样，他就不得不离开那个埃及妖妇，回到罗马，落在自己的手心里，到时候再慢慢收拾这个负心人。

正巧当时安东尼军团和屋大维军团争地，福尔维亚趁机占领了 18 座城池，而且把土地瓜分了，引起屋大维军队的极大不满，而此时屋大维对自己的老婆，也就是福尔维亚的女儿厌倦得想休了她。这一年的罗马执政官是安东尼的弟弟，既然大哥不在家，大嫂和侄女自然是要照顾的，尤其是安东尼派的人多半都看屋大维不顺眼，有打架的机会，都非常起劲。叔嫂俩达成共识，组织了 8 个军团进攻罗马！

罗马历史是男人的铁血演义，这些鏖战大片的主角全是男人，如今福尔维亚率军队攻入罗马，极大地提升了西方历史上的妇女地位，所以福尔维亚的头像是唯一出现在罗马货币上的真人女子头像，其他的女性头像都是女神。

这支莫名其妙的叛军短暂占领罗马，但很快就被屋大维压制，并驱逐到一个城市。被围后，福尔维亚叔嫂要求投降，屋大维将安东尼太太放逐到一个岛上，并给安东尼去信，详细述说了事件原委，表示自己是不得已才还手的，并不是对岳母不恭，也不是对同盟的背叛诸如此类的内容，向安东尼表达善意。因为聪明的屋大维知道，此时三头政治绝对不能出问题，虽然那些共和派的老家伙都被杀光，但敌人并没有死绝，一直有人在等他们内讧而坐收渔利，这个人就是庞培最小的儿子，雄踞地中海，已经流落为著名海盗的塞克斯都。

其实就算屋大维不示好，安东尼也不愿跟屋大维翻脸，因为他老婆引起罗马内战后，那个西亚的劲敌帕提亚趁乱向罗马的西亚领地步步推进，咄咄逼人。作为地主的安东尼必须到西亚去解决这件事。

被放逐的福尔维亚没有等到安东尼的到来就死去了。如果她一心想拆散安东尼和“埃及艳后”的话，目的也算达到了。安东尼回到了罗马，但整个局势发生了变化，屋大维休掉安东尼的女儿，预备迎娶海盗塞克斯都的侄女，以防止这个庞培的余孽给自己添乱。为了安抚安东尼，让三头联盟再次巩固，屋大维决定将自己钟爱的姐姐嫁给安东尼（千万别研究辈分，会晕死！）。安东尼很高兴，因为屋大维的姐姐不仅是个出名的美人，而且贤良贞淑，恪守妇道在罗马也是很出名的，不论在哪个国家，男人都愿意将这样的女人娶回家。不过屋大维的姐姐也是二婚，安东尼再次迎娶一个孕妇，再一次不用耕耘直接收获。

屋大维的姐姐是整个糜烂的罗马历史中的清流，这个如罗马妇德指标一般的女人，嫁给安东尼后，不仅一直在安东尼和屋大维之间充当调停人，让三头的联盟得以维持。更了不起的是，她在福尔维亚死后精心抚养她留下的两个孩子，后来“埃及艳后”死去，她又将她留下的三个混血孩子抚养成人。

安东尼娶回屋大维的姐姐最大的好处是，屋大维口头答应要陪嫁几个军团给他，因为此时的安东尼急于到西亚抵挡帕提亚的进攻，军队是多多益善的。不过，像屋大维这样的人，赔本买卖是不做的，他当时跟海盗塞克斯都又翻脸了，休了他侄女，娶了个美女利维亚，这个女人也是大着肚子过门的，罗马男人真古怪。屋大维借口要出兵讨伐海盗，答应给安东尼的陪嫁迟迟不兑现。安东尼反应过来这是屋大维涮他，所以将老婆送回罗马，自己又跑到埃及，求老情人“埃及艳后”帮助自己出兵。

“埃及艳后”这时已经为安东尼生了两个孩子，一男一女的龙凤胎。安东尼能回到她身边，她自然是高兴的，当然也出兵出钱支持安东尼打仗。可惜在对帕提亚的战事中，罗马从来也占不到便宜，远征西亚的安东尼大败而归，几乎将所有的军队葬送，最后只好灰溜溜地跑回埃及，预备在女王庇护下，继续过安逸的生活。

罗马的屋大维就不一样了，他终于一鼓作气除掉了心腹大患——海盗塞克斯都，又设计让雷必达军团倒戈，趁机夺了他的军权，三头政治实际上只剩两头。而屋大维成为整个意大利半岛的唯一主人。安东尼似乎也铁了心留在埃及，因为他抛弃了屋大维的姐姐，正式跟“埃及艳后”结了婚。在埃及人的支持下，安东尼再次进攻西亚，拿回了被帕提亚占去的亚美尼亚。按道理，这里是罗马的国土，可是安东尼却在埃及举行了凯旋礼，并将他打下的土地分封给他和“艳后”的孩子。最要命的是，他宣布了一件事，直接碰到高压线，把自己送进地狱。他宣布：“埃及艳后”跟恺撒生的孩子——恺撒·里昂是真正的恺撒继承人！

这个动作真正激怒屋大维了，他对于自己这个正版恺撒继承人的地位是最在意的，怀恨在心的屋大维开始在罗马散布各种消息。很快，全罗马人都知道，安东尼要抛弃自己的祖国，投向埃及的怀抱。在消息面布置到一定程度后，屋大维对所有人公布了安东尼离开罗马时定下的遗嘱，上面写明，安东尼死后，西里西亚、腓尼基、利比亚、叙利亚这些罗马的土地将归埃及女王所有，而他自己将在埃及下葬，而不是回到罗马！

这个遗嘱直接将安东尼变成了卖国贼，屋大维借着罗马城内的激愤情绪果断清洗了元老院内的安东尼亲信，并让元老院和公民大会共同做出了对埃及宣战的决议。此时的屋大维指挥着 40 多个军团的兵力，他的要求，一般人都会满足的。

十七 “埃及艳后”之死

“后三头”联盟只剩两头，屋大维统治西方，安东尼雄踞东方。根据屋大维的宣传，安东尼已经彻底被“尼罗河畔的花蛇”克利奥帕特拉魅惑，忘记了自己是罗马人而且随时预备出卖祖国。屋大维和安东尼的罗马内部矛盾已经上升为罗马和埃及两个国家的冤仇，如果屋大维干掉安东尼，则罗马将埃及收入版图，成为自己的一个行省，这是罗马迟来的国土，如果不是“埃及艳后”色诱恺撒，这片粮仓早就属于罗马了；而如果安东尼干掉了屋大维，以安东尼现在的埃及女婿的立场，他绝对会把罗马变成埃及的行省作为自己的上门彩礼，迁都亚历山大城，伟大而壮丽的罗马被埃及吞下肚子，如同一条巨蟒吞噬一头公牛，场面会是相当惨烈。这可是个生死攸关的时刻，整个罗马当然全力支持屋大维这一战。

“埃及艳后”还是“小三”的时候，对安东尼的厉害老婆福尔维亚恨得咬牙切齿，即便扶了正，想起这个女人也是满心诅咒的。可实际上她应该感谢福尔维亚，安东尼原来虽然是个浪荡男子，还基本算个纯爷们儿，为人做事基本还能果敢决断，可自从娶了福尔维亚，动脑筋拿主意这种粗重功夫就由老婆做了。人都有些惰性，一个习惯一经形成，要改邪归正是相当困难的。成为“埃及艳后”老公的安东尼在思想上已经变成一个男宠，特别愿意顺从这个埃及女人的调摆，听老婆的话，三从四德。

屋大维宣战后，安东尼和“埃及艳后”率领罗马埃及联军进入希腊伊奥尼亚海的亚克兴角，安营扎寨，预备迎战。这个位置是整个罗马版图的中心点，很适合用来同室操戈。

对于这场改变了历史的战役到底如何打，屋大维的脑子很清楚，他将舰队的指挥权交给了经验丰富、战绩彪炳的阿格里帕。这位海上名将曾经挫败前文说过的著名海盗而扬威地中海。安东尼那边的脑子就不是很清楚，大军驻在希腊西部，希腊无法保证补给，军队的粮食全靠埃及运来，而阿格里帕一下水就袭击了这些运输船，让安东尼的军队一开始就遭遇围困，断水缺粮。在这个情况下，战前会议上，安东尼手下的战将提出，应该放弃舰队，军队转移到希腊内陆，在陆地上跟屋大维决战。可这个计划被“埃及艳后”否决了，这个女人天生就不能吃苦受累，没吃没喝地苦战她简直不敢想，所以她坚持在海上与罗马对决，茫茫大海，到处都是希望，如果打赢了，可以恢复大军的补给线，如果打输了，可以借顺风逃回埃及。作为最后决策者的安东尼当然是坚定地站在老婆这边，而这个打法最吸引他的就是：打不过可以跑！

屋大维抱着死磕的信念，而安东尼做逃跑的打算，整个战役的胜负还没打就确定了。战前，安东尼的手下摇着船投奔屋大维军队成为潮流，屋大维每天都能收到来自安东尼军队内部的各种机密，早就知道安东尼设定的逃跑主义战术。

公元前 31 年 9 月 2 日，一场海风掀开了大战的序幕，安东尼将自己安排在右翼，他已经研究过，这个位置去往埃及顺风顺水，十分适合临阵脱逃，而“埃及艳后”已将金银珠宝、行李辎重装上自己的大船，面对屋大维的海上封锁，只需要安东尼将对方舰队拉开一个缺口，“埃及艳后”就可以突围而出。

伊奥尼亚海上的战斗开始，画面非常好看，埃及的战船高大沉重，带着坚硬的撞角，船上是巨型投石机，远远看去像虎鲨一般狰狞，而罗马的舰队轻捷小巧，速度极快如同箭鱼，灵敏地闪避着“虎鲨”，一有机会近身，便放下“乌鸦吊”，被憋在船上正郁闷的罗马士兵红着眼跳上埃及军舰，将对手杀光。经常是五六只“箭鱼”围住一头“虎鲨”，不一会，“虎鲨”就着火或是沉没，海上漂浮着支离破碎的身体。眼看着自己的战船一艘艘减少，安东尼发出了逃跑的信号，一直躲在港口等消息的“埃及艳后”，赶紧挂上风帆，全速逃离战场。

“埃及艳后”的船用于逃跑实在是太显眼了，埃及舰队的旗舰雕梁画栋，精美绝伦，而且因为贴了金箔，在海面上金光四射，夺目耀眼。这艘船如此引人注目，屋大维当然也看到了，但他却指示，放它突围而出。

看到自己老婆和金银家当顺利逃出，安东尼赶紧弄了艘小船，抛下自己的军队和这个还没有结束的战局逃之夭夭。屋大维一早算准，只要“艳后”突围成功，安东尼必然跟上，所以他让他们逃跑，这样才能彻底摧毁安东尼军团的士气，如果不给他们逃生之路，逼他们背水一战，搏命演出，也是挺头痛的。正如屋大维预料的一样，安东尼带着40艘战舰逃走，那些还在拼命的战士立刻就泄了气，纷纷投降，提前收工。虽然陆上的战斗还勉强维持了一阵，但也基本属于垂死挣扎了。屋大维一边接收安东尼的降军，一边还在心里纳闷，这仗怎么打得这么顺利呢？

这场著名的亚克兴角海战的结果，就是让屋大维更加辉煌，安东尼更加丢人，对一个罗马将领来说，在大战中抛弃自己的军团独自逃生，公众心目中，这基本就是个废人了。所以回到埃及后的安东尼按一个废人的标准生活，这个恺撒手下最骁勇的悍将，每日里烂醉如泥，不思进取，在埃及皇宫混着日子。如果能这样终老，也没什么不好，可是屋大维不给他终老的机会啊。

公元前30年，屋大维带领罗马军团奋勇追穷寇，在埃及登陆，将首都亚历山大城团团围住。这时的安东尼被激活了最后一丝血性，焕发了新的斗志，准备顽强抵抗屋大维的进攻。上梁不正下梁歪，谁能指望蹉跎了这么久的过气战神能领导出坚定的军队呢！安东尼口干舌燥、意气风发地鼓动士兵参战，士兵一脸冷漠地对他说：“老大，省省吧。”然后争先恐后投向屋大维的军队，让安东尼那一点回光返照的火苗立时熄灭。

一辈子很有主意的“埃及艳后”当然不会坐以待毙，她知道，再次走到一个生死路口，她那个从不失手的绝招，必须再次奏效，否则，自己、孩子和埃及都完了。她躲进属于自己的陵墓里，叫手下人给安东尼送了个消息，说她自尽了。这个惊天噩耗摧垮了安东尼最后的心理支撑，他为这个女人背叛自己的祖国，受全罗马唾弃，落下逃兵的臭名，如果不是爱上这个女人，自己的人生绝对不会这么窝囊。为这份爱情付出这么多，安东尼并不后悔，这么多年来，依赖她已经成为习惯，此时大兵压境，虽知不敌，也愿意跟屋大维以命相拼，最主要的考虑，就是要帮助她保住王位和性命，可既然她已经死了，自己的努力和抵抗还有什么用！既然不需要抵抗，自己又何必活着受屋大维侮辱！万念俱灰的安东尼将剑刺进了自己的胸膛，他以为他是追随

"埃及艳后"而去，在另一个世界延续他们的爱情。

安东尼不爱江山爱美人，是个情种，可惜，他爱上的女人更爱江山。安东尼还没断气，"埃及艳后"就走了出来，不能说她一点都不悲痛，可她有更重要的事要做，她要去见屋大维，而安东尼的尸体正是很好的见面礼。

带着黄金灵柩，克利奥帕特拉再次盛装去会见一个罗马男人。此时的"艳后"39岁，15年前她让恺撒一夜之后为她着迷，11年前她令安东尼一见钟情堕入情网，这次要见的罗马男人30岁出头，她的魅力还能发生作用吗?

美人如花，一朝春尽，红颜弹指即去，也许这个女人还是美丽睿智的，可对屋大维来说，两个前辈的教训足够深刻了，他的伟业和雄心并不是一个女人可以交换的。克利奥帕特拉的看家本领没收到预期的效果，极大地伤了自尊，艳名严重受损。但最让"埃及艳后"痛苦的是随后传来的消息：屋大维预备将她带回罗马，在即将举行的凯旋礼上砍头示众！根据罗马人喜欢看砍头的光荣传统，砍这么漂亮的脑袋肯定更加刺激，这个节目定然可以带给罗马人最喜欢的凯旋礼活动一个巨大的高潮。据说消息一传回罗马，连树上的位置都被订光了。

色诱和求饶都没收到效果，"埃及艳后"知道，大势已去，她不能跟屋大维回罗马，至少在埃及，她还可以选择自己的死法。

埃及法老一直有个愚昧的理论，他们认定人死后，如果尸体保持完好，可以辨认，则那个离自己而去的灵魂在天上溜达一圈后，还可以找到原来的身体，灵魂归位后人就可以重生。所以这帮人最怕尸体腐烂，变着法子让自己永垂不朽，木乃伊这个邪门的东西就是这样的来历。如果不能被做成木乃伊，他们还有另外的法子，也不知道谁告诉他们，如果被蛇咬死，蛇毒进入血液，就可保尸身不腐！于是，找毒蛇玩就成了埃及皇室的传统高尚娱乐，如果要自杀，一般都是找条蛇把自己咬死。

据说"埃及艳后"一直在给自己找后路，那就是如何安乐死，应该说，如何安乐地被毒蛇咬死。她最后的聪明才智都用来研究毒蛇了，找了大量的蛇，还抓了很多士兵来当试验品，看看哪种蛇毒让人死得最快，死得最舒服，死相最好看。如果屋大维能留她活命，说不定这个女人就能钻研成动物学家、蛇毒专家。

此时的“艳后”被屋大维派人软禁，设置了重重看守，人要真心想死总能想出办法来。一天晚上，她的仆人带给她一篮无花果，屋大维宽待俘虏，水果还是要给人家吃的嘛，保持她的美貌，砍头的时候更好看。老百姓花了巨款买票，要对观众负责。这篮无花果里藏着一条小蛇，是“艳后”无数次试验确定的自杀工具。她将自己的衣服脱下，让小蛇在心脏这个位置咬了一口，非要在这个位置下手，也不知出于什么愚昧的想法，反正后来关于“艳后”的死状描述，都喜欢强调她半裸。这个风华绝代的女人片刻就香消玉殒。她留下遗书，希望和安东尼合葬在一处。

这条小蛇终结了罗马史上最旖旎浪漫的春光，也终结了埃及的托勒密王朝，更终结了埃及作为一个独立国家的历史，埃及并入罗马，成为一个行省，后来屡换宗主，受尽蹂躏。直到近代，这里才重新获得国家主权，以独立的埃及名号再次进入世界地图。

十八　条条大路通罗马

屋大维征服埃及，此时罗马的疆域北起多瑙河，南到非洲（包括埃及在内的北非一带），西起比利牛斯半岛，东到两河流域和小亚细亚半岛，是地球上最庞大的帝国之一，而地中海成了罗马的内湖。

从埃及凯旋的屋大维真正找到了恺撒的感觉，尤其是手刃"埃及艳后"生的那个叫恺撒·里昂的小野种后，晚上睡觉都踏实多了。但有恺撒的教训在前，一样野心勃勃的屋大维要保持低调。他必须让所有人知道，他支持共和的红心绝不会变，而且坚决不称帝独裁。接着，罗马百姓看到了一个这样的屋大维：回到罗马，他就解散了军队，参选执政官。公元前27年，他多次要求将自己在埃及的势力撤出，态度非常诚恳，但元老院坚决不干，不但不准他放掉埃及，还将罗马最强的三个省——高卢、叙利亚、西班牙的统治权交给他，屋大维谦虚了一阵就笑纳了。罗马人眼中，这个新领袖一点都不嚣张，谦顺得很。所以，在万众欢呼中，元老院授予他"奥古斯都"（Augustus）的称号，意思就是"至尊至圣"，这样的尊号，一般的皇帝也不敢往自己头上加。

其实，他解散军队是为了重组，精兵简政后的罗马军团被派驻边疆，虽然离首都很远，美其名曰不得干预政治，但其实这些军队全部成为靠屋大维供养的职业军团，第一支包括海军的常备军队，而且只对他一人尽忠尽责。至于元老院为什么这么有眼色，完全是因为，如今的元老院已经不像恺撒时代那样桀骜不驯了，被屋大维血洗几次，又精简了几次，元老院里的老少爷们儿几乎都是屋大维的嫡系，基本上不太会跟主子抬杠。

屋大维深知罗马百姓好大喜功、虚荣浮躁的特点，开始大兴土木，建设形象工程，神庙、剧场、浴场（罗马人最喜欢泡澡）如雨后春笋，几乎将罗马城翻新了一遍，别说人家浪费纳税人的钱啊，所有的设施是屋大维掏自己的腰包盖的，这伙计真是富可敌国。所以他很得意地说："我接受了一座用砖建造的罗马城，却留下一座大理石的城池。"

这段时期罗马的交通建设达到顶峰，各个行省都修筑了新的大路，把帝国的各个部分连接成块，罗马自然成为这些大道的中心。当时，在罗马城市广场有空中引水道31条，有的高达50米，辐射形的道路有300多条，总长8万多公里，交通便利带动了商业发达，整个帝国一派欣欣向荣，而我们最熟悉的谚语"条条大路通罗马"，就是来自这个时期。

他将军队安置在边境，在罗马为自己留下9000人的禁卫军，保障自己的安全。鉴于罗马的娱乐场所巨多，根据咱们的经验，电视台之类的地方容易起火，他为了防止再出一个克拉苏趁火打劫，索性自己成立了一支专业救火队伍，这是人类历史上第一支消防队。为了维持交通和社会治安，还专门成立了一支专业警察部队，所有的事进行得有条有理。

一边捯饬形象工程，一边以非常审慎智慧的手段不断将权力集中在自己手中，貌似不断提升元老院的权力，实际上是给自己相应的更大权力。比如国库归元老院管理，他绝不插手，可各行省和罗马的财政和税收却由他负责，他如果不高兴，自然可以让国库空空如也，元老院无钱可管。到公元前23年，屋大维实际上已经将军政财权全部掌握在自己手里，他可以越过元老院和公民大会决定任何事，虽然没有黄袍加身，正式登基，但他已经是一位实质上的帝王，而为了让罗马的老百姓心里舒坦，他回避"皇帝"这个虚名，一直称自己为"第一公民"，也就是"元首"，此时的罗马就是一个元首制的帝国，只是所有的罗马人在大池子里泡澡时，还坚持说自己的共和国如何如何优越。

成功地骗过舆论登上大位，虽然不能戴上皇冠，但屋大维已经很知足了，恺撒至死没有达到的理想终于实现了。

尽管屋大维终结了所谓罗马共和国，扼杀了上古时代非常金贵的民主制度，但他带给罗马近200年的和平，而他统治罗马的40多年，史称"罗马和平"。

屋大维是个文艺爱好者，对文人墨客、艺术家之类的盛世产物非常宽厚，这一段还是罗马文学的黄金时代。

屋大维回到罗马后曾承诺会带给罗马人民和平，所以他在位时很少到外面挑衅打架，最多就是远处的行省闹事时派兵弹压一下。除了一件事，不知道这算不算屋大维在位的最大遗憾和羞辱，但从他捶胸顿足、以头撞墙的行为来看，估计是很伤心的。这是一场罗马军队的惨败，这一仗之后，欧洲的新霸主隐隐显出轮廓，为后来的罗马帝国埋下巨大的隐患。

这个让屋大维在晚年受了巨大刺激的敌手就是日耳曼人，公元纪年的最初几年，莱茵河沿岸的日耳曼人已经被罗马人降服，罗马在那里设立了日耳曼尼亚行省，而对那些野性难驯的日耳曼各部落，罗马按照分而治之的方法小心控制着。公元 9 年的时候，镇守这个危险地区的罗马总督叫提必留。

提必留是屋大维的养子，他的亲爹本来是恺撒的手下，后来加入了安东尼派系。屋大维得势后，看中了提必留的妈——利维亚，很客气地建议提必留老爸离婚，好让他自己将利维亚娶回家。而提必留跟他妈肚子里的弟弟一起过继给屋大维，成为元首的养子。

前面说过，罗马人对血统没什么偏执的，所以屋大维将提必留视为自己的儿子，大力培养提拔，让他仕途顺利，非常得志。

镇守日耳曼的提必留深谙这些蛮夷难以驯服的特点，他一手操大棒一手举着糖，一边拉拢一边打屁股，把头脑简单的日耳曼人搞得很晕，基本不敢造次惹事，各自相安无事，莱茵河沿岸大体平静而正常。

有一天，罗马的潘罗尼亚行省当地人暴动，屋大维急忙调出他认为最靠谱的将领前去镇压，谁呢？提必留。小提急急忙忙离开日耳曼去平乱，接他的班接任日耳曼尼亚总督的是罗马城里著名的花花公子——叙利亚总督瓦卢斯，也是皇亲，屋大维的侄子。

用瓦卢斯替换提必留，屋大维也并不是随意而为，他一直认为提必留过于铁腕，在莱茵河两岸，牲口都活得很焦虑，所有人更是大气都不敢出。此时的屋大维已经是 70 多岁的老人了，有些仁爱慈悲之心，认为对行省的管理应该怀柔一点，不要老对人家黑脸。而瓦卢斯恰好是个温和的人。似乎没有考虑对这帮人太宽松他们会造反啊？没问题，提必留在日耳曼精心训练的三个军团骁勇善战，绝对可以藐视该地区所有对手。

日耳曼的各部落中，有个叫切鲁西的部族，这一直是罗马比较愿意拉拢的部族。他们的首领海尔曼作为又红又专的少数民族分子，深受罗马各界喜爱，曾随着罗马军队到处打架，被罗马人当作哥们儿，对罗马的打架机器谙熟于心。提必留管事时，这个海尔曼听话乖巧，形象非常安全。但他实际上“身在曹营心在汉”，对于罗马军队侵占他的土地、奴役他的子民一直很不爽，赶跑罗马，光复自己的家园成为他一生的理想，可他并没有实力跟罗马作对。

瓦卢斯来到日耳曼，给海尔曼带来了希望。这个罗马少爷像所有的罗马主流青年一样，生活放荡随性，到了新驻地不久，他就为日耳曼尼亚带来全新的空气，军营大门常打开，开放怀抱等妓女，拥抱后就有了默契，流莺都爱上这里。唱着“罗马欢迎你”，所有的将领到士兵，过上了荒淫无度的生活。

日耳曼这个民族虽然开化得晚，但从根上就是个很自律、很有道德观的种族，他们提倡一夫一妻，尊重妇女，男人战败，女人一般会自杀保全贞操。对这样一群人来说，看到罗马军队这些放纵的丑态，想到自己的家园竟被这样一些烂人蹂躏，怎么能没有一点不满的情绪呢！海尔曼当然敏锐地感觉到这些情绪，他开始在同胞中传播革命思想了。

在得到同族人的支持后，海尔曼的计划启动，他开始更为频繁地到瓦卢斯军营拜访，早请示，晚汇报，对罗马的忠心日月可鉴，让瓦卢斯打心眼里认定海尔曼这个伙计靠谱。

这一天，有探子来报，说是北方一个部落突然造反了，瓦卢斯过来这么久，也没正经打过仗，听说有人敢犯天威，自然虽远必诛啊。

当时正值秋季，下过几场豪雨，大路小路都泥泞不堪。瓦卢斯也不是纯粹的废物，他知道必须找个当地人打听一条快捷而安全的行军路线。在莱茵河一带，有困难找海尔曼，这个思维已经在瓦卢斯脑子里形成定式了，而海尔曼老伙计提供的这条穿越条顿堡森林的路线，听起来相当不错，马上沿这条路出发！

瓦卢斯这个伙计被人卖了还帮人数钱，他哪里知道，连北方叛乱都是海尔曼专门设计的，就是要将罗马军队骗进森林，然后伏击他们。战局的发展跟海尔曼设想的一样，2万罗马大军一进入森林就遭遇了迎头痛击，高大的橡树林密密的，罗马军团惯用的战阵无法排列，处处掣肘，只要无法布阵，单兵作战的罗马战士哪里是虎狼般的日耳曼人的对手，那些远古的橡树见证了一场真正的屠杀，被砍下的万枚罗马头颅被日耳曼人挂在树上，橡树林中穿梭了千年的风将头颅吹干，永远留在这片漆黑的森林里。据说在屠杀的最后关头，一小撮罗马老兵凭着顽强的意志和丰富的经验在一个小山丘上设立一个环形防线，顶住了日耳曼人排山倒海的冲击，坚守了很长时间。他们当时修建的工事到现在还完好保存，成为条顿堡森林的一个重要景点。

2 万罗马士兵最后逃出的不过 100 多人，三个精锐的军团不明不白地在罗马的战斗序列中消失了。指挥官瓦卢斯在开战后不久就发现无力回天，所以果断地杀掉自己，自绝于众将士。消息传到罗马，屋大维痛彻心扉，据说老人家撕烂了自己的衣裳，用脑袋撞墙，把自己关在屋里撕心裂肺地号叫："瓦卢斯，你个小兔崽子，把我的军团还给我！"

那三个军团是挡在罗马和日耳曼之间的钢铁屏障，如今屏障被打碎，屋大维似乎已经看见日耳曼人大举杀来！他不光心疼他那三个军团被杀光，最让他闹心的是，如果日耳曼人乘胜南下，直逼罗马，那才是真正的危机了，罗马经过 40 多年的和平，已经不记得打架这件事了，而且罗马的正经军队全都在行省边界，首都无兵可用，日耳曼人真想来旅游，真的只能唱"罗马欢迎你"了。屋大维的一生是幸运的一生，大部分时间万事如意，如有神庇佑，所以这一次，虽然慌乱中征兵没什么收获，可海尔曼硬是没敢打过来。海尔曼对罗马还是了解的，知道瘦死的骆驼比马大，他不敢指望搞一次阴谋诡计得手就可以公然跟世界霸主叫板。

随后罗马也安排了几次对莱茵河对岸的复仇，可终究无法将日耳曼彻底打服，后来屋大维自己也想开了，算了，自己也没几年活头了，别跟好日子过不去，以莱茵河为界，以后跟日耳曼井水不犯河水，最好老死不相往来。

经过条顿堡森林一战，日耳曼人扭转了将被罗马同化合并的命运，将这支血性坚强的种族保存下来，并在几百年后随着罗马的衰退逐渐强大，最后将这个宿敌摧毁，称霸欧洲。所以条顿堡森林战役被称为日耳曼帝国的立国之战，日耳曼人又叫"条顿人"。

十九　屋大维的继承人

回到罗马，整个古罗马历史有两个关键词，一个是打仗，一个是淫乱。罗马人应该说是地球上开化得比较早、进化得比较高级的人种，可不知道为什么在男女之事方面，总不能按人类的标准行事。而当时整个罗马的情色世界，淫乱教主就是屋大维的女儿朱莉亚。

先交代一下屋大维的家庭情况。他一生结婚三次，第一次被迫娶了安东尼的继女，以结成三头同盟。第二次想跟海盗结盟，又离婚改娶了海盗的侄女。这两次婚姻都是为了政治目的，屋大维咬着牙闭着眼进了洞房，心中痛苦万分。当他终于可以主导自己的命运，不用为政治目的而牺牲肉体时，沉寂多年的爱情之火在全身上下乱窜，他一看到利维亚，就天雷勾动地火，爱火焚身，当时就决定要让自己为爱结婚一次。前面说过，利维亚的前夫是安东尼派系的，在屋大维治下日子有点难过，如果能用老婆和两个儿子换自己平安无事，这个买卖一般的罗马男人还是会做的。

江湖传闻屋大维在卧室里表现一般，好像还有些特殊癖好，以至于前两次婚姻只有个女儿。还有人说利维亚大着肚子嫁过来，肚子里那个是屋大维的，这是个标准的假新闻，因为屋大维和利维亚一见钟情，当天就各自离婚结婚，还没机会提前媾合。利维亚带过来的两个孩子都是前夫提必留·克劳迪·尼禄家族的血脉，这件事必须搞清楚，因为这是后来罗马帝国的王室正统。

整个罗马的社会风气颓废、糜烂、放纵，而屋大维本人却是很正派的，虽然偶尔跟其他贵妇私会的事肯定也有，但在当时的社会环境下算干净了。他和利维亚生活简单，并不奢华，一直公开宣扬尊重婚姻、反对滥交、反对同性恋、反对通奸，把自己弄得像个道德标志。可已经放纵得不受控的罗马根本不买账，身体愉快、精神健康是最高级的生活准则。

最不给屋大维面子的就是唯一的女儿朱莉亚。朱莉亚其实也是个不幸的女子，屋大维一贯认为婚姻是为政治服务的，所以朱莉亚就成了屋大维皇帝对手下最大的恩宠和赏赐。屋大维本来挺看重自己姐姐的儿子，想让他做自己的继承人，所以让他迎娶朱莉亚成为女婿，可没多久这位驸马爷就被神秘地毒死了。当时有人分析，这起投毒事件的元凶很可能是皇后利维亚，为什么下毒，原因不用分析了吧，反正后来屋大维的几个准继承人都不明不白地死掉，成为悬案。紧接着朱莉亚嫁给屋大维的左右手，亚克兴角海战上很出风头的舰队司令阿格里帕，两人生了五个孩子。屋大维收养了最大的两个孩子作为继承人。（别研究辈分！）这场婚姻也没白头到老，阿格里帕也死了，屋大维一点不浪费时间，赶紧又安排朱莉亚改嫁利维亚带过来的孩子提必留。

一个女人经过这么折腾，想让她安分守己是不容易的。朱莉亚应该算是性解放的先驱，这位公主经常在半夜三更跑到广场上，仅披一件丝绸袍子，专找陌生男子切磋技术，朱莉亚要是活在今天，就没纽约的希尔顿姐妹混的了。

朱莉亚身边长期围绕着罗马各种花花公子或花花老爷子，他们将公主奉为爱神和盟主，这个组织还有自己的行动手册和纲领，就是当时的大诗人奥维德写的《爱经》。这本西方历史最著名的“淫书”分三部分：第一部分是猎艳秘籍；第二部分是被人甩了怎么办；第三部分是妇女之友。这是一部爱情宝典，其主题思想勉强还算是一本情感教科书，可惜里面充斥了大量的淫秽描写。奥维德文笔不错，写什么都诗情画意、山清水秀的，可惜后来色情内容被大量删改，糟蹋了一部好书。咱家流行的那本，戴望舒最早翻译的，就很干净，翻烂了也没找到刺激的内容。

提必留本来有个感情很好的老婆，被屋大维强迫离婚迎娶豪放女朱莉亚，陪嫁的金银财宝不少，那一车的大小绿帽子更是刺眼。为了政治前途，提必留咬着牙跟朱莉亚混了一阵，实在是忍无可忍，加上提必留在屋大维所有的子侄中，年纪最大、军功最高，根据咱们知道的立太子的原则，他应该是正选，可他毕竟没有一丝一毫的屋大维血统，地位不尴不尬的，不知如何自处，所以在和朱莉亚唯一的孩子夭折后，提必留离家出走了！这位未来的罗马皇帝将自己放逐罗得岛，像普通人那样生活了 7 年时间。

有朱莉亚这样的女儿，任何一个父亲都不会感到自豪的，为了处理这个丢人现眼的女儿，屋大维特地颁布了《罗马通奸法》，用立法来监控女儿的操守，真是皇家才有的待遇。

新法律规定，禁止丈夫杀死有通奸行为的妻子(此前可以杀)。但是，如果发现妻子与别人通奸，丈夫必须将妻子带到法庭对她进行控告，否则予以罚款；如果丈夫没有这样做，女方的父亲就有义务这样做；如果女方的父亲没有做到，那么，任何一位有正义感的公民都可以控告她；如果法庭认定她犯有通奸罪，控告者可以得到她的一部分家产。这个法律想把通奸置于公众监视之下，举报通奸成为一种义务，什么都不干，辞职在家专业抓通奸的，很容易致富。

据说提必留的离去跟这个法律有很大的关系，朱莉亚通奸的事在罗马是高调张扬的事件，连大街上专职倒马桶的人都可以津津乐道地叙述大量细节。新法一公布，罗马人自然每天伸长脖子，竖起耳朵单等屋大维家的消息。如果提必留不能将自己的老婆带到法庭受审，他自己就犯法了，可将朱莉亚带去公审，未免让屋大维家族脸上太难看，所以他选择了逃跑，离开所有的烦恼。既然老公走了，将淫妇绳之以法的事就落在父亲屋大维身上。最后，无奈的皇帝徇了私，没有按律将女儿送上法院审判，而是亲自签发命令将她流放荒岛。女儿被处理了，屋大维并没有省心，朱莉亚的女儿也出江湖了，继承衣钵，高张艳帜，成为罗马色情文化的新贵。母女俩命运相同，屋大维含着一片人参，支撑着再将自己的外孙女流放，还处理了有牵连的一批人，包括上面说的情色诗人奥维德。他的《爱经》被宣布为禁书，这本书里著名的一句话认为，爱情这东西，偷来的果子比较好吃。简直就是公然宣扬通奸，不知教坏多少学生。

公元 14 年 8 月 19 日，屋大维逝世。他死后被列入仙班，也就是神的行列(一直没想清楚，人类怎么可以决定神的资格和名额)。在遗嘱中，他告诫后来的继承人，守住现有的罗马疆界，不要随意扩张，从而为后来的罗马带来近 200 年的和平，虽然不对外打仗掠夺会导致罗马的 GDP 增速下降。

为了纪念这位罗马史上伟大的奥古斯都，他死的这个月被叫作“August”，他跟恺撒的名字放在一起，成为古罗马的代表，西方历史上最闪亮的两个名字，代表着无上的荣耀和权势。

屋大维的遗嘱还将躲在罗得岛隐居的提必留列为自己其中一个王位继承人。

二十　耶稣钉死在十字架上

提必留最后顺利继承屋大维的帝位成为罗马皇帝是个疑点重重的历史悬案。在屋大维所有儿孙中，虽然提必留看起来最靠谱，率军平乱战绩显赫，号称百战百胜，可他毕竟是过继的儿子，即使是他弟弟，至少还疑似屋大维跟利维亚婚前勾搭的产物。所以，在所有可能的继承人当中，他离皇位应该是最远的，除非其他人都死光了，才有机会轮到他。有些事啊，天算不如人算，莫名其妙地，不知不觉地，迷迷糊糊地，屋大维发现除了提必留，所有的继承人都死了！古今中外很多事例证明，自己有本事不如老妈有手段，有个厉害的妈事半功倍，屋大维家连续死亡案的第一凶嫌自然是利维亚，鉴于没有证据，不好随便怀疑罗马帝国的第一任国母。

提必留从小生活流离失所，过继给屋大维后寄人篱下的心理肯定也有，所以成年后为人严肃、冷漠，长得还歪瓜裂枣，一脸痤疮，很不容易招人待见。这样的人一旦君临天下，坐在万人之上，心里的起伏太大，变态的概率自然就产生了。

刚登基时看起来还正常，尊重元老院，大小事都喜欢跟他们商量着办，经常到法院听审，生活节俭，不铺张浪费，对外也采取守势，除了镇压行省暴乱，并不轻易用兵。主观上还是有做好皇帝的意愿。他在罗马成立了一支近卫步兵大队，有几千人驻扎在罗马，维护治安、保障皇权，成为显赫的御林军，就是这支御林军势力越来越大，影响和改变了后来罗马帝国的很多大事。

提必留曾收养自己的侄子日耳曼尼库斯，这个侄子因为迎娶了屋大维的孙女，所以按道理他应该成为提必留当然的接班人。日耳曼尼库斯是提必留时代的名将，镇压日耳曼地区的叛乱，并打过了莱茵河，军威炽盛，在罗马军团中拥有很高的声誉和支持率，战士们对他死忠。如果不是提必留觉得应该遵循屋大维的遗嘱，对莱茵河对岸只防不攻，让他撤军回来，他也许会有更卓越的战绩（传说让他撤军是提必留嫉妒人家的军功）。罗马为他举行凯旋式后，他被派往叙利亚跟帕提亚（波斯）办些外交事务（被派到西亚也有放逐之嫌），不久离奇病死在当地。据他自己临死前说，是当时的叙利亚总督害他，叙利亚总督为什么敢害一个皇子呢？肯定是皇帝授意的。据推断，是提必留想让自己的亲生儿子接班，而日耳曼尼库斯因为恺撒家族的关系，有优先权，所以提必留学习他老妈的做法，帮自己的儿子拔草。这只是历史学家的猜测，暂时没有确凿证据。

虽然没有可靠证据，但有一些分析推理之说。日耳曼尼库斯的老婆，屋大维嫡亲的孙女叫大阿格利帕娜，大家都说她从一开始就看不起提必留。根据提必留自己的说法，这个女人想当女王，他俩之前有什么恩怨就不用说了，反正是日耳曼尼库斯死了以后，阿格利帕娜在皇宫就过着步步为营的生活。她知道提必留对自己下手是早晚的事。有一天，吃晚饭的时候，提必留笑眯眯地递给阿格利帕娜一个苹果，这两公媳的关系没融洽到这个程度，阿格利帕娜深知无事献殷勤，非奸即盗的道理，所以拒绝了这只透着诡异的苹果。按她分析，这只苹果绝对是白雪公主的后妈造的，有剧毒。提必留当即翻脸，因为媳妇的不尊重和不信任，理当处罚，找人上来对阿格利帕娜一通鞭打，当时就打瞎了她一只眼睛。打完后将她和她女儿流放。最后阿格利帕娜在流放地绝食而死。阿格利帕娜留下的三个儿子，大儿子被迫自杀，二儿子被关在皇宫吃掉自己的床垫后活活饿死，三儿子卡利古拉被流放到荒岛，保住了性命。

此时提必留的暴君嘴脸开始暴露，作孽作得变幻莫测。他生性多疑，总活在自己吓自己的氛围里，生怕有人暗杀，后来他索性不在罗马城里住了，跑到卡普里岛隐居去了。当然他还是遥控罗马的政局。

卡普里岛只有一个海滩可以登陆，易守难攻，对一个多疑的隐居者是个好地方。可提必留这种隐居并没有修身养性的功效，他在卡普里岛的岁月如果拍成纪实电影，绝对不能允许 18 岁以下观众进场观看。

首先他在岛上建起了一座宫殿，墙上画满各种春宫图，在罗马各地遍寻少男少女住在里面，提必留每天最喜欢的活动就是让这些罗马少年在这些春宫图下现场表演，有时还到户外公开表演。

提必留的变态兽欲花样繁多，还喜欢酷刑杀人，据说他设计的酷刑光听说就能把人活活吓死，提必留的敌人落在他手里一般都想尽办法自杀。比如，他抓到一个人，会很客气地请别人喝酒，这人一边喝一边还高兴，心想，都说提必留是个暴君，谣言嘛，人家多客气啊。一高兴多喝了几杯，身体里水太多了，要去厕所释放一下，那可没这么便宜了。提必留会派人将这家伙的“命根子”用细绳子紧紧扎住，以后的事，大家想象吧。岛上还有个节目，就是提必留坐在悬崖上，晒着太阳，喝着美酒，把那些被酷刑折磨得半死的人丢下海去，还有几个罗马士兵开船在海上等着，万一被丢下去的人试图爬上来，则用棍子敲他们的头。

除了以上种种缺德行径，最让提必留名留史册的却是一件很重要的大事，那就是，在他任期内，耶稣被钉死在十字架上！

其实这件事不能直接责备提必留，因为对于他来说，耶路撒冷一带出现一个叫耶稣的人传道不算什么大事，就算被他定性为邪教，也不见得会亲自关心。

当时管理耶路撒冷的总督希律王不是罗马人，也不是犹太人，他是个少数民族，因为知道好歹，罗马人比较满意，所以派他管理加利利一带，给他一个“犹太王”的称号，级别相当于罗马的总督。后来为了管理更有效，干群关系更协调，希律王才加入犹太教。但既然耶稣三天后复活了，不管是提必留还是希律王咱们就都不追究了。

提必留晚年时将卡利古拉接到身边，卡利古拉就是提必留的养子日耳曼尼库斯的三儿子，日耳曼尼库斯在军队和百姓中深受爱戴，他的离奇死去及他一家的遭遇让罗马的百姓非常同情，此时的提必留已经是个撕破脸的暴君，全罗马都在背后诅咒他，所以日耳曼家的遗孤成为悲情偶像，支持率不断攀升。

卡利古拉从小跟父亲出征，几乎是在军营中长大，小时候就喜欢穿大人的军装和靴子，所以“卡利古拉”其实是个昵称，是“小靴子”的意思，会一直用昵称称呼一个成年人，充分代表民众对这个忠良之后的喜爱。父母和哥哥都被提必留害死，卡利古拉来到这个暴君身边时，心态自然是诚惶诚恐。

他对这个怪物祖父表现出惊人的孝顺和服从，察言观色，毕恭毕敬，有时提必留都怀疑自己究竟是不是真的跟这小孩儿有杀父之仇。

提必留这样的人寿命还挺长，活了 79 岁，似乎如果不是被杀，还能再活几年。关于他的死，说法也很多，有人说他是被卡利古拉用枕头捂死的，也有人说是近卫军对这个变态忍无可忍杀掉他，拥戴卡利古拉。而成为罗马一支重要力量的近卫军团体，也从这时开始以杀昏君，立新帝为己任，鞠躬尽瘁，任劳任怨。不过主流的历史书都说提必留是病死的。

在提必留死后，罗马的百姓高呼要把他丢进台伯河去。不管这个丑八怪到底怎么死的，反正是卡利古拉在万众期待中成为继承人，另外还有一个提必留的孙子也被列为继承人，但那孩子还未成年，所以卡利古拉基本上就是新的罗马皇帝了。在赶回罗马登基的路上，锣鼓喧天，彩旗飘扬，老百姓上街扭秧歌，打腰鼓，欢天喜地迎接这个“小靴子”。拿回了属于屋大维血系的王位，他死去的父母在天上也可以瞑目了。善良的老百姓被自己的同情心蒙蔽，他们没有听见，提必留死前，曾留下一句意味深长的遗言，他说:“我在罗马的胸膛留下一条毒蛇。”而他所说的毒蛇，就是深受广大军民爱戴的“小靴子”，卡利古拉!

一般的历史书上，提必留都是被当作暴君来描述的，但后来有些历史学家根据当时的一些社会经济情况推论出，提必留在治国方面绝对不算是一个昏君，尤其是他死之后，留下一个充裕的国库和稳定的国家。有比较才能有鉴别，跟后来的卡利古拉比起来，提必留不论是做昏君还是做暴君，等级都差远了。接下来，让我们看看“小靴子”皇帝是如何做暴君的!

二十一　暴君“小靴子”

先从花絮开始讲啊，跟大家介绍一个意大利的牛人，著名导演丁度·巴拉斯。读者说，什么著名导演啊，哪有咱家张艺谋导演艺术成就高！会说这句话的读者都是纯洁的人，因为巴拉斯在江湖上的外号是“情色电影皇帝”！同样是脱光了上床的画面，拍成“动物世界”就是色情，而拍成精致油画就是情色，这两个字一颠倒，其境界相去甚远啊。巴拉斯秉承了罗马历史遗传下来对性和人体的崇拜，拍得血腥热辣。他为情色电影奉献了一部巅峰之作，就是大名鼎鼎的《罗马帝国艳情史》。

《罗马帝国艳情史》其实是一部历史片，因为佐料太多，反而忘记了什么是主料。这部片的男主角就是“小靴子”卡利古拉，本片记录了他荒淫、残暴、肆虐而奢侈的短暂的一生。

前文说到，“小靴子”带着万千宠爱成为罗马第三位皇帝，所以虽然提必留的遗嘱是让卡利古拉和自己的亲孙子共同执掌政权，但在民众哭着喊着的要求下，“小靴子”独享了所有权力。

刚上位的“小靴子”看上去很正常，不计前嫌，厚葬了提必留，把那些被提必留暴政流放的人都接回来，其中包括自己的妹妹小阿格利皮娜。公开焚烧一些原来的告密文件，要求将一部分权力归还元老院，经常给老百姓发钱，经常请文武百官吃饭。修整城市，兴办娱乐场所，这些事都是罗马人最希望一个元首做的，这个25岁小孩儿的皇帝生涯开局风和日丽，春暖花开，谁也看不出，这个孩子是个隐性的精神病人。

还记得提必留死前对卡利古拉的评价吗，说他是一条毒蛇。卡利古拉是个坚忍的人，也很善于伪装，在卡普里岛上伺候提必留时饱受虐待却从不抱怨，但是有些细节上的疏漏让提必留发现这个小孩儿并不像看上去那么简单。

比如说卡利古拉喜欢看杀人，尤其有人被酷刑折磨而死的画面让他异常兴奋，还经常提出一些让杀人更有乐趣的合理化建议。在私生活方面，他就更加品味独特，他疯狂地迷恋着他的亲妹妹德鲁塞拉，将她从妹夫那里抢来，两人像夫妻一样恩爱地生活在一起！这是个高调张扬的乱伦关系的带头人，卡利古拉从登基开始就要求德鲁塞拉分享权力。继位之后不久，“小靴子”生了一场大病，这期间，他将朝政都交给这个妹妹处理，甚至留下遗嘱，死后全部财产留给她。可是，命运之神搞了个恶作剧，大病的卡利古拉最后恢复了健康，德鲁塞拉却病死了。痛失挚爱的“小靴子”深受打击，随后的几天，他独自在荒野里流浪，近侍已经隐约感觉，这孩子的神志正在逐步丧失。

果然，回到罗马的“小靴子”正式变成疯子，他突然宣布，他自己是神！让人专门为他建造了一座神庙，并按真人比例塑造了黄金雕像，这个神殿享受罗马最丰厚的祭品，所以全罗马人都希望成为这里的祭司。过了几天，他牵着一匹马进了元老院，要求让这匹马成为元老院成员！

既然已经成为疯子，干什么都不奇怪了，他让自己的朋友和亲信跟自己另外两个妹妹上床，然后昭告天下这两个女人是荡妇，并将刚接回来的小阿格利皮娜再次流放。参加别人的婚礼，看中新娘子，直接让新郎下班，他将新娘子带回家亲自做新郎。所有罗马的贵妇、寡妇、小媳妇、小闺女，他只要看上就绝不放过。不久，他毒死提必留的亲孙子，和元老院彻底决裂。他喜欢用黄金为自己修建所有的东西，包括马槽。很快，提必留时代丰裕的国库就被掏空。为了找钱用，他又兴兵攻打日耳曼地区，谁知日耳曼人比他还疯，他不是对手，灰溜溜地跑回来，让财政更困难。这小疯子最愿意干的事就是杀人，他喜欢看人兽角斗，以至于需要大量肉类以提供猛兽的日常伙食。随着国库枯竭，这份开销不易维持，他便开始将罪犯剁了喂狮子老虎。他最喜欢的杀人方法是罗马版凌迟，就是在人身上弄出很多细小的伤口，最后连成片，缓慢死去。他杀人时要求亲属一定参与其中，杀儿子时父亲也在场观看，杀父亲时，儿子也必须亲眼见证。传说有些人因为生病不能光临现场，“小靴子”会非常周到地派人将病人抬到刑场，生怕别人错过自己亲人被残杀的过程。

这样混账疯狂的皇帝让罗马人民目瞪口呆，真是知人知面不知心啊，挺好的孩子说疯就疯了。此时的罗马近卫军对杀暴君已经颇有经验，而且对御林军来说，他们的权势是和皇权共生的，没有皇帝就没有他们耀武扬威的生活，所以他们最怕的就是民众造反，推翻皇帝，回到共和。在这个指导思想下，在对待暴君或是昏君的态度上，御林军显得更正义。眼看局势越来越糟，他们要早做打算，切掉整个君主制机体上"小靴子"这个毒瘤，扶个靠谱的皇帝上来，平息民愤。公元 41 年，做了 4 年皇帝的卡利古拉被近卫军杀掉。他娶了个妓女做皇后，还生了个女儿，这母女也被推撞在墙上，脑浆迸裂，横死当场。

近卫军诛杀皇帝一家，事前对于皇帝死后谁接班这事也没计划好，在杀人的过程中，有个胖子进入他们的视线。这家伙正躲在窗帘后面瑟瑟发抖，他是"小靴子"的叔叔，大英雄日耳曼尼库斯的弟弟，当时被当作摆设的执政官克劳狄。这位皇叔出了名的就是懦弱迟钝，话都说不清楚，每日里浑浑噩噩地混日子，唯一的爱好是读书，标准书呆子。这一日突然天上降下一场巨大的富贵，稀里糊涂地成了罗马皇帝，让这个 55 岁的胖老儿很发了一阵黑晕。

到底是个读书人，克劳狄清醒之后，逐渐接受了现实，找到感觉，开始工作了。这老头快退休才当上皇帝，一辈子也没做过做皇帝的打算啊，身边并没有提前预备幕僚、内阁班子的人选，在罗马城张望一圈，那些老政客都信不过，怎么办，找谁帮忙呢？对了，不是有几个秘书和家人嘛，这是真正的自己人，肥水不流外人田，通通进入权力中心帮忙。克劳狄在位的时代，罗马朝廷权力最大的不是他的秘书就是他的老婆、宦官和外戚，这是亘古不变的帝王家事。

克劳狄虽然不是个经天纬地的君主，但也绝不是昏君，应该说，他干得还挺不错。在他任期内，元首跟元老院关系改善了，君主制的政体进一步被完善，很多人都说，到克劳狄这辈，罗马帝国才真正名正言顺（经过"小靴子"一番折腾，罗马民众对皇帝的要求就是精神正常，其他都能原谅）。最值得称道的是，他亲自参与的几项民生工程。比如将亚平宁山上一个堰塞湖挖开，将水安全引进罗马城，3 英里长连续石拱的高架引水渠现在还剩些遗迹，是意大利的重要景点之一；克劳狄还扩建了奥斯提亚港，并在港口修建了高大的灯塔。但他在历史上最出名的事件是，罗马又开始向外扩张了，这一次，终于将不列颠吃进肚子，完成了恺撒当年没有完成的大业。

公元43年，罗马军团已经30多年没大规模出征，大部分现役士兵都没见过真正的战场，对一个靠武力和扩张进步的国家来说，有点可怕。而自从恺撒失利不列颠岛，那个海对面的地方经常让罗马人浮想联翩。克劳狄弹指一算，距恺撒登陆已经快100年了，风水轮流转，现在的罗马更加强盛发达，国力昌盛，不列颠岛依然还是些蛮族部落，散居在深山老林里，如果恺撒在天有灵，他一定会指引罗马军团拿回不列颠这块早该属于罗马的土地。克劳狄皇帝突然宣布，他将御驾亲征不列颠！

克劳狄是个书呆子，对一个“以军立国”的国家来说，这样的皇帝很容易让人轻视，所以他必须为自己建立一项军功，最少要经历一次凯旋式，否则混得很没有底气。好久没有打架的罗马军团一出征就如同被禁锢已久而释放的猛兽，出鞘的利剑闪着寒光。虽然不列颠的部落做出了顽强的反抗，但毕竟势力悬殊太大，罗马逐渐占据上风。还没有完全胜利，克劳狄就宣布，不列颠南部改为不列颠尼亚，成为罗马的新行省。而他自己跌跌撞撞地登陆，并在岸上溜达一圈后回到罗马，所有媒体就开始宣传皇上亲征大获全胜的消息，自然元老院要赶紧预备凯旋式了。只是，这个远离大陆的行省并不好约束，那些土著部落面对罗马的统治毫不屈服，若干年后不列颠出现一位女战神，让罗马人在不列颠吃了大亏，罗马实际上用了很长时间，才将这个行省真正地收服在罗马版图内，以后会说到。

除了不列颠，还有非洲的毛里塔尼亚和保加利亚的色雷斯。克劳狄任期内，罗马增加了5个新的行省，既建设了部队，又扩张了疆域。再次证明，像罗马这样的国家，完全不打架是不现实的。

克劳狄在任日理万机，工作繁忙，他老婆也不闲着，这位皇后为人霸道嚣张，对权力和金钱的追逐让所有人侧目。比如她曾经看中一个男演员，就安了个罪名杀掉人家的老婆，占有人家的老公。她看中某人的花园，就说这人要搞政变，逼他自杀后，占有人家的宅子。骄横的女人一般愚蠢，作为皇后干了这么多缺德事，只要不惹皇帝，还是可以继续逍遥乖张，可她不知道哪根筋不对，突然自寻死路，克劳狄在港口视察扩建工程时，皇后居然跟情夫近卫军头目公然举行婚礼！克劳狄赶回罗马，冷静地任命了新的近卫军司令，以政变谋反的罪名将这出婚礼闹剧终止，杀掉了有关人员，并让皇后自杀。

皇后之位悬空，老皇帝不能身边没人啊，在秘书的安排下，克劳狄皇上迎娶了自己的第四任老婆小阿格利皮娜。还记得这个不幸的女人吗？日耳曼尼库斯的女儿、“小靴子”的妹妹，总是被流放，命运多舛的皇亲国戚。大家算清楚辈分了吗？她是克劳狄皇上的亲侄女！

二十二　魔鬼尼禄

根据历史经验，好皇帝都很闷蛋，废寝忘食地改革，建设军队、建设国家，既不闹绯闻也不搞丑闻，就像主旋律大片，虽然经常得奖，口碑不错，票房收入一般是不高的。倒是昏君，各有各的精彩，各有各的疯狂，没有这些个商业娱乐片，历史多么乏味啊！再次感谢历史上这些昏君、暴君，虽然他们大都不得好死，却给我们带来了无数快乐和刺激！这一次又是一个登峰造极的暴君，他的名字在欧洲几乎等同魔鬼，如雷贯耳，他，就是尼禄！

孩子不好，肯定是有爹生没娘教啊，先介绍尼禄老妈。小阿格利皮娜是原来说过的罗马著名的豪放女朱莉亚的孙女，这一支的遗传基因不太好，想生出守妇道的女人的概率为零。小阿格利皮娜我们也不指望她能进入“烈女传”，在她家族的无数浪女中，她也算毫不逊色，因为她跟尼禄的关系，除了是母子，还是情人！

前文说过，克劳狄的老婆自杀后，他在秘书的介绍下娶了寡妇小阿格利皮娜，自己的亲侄女。种种迹象表明，这桩婚姻的成功跟小阿格利皮娜的多方打点分不开，她靠自己的不懈努力将自己送上皇后之位，12 岁的尼禄跟着进入皇宫，成为克劳狄的养子。

严格地说，尼禄是实实在在的屋大维子孙，本来这个血统的男儿都是天生的战士，冷峻而坚毅。尼禄比较变异，他从小就表现出对诗歌、戏剧的兴趣。多愁善感的文艺青年，每天吟诗唱歌，组织演出，给自己定位为罗马的宣传干部。他老妈可不能跟着没出息，费这么大劲儿嫁入皇宫，难道只是为了帮助罗马文化建设吗？

克劳狄自己已经有一儿一女，儿子是必然的王储，小阿格利皮娜先是成功地将尼禄列入继承人的序列，后来因为尼禄的年纪更大，在她的枕头风之下，克劳狄稀里糊涂地将尼禄列为第一继承人，继位顺序在自己的亲生儿子之上。克劳狄显然有点间歇性老年痴呆，症状表现为，对皇后的主意，他犯病时就言听计从，清醒时就收回成命。刚立了尼禄为太子，转头就发现不对，又想反悔了。小阿格利皮娜做事果断，马上找毒药专家精心烹制了一份毒蘑菇，给克劳狄吃下去，老头很快就蹬腿了。16 岁的太子尼禄登基成为第四任罗马皇帝。

刚成为皇帝的尼禄态度是不错的，而且所有人都公认，尼禄早期是古罗马的鼎盛时代。对一个 16 岁的文化青年来说，没有一定的培养，也干不出太出格的事。可惜啊，这个年轻人是在罗马皇位上学习成长的，此时的罗马已经没有任何信仰和道德可言，整个社会气氛浮躁而迷乱，低下的道德水准跟强大的国力严重不匹配，当一个有钱人没有情操的时候，那可是什么事都能干出来的。在这样一片畸形土壤里，尼禄这样一个小孩儿除了跟自己的老妈乱伦，肯定还有其他的娱乐。

先是在一次宫廷饭局上，尼禄在众目睽睽之下将克劳狄留下的亲生儿子毒死。据说当这位 14 岁的正牌王储中毒痛苦地痉挛时，尼禄一边继续津津有味地大嚼食物，一边告诉大家，他弟弟是癫痫发作了。

除掉对自己的王位最有威胁的人，尼禄很快发现，在这种要风得风要雨得雨的生活状态下，最让人烦恼的是，总有个人在自己耳边唠唠叨叨，叽叽歪歪，这个人就是成为皇太后的小阿格利皮娜。尼禄登上皇位，皇太后居功至伟，只要尼禄什么事做得不让她满意，她便会以这件事要挟，时间长了，很容易让一个皇帝烦躁。尼禄当然也不是个好脾气的人，惹毛了就直接动了杀机。尼禄弑母的过程跌宕起伏，惊心动魄。他先是三次对她下毒，也不知是不是买到了假药，皇太后吃了三次都没死；后来又让人把天花板弄松，想等皇太后上床睡觉后被压死，这个诡计后来暴露了，又没成功；接着他就安排皇太后出海散心，又在船上动了些手脚，让这船出了海碰上风浪被打成碎片，皇太后她老人家费老大劲儿才游水回来。屡次的谋杀失手，让尼禄更加心浮气躁，本来怕舆论难听才搞阴谋诡计背后下手，这老巫婆怎么都死不了，也管不了那么多了，随便给她安个罪名，派个手下一刀捅死解决！尼禄长出一口气，自言自语道："白费这半天劲儿！这老巫婆再不死，朕都累死了！"据说颇有艺术细胞的尼禄绕着他妈的尸体跳了半天舞蹈。

对老妈尚且如此，对老婆就更加利落了。他多次试图掐死第一任妻子，感情彻底破裂后，俩人离了婚，尼禄将她处死。离婚 12 天以后，他又娶了一位罗马武士的妻子，非常有钱，富甲一方，尼禄杀死了她的丈夫，占有这个富裕的寡妇。开始他还是挺宠爱她的，可是一天晚上，老婆随口抱怨出去观看比赛的尼禄回家太晚，结果尼禄当场发作，将这个正怀着身孕的女人活活踢死。随后他又在老妈安排下向克劳狄的女儿安东尼娅求婚，亲上加亲，政权更巩固，但因为给尼禄做老婆的恶劣教训已经太多了，哪个女人愿意冒这样的风险啊，所以安东尼娅拒绝了。虽然没有落在魔鬼手里，但也没逃出地狱，她很快被判处死刑，罪名是企图暴动谋反。讨不到老婆的尼禄在恼羞成怒之下，索性不要女人了，他找了个漂亮的男孩儿，阉割后把他打扮成女人，隆而重之地娶他为皇后，还满大街巡游昭告天下！

以上的事件说起来都是尼禄的家事，如果他仅在家族内部作恶，这样的暴君也没什么，充其量给老百姓增加些下饭谈资，可尼禄显然没这么低调。

尼禄嬉皮笑脸地说：“你们想骂我，说明不了解我，如果你们了解我，你们会想打我的！”

公元 64 年 7 月 18 日夜晚，罗马城突然着了大火。原来说过，罗马最怕火烛，因为有很多年代古老的木质建筑，一烧起来就不可控制。这场大火整整烧了七天七夜，罗马的中心城区几乎变成白地。这么大的事故，作为君主的尼禄赶紧组织灭火救灾，并将公共设施和私人花园开放给无家可归的人居住，看上去没什么问题。可很快在罗马城内就开始流传一种说法，这把火实际上是尼禄安排放的！大家都不相信，什么样的傻皇帝会自己烧自己的首都啊？尼禄会啊，据说他一坐上皇位就觉得宫殿太小，太简陋，让他透不过气来。他偶尔在阳台上往下看，罗马那些好地段都被密密麻麻的各色宅子填满，想扩充宫殿没有土地啊。这种小混蛋总能想出混蛋的法子，不破不立，把这些地段的房子都烧了，土地不就有了！据当事人描述，火灾当晚，面对熊熊燃烧的街区，皇帝在阳台上像看焰火一样兴奋，不光手舞足蹈，还弹琴唱曲。

那些被烧出来的土地最后都被尼禄征用，他在这里兴建了一座叫“金宫”的宫殿。占地 130 公顷，有 100 多个房间，动用了当时刚刚问世的混凝土材料，全部采用拱门支撑保证采光，房间明亮通透；墙体用黄金宝石镶嵌，天花板由象牙制成，大厅的天花板甚至可以转动，撒下香水和鲜花。最宏大的是配套的园林设计，整个宫殿包括草原、牧场、树林、葡萄园、花园、人工湖等各种自然景观，据说宫内的水池，既可引进泉水，也可引进海水，引进海水的原因是尼禄皇帝希望宫殿里有片海洋。前庭立着高达35米的尼禄全身雕像。进入宫殿，从大门开始，每隔30米就有一片新天地、新风景，整个宫殿就像一个微观的世界，绿树成荫，湖光山色，四季都鸟语花香，到处是奇花异草，用最庸俗的形容绝不为过，这是片人间仙境。可是尼禄皇帝搬进来后，评价是：我总算是过上人过的日子了！

随着金宫的建设，越来越多的罗马人深信，尼禄就是纵火者。为了给自己洗脱嫌疑，尼禄开始大造舆论，说这件缺德事是当时被视为邪教，可信众却越来越多的基督教干的！那时候的基督徒都是些地位低下的穷苦百姓或者外乡人，被诬告了也无处打官司，尼禄让基督徒披上兽皮，放进角斗场给猛兽撕咬，还将他们钉十字架。这起事件中被他杀害的教徒不计其数，基督徒在其间表现出的坚韧和宽容却让很多罗马人动容，美善和邪恶在阳光下泾渭分明，虽然没出现六月飞雪这样的画面，但是大部分罗马人也清楚，这显然是个巨大的冤案。

尼禄这娃分明是既不靠谱又不着调，可他偏偏喜欢音乐，爱好文艺！组织乐队、策划演出是他主要的生活内容。在罗马不缺吃不少穿的时代，这样的皇帝也没什么。他经常在希腊等地参加各种运动会、竞技会之类的活动，得到桂冠无数。他要是获得奖金之类的，还主动上缴国库。但最让罗马人民难以忍受的是，这家伙喜欢公开表演。他自己的乐队，自己的剧团，占据罗马最大的剧场演出，要求所有人来观看，演出时关闭大门，禁止有人中途退场。皇帝集编、导、演于一身，经常在台上一唱就是半天。尼禄虽然从小就是个发烧友，还特意请了老师教唱歌，可鉴于天赋有限，混了好几年最多是个票友水平，自己挑大梁上台唱，观众的痛苦还是可以想象的，据说有些胆子大的观众从墙头爬出去逃跑了。尼禄在罗马没有知音，就组织了一个行省的巡演，皇帝像个草台班子的班主，赶着些大车去各种荒郊野岭赶场子，天涯海角寻知音。

皇天不负啊，没想到在希腊，尼禄的艺术终于得到了肯定。在希腊一年的巡游中，所到之处，受到当地群众极大的欢迎，皇帝亲自带文化下乡，让希腊百姓充分感受到朝廷对他们的关心和爱护。尼禄自己也很感动，这种知遇之感让他艺术家的灵感内心很受触动，回到罗马的尼禄宣布了他对希腊的奖励——他要让希腊脱离罗马独立！

建议一提出来，元老院几乎被吓死一半，这个想法简直比放火还要疯狂。还没容元老院想出反应的办法来，各行省都先后听到风声，很快高卢和西班牙行省开始暴乱要求独立，那些没有暴乱的行省也开始涌动着解放的暗流，整个罗马版图遭遇巨大的地震。

闹到这个程度，神仙也救不了尼禄了，御林军和元老院联起手来，宣布尼禄为人民公敌，并决定用罗马的帝王家法处理他，给他套上木枷，脱光衣服，用藤条将他活活抽打至死。尼禄一听说这样的酷刑，吓得赶紧跑到郊外的皇家农庄躲起来。他知道肯定是活不成了，自杀是最好的法子，拿了把刀子，下不了手啊，他甚至让自己的一个随从先自杀，给自己做个演示。后来听到追兵已经进来，马上要抓到自己时，万念俱灰之下，他让奴隶举着刀子，自己瞄准了半天用喉咙撞过去，一阵血雨喷溅在地上，暴君中的明星——尼禄离开了世界，终年 31 岁！

尼禄死后，从屋大维开始的尤利乌斯－克劳狄血系建立的王朝结束，罗马帝国进入另四个皇帝的时代，因为更乱，所以叫四帝内乱时代。

二十三　四帝内乱时代

作为一个有悠久历史的古老国家，罗马的繁文缛节是非常多的，文明最重要的表现就是把简单的事情搞复杂。比如说打了胜仗，召集老太太秧歌队在城里列队欢迎也挺热闹，实在要增加气氛，还可以让中小学生停课一天，鼓号队仪仗队全都上街，庆祝效果一点不差。但人家罗马人对文化档次的追求就高多了，前面无数次地讲过凯旋礼，打了胜仗的统帅在喧天的欢呼中、军团的簇拥下，顾盼神飞纵马进城，队伍中间是奇形怪状的各种战利品和蓬头垢面的男女战犯，车辚辚马萧萧，“粉丝”观众尽折腰。他们这样还嫌闹得不够，大型的凯旋礼除了各种活动外，还有配套的基建项目，那就是造一座凯旋门，用大理石极尽华美雕一座大牌坊，竖在街道上。古罗马时代，有超过 20 个为各个战役建成的大牌坊，雕梁画栋，气象万千，都带着当时的时代特色，虽然又占地方又浪费钱，但这些大牌坊如果留到如今也还算艺术瑰宝、考古资料、旅游拍照景点。可惜，良辰美景奈何天，姹紫嫣红最后也付于这断壁残垣。如今罗马城内，保存完好，拍照还能看得清楚的凯旋门还剩下三个。在帝国大道上，中间是提图斯凯旋门，为纪念提图斯皇帝东征耶路撒冷的胜利而于公元 81 年建造；北边的塞维鲁凯旋门，纪念塞维鲁皇帝和他两个儿子远征波斯国而于 204 年建造；南面的君士坦丁凯旋门，纪念君士坦丁大帝于 312 年彻底战胜强敌马克森提并统一罗马帝国而建。后来建凯旋门成为欧洲各国喜欢效仿的臭毛病，现在我们到欧洲旅游，看这样的牌坊是主要旅游项目。这一章，我们从中间这座凯旋门的主人提图斯皇帝开始。

经典暴君尼禄自杀，各地暴动起义风起云涌，那些手握重兵的封疆大吏趁机轮流过皇帝瘾。从公元 68 年到 69 年，先是西班牙总督称帝，又被自己一手提拔的小弟干掉；日耳曼行省不服，自己立了个皇帝；西班牙派和日耳曼派为王位大打出手，西班牙人输掉自杀，日耳曼人登上皇位。螳螂捕蝉，黄雀都在看热闹，此时手握重兵，坐山观虎斗的各行省军阀很多，有一个叫韦帕芗的黄雀最先下手了。

韦帕芗出身并不高贵，凭着军功艰难升职，终于爬进了权力中心。可惜辛苦几十年，一朝回到解放前。有一次尼禄皇帝开专场演唱会，韦帕芗公然睡着了。这在当时绝对是大不敬之罪，所以他被皇上直接赶出首都，到一个小镇反省。当时罗马在耶路撒冷这个行省税收一直不太好，主要是苛捐杂税，人家犹太人交不出啊。罗马派驻当地的行政长官很生气，觉得犹太人抠门，有钱不拿出来，所以这些罗马大兵不知轻重就跑进人家的圣殿去抢东西，穷凶极恶的。这太过分了，犹太人立刻炸了，声势浩大的反罗马起义就这样爆发了。

为镇压犹太暴乱，罗马的叙利亚军团大军出动，可遭受重挫，不但没有压服住耶路撒冷的犹太人，连散居在其他各行省的犹太人都开始蠢蠢欲动了。尼禄无奈之下，只好请高手出山，韦帕芗虽然没有音乐细胞，打仗却是好手，停止反省吧，赶紧到耶路撒冷平乱去。

上阵父子兵，韦帕芗委任他儿子提图斯为副将共同出征，提图斯一出手就显示了良好的军事素养，将耶路撒冷层层围住，气势汹汹。

虽然身在外地，父子俩对首都的局势还是高度关注的，听说罗马已经被日耳曼系军阀占据，东方派系的军阀马上不干了，在对犹太人的战事告一段落后，他们拥戴韦帕芗回到罗马，一场混战后赶走了日耳曼系，韦帕芗在东方军团的支持下成为新的罗马皇帝，终结了四帝内乱时代，开启了罗马的弗拉维王朝。

韦帕芗接手的罗马已经是个穷困潦倒的烂摊子，起义的烽火还在各处燃烧，国库枯竭，机构松懈。所以这个新皇帝一上台就要镇压叛乱，增加税收，整顿内务。为了迅速补充国库，收税收得有点狠，后来的人对这位皇帝的主要评价就是贪财。他派儿子提图斯继续犹太的战事，终于攻陷了耶路撒冷，从此，犹太人动辄被大批屠杀流离失所的命运正式开始。提图斯洗劫并摧毁了犹太复建的第二圣殿，将犹太圣物带回罗马，耶路撒冷满大街都是被钉死在十字架上的犹太人，为罗马增加了 8 万犹太奴隶。跟迦太基的命运一样，罗马大兵将耶路撒冷的土地也撒上了盐，让这里再不能耕种居住，诅咒犹太人永不能复国。就因为这个战功，罗马为提图斯建造了前面所说的凯旋门。

韦帕芗死后，40岁的提图斯接班成为罗马皇帝。提图斯在罗马历史上算是数得着的好皇帝，跟前面几个暴君相反，刚上台时，罗马上下对这个皇帝的口碑并不好。因为在给韦帕芗做太子期间，提图斯打击异己的手段就有些狠辣。所有威胁自家皇权的不驯分子都被他用各种手段制服，看上去比较歹毒，加上平时私生活还有些混乱，当时很多人断言，这家伙上台搞不好是第二个尼禄。谁知正式成为皇帝的提图斯犹如换了个人，在皇位坐稳，敌人清除之后，他居然成为一个友善温和的帝王，仁义德政，法度宽容，甚至原谅一些谋反作乱分子，渐渐受到各方好评。当时罗马元老院的保守派认为皇帝不能娶异族女子为妻，所以提图斯虽然当时对犹太公主百般宠爱，还是将她打发走了，这个动作让元老院非常满意。像其他受欢迎的罗马皇帝一样，他掏自己的钱兴办大型娱乐场所非常慷慨，经常组织角斗节目，并兴建了大竞技场和浴池。

虽然是个好人好皇帝，但八字并不适合罗马，他在位2年零2个月，罗马如同受了诅咒一般，倒霉得一塌糊涂，灾难一起接着一起。

公元79年8月，世界上最不老实的火山——维苏威火山爆发，距它南麓10公里有一座罗马很繁华的城市，叫庞培，大约居住着2万富足安逸的罗马人。维苏威火山喷发出来的岩浆带着毁灭一切的温度，顷刻之间覆城而来，将这座热闹的城市掩盖在灰烬之下。18世纪，意大利工人在挖水渠时，让这座罗马古城重见天日，随着意大利不断地投入挖掘，这座被封存在6米岩浆下的古城，古罗马全盛时最实景的生活形态将会完好无损地展现在世人面前。

公元80年，罗马城突发大火，烧了三天三夜，连大竞技场也被损坏。这次大火可不是皇帝放的，因为他救灾救得焦头烂额。大灾之后防大疫，提图斯不知道这个真理，所以火灾后不久，罗马就开始流行瘟疫，死人无数。提图斯被这接二连三的突然事件累垮，不久就死去了，因为没有儿子，他的弟弟图密善接掌了皇位。

二十四　短命的弗拉维王朝

图密善很早就表现出是个野心家，他父亲做皇帝期间，他经常擅自安排行省的事务，自说自话地插手很多国家大事，动作过猛，让他父亲很看不上他。等他哥哥登基，他胆子更大了，到处宣扬他父亲的遗嘱是让兄弟俩共同做皇帝，但是提图斯偷偷修改了遗嘱，让他受到迫害。好在此时的提图斯是个宽容大度的人，虽然身边的人经常让他提防这个弟弟作乱，可他还是宣称图密善是自己的第一继承人，还流着泪抒发对兄弟的友爱之情。所以，在救灾后回到乡下别墅休息的提图斯盛年猝死，很多人怀疑是图密善下的黑手。

顺利取得王位，图密善知道自己没什么军界背景，军功更是一件都无。在罗马，没有军队支持的皇帝是很危险的，所以他上班第一件事就是提高军队待遇，增加士兵军饷，花了大把银子为自己在军界买下很好的名声。罗马皇帝的新官三把火自然包括大兴土木盖房子，图密善重建了被火灾损坏的朱庇特神庙，并修建了罗马最著名的大竞技场。

在历史上，图密善是被归在暴君一类的，跟其他的同类一样，在皇帝位上没老实几天就原形毕露了。随着年纪的增长，他越来越多疑，元老院里经常有让他心生疑惑的动静，所以无故频繁地把元老抓来杀掉成了他解决心病的办法。因为国库里银子不够，他寻思了一个个缺德法子增加赋税，犹太人或是信基督教的都必须交特别税，鉴别标准就是，但凡做过割包皮手术的都属此列。除了要基督徒的钱，还要他们的命，把基督徒丢进角斗场喂狮子是他比较喜欢的节目。基督教取得欧洲统治地位后，对罗马皇帝进行过一次清算，那些在位时迫害过基督徒的罗马皇帝上了黑名单，这个图密善就是赫然在榜的基督教大敌。

不仅对外人不好，图密善对自己家人和周围的近侍也充满猜忌，他的第一任皇后是他抢来的，皇后跟他没感情，爱上了一个叫帕里斯的演员，图密善知道后先休掉了皇后，后将帕里斯杀死。虽然休掉了皇后，他却还让皇后在自己身边待着。随后他又将先帝他大哥的女儿纳为皇后，不知为什么又把人家流放，让她客死他乡。过了几天他又怀疑自己的堂兄有野心，所以很果断地将他杀掉。在图密善的最后几年，草菅人命都成了习惯了。在他的多疑心中，经常有大臣和皇亲死得不明不白，元老院、皇亲、近侍日子都过得惶恐不安。压力过大，总有崩溃的时候。终于有一天，前任皇后和后任皇后留下的亲信，宫里的几个近侍私下组成小团伙，计划着把图密善这个暴君干掉。而此时，图密善收到了一些可怕的预言……

小道消息横流的罗马经常有各种预言，最近流行的说法是：图密善皇帝会“死于铁”。可以理解为被铁弄死，不是被刀劈死，就是被剑刺死，再不就是被铁锤砸死，也可能吃多了某药厂的补铁口服液把自己补死，反正是非正常死法。后来流言越来越邪门，连图密善死于非命的时间都被精准地计算，最后确定为公元 96 年 9 月 18 日（这个日子容易出事）的中午。图密善自然也听到这些传闻，他将最先散布这个预言的大仙抓来，问他：“神棍啊，你可以预言朕的死法，能不能预言一下自己的死法啊？”皇帝这样问，肯定是动了杀心。这个大仙很坦然说自己会被野狗咬死。图密善哈哈大笑之后，下令将这个大仙拖去烧死，改变预言。谁知大火一起，天上就雷电交加，大雨倾盆，浇灭了大火后，不知从哪里冒出来几只黑狗，扑上来就乱咬，大仙最后死于野狗撕咬。这个过程让图密善看得心惊肉跳，他不得不相信那个关于自己的预言了。

从 9 月 17 日开始，图密善就在皇宫每个角落安置保镖护卫，让自己吃饭睡觉上厕所都处于严密保卫之下。18 日这天，当真是度秒如年啊，图密善在重重护卫之下，自己又没个手表，所以不断打发人去看时间，看看大仙预言的时辰有没有过去。一分钟让侍卫看几次，让这些下人非常烦躁，所以在时间快到时，图密善再问时间，那个专门看时间的很不耐烦地说，还早着呢。图密善听说离出事时间还早，觉得自己总傻坐着自己吓自己压力更大，正好这时图密善亲信的寝宫侍卫长过来附耳汇报，说是死去的皇后的管家探听到一个阴谋要跟皇帝汇报，图密善正好分散一下注意力，所以进入书房。管家装作受伤，包着胳膊进来，靠近皇帝时，突然从绷带里抽出刀子，对皇帝连刺数刀，在规定时间内完成了规定动作，将一个暴君终结，也将短暂的弗拉维王朝终结。

不破不立，随着上面说的那些个人生经历精彩绝伦、花样纷呈的暴君被陆续杀掉，罗马帝国终于迎来一阵清明，随后的近 100 年里，古罗马的帝位轮番更替了五个贤德仁慈的君主，政通人和，天下太平，这是罗马历史上最强盛的治世，被称为五贤帝时代。

二十五　五贤帝时代——开启盛世的涅尔瓦、图拉真

国不可一日无君，图密善一死，元老院就拥戴了 61 岁的老头涅尔瓦成为新主，因为老涅公认是个君子，年高德劭，仁厚慈祥，很适合给一个被暴君严重伤害的国家疗伤。前面说过，图密善虽然是个暴君，但在军队的人缘非常之好。所以被刺后，近卫军一直跟新皇帝叫板要求严办凶手，而涅尔瓦迟迟不追究先王的死因，让近卫军认定，涅尔瓦是谋杀的幕后黑手，所以这些大兵把新皇帝软禁。涅尔瓦此时不得不将几个爱国杀手交给大兵，由他们折磨至死。做皇帝做得这么被动，很没有面子，涅尔瓦总结原因，根本问题是自己虽然受到元老院的拥戴，在军队却没有根基，这些大兵敢这么嚣张欺负自己，也没人敢替自己出头。涅尔瓦在整个罗马看了一圈，找到一个可以改变自己处境的人。

在罗马所有行省中，日耳曼地区是比较难管束的，那些骁悍的日耳曼人从没有随着文明一起进化过，不论什么样的生活都让他们保持狮虎般的禀性，能在日耳曼地区压服当地的军事长官一般都是罗马最牛的统帅，最容易建立军功，最容易受到军界和百姓的崇拜。图密善时代，镇守日耳曼的猛人是当时的罗马名将图拉真。

涅尔瓦非常高明地将图拉真收为养子，也就是太子。众望所归，图拉真成为继承人的消息是当年罗马时政的最大利好，股票因为这事猛涨了几天。而涅尔瓦也因为这个盖世英雄的干儿子与有荣焉，再没人敢公然欺负他，让老头定下心来整理内务，调节各种关系，抚平罗马的创口。可图拉真的命太硬了，不是随便哪个人就可以给他做爹的，所以涅尔瓦还没机会得到干儿子的孝敬就驾崩了，图拉真在做了一年的太子后就成为皇帝。

涅尔瓦虽然死得早，却是死得比泰山还重，他开创了一个挑选干儿子的继位方法，后来罗马皇帝都会在清醒的时候，遍选贤能，为自己预备继承人。

之所以会这么密集地出现“贤帝”，就是因为任人唯贤的传承方式，这个时段的罗马皇帝被认为是帝国史上水准和素质最高的，都是万里挑一被精选出来的人物，而这五个卓越不凡的帝王中，文治武功成就最高的还是我们马上要说到的图拉真，在他的统治期内，罗马的版图达到极限，罗马的国运运行到顶峰。

图拉真出生在西班牙，从他这一辈开始，后来的罗马皇帝已经几乎没有意大利本土出生的。根据历史资料，图拉真善良淳朴，坚毅勇敢，骁勇善战而又心细如发，完美得像个圣人，简直就是神特地为罗马定制的帝王。

涅尔瓦死时，图拉真正在边境巡视，收到登基的通知，他并没有猴急地跑回罗马去，而是镇定坦然地继续将所有的防御工事和营地都视察完，一年之后，才回到罗马继承大统。鉴于罗马 100 年来的军界和元老院互相猜忌的传统，这位行伍出身的皇帝让元老院心里多少有些疑虑，图拉真一上班就向所有元老承诺，他不会无故处死任何一个元老，而且国家大事会跟元老商量讨论，绝不独断专行。他承诺了，也做到了，罗马城内洋溢着好久不见的祥和和团结。这时的图拉真可以考虑更重要的事了，那就是，老百姓需要新的娱乐，罗马城需要新的设施，国库需要大把银子，帝国需要提振 GDP。原来说过，罗马帝国的经济理想都需要靠向外打仗才能实现，所以，在屋大维死去 100 年后，又一个开疆辟土的新皇帝踏上了征途。

多瑙河下游有个叫达西亚的国家盛产金银，一直是罗马很垂涎的地方，历史上也有几个罗马皇帝去骚扰过，互有输赢，但抢劫的目的基本没有达到。所以图拉真的第一个目标就选择了这里。公元 101 年至 105 年，两次漂亮的大战，让达西亚彻底臣服。在战争中，图拉真一直坚持冲锋在军队的前列，身先士卒，亲自撕下战袍为战士裹伤，让罗马军队的士气空前高涨，发挥蓄积已久最大的威力。收服达西亚成为罗马行省后，图拉真一边忙着把该地区的金银往罗马搬，一边号召罗马人向这个地区移民，开荒屯田，修房建屋，移民过来的罗马人从此后子子孙孙都在多瑙河下游繁衍生息。达西亚，就是现在的罗马尼亚。

打完达西亚，图拉真发现，阿拉伯半岛北部的一个小国是个二道贩子，当时罗马跟帕提亚贸易来往频繁，但因为这个小国卡在两家之间，经常在中间倒卖紧俏物资，让罗马花了很多糊涂钱。公元 106 年，图拉真干掉了这个中间商，成立阿拉伯行省，正式把控了东西贸易的要道。

此时班师罗马的图拉真接受了罗马历史上最浩大的凯旋礼，他宣布全国放假 123 天庆祝胜利，把懒散的罗马人都休息累了。配套的基建也不能随便建个凯旋门就算，而是竖了一座 40 米高的大理石带浮雕的纪念碑。这座罗马旅游的重要景点学名叫“图拉真纪念柱”，至今保存完好，据说整个作品雕刻了 2500 多个人物，精准描述了当时罗马军团与达西亚人的战斗场景，人物惟妙惟肖，栩栩如生，很多原装的罗马尼亚人寻找祖先时都来膜拜这根柱子。

打仗跟打牌一样，手风一顺怎么打都能赢。图拉真找到了这种战神附体的美妙感觉，对他来说，这世上已经没有不可战胜的对手。所以，有个罗马的老仇家自然就要倒霉了，那就是宿敌帕提亚。之前提到帕提亚的轻骑兵几乎是天下无敌的，罗马军队经常吃亏，而这个绝技这回没有收到效果，图拉真的兵团长驱直入，攻陷帕提亚首都，直抵波斯湾口。他是唯一进入这一地区的罗马统帅，随后他在这个地区成立三个行省，在交锋了 100 年后将西亚收到罗马囊中。虽然这片土地很快又失去了，占有的时间很短，但毕竟曾经成功了！

现在罗马版图可以想象吗？看地图吧，东边是两河流域，西边是大西洋，包括不列颠大部分地区，北方到达莱茵河岸，南方包括埃及和北非。这是古罗马疆域最大的时期，也基本算是扩张的极限了。

除了打仗，图拉真对国内的改革也是卓有成效的，最值得称道的是，成立了一个叫“国家慈善基金”的机构，相当于咱家的“贫困地区专项扶持基金会”，对老少边穷地区重点帮扶，实现共同发展，共同富裕。轻徭薄役，涵养民生，收到很好的效果。吸收部分行省贵族进入元老院，促进了行省和罗马本土的融合。但他还规定，所有罗马贵族必须拿出总财产的 1/3 在罗马买地，这样做的目的是使贵族的资产被留在国内，副作用是大大地提高了罗马的土地价格。房地产业进入牛市，土地不断向有钱人手里集中，买不起房子的平民只好到那些房价低的行省去讨生活，为后来封建制国家的大地主的割据埋下了伏笔。

图拉真时代是罗马帝国的顶峰，而他本人在罗马皇帝的排行榜上是经常跟屋大维相提并论的。很多年以后，元老院在新皇帝登基发表文告时，对新皇的祝愿还是：像奥古斯都一样造福百姓，像图拉真一样仁厚善良。

图拉真没有屋大维那样的高寿，在跟帕提亚战斗时，犹太人又造反了，皇帝赶紧班师回国平乱，结果在路途中病死在小亚细亚。

二十六　五贤帝时代——异类哈德良

这章从犹太人的历史课开始。以色列这个国家没有地理课，因为地方实在太小，但他家的历史课可是课业沉重的。因为以色列对下一代的教育中，最重要的是要牢记历史上犹太人所经历的苦难和屈辱而发愤图强。咱们小时候经常在一些特定的节日被学校组织去烈士陵园之类的地方吊唁，以色列也有这样的活动，他们安排的吊唁地点主要在死海边一个叫马塞达的城堡。

前面我们说过，罗马对中东地区犹太行省的管理是心不在焉的。外聘总经理，让他承包。承包制的最大特点就是挣快钱，在合同期内抓紧时间盘剥当地，压榨百姓。犹太人对这些外来管家从来没有打心眼里顺从过，仇恨和怨怼情绪聚沙成塔，加上罗马军队张牙舞爪总欺负人，抢劫犹太圣殿从不客气。所以，尼禄在位时，就已经开始出现此起彼伏的犹太人起义。

提必留皇帝还是太子的时候，最大的功绩就是围困耶路撒冷成功，摧毁、洗劫了人家费好大劲儿重新建造的犹太圣殿。耶路撒冷破城之际，提必留将大量的犹太人钉上十字架，后来死的犹太人没有这个待遇是因为耶路撒冷实在没有立十字架的地方了。这时有 900 多名犹太人逃出来退守死海岸边的马塞达城堡。罗马如狼似虎的军队紧随其后，将这个城堡重重包围，狂轰滥炸，但犹太人拼命抵抗。公元 70 年至 73 年，900 多名犹太人固守城堡抵抗了上万名罗马士兵轮番进攻，创下了一个惊人的守城奇迹。公元 73 年 4 月，马塞达城内的犹太人知道，已经不可能再坚守下去，如果落在罗马人手里，可能最舒服的死法也是被钉死。所以他们用抽签的方法选出 10 个男人，这 10 个男人先将其他人杀掉，然后自杀。这期间有两名妇女带着 5 个孩子跑了出来，找到罗马军队，讲述了这起惨烈无比的集体自杀事件。罗马军队最后进入这座城堡时，这里已经是一座死城。

马塞达城堡浓缩着犹太人血性刚烈的禀赋，是这个永不屈服的民族的重要象征，现在去以色列旅游，这也是一个让犹太人无比自豪的重要景点。

耶路撒冷被打成废墟后，这些断壁残垣的土地被封给罗马有功的将士，犹太人实际上已经失去了自己的国家，他们聚集在海边的一些小城里，勉强维持，偶尔攒了点实力就跳起来给罗马人找点麻烦。前文说到，罗马历史上一个盖世的贤君图拉真就是死于犹太人的骚扰。当时，他老人家已 60 多岁，还劳师动众跑到波斯湾跟人打架，这样的晚年生活本来就很不健康，突然听说背后犹太人又闹事，急火攻心，驾崩在西亚，充分证明了老人家不要乱跑的道理。

图拉真的养子哈德良继位。历史上对哈德良接班一直有些暧昧的说法。图拉真活着的时候，从没说过干儿子哈德良是未来的王位继承人。罗马皇帝一般都有先做罗马执政官然后派驻行省做总督这样的深造顺序，哈德良虽然做过执政官，可在卸任后，图拉真迟迟没安置他，后来是图拉真的皇后好说歹说才让他到叙利亚的总督府上了班。图拉真咽气时把皇位传给哈德良这口谕是皇后传达的。鉴于皇后一直对哈德良比较器重，所以很多历史学家分析，哈德良的登基很大程度上是皇后的意思。就因为开头开得不够理直气壮，所以虽然位列五贤帝，哈德良总显得有些异类，也有很多历史学家认为，这家伙就是个暴君，跟尼禄之流是一类的。

哈德良算是有点智慧，是个“舍得”之人。一上任他就发现，先帝图拉真以性命征服的帕提亚是一块河豚肉，无论味道有多美，它的剧毒是可能让人送命的。所以哈德良一主事就宣布放弃东方三个行省，让帕提亚的流亡皇帝重新上岗，以后跟罗马和平共处，自己管好自己的地方。后来的半个世纪，罗马和帕提亚这对宿世的仇敌难得地相安无事。

哈德良皇帝生涯的关键词就是巡游、城建和同性恋。

121 年至 128 年，哈德良分三次视察罗马所有的土地，成为第一个足迹遍布罗马所有行省的皇帝。哈德良没什么版图野心，他视察一圈没搞出什么建设性的意见，最大的成就就是为不列颠家留下一个珍贵的世界文化遗产——哈德良长城。

大家还记得克劳狄皇帝远征不列颠，最后将它收为罗马行省的故事。其实，罗马对不列颠的征服并没那么轻松，进驻不列颠岛后，当地土著给予搏命似的反抗，加上罗马军团从来也没有“三大纪律、八项注意”这样的军纪，即使是对已经臣服的地区，欺负百姓也毫不手软。比如不列颠东部有个叫埃西尼亚的凯尔特人部落，被罗马人占领后，所有人低眉顺眼，不吵不闹，这样的小心伺候没有取悦罗马人，在这个部落的国王死后，罗马人乘乱占领当地的土地、设施，抢夺财物，据说还侮辱国王的遗孀。而这个遗孀也不是好惹的，她就是不列颠家历史上最英勇烈性的波迪卡女王！

波迪卡很快就集结了其他不服罗马人的部落组成大军向罗马人复仇，这支军队的战斗宗旨就是血债血偿，所有的打法都是同归于尽式的。他们攻占切斯特城后，将这座繁华的城池烧毁，杀进伦敦，将全城人杀光，当然主要还是杀罗马人，杀完后又放了一把火，将这个后来的金融之都烧成白灰。这次起义，以波迪卡为首的部落联盟屠杀了大约 7 万罗马人，毁坏的城镇乡村无数。而罗马人也没客气，调来大军血腥镇压，不论有没有参加造反的部落，都没有放过。罗马人认为所有的不列颠人都有罪，顷刻间，就杀掉了 8 万不列颠人算是回敬。这是英国历史上最惨烈、最血腥的篇章，波迪卡这种杀敌八千自损一万的打法，怎么看都有些疯狂，而且她在自家的土地打架居然还屠城兼放火，实在不能算是爱国斗争。但在英国的历史上，这位歇斯底里的女战神还是受到高度评价的。好在不久她就扛不住罗马大军的镇压服毒自尽了，否则想不出她还会干出什么疯狂的举动。

波迪卡起义被彻底镇压，罗马对不列颠的管束才算真正实现。但他们占领的是不列颠的南部，其北部的部落也从没有安分守己过，经常越境骚扰，罗马在不列颠的驻军一天到晚就忙着这些局部战争。

哈德良没有屋大维和图拉真那样的风骨，他巡视不列颠时，看到北部边境的麻烦，并没有兴起发兵除暴的念头，他首先想到的是北方人野蛮不好对付，还是不要惹他们为好。邻居不老实，不用打人家嘛，把围墙修高点小心防守不就行了。皇帝一声令下，用了 6 年时间，在英格兰北部修建了一条长 73 公里、高 4.6 米，配有城堡和瞭望塔的长城。这个围墙的规模在咱们看来就小儿科了，跟咱家的长城比起来，这段城墙完全没有防御的诚意，但这个基建动作对罗马的影响却是标志性的，这个围墙的矗立等于告诉整个欧洲：

罗马人打不动了，罗马的版图到此为止，从今往后，罗马不再打你们，你们也别来骚扰罗马！也就是说，罗马这个地球霸主从这一刻起，锋芒尽失，不进则退。

又要说到犹太人了。哈德良对耶路撒冷的处理方式更加极端。虽然耶路撒冷已经成为一片废墟，但犹太人对这片土地的感情却是一点没有减少，朝拜圣殿废墟也成为他们的主要活动。为了让犹太人彻底死心，哈德良宣布，在耶路撒冷的废墟上修建一座罗马的城市，并盖一座罗马的神殿。这件事给犹太人的打击很大，但紧接着的打击更大、更多。罗马突然宣布不许在耶路撒冷有阉割的行为，这当然是针对牛羊等牲畜的，可这个方案最缺德的是还把禁止犹太人施行割礼算在内。大家知道，割包皮这件事不仅是个文明的男性保健行为，更是犹太人跟上帝的约定，是崇高的宗教事务，所以罗马的禁令简直是对犹太人最大的侮辱。不久，哈德良又宣布，犹太人不许阅读犹太法典，防止看了学坏。经过这几件事，犹太人再次爆发了。公元 132 年，犹太人又发动了规模浩大的起义，激愤的犹太人甚至一度夺回了圣城。不过，毕竟实力相差太远，经过 2 年多的鏖战，罗马军团采取围城的老打法，再次攻陷耶路撒冷。这一次，被激怒的罗马人不再客气，屠杀的犹太人超过 50 万。重新进入耶路撒冷的罗马军团加紧了城市建设的速度，要让圣城彻底消失在地球上，并宣布犹太人以后到全世界各地流浪去，永远不准再回到这里。为了彻底消除犹太人回家的念头，在圣城废墟上新建立的罗马城市不再叫罗马的犹太行省，而是起名为“巴勒斯坦”。

为什么叫“巴勒斯坦”？这个名字有个长篇的来历。根据《圣经·旧约》中的“士师记篇”，犹太人有个大力士叫参孙，他能徒手撕裂一头雄狮。参孙的成名活动就是率领犹太人反抗腓利斯人的进攻，因天生神力，腓利斯人一直拿他没办法，后来买通了他身边的女人，历史上第一次使用美人计干掉了参孙。参孙死后，犹太人受了好长一段时间腓利斯人的凌辱。所以在犹太人心目中，腓利斯人正是万恶的仇敌，而“巴勒斯坦”这个名字是希腊人对腓利斯人居住地的称呼。现在大家知道罗马的犹太行省被改名为“巴勒斯坦”的用意何其狠毒了。这一刻开始，犹太人正式过上了飘零异乡的流浪生活。

二十七　五贤帝时代——安东尼王朝

老杨的历史课可做旅游手册，读者摇着蒲扇，啃着地瓜周游列国之际，看到那些断壁残墙、衰草枯杨，大约能说出来历，老杨的功德就算到家了。这章还是从一个罗马著名的旅游景点开始。

罗马万神庙，现在的名字叫圣母与诸殉道者教堂，巨大的穹顶整个用混凝土浇筑而成，这是个建筑奇迹，因为即使是现在，混凝土也很难支持这么大的跨度。万神庙最早是由屋大维的副手为拍马屁建的，它主要用于纪念屋大维干掉安东尼和“埃及艳后”。这座万神庙后来毁于罗马大火，到哈德良皇帝时，他下令重建。

哈德良到底是个贤君还是个暴君暂不讨论，但他一定是个智商很高的人。不论是文学、数学，还是建筑，他都有些专业造诣，号称是罗马皇帝中最有文化的一位。所以，他在位时的主要工作不是到处旅游，就是到处盖房子。他在希腊留下的哈德良凯旋门和罗马城内的哈德良别墅都成为公认的经典。这伙计有穹顶情结，对那种顶个圆帽子加廊柱的设计怎么看怎么喜欢。万神庙就是他这个情结的终极体现，这种设计后来成为西方建筑的古典代表，西方各国的议会、大学、图书馆、纪念堂之类的庄重地方喜欢抄袭沿用这个设计。

罗马时代有学问的人有个共同标志，就是精通希腊文化，哈德良作为一个知识分子当然也不会落伍。希腊文化中，男子的同性之爱被认为是最高尚唯美的，是爱情这个东西的最高级形式。梁山伯与祝英台的故事，最精彩之处在于梁山伯最好永远不知道祝英台是女人，这样的爱情才能最后化为蝴蝶，一男一女最后顶多变成两把骨灰。古希腊历史上的同性恋名人是很多的，比如苏格拉底、柏拉图和亚历山大大帝。而斯巴达军团纵横江湖时，很多人认为是军团中洋溢在战友间的爱情让他们更团结，更英勇，更不惧死。这种同性之爱在希腊的标准配置一般是老男人搭配小“正太”，老男人除了是情郎外，还是小“正太”人生中的良师益友，指引着后者成长。这种灵欲合一的言传身教也是家庭教育的最高境界了。而到了罗马，这种关系的一般配置则是贵族找个貌美的小奴隶。

根据这个潮流，哈德良皇帝公开宣布他喜欢小“正太”也并无不妥，既然他是皇帝，这个事情还可以规模化处理，他开始在所有行省广选美男子充斥自己的后宫。在希腊，哈德良遭遇了他一生中唯一的爱情，12 岁的少年安提诺乌斯被带到他跟前。我们知道咱家历史上有武则天皇帝的男宠，号称“比莲花还美”的六郎张宗昌，到底一个男人怎么样才会“比莲花还美”，我们是没办法想象的。可安提诺乌斯的头像雕塑现在都可以看到，客观地说，如果没有真人模特，很难雕出这么完美的一张脸，哪怕是冰冷的石像，都能让很多女同胞惊艳。这样的好东西落在老男人手里，不能不说是广大女同胞的重大损失。所以大家可以想象，这样一个花样男童被带到哈德良身边，皇帝的老心是如何小鹿乱撞。从此以后，哈德良就一直将这个男孩儿带在身边，万千宠爱集于一身。甚至在一次狩猎活动中，眼看着一头猛狮向安提诺乌斯扑来，哈德良以罗马皇帝之尊毫不犹豫地挡在前面，也算是英雄救美人。

公元 130 年，哈德良在埃及行省巡游时，安提诺乌斯溺死在尼罗河。他的死因非常神秘，到现在为止，很少有历史学者认为这个美男死于意外。有一种说法是死于自杀，因为此时他已经 18 岁，对一个小“正太”来说，这个年龄显然太老了，为了维持他小男孩儿的外形，哈德良对他进行了阉割手术，似乎是手术失败，安提诺乌斯痛苦不堪，导致轻生。还有一种说法是宗教献祭。当年尼罗河大旱，作为罗马的粮仓，这可是个重大自然灾害，安提诺乌斯为了报答哈德良的爱情，用自己作为祭品淹死在尼罗河。还有些政治谋杀之类的说法，但有一点可以肯定，爱人的死让哈德良非常痛苦，甚至让他性情大变。所有人都觉得，一个会在英格兰造长城来防御外敌的人，不太可能会对犹太人做出过于血腥屠杀的动作。而他突发奇想禁止犹太人的割礼，很可能也是因为安提诺乌斯。除了天天痛哭失声，哈德良想出了所有办法来纪念安提诺乌斯，他在尼罗河畔建立一座城市，以安提诺乌斯的名字命名。在帝国很多城市中心为安提诺乌斯竖立雕像、兴建庙宇，甚至还宣布安提诺乌斯为神。今天的大英博物馆里，还摆放着哈德良和安提诺乌斯的雕塑，被当作一个同性爱情的浪漫经典供后人瞻仰。

哈德良做皇帝还是特立独行的，他以前的罗马皇帝都认为留一把大胡子是很野蛮的形象，他却给自己留了胡子，后来成为罗马皇帝的一种时尚。哈德良的晚年生活比较压抑，总处于一种莫名的暴躁和烦闷中，他甚至给手下一把匕首让他杀掉自己。因为没有子嗣，哈德良的继承人问题一直很困扰罗马。他先看中一个 30 岁的青年才俊，并将他立为太子，为皇位做准备派他到行省军团去锻炼。可惜这位才俊是个羸弱之人，艰困的军队环境极大地损害他的健康，没多久就死去了。哈德良此时又看中一位少年，但年龄太小，才 16 岁，哈德良的有生之年很难看到他继位了，皇帝很快想到了办法，他通过修改法律，选择了一个比自己小 10 岁的元老院长老给自己做养子，收养条件是这位名叫安东尼的老太子必须将这位 16 岁的少年和那位才俊的遗孤收为养子，保证自己选择的人最终可以继承大统。事实证明，哈德良在看人方面，眼神相当靠谱，这位 16 岁的少年大名叫马克・奥利略。

安东尼以 52 岁的高龄意外成为罗马皇帝，所有人都认为这个老家伙不过是给马克・奥利略登基做过渡的，以那个年代的医学保健水平，52 岁的老年人基本 3/4 已经在棺材里了。谁知这位老头还很能活，一口气做了 23 年皇帝，75 岁高寿才退休，让出皇位。因为他是五贤帝中在位时间最长的，所以整个五贤帝的王朝又被称为“安东尼王朝”。

虽然叫安东尼王朝，安东尼在位时帝国几乎是风平浪静，没有任何大事的，而对罗马帝国来说，没有大事可以理解为是好事，代表政局稳定，生活安宁。安东尼符合一个贤帝所有的条件，为人慈悲善良，生活节俭，从不人为搞事扰民，也很少打架骚扰邻居，最重要的军事事件就是在不列颠跟苏格兰打了一场，把罗马的边境向北推进了 100 公里。

公元 161 年，安东尼皇帝终于驾崩，马克・奥利略从一个少年成为中年人。虽然等待登基的路途漫长了些，但所有的等待也是积累，此时登上王位的马克・奥利略成熟而智慧，带着自己独特的人生思考，以一个哲学家的修养和气度成为罗马皇帝。

这是历史上第一次出现二帝共治的情况，除了马克・奥利略，安东尼收的另一个养子维鲁斯也共登大宝。

马克·奥利略在2009年成为中国的著名人物，因为他写过一本巨作《沉思录》。这本小册子在咱家卖疯了。老杨也顺应时势买了一本，放在床头，睡不着觉时用来催眠。就是因为这部西方哲学史上的伟大著作，马克·奥利略超越了罗马帝国的荣耀，号称“比他的帝国更完美的君王”。

奥利略和维鲁斯的八字也不太适合罗马，一上岗就遭遇了罗马的母亲河台伯河因为暴雨决堤，直接导致了罗马本土的粮食歉收。边境还不安宁，刚老实了几年的帕提亚又骚扰罗马的西亚行省。维鲁斯皇帝亲征西亚，经过5年的艰苦战斗取得了胜利，军队在两河流域大肆抢劫后凯旋班师。从这个时期开始，帕提亚帝国才算真正被罗马打服了。

大胜帕提亚当然应该举办盛大的凯旋礼，可这久违的盛大热闹还没完全消散，罗马突然暴发了大规模的瘟疫。这场灾难非常突然，罗马城内每天都有上千人死亡。后来据专家分析，这场突如其来的瘟疫实际上是凯旋的罗马东方军团从西亚带来的。也许是罗马在西亚的杀戮和掠夺产生的报应，谁知道呢，反正是直到两个皇帝都被这场瘟疫夺去性命，瘟疫才逐渐得到控制。

蔓延罗马的瘟疫让两个皇帝焦头烂额之际，安静了很久的北部边境又出事了，日耳曼人竟悍然入侵，穿越了罗马边境，进入帝国内部。这种恶性事件在罗马历史上还是很少出现的，两个皇帝也顾不上瘟疫的事了，披挂亲征，阻击入侵的日耳曼人。

二十八　五贤帝时代——哲学家奥利略

柏拉图在《理想国》这部书里提出，“一个哲学家必须具备有超人的智慧和健全的体魄，并且是国家的统治者”。意思是说，哲学家做皇帝才是天经地义，理所当然的。按照他的论点，古往今来这么多君王，只有罗马的奥利略专业对口，充分实现了哲学家的人生价值。

奥利略是一个哲学家，这类人都有自己的派系，他代表的是一个叫斯多亚的哲学流派，该流派认为宇宙是个完整有序的整体，人是宇宙的一部分，是个“小宇宙”。人作为宇宙的一部分、个人作为社会的一部分，对于来自整体的一切事物就都要欣然接受，要忍受外界施加于人的种种东西，不论是艰苦的还是幸福的。奥利略的《沉思录》有点像随笔、心得之类的东西，讲述自己关于人生和自然的思考，“很圣人”，“很心灵鸡汤”。其实很多“站着说话不腰疼”的人生理论，都是哲学家吃饱喝足之余冥想出来的。哲学家一定要有钱又有闲，当然没有钱也可以安贫乐道，饿着肚子不妨碍思考，但一个忙碌的人就很难实现思考这个奢侈的理想。比如正要写文章，楼上在搬家，不断有人打扰，这非常难（写这段时，老杨的楼上正在装修）。就因为这样，奥利略作为一个哲学家才是伟大的，因为他身为一个皇帝，几乎一天安逸的日子也没有过，不是抗灾就是打仗。他东征西讨、焦头烂额之余，还能写出那样一本哲学书来。《沉思录》很沉思，没有一点儿浮躁和动荡，代表着最冷静、最沉着的人生思考，不能不说，奥利略皇上拥有超级强大的“小宇宙”。

奥利略和维鲁斯共同执掌王权，维鲁斯是个无能之辈，跟奥利略站在一起纯属陪衬。但鉴于奥利略是个圣人，他从不介意把罗马的最高权力与这个庸人分享，为了让他放心当副皇帝，奥利略还把女儿嫁给他。维鲁斯非常感念奥列略的宽容和大度，两个皇帝不伦不类的，倒也相安无事。

前文说到，莱茵河和多瑙河一带的日耳曼游牧部落突然杀入罗马境内劫掠，事态严重，两个皇帝共同亲征。打仗要钱啊，那阵子灾祸连年的，国库穷得只剩四面墙了。奥利略于是卖掉了罗马皇帝王冠上的宝石来筹措军费，兵力不够，他押上了罗马城里的角斗士。奥利略是个崇尚简约节省的皇帝，对他来说，宝石和角斗士代表着奢华无聊的生活，早就是他打心眼儿唾弃的，而对摆排场习惯了的罗马百姓来说，这个皇帝未免有些狼狈。

征战日耳曼部落是个与蛮夷对抗的过程，艰苦卓绝，又加上罗马的瘟疫还在蔓延，军团也不断有士兵死于传染病。不久后，维鲁斯皇帝就因为这种疫症而死，奥利略独撑大局。好歹把日耳曼勉强压住，此时西亚的叙利亚总督卡西乌斯又谋反了！这家伙在对帕提亚的战争中立过大功，在东方有几个军团支持他，觉得自己已经有足够的资本角逐罗马皇帝之位，所以在假传皇帝的死讯后自立为帝。奥利略又急急忙忙地跑到西亚平乱，并亲自证明皇帝还活着。卡西乌斯被杀，谋反被镇压后，奥利略又挥师多瑙河，继续跟日耳曼作战，直到将日耳曼人彻底赶出罗马的领土。

将日耳曼人赶出国境后，奥利略脑袋一热，犯了个妇人之仁的错误。他见日耳曼人在自己的地盘生活有些困难，觉得生活困难就怪不得人家经常越境抢劫，所以不如就让他们在边境住下，挨着罗马富庶的边境，讨生活容易一点。日耳曼族的男人都不从事生产，唯一喜欢的工作就是代人打架，他们在边境一住下，就经常被罗马军团拉来做雇佣军，罗马就这样活活地培养壮大了自己的毁灭者。

在多瑙河战场上的奥利略也没有逃脱罗马这场神秘的传染病，客死异乡。此时，他又犯了一个智者不太容易犯的错误，那就是任人唯亲。后人经常以他不按前人的规矩选择贤能继位，而是让自己的儿子接班这个动作而诟病他。实际上，这很冤枉，因为前几个贤帝不是不想传给自己儿子，而是实在没有合适的亲生儿子啊。奥利略的太子康茂德从小就是被当作罗马皇帝培养的，严格的文化教育和艰苦的军营锻炼一样也没少，甚至见的世面比前几个王储都多，所以当时整个罗马，没人认为康茂德接他老爸的班有任何不妥。至于康茂德正式登基后变成一个混蛋，则是奥利略自己也不能预见的了。

奥利略作为一个哲学家，他的思考方式可能也有些特异之处，比如说他自己修炼成了一个圣人，品质高洁，完美无比。他的妻子是当时罗马的绝顶美女，生了 13 个孩子，庞大的皇室家庭一直其乐融融，从没听说闹出家庭纠纷。在《沉思录》的第一章里，奥利略深情地写道：“我有一个十分温顺、深情和朴实的妻子。”甚至在皇后死后，将她列为神请进神殿，让所有的罗马青年婚前都去祭拜，让皇后保佑他们忠贞的爱情。这事在罗马是个大笑话，因为几乎所有的罗马人都知道，皇后淫乱放荡，私生活不好，皇后的男宠遍布各地，还有很多通过枕头风成为奥利略身边的近臣，好多人在皇后的寝宫找到了罗马皇帝的待遇，只有奥利略自己对皇后的忠贞坚信不疑。所以当他宣布康茂德是一个合适的罗马帝王人选时，我们不得不怀疑，作为哲学家的奥利略又在自己骗自己了。

二十九　败家皇帝康茂德

一个不肖的儿子最多是让老爸蒙羞，可一个混蛋的君主就要让很多人倒霉了。康茂德在历史上被学者称为最恶劣的罗马皇帝，因为他是一个暴君，还是个昏君。大家可以参看《角斗士》这部电影，里面的罗马王就是康茂德。

康茂德一直跟在奥利略身边，在日耳曼战区现场做统帅实习。老爸死后，他火速登基成为皇帝。奥列略死前正忙着将波希米亚收为罗马的行省，康茂德一管事就下令停战，并以十分优厚的条件放了波希米亚一条生路，大军撤回罗马，和平为重。

所有的罗马暴君都有一个很文明的出场，康茂德皇帝头两年还算正常。公元 182 年的一天，皇帝到剧院去消遣，经过漆黑的柱廊，突然有人跳出来大叫："元老院要你的命！"然后拔剑就刺，这个杀手显然是个外行，因为一流的杀手动手前不喊口号。刺客被按住，虚惊一场，彻查刺驾事件，发现这个蹩脚刺客是亲姐姐鲁琪拉的相好，而他大呼小叫的弑君行为是鲁琪拉一手安排的。

鲁琪拉就是被奥利略嫁给副皇帝维鲁斯的那个女儿，因为是皇后，所以拥有"奥古斯塔"（Augusta）这个称号，维鲁斯死后，她改嫁给一个军团的将军。

"奥古斯塔"这个名号代表着罗马女性的巅峰，任何人一经拥有就不会放弃。康茂德登基后，他的皇后不久也怀孕了，此时鲁琪拉已经不好意思再顶着"奥古斯塔"这个尊贵的称号。但如果康茂德死掉，再把自己的老公扶上帝位，则自己还是名正言顺的"奥古斯塔"。女人一钻牛角尖，就很容易动蠢念头，她老公对皇上忠诚，不愿意陪她疯，所以她只好从自己的相好里找了一个，看来皇姐的相好素质很一般。这个事件也再次说明，奥利略自己认为的妻贤子孝的幸福家庭也是他骗自己的，养不教父之过，作为父亲，咱们的哲学家皇帝显然非常不上路。

康茂德也没跟自己的姐姐客气，将她流放，后来又要了她的命，骨肉相残得理直气壮。这个事件给康茂德打击很大，在生死一线走了一圈的皇帝突然对国家政事产生了极大的厌倦，自己不管事，罗马总要有人安排啊。康茂德对元老院是完全信不过的，他只相信他亲手提拔的近卫军长官，所以近卫军充当了皇帝的内阁，管理着各种国家大事。后来他发现自己的寝宫侍卫更可信，于是处死近卫军长官，让寝宫侍卫长掌握了朝政。这位寝宫侍卫长是个被解放的奴隶出身，眼皮浅，为人贪婪，一上任就卖官，最热闹的时候，罗马一年卖出去 25 个执政官头衔。他甚至还将发给老百姓的谷物拿去出售，大发黑心财，让罗马几乎陷入饥荒。后来因为民怨太大，康茂德不得不将这家伙砍了脑袋。

根据中国历史的经验，只要有宦官帮着出主意，皇帝一般都能把自己培养成一个超级玩家。康茂德最出名的玩法是喜欢当角斗士。康茂德是不幸做了皇帝啊，他要是进入娱乐圈玩杂耍啥的，下场绝对比他当皇帝好。他可不仅仅是业余爱好啊，他几乎是一流的专业运动员。传说啊，一只鸵鸟在奔跑，他可以一箭射穿鸟脖子。更骇人的是，有一次，100 只狮子从竞技场的兽笼放出来，皇上连续投掷了 100 支标枪，将这些狮子全数杀死！这个故事我感觉应该是演绎的，要不他也太牛了。康茂德一生无数次亲自下场参与角斗，不管是别人有意相让还是他真有实力，反正是战绩彪炳，他还自称是大力神海格力斯转世。摔跤、马戏都是他非常热衷的活动。

因为不理朝政，只知嬉戏，所以很招人厌恨，尤其是元老院。从康茂德上台那一刻起，元老院就几乎成为罗马的摆设，任何重大决策，元老院都没有机会参与意见。有不少人策划干掉皇帝，康茂德自己也知道自己的处境，当然更憎恨元老院，经常无故捕杀政坛的高层。而他自己一手提拔，替他管理朝政的近卫军长官一职，更是走马灯一样不停地换，虽然没人信得过，也不能没人管事啊，大不了换得勤快点。所以那些近卫军长官也许今天还颇受信任，明天就成为皇帝的眼中钉被无端杀掉。国家乱成一锅粥。

公元 192 年的最后一天，从角斗场参加一场酣畅淋漓的角斗回来，康茂德兴高采烈地向他的情妇夸耀，自己如何骁勇。他的情妇递给他美酒一杯，犒赏他的战绩。康茂德喝下之后，就进了浴室洗澡，近卫军长官早就安排好一个摔跤手藏在浴室，帝国第一角斗士康茂德毒酒发作后，赤身裸体地被一个摔跤手活活掐死。罗马的近卫军又恪尽职守地结果了一个昏君。

康茂德之后的国家陷入混乱，群雄逐鹿，罗马帝国陷入谁有兵谁就是老大的军阀混战期。很多历史学家认为，康茂德是罗马衰亡的开始。

三十　谁有兵谁是老大

前文说到康茂德被近卫军杀死，近卫军扶持一个傀儡登基，这个傀儡上了台之后想摆脱傀儡的命运，又被干掉。近卫军找不到合适的继位人，索性将罗马帝位挂牌拍卖，价高者得。一个有钱人顺利赢得了拍卖，可罗马皇帝不是随便谁都可以玩的，没有军队的拥立，纯粹白花钱。不久，因为行省驻军的强烈反对，这个用钱买来的皇帝又狼狈下台，不久还被收了他钱的近卫军杀死。“恺撒”这个尊贵华丽的名字堕入泥沼。

以后的罗马历史就真是乱得不像话了，帝王频繁更替，各行省总督或者是近卫军长官都是最有力的争夺者。公元 193 年至 235 年，潘尼西亚的总督打败其他想做皇帝的军阀建立赛维鲁斯王朝，历经 5 个皇帝，又进入大混乱。公元 235 年至 284 年不到 50 年的时间，罗马的皇帝宝座更替了 15 个君主。

好在公元 268 年开始，罗马帝位上出现了几个像样的人物，将几乎毁于军阀和蛮族之手的罗马帝国挽救回来了。这几位中兴之主大都出自伊利里亚行省，所以被称为伊利里亚诸帝。

第一位就是克劳狄。克劳狄登基的背景也是军队叛乱。多瑙河地区军队攻入罗马，要推翻当时的皇帝加里艾努斯。皇帝战败，临死时将皇冠传给手下的军官克劳狄。因为之前有位被临时拉出来登基的克劳狄皇上，所以这位是克劳狄二世。

克劳狄在位只有两年，却是罗马历史上非常重要的两年，他为越来越跑偏的罗马大车扶正了车辕，让它慢慢地又走上了大道。

克劳狄没有登基时，就已经名满天下了，因为他打败了骁悍的哥特人，将他们赶过了多瑙河。哥特人后来恢复快一个世纪才敢再次来骚扰，所以克劳狄拥有一个“哥特人克星”的大名。

此时的帝国军阀割据，高卢、不列颠、伊比利亚半岛都宣布独立，对罗马皇帝来说，当时头等大事就是平乱，并收复这些土地，让罗马重新统一。

在短短的两年任期里，克劳狄先是驱逐了日耳曼，而后又收复了西班牙，还有部分的高卢，后来预备去潘诺尼亚（匈牙利、奥地利一带）收拾汪达尔人，却染上瘟疫，不幸驾崩。他死后被罗马的元老院宣布为神，罗马的元老院手里攥着一张封神榜。

好在罗马的统一步伐没有被打乱。本来元老院安排了克劳狄的弟弟接班，但是军队不干，他们拥立了奥勒良，如果说克劳狄号称是“蛮族征服者”，奥勒良的名号就是“世界征服者”，世界就是罗马。在当时的罗马人看来，罗马就是整个世界。

奥勒良出身一般，家里是个佃户。他从军队里的小兵开始一步步成为骑兵司令。还获得某位有钱的元老院议员垂青，将女儿嫁给他，送了他好大一笔嫁妆。

当年恺撒在位时，觉得罗马已经不需要设防了，周围那些围墙实在阻挡风景，有碍观瞻，于是将罗马的围墙几乎都拆了。奥勒良上任后，开始动手修墙。19 里长，6 米高，3.5 米宽，罗马又被包裹了。说明这时候，罗马已经顾不上看外面的风景了，最怕蛮族进来看风景。我们现在去罗马旅游，参观的古城墙，就是奥勒良城墙。

奥勒良在位不到 5 年，主要工作也是打仗，但是他效率比克劳狄还高，大概算一下啊，他先是通过谈判终结了跟哥特人的纠纷。克劳狄一死，哥特人又蠢蠢欲动，奥勒良先出手打消了他们的进取心，随后大家商量好，隔江对峙，但是不互相骚扰，军队从多瑙河北岸撤回；有一支汪达尔人入侵罗马，奥勒良趁他们回家的时候伏击成功，并彻底歼灭；收复了高卢和不列颠，还有克劳狄没有彻底了结的西班牙。大约有 2/3 罗马的土地收回并统一。但是奥勒良最得意的战绩就是征服了帕尔米拉王国。

帕尔米拉即在现在的叙利亚，是罗马的阿拉伯行省的首府，是罗马与波斯贸易的纽带和中心。哈德良在位时，给了这个小国很大的自治权，它趁机发展壮大了。

说帕尔米拉的故事，要先说早先的一位罗马皇帝，他叫瓦列里安，在位时间大约是公元 253 年至 260 年。他是罗马皇帝中下场比较惨的一位，比被谋杀还惨。

公元260年，他率7万大军东征，收复了叙利亚之后，很神秘地被俘虏了，包括整个罗马军团全部被波斯人抓走。

这些罗马人被解除武装，全部送去修水坝。波斯人的水坝修得讲究啊，上面还有雕刻，画面主要的内容就是罗马皇帝跪在波斯皇帝沙普尔马前。这不是波斯人意淫，这位罗马皇帝被俘后就干这事了，沙普尔要上马，瓦列里安就跪在马前，露出脊背，让沙普尔踩着上去。罗马皇帝在水坝工地了结余生，后事成谜。

皇帝被俘，罗马蒙受奇耻大辱，以当时罗马的情况，也不能说报仇就报仇。不过，沙普尔凯旋回家的路上，有人帮罗马报了仇，那就是帕尔米拉国王奥登那图斯。

奥登那图斯本来是看这位波斯邻居兵威正炽，想来结交一下，所以写了封信，还送了厚礼。沙普尔太傲慢了，他连罗马皇帝都抓了，属国的国王有啥资格过来攀交情呢，所以沙普尔出言不逊，将帕尔米拉的来使侮辱了一番，还扬言要把国王送来的破东西丢进幼发拉底河。

奥登那图斯最恨人乱丢垃圾，于是召集了一小股人马，跟沙普尔大军干仗。虽然是人少势单，不过他们通过游击战不断骚扰大军，也让波斯军队无所适从，后来沙普尔的几个姬妾被抢跑，还丢了大量的金银财宝。气得沙普尔嗷嗷叫。

这件事以后，罗马就不太好意思说帕尔米拉是自己的属国了，瓦列里安的儿子继承了皇位，感念这个小国家算是帮自己报了仇，所以一直视他家为盟国。

帕尔米拉的国王奥登那图斯固然是个英雄人物，不过让这个小国出尽风头的，却是奥登那图斯的老婆，芳名芝诺比娅。

芝诺比娅号称自己是埃及马其顿王朝的后裔，也就是说，“埃及艳后”是她祖先。看外貌应该是有关系，芝诺比娅是世界历史上数得着的美女，明眸善睐，齿如编贝，声音悦耳，谈吐优雅，还博学多才。美女、淑女、才女集于一身，但是最出众的是，她居然还是个猛女。奥登那图斯喜欢狩猎，更喜欢带老婆狩猎，据说不论是狮、虎，还是熊，芝诺比娅都是骑着骆驼带头追赶，对危险的运动有特殊的嗜好。

芝诺比娅的性格导致她成为老板娘后喜欢插手国事，尤其是喜欢扩张。奥登那图斯在位时多次对外征战，包括两次战胜波斯帝国，都是这个老婆教唆指导有方。

奥登那图斯死于宫廷阴谋，起因是他侄子跟他狩猎时，在他后面丢标枪，国王差点被击中。奥登那图斯一气之下不准侄子骑马。不骑马也不是什么大事，不知道对于他们国家是不是某种巨大的刑罚。侄子生气了，组织几个人，在一个宴会上把叔叔干掉了。

芝诺比娅反应最快，提前将王权抓在手里，在奥登那图斯的丧礼上，杀掉了侄子。从此，她成为帕尔米拉的女王。

帕尔米拉掌握着东西贸易，所以家里富裕，女王要是有点野心，能办成不少事。一个喜欢猎狮的女人，你绝对不要指望她安分守己了。坐稳了宝座不久，她就开始向外扩张。先是整个叙利亚，然后是小亚细亚，最后甚至进入了非洲，占领了埃及，又占有了罗马人的粮仓。帕尔米拉封自己为“东方女王”，这个称号一点不吹牛，基本上，罗马的东部行省大部分落入她的手中。

奥勒良上台后，觉得这个女人太张狂了，不管实在不行了。对一个罗马统帅来说，跟一个女人干仗是很尴尬的，打赢了，没啥光荣的，打输了，肯定没脸见人了，所以，奥勒良决定先写封信吓唬她，最后让她知难而退。

信的大意就是，太太，打架不是女人干的事，干脆你投降回家再婚带孩子，我保证不碰你的家族和财产。奥勒良很注意，根本没有称呼她为“女王”。

芝诺比娅回了一封信，大意是：“东方女王知会奥勒良皇帝：姑奶奶长这么大，还没人敢这样跟我说话呢！你要真是个爷们儿，这事写什么信啊，咱俩上战场去了断吧。你劝我投降，你忘记了，我是克利奥帕特拉的后代，我的祖先宁死都不会污损名誉。波斯人已经答应帮我，近期就来，阿拉伯人和亚美尼亚人都会跟我联盟，叙利亚的贝都因人也经常让你郁闷吧。你还需要其他情报不？我明白告诉你，东南北三路援军都在路上了！”

芝诺比娅口才不错，但是打仗差点。两次战役后，奥勒良围住了帕尔米拉城。其实罗马军团打得很辛苦，但是奥勒良总觉得跟一个女人干仗，久攻不下，罗马人会笑他，所以隔三岔五地写信汇报战局。经他描述，芝诺比娅像一个女战神。

罗马军团有耐力，终于让芝诺比娅先不行了。这时候她忘记她是东方女王，是克利奥帕特拉的后代了。趁天黑找了匹快骆驼逃跑。在幼发拉底河河岸，刚跟船夫谈好条件过河，罗马骑兵就把她抓住了。

被擒后的东方女王一点体统都没有了，吓得花容变色，梨花带雨。奥勒良问她，你为啥大逆不道对抗罗马？芝诺比娅口才好啊："罗马以前那两个皇帝不行啊，小女子瞧不上他们两个，所以反了，早知道如今是您这么个大英雄大豪杰在位，小女子纵有十个胆子也不敢啊！"

然后她就一边哭，一边叙述了自己如何被那些大臣幕僚欺骗，给他们当枪使，这些坏主意全是朝臣出的，她一个弱女子不听话后果堪虞，等等。奥勒良听信了这个美女的话，按叛国罪杀掉了不少帕尔米亚的高层。

收复了帕尔米拉，西亚那些不服的行省老实多了，奥勒良再把几个露头的作乱分子镇压一下，帝国再次拥有了东部。

作为罗马的重建者，奥勒良接受了罗马史上最华丽的凯旋式，整个入城的队伍由 20 头大象和 4 头老虎带领，各国的珍禽异兽、金银财宝都被摆列在队伍中，战俘队伍更是一眼望不到边，被俘的哥特女战士引人注目。不过这些都比不上最耀眼的明星芝诺比娅女王，她戴着一条金锁链，盛装华服走在奥勒良的御辇前，罗马现场欢声雷动。大家还记得，屋大维最大的遗憾是没将克利奥帕特拉带上自己的凯旋礼，奥勒良把这个理想实现了。

皇帝在离罗马不远的地方给芝诺比娅安排了一个养老的庄园，非常精致，东方女王终老于此。

凯旋礼后几个月，奥勒良再次出征西亚，视察那里的局势，顺带收拾一下波斯。行军路上，他发现他的秘书受贿，于是就警告他，并说回头要好好收拾他。秘书怕了，他想了个狠毒的办法。他是皇帝秘书嘛，皇帝的一些文字工作都是他负责的。于是他冒充皇帝拟定了一份名单，几乎涵盖了奥勒良手下所有的高级将领，这份名单被传说是死亡名单，上了名单的，皇帝预备挨个整死。这些高级将领不愿无辜屈死，于是先下手将皇帝干掉了。以奥勒良的功绩，他死了之后，元老院自然是又封他为神！

三十一　君士坦丁君主制

奥勒良死后10年，罗马有4个皇帝先后当值，只能是值班性质的，看看有没有人偷东西，搞破坏。10年换4个皇帝，也别指望能有什么好的，罗马帝国这辆大车，跑得是越来越沉重了。

公元284年，近卫军长官戴克里先造反成功，戴上了罗马皇冠。不知道从什么时候起，罗马皇帝的出身越来越低微，到戴克里先这辈，已经不能再沦落了，老戴的父亲曾是个奴隶。

如果我们坚持说罗马在屋大维时代就已经抛弃了共和制，罗马人肯定不答应，共和制这件谁也看不见的衣服如遮羞布一般，在罗马人心里自我感觉良好地维持了200多年，还给自己找了个“元首制”这种不伦不类的名字粉饰虚假民主。戴克里先的父亲是个被解放的农奴，这种草根出身已经彻底颠覆了罗马的贵族传统。所以他一上台，第一件事就是痛快地将共和制这层画皮撕掉抛弃，正式将罗马的政体改为君主制。从这时起，皇帝穿紫袍，顶皇冠，高踞宝座，罗马人见到皇帝要跪拜了，亲吻皇帝的长袍下摆是个无上的恩宠。以前的罗马皇帝死后才被封神，现在活着就是神了。所以，从各方面都能接受的说法精确地来讲，戴克里先才是真正的罗马帝国第一位皇帝。

此时的罗马其实已经百病缠身，如果不是历史上的积淀深厚，早就折腾散了。大家都知道，这种乱世没有铁腕的中央集权是不好管理的。罗马还有另一个问题，就是行省众多，对中央都没有忠诚度，地域跨度还特别大，一个人很难在这么广阔的领域，这么复杂的各部族、人种中维持和平。戴克里先于是开始实行分封制，将权力分散给可靠的手下。

先将帝国一分为二，他自己管理东部，西部交给自己的好友马克西米安看管，两个人都为“奥古斯都”，算是正皇帝，每人再各配一个副皇帝，名号为“恺撒”，副皇帝必须是正皇帝的养子和女婿，四个人像分蛋糕一样各领一片区域管理，但正皇帝在20年后必须退位让给副皇帝。当然老大还是戴克里先。这段时期，罗马历史被称为“四帝共治”，为后来管不了就分开管建设性地开辟了新思路，四个人分自留地，包产到户成为帝国后期主要的管理形式。

戴克里先在罗马最混乱的时候上台，虽然他也没有为一团乱麻般的罗马政治经济形势理出更清晰的发展轨道，但税收和行政方面的改革还是稍有成效，总算是延续克劳狄和奥勒良的业绩，为罗马带来了一段时期的短暂中兴。

不过戴克里先在历史上最出名的却是迫害基督教。戴克里先笃信罗马宗教，自认为是朱皮特之子，所以对当时日益兴盛的基督教很不待见。他驱赶军队中的基督教士兵，烧毁基督教书籍，还没收人家教堂的私产。后来更是发展到要求基督徒改变信仰，如果不从就处死。这是基督教历史上黎明前最黑暗的时代，也是最壮丽的时代，这段时间里，基督徒采取了殉道的方式与罗马强权抗争，不少人为维护信仰而死，感动了很多罗马人。

戴克里先说话算数，20年期限一到，主动交出了正皇帝的位置，而西方的皇帝也践约退位。这种四帝共治的思路要求四个人都有极高的道德水准和忠诚度，如果是打麻将的心思，一开始就考虑将其他三个全部干掉，这种分治方法就是个内战的祸端。

西方副皇帝的儿子君士坦丁一世上台后，就很快在四人牌局中找到了坐庄的感觉，公元323年，他成功地吃掉最后一个对手，一统江山，成为罗马唯一的君主。

君士坦丁一世是第一位信仰基督教的罗马皇帝。大家奇怪，不是大多数罗马皇帝都将基督教视为异端吗，为什么会突然冒出这么个基督徒皇帝呢？传说公元312年，君士坦丁在罗马城外的米尔凡桥跟另一位罗马皇帝决战，争夺大位。决战前夜，君士坦丁亲眼见到星空中突然出现耀眼的十字架，上面刻着“执此标记，征战凯旋”的字样，受了神启的君士坦丁第二天将代表基督教的希腊字母刻在士兵的盾牌上，结果自然是大胜对手，成为罗马之主。

在历经几百年的迫害和压制后，基督教此刻终于冰凌化尽，迎来春天。一获得权力，君士坦丁便通过《米兰敕令》，给基督教以合法地位，以前没收的基督教堂和财产全部归还，基督教僧侣个人免除各项徭役，规定主教有权审判教会案件。公元 325 年他还召开了一个“全世界大会”，制定了所有基督徒都必须遵奉的信条：圣子基督是永恒的，与圣父、圣灵是同体的。他将几百年间因流离颠沛而凌乱不堪的教义重新统一了一下，为基督教后来的顺利发展奠定了坚实基础。自此以后，基督教终于获得了尊崇的地位，甚至在公元 392 年成为罗马帝国的国教，开启在西方文化史上唯我独尊的历史，最后成为 1/3 地球人的精神之主。这绝对是件了不得的大事，所以君士坦丁大帝在西方历史的地位是非常高傲而尊贵的，江湖地位绝对在亚历山大大帝之上。

君士坦丁还重新制定了休息制度，从他这一代起，原来星期六放假的历史就结束了，所有人工作六天再休息一天，正式产生了礼拜天这个听上去就很悠闲的日子。他还将罗马首都迁到了现在土耳其的伊斯坦布尔，在那里建设新的城池，因为对此时的罗马疆域来说，这里的地理位置更为重要一些，皇帝用自己的名字称之为君士坦丁堡。说到这里，读者已经隐隐感到，帝国离正式分裂的日子不远了。

君士坦丁在临死前才正式接受洗礼，以一个基督徒的身份去到以前的罗马皇帝都不能到达的地方。他死后的罗马又陷入帝位之争，主要是他三个儿子互相倾轧，最后二儿子取得胜利，随后二儿子的堂弟又终结了君士坦丁王朝。

一通混乱，公元 364 年，多瑙河驻军的长官瓦伦提尼安被拥戴为帝，他安排自己的弟弟瓦伦斯做了东部罗马的皇帝，反正此时的罗马，没有两个人是肯定管不过来了。不过从后面的故事来看，即使是两个皇帝，这个家也管不好啊。

三十二　大汉的北匈奴逃去了哪里

这一章我们先离开罗马，回到华夏大陆，去拜访一群我们都很熟悉的猛人，这群人江湖名号叫作匈奴。

匈奴怎么来的？不知道。历史学家也不知道，众说纷纭，没有定论。好在研究古代历史，咱家有本权威读物，叫作“史记”。如果没什么重大考古发现，我们一般还是当司马迁老爷子说的是事件真相。

根据司马老爷子的记录，匈奴人是夏朝后裔，商灭了夏，有一支夏朝遗民流窜到西北，跟当地一些原本乱窜的游牧部落融合，成了后来的匈奴。

这个说法很多人都不信，因为夏朝的领土，大约是在现在的山东、山西、河北、安徽一带，以当时的交通条件，向现在的新疆、内蒙古一带流窜，难度还是比较大的。既然历史学家也说不清楚，我们就不管他们的来历了吧，反正是，我们开始学历史，就知道我国的北方鄂尔多斯草原地区，有一个叫匈奴的少数民族黑社会，经常骚扰咱们大汉先民的安宁。

匈奴挑衅华夏，最早我们知道的就是周幽王烽火戏诸侯，周幽王为了博冷美人褒姒一笑，三次烽火戏诸侯，终于把诸侯调戏火了，周幽王的岳父伙同犬戎杀进了周王室的领地，此时点烽火也没有傻小子愿意上当了，西周王朝就这样被灭掉了。而杀进镐京的犬戎部落，就是匈奴的一支。西周灭亡，逼平王东迁洛阳，开始了大周王朝越混越惨的东周时代。

从这以后，中国历史舞台就经常看到匈奴人的演出了，有的时候戏份很重，直接影响华夏历史的发展进程。比如进入战国时代，赵国的赵武灵王看北方这些游牧部落能征善战的，“来如飞鸟，去如绝弦”，研究后发现是人家的军装比较科学，于是解放思想，大胆革新，给汉人的士兵也穿上了胡人的制服，还学习他们的骑射功夫。最后赵国发展为战国七雄之一。而赵武灵王的这次重大军事改革，就是我们都知道的“胡服骑射”。

面对统一后强大的大秦帝国，匈奴人也没退缩，继续骚扰边疆。要说匈奴人真是一所好学校啊，从秦到汉那几百年的历史，华夏大地猛人辈出，将星闪耀，大部分都是被匈奴人训练出来的。头一个全优毕业生就是秦将蒙恬。

话说秦始皇征战六国期间，华夏大地一片混乱，匈奴人趁着没人搭理他们，就自动自觉地故态重萌。他们毫不客气占领了河套以及河套以南的地区，这个区域历史书上称为“河南地”。因为这个地区离秦都咸阳已经很近了，所以双方非常敏感，死不相让。让蒙恬名垂青史的战役，就是公元前 215 年，蒙恬指挥 30 万大军将匈奴杀得人仰马翻，溃逃“七百余里”，将河南地收回。随后，蒙恬将战国时期秦国、赵国和燕国建的防御城墙连接起来，一座西起临洮，东到辽东的万里长城巍然而立。要不是有钱有势，谁家能建这么高的围墙看家护院啊，对一个游牧民族来说，这样的防御太隆重了，搞得匈奴“不敢南下而牧马”，老实了好多年，相当郁闷。

没法到南方抢劫，没有坏事干了，就开始内省了，匈奴很快迎来了一个全盛的时代，匈奴最优秀的领袖冒顿单于杀掉老爸取得了老大的位置。冒顿吃掉了左邻右舍的游牧邻居，自然又垂涎南方那些绿油油的水草了。在冒顿任期内，匈奴拿回了河南地，占领了当年蒙恬当作防卫大本营的陕西榆林地区，更厉害的是，他将匈奴的地盘推进到了现在的陕西、河北北部！

匈奴人这么嚣张，汉人忙啥呢？楚汉战争啊，等刘邦收拾了项羽，逼他演完了“霸王别姬”后发现，匈奴已经蹬鼻子上脸了。当时封在山西的韩王刘信，见匈奴人太凶，加上对刘邦还有点意见，于是投降，加入匈奴一起找事，大军逼近了山西太原。

公元前 200 年，那是一个冬天，高祖刘邦亲率汉军阻击匈奴军队。高祖刚登上大位，意气风发的，大秦和楚霸王哪个是容易啃的骨头啊，不都被搞定了吗，还会怕几个匈奴小野人？尤其是，汉军和匈奴一照面，匈奴就开始溃逃，这些个匈奴士兵个个老弱病残、歪瓜裂枣。

都知道匈奴军队如狼似虎，老弱病残肯定是诱敌之计啊，不过刘邦不知道，他不信邪，结果就是，在山西大同东面的白登山，刘邦发现自己中了埋伏：在这个滴水成冰、天寒地冻的地方，刘邦大军被围了七天七夜。要不是参谋陈平想出个贿赂单于老婆的主意，大汉的开国之君就不明不白地挂掉了。

这就是历史上著名的“白登之围”。

刘邦是“古惑仔”出身，知道做人最不能吃眼前亏，腿发软逃出性命，想的绝对不是倾全国之力找匈奴报仇，而是如何安抚这帮小野人，千万别再惹毛他们了。

高祖安抚匈奴铁骑的办法就是和亲，从这时开始，大汉宫室的金枝玉叶，走出熏香的绣阁，踏上了冰天雪地的沙砾荒原，用自己娇弱的身体，为大汉的男人争取和平和安全。中国历史上，这些和番的女子，不管有没有在史书上留下姓名，她们的功绩，绝对不亚于那些声名显赫、受万世敬仰的名将！

千娇百媚的汉人女子带着令人眼花缭乱的巨额嫁妆，财色兼收的单于日子很滋润。匈奴人眼皮子浅，反正挑衅汉人就为抢劫嘛，既然人家客客气气把财物送上门了，就躲在帐篷里好吃好喝得了，出去干仗也怪辛苦的，于是，大汉和匈奴，就这样大体上平静了很多年。

立国之初的大汉，百废待兴，即使高祖有楚霸王的气魄，咬着牙再战匈奴，结局肯定更惨。而实际上，以匈奴此时的实力，再加几鞭子，匈奴骑兵就直接进了中原，如果操作得当，那些匈奴牧民很快可以学习种水稻了。好在匈奴人没有后来蒙古人那样的雄心壮志，大汉得以生息发展，等到了刘彻亲政的日子。

匈奴人坏就坏在流氓习性，跟大汉结亲后，按礼法辈分，他们就算是大汉的女婿了，还收了老丈人家大笔银子，本应该安分守己。谁知道他们在帐篷里憋久了难受，时常流窜到边境去，收保护费、强抢民女啥的。小流氓平时不看报纸，不注意研究国际形势，他们不知道，新的老丈人脾气不好，人家叫武帝！

那是公元前 135 年，刘彻终于亲政了。匈奴人照例过来接老婆。刘彻从小到大，听惯了这帮野人在边境欺负汉人的故事，眼下轮到自己面对这一切，当时就让他龙颜大怒了。武帝不是愣头青，纵然一肚子火，他也不会现场发飙。忍了两年，他才谋划大事。这次计划，也就是后来历史上著名的“马邑之谋”。

马邑大约是现在的山西朔州这个位置，有个商人聂壹出主意，说，我骗匈奴的单于，帮他杀掉马邑的县长，让他派兵来接收马邑城。匈奴如果上当，发大兵前来，汉军就守在马邑城内以逸待劳张网捕获他们。这个计划前半部运行得非常不错，聂壹将几个死囚的脑袋挂在城门上，让人通知单于，县委班子都死光了，就等单于过来主事了。当时的匈奴单于叫军臣，听到消息，发 10 万骑兵就往马邑赶，想着这么富裕的一个城池居然唾手可得。

匈奴虽然野性，可脑子不笨，军臣单于在快到马邑时，发现山冈上牛羊遍野，却不见放牧的。匈奴人长期干坏事，对危险天生敏感。单于感觉不对，就打下了附近一个汉军用来观察匈奴动向的瞭望碉堡，抓获了一个下级军官。不用大刑，小军官就招了，单于一听，马邑城里有 30 万汉军等待自己，当时冷汗把棉袍子都湿透了，赶紧引兵后撤，逃出一场灭顶之灾。

马邑之谋虽然失败，但是在世界历史上是有重大意义的，因为它正式宣布，大汉不会再向匈奴屈服了，不论未来的战争多么惨烈，汉人会和这些小野人死磕到底！

大汉和匈奴正式翻脸后，汉武帝倾尽国力开始对匈奴一轮接一轮地远征，这一轮集训成绩惊人啊，被匈奴培养出来的明星学员包括卫青、霍去病、李广等，这样的大战当然少不了外交斡旋，所以除了武将，还涌现了几个闪耀的外交明星，比如张骞，比如苏武。

武帝在位对匈奴最致命的一击发生在公元前 119 年，卫青和霍去病各率 5 万精骑，从东西两面分兵北进，直插大漠腹地，追击匈奴。卫青追了 500 多公里，到了现在外蒙古高原的杭爱山南，将匈奴囤积粮草的赵信城烧成白地；霍去病更猛，到底是年轻人，顶风冒雪追出去 1000 多公里，全歼匈奴主力 7 万余人。在一个叫狼居胥山的地方，霍去病爬上山顶，四顾苍茫，感念自己这一仗打得惊天地泣鬼神，所以就地举行了一个祭天仪式，还立了个石碑，然后凯旋班师。

到底狼居胥山在什么地方已经不可考证了，有人说是现在外蒙古乌兰巴托附近，有人说还是在内蒙古。但是，不管在哪里，后来中文就多了一个成语，叫“封狼居胥”，形容彪炳的战绩和不世的军功。而中国后来的武将，都以封狼居胥作为自己职业生涯最崇高的目标。

霍去病封狼居胥造成的局面是“匈奴远遁，漠南无王庭”。跟大汉的战斗，15 万匈奴人送命，永远失去了水草丰茂、气候温暖的河套地区，流窜到荒凉苦寒的漠北，苦苦挣扎。武帝收复河南地，派几十万兵卒屯田，既防御了西北边境，也促进了那个地区的经济文化发展。

匈奴被打残废了，可没打死啊，大规模重量级的较量没有了，他们继续维持着小规模挑衅，也不断干扰着中国历史。比如后来武帝派李广利攻打匈奴，兵败而还，他手下有个军官是当年李广的孙子李陵，被包围后投降了匈奴。武帝大怒，开朝会大骂这小子不是东西，计划对他满门抄斩，而当时的太史令居然替李陵辩解，说他投降其实是情有可原，这让武帝怒火中烧，于是这个倒霉的太史令被施了宫刑。这太史令就是司马迁，老伙计遭此横祸，没有光顾着练《葵花宝典》，反而奋发图强，给全人类贡献了一本精彩绝伦的史书。

匈奴被挤在漠北依旧野性难驯，日子不好过，人容易焦躁，除了找周围邻居打仗，家里也内讧。公元前 57 年，小地方一家伙冒出来五个单于，个个说自己是独家正统！其中有一个叫呼韩邪的单于智商最高，眼看着干不过自己的哥哥郅支单于，他决定找大汉帮忙。

呼韩邪是第一个进关朝见汉王的匈奴单于，当时的汉宣帝和后来的汉元帝都对他不错，赞助他扫除异己，独霸漠北王庭，成为一个忠心耿耿的少数民族地方干部。呼韩邪归顺大汉，匈奴人里比较讨厌的就是郅支单于了，这家伙很强悍，横扫西域，给自己打了一片不小的地盘，骄横异常，大汉派使者把他送来的做人质的儿子送回去，他居然把汉使杀掉，扣押使团其他成员。不过这家伙在历史上出名可不是因为他彪悍野蛮啊，他出名是因为成就了另一位大汉名将陈汤。

不知道陈汤的同学不丢人，但要是不知道他说的一句名言，就愧为中国人了。陈汤率汉军杀进昆仑山麓的康居城，直接砍掉了郅支单于的脑袋，大胜回朝，给汉元帝上了一道疏奏，名垂千古，振聋发聩，最后一句话是："明犯强汉者，虽远必诛！"

郅支单于死掉了，呼韩邪就成了唯一的单于，感念天恩，希望和亲，结成骨肉。大家都知道，呼韩邪单于是中国历史上最著名的匈奴女婿，也是最有艳福的匈奴人。话说高祖刘邦同意跟匈奴结亲的时候啊，本来是答应嫁给单于一个正牌公主，可他和吕后只有一个女儿啊，吕后抵死不干，只好让一个宗室的女儿冒名顶替了。好在匈奴人心态开放，大约也知道凭刘邦和吕雉的模样，生出来美女的概率不高，所以对血统就不太执着了。待到呼韩邪要和亲，大汉更不用费尽心思给他选公主或者皇室了，后宫抓一个给他就行了。就是这随手一抓，呼韩邪就带走了王昭君小姐！

王昭君姑娘抱着琵琶出塞，一路上好多大雁因为她的美貌摔死了（沉鱼落雁，闭月羞花，落雁是形容昭君的）。吃的苦头不用说了，单是呼韩邪死了还要嫁给他儿子这个风俗，就让这个江南女人感到很受辱。不过，也就是这个大美女的隐忍，让汉匈边境出现了几十年难得的平静和安宁。

时间转到了王莽时代，这个改革家心思灵动，有太多古怪的念头了。他自说自话地给匈奴单于降职，把匈奴又给惹急眼了。随后的绿林赤眉起义，匈奴趁着这大好的机会再次崛起。待到光武帝刘秀登基，不管说多少好话，匈奴都不愿意跟大汉和好了。呼韩邪单于时期建立的君臣翁婿关系固然是不认了，居然还扶持傀儡在西北部分裂大汉，搞小朝廷玩！

东汉伊始跟西汉初年一样，国力羸弱，眼看着匈奴的复兴，一点脾气也没有。好在天佑大汉，匈奴没嘚瑟起来，原因是，又内讧了。有个叫日逐王比的太子，本来是要成为单于的，结果上任单于搞鬼，让自己的儿子成了单于，也就是蒲奴单于。公元 46 年，匈奴遭遇了百年一遇的蝗灾，草木俱枯，人畜饿死无数，进而瘟疫泛滥，雪上加霜。越是遭灾，越要抢劫，所以更是大举向东汉进攻。

日逐王比无端被剥夺了继承权，肯定是要想办法的。根据匈奴历史的传统，只要一内讧，谁先争取到大汉的支持，谁就最先得利，日逐王比开始与东汉接触，表达了归顺的意思。而因为和平时期大汉和匈奴边境的融合，南部靠近大汉的一些匈奴部落是亲汉的，于是这些亲汉派拥立日逐王比成为单于。为了表达自己的忠心，日逐王比采用了呼韩邪单于的名号，成为小呼韩邪单于，并表示愿意为大汉防御北疆，抵抗北匈奴。就这样，崛起的匈奴又分成了南北两部分。

匈奴南北一分裂，北匈奴的势力也被分解，凶不起来了。不过历史是可以借鉴的，根据上一轮南北匈奴的生存方式，北匈奴决定参照当年郅支单于的办法，向西发展。西边的风水很适合匈奴人，他们又在西域找到了自信。

既然南匈奴已经归附，北匈奴就只能敌对了，东汉政府分析了一下，这帮人不管跑到哪里都是不安定因素，决定还是出兵干掉北匈奴，顺带打通西域。

东汉时期被匈奴培养出来的汉家名将有窦固和窦宪，附带的外交明星是班超。决定性的战役发生在公元 91 年，窦宪带领汉军联合南匈奴追击北匈奴到金微山，也就是现在的阿尔泰山，将北匈奴单于和他的军队团团包围，擒获了单于的老妈，斩杀了 5000 多名匈奴兵，而单于趁乱逃走，不知所终。汉军出塞 2500 多公里，是大汉出塞远征，跑得最远的一次，而这一次，大汉总算可以宣布，两汉连新朝经历前后 400 多年的煎熬和胶着，终于铲除了北方边境这个重大隐患。

南匈奴归顺大汉，以后他们的故事就伴随华夏的脉络起伏，成为中国历史不可分割的一部分；而北匈奴，被打散后，跑没影了……

三十三　罗马帝国最后一次统一

插播了这么长的匈奴故事，明显跑题，除了老杨习惯性骗取稿费的写法，当然还是因为匈奴人跟我们讲的这段历史有莫大的关系。

北匈奴说没就没了，难道人间蒸发了吗？当然不是，他们四顾茫茫，最后决定向西逃窜。

回到罗马，此时的帝国夕阳残照，奢靡的华宴已经到了尾声，伴随着帝国一步步衰败的，却是周围那些邻居的野蛮生长。对，罗马人叫他们蛮族，他们居住在帝国北部，他们是日耳曼人。

自从条顿堡森林之战，屋大维三个军团损失殆尽，差点把老人家逼疯后，罗马人对日耳曼人已经没什么攻击优势了。将日耳曼吃掉更是不敢想，两边的势力平衡在莱茵河、多瑙河一线。

罗马军团不过来，失去了大规模打架斗殴的机会，只知道干仗喝酒的日耳曼人慢慢也开始考虑生计，族群或分化或结盟。公元 3 世纪至 4 世纪，日耳曼逐渐分出了几个非常清晰的同乡组织，势力比较大的有东哥特人、西哥特人、汪达尔人、法兰克人、盎格鲁人、撒克逊人、勃艮第人（又是七个，战国七雄 or 江南七怪？）

公元 370 年，日耳曼部落听说了一个惊人的传闻：阿兰国被一支来路不明的骑兵灭国了！

阿兰国是什么来头呢？一个伊朗的游牧部落，一直在里海北岸的草原讨生活，骁勇善战，传说还战胜过罗马兵团。这么个国家怎么说灭就给灭了，谁干的啊？

后来消息落实了，那股神秘骑兵居然是匈奴！就是那支向西逃窜的北匈奴，他们一边逃，一边寻找可以安家的草原牧场。天可怜见啊，当时因为气候的原因，阿兰国原来的领地遭遇旱灾，草原退化，阿兰国的人有路子，找了个更好的地方搬家躲灾去了。阿兰国原来的地方空出来，北匈奴流离失所的，正好就在这里安家了。阿兰人嫌这里条件不好，北匈奴可不嫌弃，为啥啊？人家来自漠北，那里整个一人间地狱。

北匈奴安顿下来，调理大汉给他们留下的累累伤痕。可惜好景不长，大约过了 100 来年，又是气候的原因，这片区域的草原又茂盛起来了。阿兰人一看，还是原来的家园好，于是又想搬回来。可想而知，这是关乎安身立命的大事，能不干仗吗？（大家知道为啥哥本哈根气候大会的主角是各国政要而不是环境学家了吧，气候问题最后会导致政治问题。）

匈奴躲在这里休养生息的 200 年，不是稀里糊涂过的，他们可是韬光养晦，总结了很多经验的，此时骑上战马重返战场，这些战士已经是脱胎换骨了，随便跟阿兰人练了练身手，就把这个小国给吞下肚子了。匈奴一战成名，再次回到了历史大舞台！

阿兰国被灭，引发了日耳曼人的不安。日耳曼部落中的东哥特人是阿兰国的邻居，甚至还是盟国。东哥特的实力还是不弱的，从波罗的海到亚述海这一线，都是他们的地盘。匈奴人灭掉阿兰国，阿兰人不少进入东哥特躲避，匈奴打得顺手，很自然地就向东哥特发动了攻击。

东哥特人比阿兰人还不禁打，没几年东哥特的老王就战败自杀了，东哥特人大部分投降，加入匈奴，剩下那部分只好往西跑，找日耳曼老乡帮忙。

东哥特人的西边当然是西哥特人，西哥特人赶紧在东部设防，并在德涅斯特河畔重兵以待，指望着在河边终结“匈人”的西进之路。

原来说过，匈奴和大汉互相折磨了几百年，也是个互相学习共同进步的过程。漠北凛冽的寒风擦亮了大汉那些武将的招牌，而大汉那些诡谲莫测的战法也锻炼了匈奴人的军团。现在的匈奴人打仗，已经不限于傻乎乎的正面对抗了。西哥特人在河对岸杀气冲天，匈奴人非常淡定地走到了德涅斯特河上游，找个水浅的地方，慢腾腾地过了河，很潇洒地出现在西哥特人后方。

被抄了后路还能有好果子吃吗？西哥特人一边跑一边哭：“耍赖！俺们都是蛮族，最重要的就是干仗实诚，你们这样耍诈，把蛮族的名声都搞坏了，不跟你们玩了！”

日耳曼人在欧洲是鬼见愁，所有人闻名变色，见到匈奴人后，日耳曼人不得不承认，对方才是真正的野兽加蛮夷。西哥特人向西败逃，一直到了多瑙河畔。阿兰人被打到东哥特避难，东哥特人被打到西哥特避难，现在西哥特自身难保，他们去哪里避难？

西哥特人眼下知道，在欧洲一般人已经不是匈奴人的对手了，还有哪里安全呢？欧洲这不还有个老大——罗马帝国嘛。

这是公元 376 年，罗马虽然是有点没落，但是 GDP 基本靠抢还是不变的，这近 20 万的西哥特难民对罗马来说，就是一支未来的罗马军队，当然是欢迎他们进入啊。

都知道罗马人道德水准一般，趁火打劫就是他家发明的，眼下西哥特人衣食无着，只求活命，罗马人当然不客气，任意对这些流离失所的人征收苛捐杂税，以至于西哥特人必须将自己的孩子卖为奴隶以维持艰难的生计。当时的罗马市场上，一个哥特人将自己的孩子卖给罗马人为奴，可以收获的报酬是：一只狗的狗粮！

西哥特人到底还是日耳曼人，国破家亡，血性仍在！不久，西哥特人爆发了起义，按历史学家的说法："西哥特人结束了自己的饥荒，也结束了罗马人的安全！"

哪里有造反，哪里就有镇压。公元 378 年，在西罗马皇帝瓦伦提尼安一世爆血管死掉后不久，东部罗马的皇帝瓦伦斯预备御驾亲征出手平乱。罗马大军 35000 名重甲精锐迎战大约 10 万西哥特人和阿兰人的联军。这次战役历史上叫作"哈德良堡战役"，被认为是罗马帝国衰亡的界点，因为输得太难看了。罗马军团损失 2/3，瓦伦斯皇帝在一间木屋藏身，蛮族做事果断，也不说活捉罗马皇帝跟罗马谈判啥的，直接一把火将瓦伦斯和木屋烧成灰，将灰还撒在战场上！

瓦伦提尼安一世兄弟俩前后脚死掉，两边的皇帝都有新人。在西罗马，本来应该是太子爷格拉提安登基，可瓦伦提尼安一世手下的将士拥戴二王子瓦伦提尼安二世，所以只好把西罗马分了，兄弟俩一人一半，都是皇帝；东罗马安静多了，西罗马的大皇帝格拉提安任命了一个地方军事长官狄奥多西成为东部罗马的皇帝。于是，眼下的罗马是三个皇帝！

一个国家好几个皇帝是个很折磨人的问题，不仅老杨写这些乱事写得很眩晕，读者读起来也混乱，所以，看到有个稍有能力的罗马皇帝冒出来，我们就期盼着，他能赶紧把罗马统一了。

东罗马的狄奥多西皇帝被我们赋予很大的希望，且不说他的能力多强，单看西罗马的一片混乱就知道他有机会。

西罗马帝国兄弟俩分家共治，这个局面相当不和谐，尤其是弟弟年幼，老妈摄政，大哥自然经常骚动一下，希望能将分出去的土地收回来。两个皇帝不和已经很危险了，手下的将领也没啥忠诚度。根据我们之前的介绍，此时的罗马，皇帝这个位置已经一点门槛都没有了，只要手里有兵，干掉皇帝就可以自己登基。不久，西罗马的大皇帝就被手下将领干掉，小皇帝岌岌可危。

太后带着小皇帝请求东罗马皇帝的庇佑，这个也是应该的嘛，东西罗马是一家，东皇帝狄奥多西很讲义气地出兵平息了西罗马的军阀造反。帮忙可不白帮忙，狄奥多西没等西罗马感谢他，给他丰厚的报酬，他自己拿了该拿的一切。他把瓦伦提尼安二世赶到维也纳去度假。不久，21 岁的瓦伦提尼安二世在自己的居所上吊死了，罗马的宣传口径很统一，这小伙估计是青春期没过好，自杀了。

感谢狄奥多西，罗马又统一了！这是历史上罗马帝国最后一次统一，狄奥多西也成了最后一个货真价实的罗马皇帝。

狄奥多西在任期内的头等大事，就是宣布基督教正式成为罗马的国教，这个事件的衍生产品就是罗马皇帝宣布废止奥运会！

这个奥运会就是源于公元前 776 年的希腊古代奥运会，到此时已经经历了 1168 年，共 293 届！可惜啊，罗马皇帝不喜欢，既然基督教已经是国教了，那就要大力反对异教，一群人在一起疯跑疯跳的，搞不好是某种异教仪式啊，不用研究了，中止吧。就这样，古代奥运会就稀里糊涂地灭亡了。直到 1893 年，顾拜旦老师傅又想起这事了，于是我们又有了四年一次的夏天很盛大的娱乐项目。

公元 395 年，狄奥多西去世，又给我们惹事了，他把罗马帝国再次分成东西两部分，传给他两个儿子！罗马皇帝这种分遗产的方式让我们很困惑，大一统不好吗？一个庞大的罗马帝国不好吗？老杨只好理解为，狄奥多西对他这两个儿子没啥信心，一人一块，压力小点吧，后来的事实也证明，生这两个孩子的确不如不生。

东罗马帝国的皇帝阿卡迪乌斯 18 岁，生性懦弱，权臣和宦官替他安排所有的事务，政治上自然是乱糟糟的。他的弟弟西罗马帝国皇帝霍诺里乌斯才 11 岁，传说有点小弱智，反而他爸爸给他留下一个救命的执政官斯提里科摄政，这个人后来居然点亮了罗马帝国最后的荣光。

三十四　蛮族入侵

分裂后的罗马虎落平阳，那些原来被他欺负奴役的人都争相起来报仇。先是在高卢地区兴起“巴哥达”起义运动，当地的农民和牧民自发组成军队，杀富济贫，抢劫罗马军队的补给，跟闹山匪差不多。山匪还没办法解决，更大的对头又来了。

之前西哥特人干掉了罗马皇帝，让罗马人知道他们的厉害，罗马皇帝觉得还是不惹他们，对他们客气点，让他们到多瑙河东南部去建立自己的家园吧，有空的时候，还可以到罗马来打工，帮着打打架什么的。

西哥特人安顿下来后显然不愿意跟罗马共建和谐社区，而且，西哥特人帮助罗马人打架，以盟友身份真心帮忙，罗马人并不领他们的情，还处处防备限制他们。如今看到两个小皇帝登基，一个比一个矬，西哥特人不报仇雪恨就见鬼了，又加上，西哥特此时碰上了一个超级领袖，他就是阿拉里克！

据说出兵之前，阿拉里克承诺他妻子，攻进罗马城，会让最尊贵的贵妇给她做奴婢，全城的珍宝给她做礼物！

西哥特大军先是骚扰东罗马的地盘，顺利占领了伊利里亚行省（现巴尔干半岛西北部），东罗马的皇帝比较识时务，索性就把这个行省送给他了。西哥特人懂规矩，拿了别人的东西，就不好再欺负人家，转头找西罗马帝国麻烦去。

对西罗马的进攻没有那么轻松，因为遭遇了摄政王斯提里科。斯提里科手里有一支纯蛮族组成的兵团，其骁勇血性不在西哥特人之下，加上罗马军团严密的组织和科学的战法，更是将其能力提升到最大。

公元 401 年和公元 403 年，阿拉里克两次进攻罗马都被斯提里科挫败。斯提里科是个头脑很清醒的人，他知道虽然偶尔打退了西哥特人的进犯，但这股势力是不容易灭绝的，以罗马眼下的形势，不能随便被一个蛮族缠住，消耗不起。所以他很果断地决定跟对方结盟，出4000磅（罗马磅）黄金，再割一个行省给阿拉里克，花钱买平安。更何况，有了西哥特这支虎狼之师，不论是对付即将杀来的匈奴人，还是将来想把东罗马收回来合并，都是生力军，这笔买卖实际并不吃亏。

我们现在看斯提里科这个对蛮夷示弱的动作认为是有大智慧的，可是如果你是当时的罗马人，对他的行为肯定有诸多猜测。这家伙不会是卖国吧?他跟西哥特人结伙说不定是怀着私心，他不会是想借着外族势力忤逆谋反吧？根据罗马传播谣言的传统速度，顷刻间，全罗马都知道斯提里科的阴谋了，他妄图推翻皇帝，让自己的儿子继位。这个传闻当然小皇帝也听说了，全世界的皇帝都一样，不管聪明还是傻，涉及自己王权安危时，动作都利落果断。元老院和小皇帝联手，捕杀了斯提里科和他的儿子，还清理了他的亲戚和同伙，包括生活在罗马的几千名没有任何伤害的蛮族平民。

统帅被杀，斯提里科军团义愤填膺，他手下最善战的蛮夷军队全部投靠了西哥特军团，人数超过3万。

鉴于斯提里科的同盟计划是个阴谋，那么原来罗马答应的黄金和地盘就不用兑现了。阿拉里克见西罗马居然敢食言，戏弄自己，大怒之下，不惜跟匈奴人联合，再次进攻罗马。那是公元409年，罗马前后两次被模样粗狂、野性难驯的异族部落团团围住。同时阿拉里克还包围了罗马的主要港口，直接收缴了埃及运来的粮食，罗马城内发生饥荒，进而演变为瘟疫。城里的奴隶和下层阶级都跑出来投奔西哥特人。

西罗马的小皇帝龟缩在罗马北部一个小城里毫无作为，留守的罗马贵族在生死攸关下被迫出城跟阿拉里克谈判，当时的开价是：罗马释放所有外族奴隶，并交黄金5000磅，白银3万磅，丝袍4000件，胡椒3000磅；此外，还要若干名贵族到阿拉里克那里去做人质。答应以上条件，西哥特人可以让出一条路来，给罗马人出城买粮食。罗马已经死了不少人，这些黄金、白银、胡椒面又不能当面包吃，眼下这个条件是救命的。为了凑出5000磅黄金，当时罗马城里很多神像被熔化。可小皇帝不干了，这些都是亮闪闪、白花花的金银啊，谁拿出来不心疼啊，要想办法把这些钱拿回来。他还算会办事，不知用什么办法，从东罗马帝国借来4000名援兵，还从非洲弄来了粮食，小皇帝以为这点东西够教训西哥特人了，开始大势叫板并公开辱骂阿拉里克。这下可真是打了老虎屁股，盛怒之下的阿拉里克宣布，再次围攻罗马，如果破城，兄弟们想怎么抢就怎么抢！

公元410年，西哥特人在大雨中狼嚎般向罗马城发动第三次进攻，过程不算好看，因为城里的奴隶很快就打开城门让他们顺利进城。西哥特大军在罗马住了6天，其中的三天三夜纯粹用来抢劫。罗马城被称为“永恒之城”，因为几百年来还没有外族入侵过，固若金汤。现在看来，这几百年的积累仿佛就是为西哥特人攒下的，胡同杂院、犄角旮旯都被清洗，蛮夷部落在抢劫财物方面还是很认真细致的，这是世界历史上最彻底的几次洗劫之一，当他们离开罗马时，好多罗马人都找不到裤子穿。

阿拉克里到底是蛮族出身，此时他如果想成为西罗马之主真是易如反掌，可他好像在政治上毫无追求，非常忠诚于当强盗这个更有前途的职业。抢了一堆金银财宝，将罗马那些贵族吓跑后，他也不在罗马玩了，指挥大军南下，继续武装抢劫。南下的途中，阿拉克里突然死了。据说当时他手下将附近一条河流排空，将他的尸体和半个罗马城的财宝埋在河道下，然后再让河水回流，让这个神秘陵墓留在河底，事后杀掉了所有施工者，陵墓成为永远的秘密，让全世界的盗墓者想起来就垂涎三尺。有机会去意大利旅游，读者应该戴上潜水设备，每条河都下去摸一摸。

西哥特人因为统帅身亡而撤出意大利，西罗马在这段混乱中有个驻守不列颠的将领君士坦丁三世自立为帝。眼看着西罗马遭受这一轮又一轮的洗劫，东罗马在干吗？不知道，基本可以总结为坐视不理。

除了西哥特人，其他的日耳曼部族都没闲着，汪达尔人、阿兰人、苏维汇人组成联军，也到风雨飘摇的罗马来踩一脚，越过莱茵河，进入高卢，边迁徙边抢劫，一直到了西班牙，瓜分了伊比利亚半岛。这对西哥特和西罗马来说都是个威胁，在对付这帮流匪的问题上，罗马和西哥特达成了同盟协议。于是，罗马以夷制夷，西哥特发兵除寇，很快将这三股流匪赶到半岛边缘。为答谢西哥特人的帮助，罗马将南高卢和西班牙送给他们，让他们建立了自己的国家。

西哥特王国在罗马的版图内建立，让其他日耳曼部落的反罗马斗争找到了方向。汪达尔人这时出现了一位卓越领袖，他带领被西哥特人打散的部族余部，辗转进入北非，经过 10 年鏖战，占领迦太基，建立了汪达尔人的王国。也就是说，罗马的北非领土也失去了。

百足之虫，死而不僵。罗马这种大家伙，在摇摆中还是能勉强维持着最后的平衡，只是这衰亡的大车既然已经起程，又有什么办法能让它停下？看，更大的打击又来了。把日耳曼人赶着到处跑的匈奴人终于正式开始找罗马麻烦了。

跟大家隆重介绍一位英伟不凡的匈奴王，他让整个欧洲颤抖，改变了整个欧洲的历史格局，他就是阿提拉，江湖人称“上帝之鞭”。

三十五　“上帝之鞭”——匈奴王阿提拉

说到“上帝之鞭”这个外号，是被匈奴打傻的欧洲人的顿悟。他们认为，匈奴人如此骁悍不可战胜，完全是因为这帮人是上帝派来惩罚他们的。欧洲人消息不灵通，不知道这群所谓如有神助的军队实际上是被我大汉军威逼迫溃逃的匈奴流民。现在很多人遗憾，咱家大汉最盛时没能与罗马军团一战，以至于不知道到底当时谁更牛一些。主要是欧洲人听不懂匈奴话，他们被匈奴吓破了胆，可匈奴人嘴里唱的却是亡国的悲歌：“亡我祁连山，使我六畜不蕃息；失我焉支山，使我妇女无颜色。”意思是汉族这帮人抢了我的祁连山，我没地方放牧牲畜；汉人抢了我的焉支，我家的女人没东西化妆（焉支山上有一种叫“花篮”的花草，可调成胭脂）。

老杨在讲述匈奴在欧洲土地上的战绩前，详细介绍了他们跟汉人的纠结，就为了让所有的大汉子孙偷笑一阵！

阿提拉 12 岁的时候，作为匈奴和西罗马摩擦的议和条款，被送到罗马做人质，在罗马长大，对帝国内部非常了解。作为交换，当时罗马帝国送到匈奴做人质的小孩儿叫埃提乌斯。这两个小孩儿因为共同的命运，彼此关系不错。

阿提拉是和自己的兄弟一起接了叔父的班成为匈奴王的。一上台便把附近的东罗马打得求饶，东罗马帝国每年东拼西凑地向匈奴交纳贡赋，日子过得苦不堪言。后来阿提拉杀掉跟自己平起平坐的兄弟，成为唯一的匈奴王。因为和西罗马重臣埃提乌斯的关系，纵横欧洲的阿提拉最开始并不直接欺负罗马，反而是偶尔会借兵给埃提乌斯平乱。阿提拉对莱茵河一带的进攻，主要目标还是日耳曼人。

这时西罗马皇室出了件丑闻，当时有位罗马公主叫荷诺利亚，有点放荡，她跟朝廷中一个低级官员——寝宫侍卫长厮混，还怀孕了！这让她的皇帝哥哥觉得非常丢人，非常生气，把她软禁，还预备给她安排一桩婚事让她安分点。这个公主是个自己掌握命运的人，她不知道出于什么目的，竟然给阿提拉写了一封求爱信，还附上信物。阿提拉虽然长得脑袋大脖子粗，宽肩膀黑乎乎，像个门板，但因为他让欧洲所有部族闻风丧胆，通过征服世界而征服女人，所以后宫的各族佳丽还是不少的，在广大欧洲女子心中也是可以幻想的。阿提拉当然不会拒绝西罗马公主的求爱，很爽快地同意接受西罗马公主的爱情，还愿意娶她，既然他愿意接受西罗马的二手公主，西罗马必须以一半的王国作为嫁妆！

这样的坐地起价，哪个罗马皇帝也不会同意，更何况阿提拉是罗马人眼中的蛮夷，公主跟低级军官私通已经丢死人，还要嫁蛮夷，罗马皇室的脸面挂在哪里啊？

也许罗马人拒绝阿提拉的要求正中匈奴人的下怀，他们早就想进入罗马的外高卢劫掠。尤其是这段时间，东罗马的态度也不好，听话的老皇帝死后，新上任的皇帝居然开始修筑边境工事，还停止了向匈奴的贡赋。东罗马这一番觉醒也是短暂的，阿提拉很快就让他们知道了反抗的下场，白白多交了很多金子才让东罗马重新平静。阿提拉明白，侵略要干净彻底，两个罗马都要压制住，现在终于找到了收拾西罗马的借口，立刻组织了 50 万大军越过莱茵河，杀进了外高卢。

虽然这个地区从恺撒时代以来就时有战祸，但这 50 万的异族大军入境，动手的规模还是很空前的。在这支由匈奴人和日耳曼人等组成的各种族联军的铁骑下，高卢的城池不堪一击，多米诺骨牌般不断陷落。眨眼的工夫，就兵临奥尔良城下。

在现在的法国土地上征伐时，唯一幸免涂炭的城市是巴黎。当时的巴黎是个小镇。镇上的人找了个 6 岁的小姑娘，带着礼物求见阿提拉，请求他放过巴黎。阿提拉虽然是个蛮族，但毕竟是个叱咤风云的英雄人物，对这个小女孩儿的要求竟然答应了。小姑娘最后成为巴黎圣女，也是后来另一个圣女贞德的偶像。法国的女人分化得最极端，反正不管做圣女还是做豪放女，她们都能拔尖。

西罗马皇帝不知从哪一辈开始，就学会了一有战祸就“走为上”这一计，每遇入侵，总是带头溜到偏僻的小镇上去躲避兵锋。西罗马的大小事一般都交给权臣。基督教成了国教后，皇帝和权臣都跑掉时，国家大权就交给教皇。皇帝不在岗，总要有人安排御敌啊，这时的埃提乌斯挺身而出了。他不是从小在匈奴宫廷长大吗，可能是辗转学了点中国的纵横学。面对旧日老友阿提拉洪水般的进攻，埃提乌斯开始在罗马及周边寻求同盟。好在匈奴在欧洲人缘太差了，日耳曼所有的部族都怕他们，如果非要在罗马和匈奴之间选择一个敌人，日耳曼人肯定是选择匈奴的，因为蛮夷也不喜欢蛮夷。埃提乌斯一通游说，“连纵”取得辉煌的成绩，西哥特人、阿兰人、勃艮第人、法兰克人全都抛弃前嫌，跟罗马联起手来组成盟军作战。埃提乌斯奇迹般整合出了 50 万人的军队！

两军在马恩河畔的沙隆相遇，这是历史上欧洲最著名的战役之一。参战人数超过 100 万，战局惨烈之至。这也是匈奴王阿提拉生命中唯一的大败，罗马联军中的西哥特大军在西哥特王牺牲后，在王子领导下，浴血奋战，扭转战局。整个战役 16 万人战死。大败后的匈奴王甚至用木制马鞍堆成小山，自己和嫔妃财宝高坐其上，单等罗马军团靠近后自焚而死。不过，最后埃提乌斯放了阿提拉一马，他权衡了一下利害，认为如果除掉匈奴人，就没有人牵制日耳曼人，他们会更有恃无恐地骚扰罗马。非常有远见的埃提乌斯认为罗马最大的祸患不是匈奴，而是日耳曼人。

埃提乌斯辛苦拉拢的联军部队并没能团结到最后，盟军解体后，败走的阿提拉后来再次尝试进攻意大利，几乎将北部全部摧毁，罗马不得不派出教皇屈辱求和。但因为埃提乌斯的功绩，还是为罗马带来了非常短暂的平静，所以埃提乌斯被称为“最后一个罗马人”。

公元 453 年的一天，匈奴王阿提拉迎娶了一个日耳曼美女，新婚第二天，被发现爆血管而死。情色派历史学家倾向于认为这个 70 岁的老家伙死于“马上风”，所谓牡丹花下死，做鬼也风流。阴谋派历史学家认为他一定是死于两个罗马帝国中不知哪一个的下毒谋杀。严肃派认为这老人家在欧洲大陆东跑西跑，劳累过度，年事已高，实属到期死亡。不管怎么死，这个让整个欧洲震惊的魔王终于不在了。他对罗马、西哥特之类的威胁骤然解除，对罗马一战，匈奴也算是耗尽气力。

后来，阿提拉的儿子试图攻打东罗马，自己战死，匈奴从此衰落，最后消失在历史尘烟中。阿提拉当年的大本营也就是现在的匈牙利，匈牙利人时不时地把这段历史拿出来缅怀，并以阿提拉为光荣的祖先顶礼膜拜，自己给自己贴金。阿提拉对欧洲历史的影响还是很大的。比如匈奴在进攻罗马时，打掉了罗马外的一个叫阿奎利亚的小城，城里的百姓逃亡到一片沼泽，在那里建立了自己的新家园，后来发展成为威尼斯。

三十六　西罗马的末日

匈奴人不打了，罗马城内部继续混乱，皇帝和埃提乌斯被杀，有人篡位，汪达尔人趁乱攻入罗马，不但像西哥特人那样抢劫了一次，抢完了还放火，大量的珍贵历史文物和遗迹被破坏，文化损失很大。后来“汪达尔主义”成为一个专用名词，形容对文化和文明的毁灭行动，比如后来英法联军对圆明园的洗劫就是有着“光荣传统”的欧洲强盗干的。几乎在同时，法兰克人和勃艮第人又大举入侵西罗马的高卢地区。整个西罗马帝国成了蛮夷的乐园，各种各样的日耳曼部族没事就过来旅游观光兼抢劫放火。

此时的西罗马已经彻底变成一摊烂泥，神仙也不够用了，罗马城因为几遭蹂躏，已经不适合作为国都，皇城迁往拉文纳。此后大约又更替了 8 个皇帝，大权都掌握在军队统帅手里。帝国的最后两年，当政的罗马统帅奥瑞斯特将自己 12 岁的儿子罗慕洛扶上罗马皇帝位。这是罗马帝国的末代君王，他实际拥有的国土也只比现在的意大利多一点点，那些曾经隶属帝国版图的大地都已经建立起各式蛮邦小国，脱离帝国而去。

奥瑞斯特原来是阿提拉的秘书，他之所以能在罗马掌权，主要是因为手里有一支强悍的蛮族军队，大部分军团由日耳曼雇佣军组成。雇佣军从来都是以利益为先导的，所以跟统帅离心离德也很正常。奥瑞斯特做了太上皇之后，雄心万丈地想恢复帝国的光荣，到处打架惹事，雇佣军跟着打工不能不要求工钱。这些雇佣军坐地起价要求奥瑞斯特给他们 1/3 的罗马国土，被拒绝后，雇佣军团拥立了他们的首领奥多亚克，反攻奥瑞斯特。

公元 476 年 9 月，奥多亚克攻陷罗马首都拉文纳，并进入了皇宫。16 岁的末代罗马王宣布无条件退位，获得了一座庄园和每年固定的生活费用。

奥多亚克不过是个雇佣军头目，脑子一热可以干出惊天动地的大事，但毕竟是个蛮夷，没有底气的自卑感总是挥之不去。当顺应时势的罗马贵族拿出罗马皇帝的长袍和皇冠请他加冕时，奥多亚克竟然不敢接受这罗马帝国的皇帝大位，估计是自己都嫌自己土头土脑，穿上丝袍也不像皇帝，尤其是罗马随处可见的那些曾经的罗马皇帝雕像，哪一个不是高大威严、英俊不凡？算了，他考虑再三后，将西罗马的国徽送给东罗马帝国当时的君主芝诺，并宣誓效忠。他认为西罗马帝国已经没有必要设置“皇帝”这样一个职位，有个管理人就足够了，自愿要求承包意大利。虽然东罗马帝国认为这事很不对劲，毕竟和西罗马是一个母体的兄弟，总不能说完就完了啊。事情已经发展到这个程度，也无可奈何，只好答应了他的要求，不管是不是合理，芝诺皇帝封了奥多亚克做管理意大利的执政官。从这时起，西罗马帝国被认为是真正灭亡了。

还记得罗马建城的日子吗？公元前 753 年，到 476 年帝国灭亡，正好经历 12 个世纪，很多人认为这是神秘的宿命安排，因为当年罗马的建立者罗慕洛斯看到的神迹是 12 只秃鹫从自己的头顶飞过。

关于罗马如何陨落的研究报告很多了，反正一个帝国延续这么长时间，没有体制上的更新肯定是越来越弱的，而且这样一个从骨子里崇尚享受，道德放荡的民族，人种品质肯定是越来越差的。后人经常说是罗马喧天的淫乱导致了生殖能力下降。罗马城后来经常发生瘟疫或是大规模疫症也不能不归咎于人口的健康水准和抵抗力低下。加上顽固的奴隶制经济，贫富分化，越来越多的平民只好依附少数富裕贵族生活，罗马军团没有有效的长期兵源，又不能不打仗，只好求助蛮夷，最后引狼入室。

东罗马帝国的芝诺皇帝看着意大利自治，西罗马消失，兔死狐悲，心里多少还是不爽的，所以不久他就派东哥特人的头领去找奥多亚克的麻烦。这个首领大名叫狄奥多里克。也是个欧洲史上赫赫大名的人物。他成功地攻占了意大利，并诱杀了奥多亚克，军威正炽之时，他没有像其他蛮夷那样专事抢劫，不从事生产。占领意大利和西西里岛后，狄奥多里克休兵罢战，并努力跟意大利周围所有蛮夷建立的小国联姻友好，又让意大利半岛艰难地休养生息了几十年。

当时的罗马其他行省随着分裂都已经与占领的部落同化，与罗马文明渐行渐远。狄奥成为意大利的新主人后，并没有在这里推广东哥特文化，而是致力于复兴罗马文明。他在位 33 年，罗马的物价回落，粮食保障供应，元老院和各职能部门又开始上班开会了，娱乐活动也逐渐恢复开展，浴场又泡满了吃饱无聊的罗马人，那灯红酒绿的富足时光似乎正慢慢回来，这个蛮族的意大利王带给罗马彻底消失前最后一抹回光返照。

⋆这一段历史时期，欧洲乱，华夏也乱。华夏正是南北朝的时代。跟狄奥多里克同时代的咱家也有个猛人叫萧衍，他就是南朝宋齐梁陈四个朝代中，梁朝的开国之君梁武帝。说起来他跟狄奥多里克有些相似，都是乱世下的中兴之主，为乱糟糟的时代重建了一段短暂的平静。萧衍在历史上最出名的就是喜欢做和尚，隔三岔五地要过一把出家的瘾，晚年因为太沉迷于当和尚，不太管事，还到处乱建寺庙，坏了一辈子的好名声。

罗马帝国死去，它的躯体上站起无数的新政权。除了前面说的西班牙西哥特王国和北非的汪达尔王国，还有外高卢的法兰克王国、不列颠的盎格鲁－撒克逊王国等数不清的小国，意大利的本土则由东哥特人把持，欧洲各国的雏形正在逐步形成。

东罗马（拜占庭）

一　东罗马的初建

谢天谢地，西罗马总算是死了，现在只剩东罗马这一支了。要知道，花开两朵，各表一枝这种写法，相当于打仗的时候几条战线同时作战，罗马人习惯了，老杨却没这本事。

西罗马灭亡的时候，东罗马的皇帝叫芝诺，从狄奥多西将帝国正式分割那阵子算起，芝诺是东罗马第 6 个皇帝，都没什么大出息。但是，相比较西罗马疆域内的“游人”如织、硝烟滚滚，东罗马的皇帝算是小日子非常平静了。为啥同样是罗马，待遇差这么多呢？这没办法，象征着荣耀和权势的罗马两个字，在蛮族看来，就是意大利半岛那个罗马城，东罗马的君士坦丁堡虽然转移了大部分的帝国财富，但是在精神上还没形成特别的吸引力；加上君士坦丁堡这个位置太好了，三面临海，只有西面是色雷斯平原，对当时以骑兵进攻的敌人来说，这里的确易守难攻。

第二个东罗马皇帝时期，君士坦丁堡的城墙被大规模加固，被周围的蛮族称为“攻不破的城池”。这道城墙后来都成了传奇了，不知道多少模样各异的蛮族或者仇家望墙兴叹，然后落寞而归，背景歌曲配的歌词是：昔我来时，杨柳依依；今我去时，雨雪霏霏……

因此，欺负东罗马，基本都是小打小闹，只要皇帝愿意低头，再花钱消灾，基本都能过关，不像对西罗马，一发动就是下死手。

哥特人干掉了西罗马，传说东罗马的某位君主私下跟蛮族达成了协议，大约就是你们哥几个在西罗马的地盘上，爱怎么玩就怎么玩，吃好喝好，我们东罗马绝对不插手，那块地方俺们不要了，哥几个需要零用钱，随时过来取。这么好的态度，蛮族也知道伸手不打笑脸人，况且这笑脸人也不是那么容易欺负的，所以东罗马就这样在西罗马的毁灭中得以保存。

一般的开国之君都雄才伟略的，东罗马第一个正式的君主就是个窝囊废，搞坏了风水，以至于后面好几茬君主都扶不上墙。一个值得被记录或者八卦的都没有，我们在东罗马这些无聊沉闷的帝王更替中行进，终于走到了公元527年，这一年，东罗马史上最辉煌的君主，查士丁尼登基了！

查士丁尼出身微薄，有个叔叔扶持。查士丁尼的叔叔叫查士丁，我们叫他老查士丁，老查士丁整个一农民，大字不识，跟几个哥们儿从了军。地缘政治嘛，根据东罗马的地理位置，他的主要的敌人和对手肯定是波斯帝国。老查士丁体格彪悍，看着老实，于是被选入皇帝的卫队参加战斗。近50年的戎马生涯，老查士丁成为皇帝卫队的指挥官。根据之前我们读过的罗马历史，都知道这个位置几乎可以呼风唤雨。老查士丁自然也没有辜负这个安排，68岁那年，他穿上了紫袍，加冕为东罗马帝国的皇帝。

老查士丁没文化，东罗马帝国是以希腊为中心的，希腊在整个欧洲文明代表着什么？当然是人文典范。所以，大家能想象一个文盲成为希腊的君主吗？老查士丁这个文盲非常彻底，据说他连自己的名字都不会写，重要文件他只能盖章。好在他有个大侄子，虽然也是个农民出身，但是受过完整系统的教育，算是个知识分子，于是，这个大侄子成为老查士丁的左膀右臂，根据罗马的传统，这位查士丁尼自然也就成为老查士丁的继承人。

公元527年，老查士丁宣布查士丁尼为共治皇帝。当年，老查士丁就死掉了。45岁的查士丁尼成为东罗马的君主，我们称他为查士丁尼一世。

根据老杨的八卦习惯，遇到非常精彩的皇帝，一般都是先说其文治武功，再挖掘其野史八卦。查士丁尼一世不一样，说他的故事，先要请出他的老婆，皇后狄奥多拉。不，说她是东罗马皇后是贬低她了，实际上，她是东罗马的共治君主，与查士丁尼同坐朝堂的。

这么厉害的女人，武则天啊？她比武则天的人生精彩多了。先给大家介绍狄奥多拉出生时的东罗马社会背景吧。

都知道罗马人喜欢娱乐，比如看角斗；希腊人也休闲，人家办奥运会玩。反正不管是希腊还是罗马，聚众娱乐都是生活的重要部分。东罗马兼容这两家，在聚众娱乐上当然也不落后。他们玩得更新潮，他们玩赛车！不是一级方程式，就是一种双轮马车，由四匹装饰华美的骏马拉着疯跑。

希腊人参加活动，喜欢身体力行，罗马人尤其是上层人物，自恃身份，很少亲自下场，张牙舞爪地给人看，所以赛车活动基本就是：上层人物出钱，下层人士经办。

最开始的赛车比较简单，一辆红车，一辆白车，后来为了比赛好看，又增加了绿车和蓝车。

一有比赛就有“粉丝”，这个东罗马最狂热的运动更是吸引了帝国从皇帝到马夫的所有人。渐渐地，喜欢某种颜色，支持某种颜色的车队，因为共同的爱好走到一起去了，抱团甚至结党，渐渐地，绿党和蓝党的势力越来越大了，社会各阶层都加入其中，律师肯定不会和杀猪的进入同一阵营，慢慢地两党就成为一些特定阶层的结合体，有点现代党派的意思了。

不同的政党罩着不同的阶层，绿党是比较低层阶级的代表，而蓝党则以政客、贵族居多。比如驯兽师这个行业就是属于绿党罩的。都知道斗兽是罗马传统文化，照顾野兽也是个非常体面的工作，比现在马戏团的地位高多了。我们的女王狄奥多拉出生在一个驯兽师的家庭，她父亲是驯熊的！

熊师傅生了三个闺女，个个如花似玉，狄奥多拉是二小姐，挺好的一家人。不幸的是熊师傅在大女儿 7 岁的时候就死掉了。驯熊在当时是份美差，薪水福利都挺优越，熊师傅一死，觊觎这个职位的人不少。熊太太赶紧找个男人再婚，想达到继承老公事业的目的。不过呢，哪里都有腐败，负责这个人事安排的绿党官员将这个职位给了别人。熊太太觉得自己孤儿寡母，不能被白欺负了，所以找了个公共场合，带着三个女儿，打扮得孤苦伶仃的，希望善心人士给她们一个说法。谁知明明应该保障她们的绿党采取了无视的态度，非常冷漠，反而是蓝党觉得她们可怜，给熊太太一家安排了适当的职位。这些人情冷暖被清晰地记在狄奥多拉幼小的心灵里，待到后来登上大位，童年的这段回忆影响了她很多决定。

三个女儿陆续长大，对这三个全无背景的孤女来说，美貌是她们唯一的前途。先是大小姐成为罗马当红的交际花，狄奥多拉一直在大姐身边充当丫鬟，等她自己进入花样年华，也一样开始抛头露面，自动进入了娱乐圈。

做演员，狄奥多拉比较冷门，既不唱歌也不跳舞，玩乐器也不拿手，只好走了一条丑星的路线，那就是，演哑剧出洋相。因为她本身是个美女，她一搔首弄姿，就能摆出一副赤裸裸直观的性感姿势。看到这样一个尤物，罗马人当然就竞相亲近，狄奥多拉很快也就艳名远播了。

即使是罗马，这样玩久了也会搞坏名声，狄奥多拉感觉到舆论压力，有心从良，跟了一个小官员到了外地，没想到这个小官员时间长了还嫌弃她，狄奥多拉成为弃妇。要养活自己，只好做些不要本钱的生意，还因为不小心，生出一个私生子。这一段时间，狄奥多拉十分窘迫，费了好大劲儿回到君士坦丁堡，决定收敛一下，找了个地方低调过日子，靠纺羊毛维持生计。

所谓声妓晚景从良，一生烟花无碍。狄奥多拉这样的女人突然安分守己了，会让很多男人感动，尤其是即便不施粉黛，她也是君士坦丁堡最美的纺织娘，很快她落入了当时的查士丁尼大公眼中。

大家都知道罗马够乱的，可不管私底下怎么乱，表面功夫还是一本正经的。罗马法明文规定，曾经做过娼妓的女人是不能跟元老院议员结婚的！查士丁尼完全可以把狄奥多拉当情妇养着，谁知他是真的动了情，非要娶她过门。终于等到自己说了算的时候，他借他叔叔的名号颁布法令，废除了上面那条罗马法，并规定，娼妓只要真心悔改，跟谁结婚都不能拦着！法令一问世，狄奥多拉就经过一个盛大的婚礼成为准皇后。查士丁尼还是觉得给老婆的不够，所以登基那天，他让老婆一起坐上了皇位，整个东罗马大地的所有官员子民向两个皇帝宣誓效忠！

狄奥多拉这样成为女皇，所有人都为她捏把汗，不会是查士丁尼一世被下了降头了吧？很快，女王就向所有人证明，她无愧于她的位置。

话说东罗马帝国的蓝绿两党互相看不爽，可惜当时的“粉丝”没有网络这个平台可以发帖子对骂发泄，也没有海报可以泼墨，所以赛车场就成了是非之地。仇家相见分外眼红，每次看比赛都有人暗藏利刃，有人死于非命，一场赛车下来，比遭遇恐怖袭击还凶险。

这两党的争执越来越大发，简直就是当时东罗马的主要社会矛盾了。蓝色代表大海，代表着冒险，最初的成员是海员，后来吸收了市民、贵族、议员等，因为阶级的关系，他们支持皇帝，支持中央集权。在宗教信仰上，他们信奉传统的基督教。而绿色代表着大地，原来的成员主要是农民，后来东部的一些富商加入了这个阵营，他们希望的是更多的自治权利，而且信奉基督教中一个极端的教派，叫一性论（传统的基督教认为基督耶稣同时兼具神性和人性，一性论认为基督只有神性这一种性情）。

社会阶层不同，政治倾向不同，连宗教信仰都不同，所以一组团，他们的争执内容显然就不会仅仅限于赛车这点小事了。每到双方有争拗，从查士丁尼一世的角度，当然是希望一碗水端平，可女王不干啊，绿党欺负过我，老娘现在翻身当家做主，纵然不会公报私仇，想让我对你们笑脸相迎也是不可能的。在性格上，狄奥多拉更强势，渐渐地所有人都感觉，两位皇帝明着暗着总是有点偏袒蓝党。

查士丁尼一世登基后的第 5 年，庆祝一个元月的节日，照例齐聚赛车场狂欢。东罗马的赛车比赛，一般都是带着悲壮的心情去的，因为随时要预备骂街干仗甚至牺牲。比赛进行得差不多，蓝绿两边的对骂又开始了。这次因为男女皇帝都在座，绿党骂街就找到了新目标，他们指责皇帝公开偏袒蓝党，蓝党看圣上受辱，即刻跳起来反击，照例又发展为群殴。这事让查士丁尼一世很烦躁，朕要是喜欢看角斗来赛车场干吗啊？朕要退票！蓝绿都有错，况且也不能让绿党看着朕偏袒，两边各抓几个带头的，绞死！

前几个人都被绞立决了，到最后两个人，邪门的事发生了。绳索套上这两个人的头一拉，绳子断了，两个人摔在地上；换根绳子再拉，又断了！再换，又断了！这事按我们理性的思维考虑，自然是为皇家行刑队提供上吊绳的供应商以次充好，让政府买了假冒伪劣的绳子。但是东罗马帝国的人没咱们理性，他们马上想到，这怕是某种神的启示吧？正好，这两人一个是绿党，一个是蓝党，于是两党都一哄而上，把这两个家伙救下来带走了。可怜这两个娃，逃过了死刑，受了吓刑，小命虽然在，胆肯定破了。

这时蓝绿两党突然找到同病相怜的感觉，他们觉得自己都委屈，都被欺负了，所以决定联手找皇帝算账。他们大喊“NIKA”（希腊语，胜利的意思），包围了皇宫，于是历史上这场著名的骚乱就被称为“尼卡暴乱”。老杨到现在也不太搞得清这场暴乱主要是诉求什么，刚开始貌似是希望皇帝赦免这两个犯人，判人家四次绞刑太不人道了，后来又说要罢免皇帝的左右手，当时的首都市长，乱七八糟要求了很多事。想必就是难得包围了一次皇宫，威胁了一次皇帝，最大化主张自己的权力。

查士丁尼一世被围在宫中一筹莫展，宫外的乱党可由不得他运筹帷幄，他们开始放火了。元老院、圣索菲亚大教堂等标志建筑全被点着了，烧了半条街；接着，有个家伙从家里被稀里糊涂地拉出来，又被稀里糊涂地戴上一个金项圈，街上的人群号称，这位是他们的新皇帝！这位被皇冠加头的家伙是谁啊？他是查士丁尼一世叔叔之前那个皇帝的侄子！看明白没？老查士丁拿了人家的皇位，这位大侄子可是天潢贵胄，皇室正统呢。

君士坦丁堡作为首都，地理位置得天独厚，尤其适合逃跑，当年建城的时候，皇宫就建了水道与大海相连，皇帝的龙船停在皇宫门口，从宫内就可以直接上船出海，想去哪儿去哪儿。查士丁尼一世看着连新皇帝都被选出来了，凶多吉少，收拾细软，赶紧逃吧。

这时狄奥多拉拉住了他，这个出身卑贱的女人说了一段话，成为世界历史上的名言，可与任何一个圣君猛将的豪言壮语媲美，原文摘录如下：

> 哪怕只有逃走才能安全，我也不会离开。人在出生以后都不愿去死，但是在上位的统治者失去荣耀和权力，就不应该苟且偷生。我祈求上苍，别让人看见我失去冠冕和紫袍，哪怕是一天！要是人们不再尊我为女皇，那时我宁可见不到阳光。圣上啊，如果你决定逃走，你还拥有财富。看大海上，你还有如此众多的船只。对君主而言，最可怕的事莫过于求生的欲望，会让你陷入可怜的放逐和羞辱的死亡。在我来说，我只相信一句古老的谚语："皇座是最光荣的棺椁！"

女王的镇定和坚强让男人脑子顿时清楚了，查士丁尼一世也感觉到了羞愧，找回了一个君主应对危机该有的状态。他先是游说了原先比较忠诚的蓝党，让他们感觉到自己会与绿党结伙闹事绝对是脑子进水了，然后召集他手下刚与波斯征战过的士兵开进市区平乱。幡然悔悟的蓝党加上查士丁尼一世的卫队对暴乱人群进行了血腥清洗，大约有 3 万人丢了性命。不管有多惨，好在是平息了。

这次事件过去，赛车场由是非之地变成了伤心之地，好长时间都没人去玩了。事件收获最大的是女王，关键时刻，她性格上的坚毅果敢正好弥补了查士丁尼一世的懦弱和优柔，很多人都觉得，这样两个王，还是相得益彰的。

二　查士丁尼一世的征服战争

查士丁尼一世在历史上很出名，他出名的原因肯定不是找了个曾经是妓女的厉害老婆。查士丁尼一世一生最大的成就，就是组织了一个委员会，系统编撰罗马帝国的法典，也就是著名的《查士丁尼法典》。这是历史上有基石地位的一部法学文献，也是欧洲第一部系统完备的法典，是后来欧洲各国立法的基础，纵然是查士丁尼一世在位什么事也不做，这部伟大的法典都可以让他进入对世界历史影响最大的帝王之列，查士丁尼因此被称为“欧洲法律之父”。

法典里有个很重要的内容，就是第一次提出了君权神授，“皇帝的意志就是法律的本源”，告诉所有臣民，什么是守法，顺从君上就是守法。既然一切以皇帝说了算，罗马传统的执政官角色就多余了嘛，还浪费纳税人的钱，这个职位撤掉了吧。从这时起，罗马的老百姓终于跟其他地区的老百姓一样了。天下之大，莫非王土；率土之滨，莫非王臣。罗马帝国那么多君主，混到查士丁尼一世这辈，才真正找到当皇帝的感觉了。

原来说过，昏君一般的判词都是：大兴土木，穷兵黩武。这两条，查士丁尼一世都有。

我们可以说，不懂得开疆辟土的君主，就不配在罗马做君主，在这点上，查士丁尼一世无愧于罗马皇位上的列祖列宗。因为登基伊始，他想的事情就是：打出去！

打谁？当然是“二次征服”，拿回被蛮族占领的罗马土地，恢复罗马帝国昔日的版图！

这个理想谁听了不热血沸腾啊，查士丁尼一世脑子很清楚，向西征讨，最怕有人在背后捅刀子，而且他家肯定会捅刀子，因为它是东罗马的宿敌，萨珊王朝的波斯帝国。

根据我们对罗马历史的了解，安息帝国一直是罗马的死敌，还记得三巨头之一的克拉苏在安息手下吃了大亏的事吧。萨珊波斯取代安息后，这个恩怨也跟着继承下来了，而且当时波斯和东罗马帝国还有些领土纠纷呢，这两家都想把持东西方的商道，尤其是丝绸之路西段的归属。

查士丁尼登基的当年就开始部署对波斯的战争，上帝对他不错，不光给他一个好老婆，还送给他一代名将，也就是贝利萨留。少年英雄，带兵东征的时候，贝利萨留 22 岁。

简化一下贝利萨留在波斯的工作吧，大战有两场，贝利萨留驻守东罗马重镇德拉，手下有 2.5 万罗马军队，还有些良莠不齐的雇佣军，波斯大军精兵 4 万来攻，贝利萨留出动了新开发的重装骑兵，取代了传统的罗马军团战阵，击溃了来势汹汹的波斯军队。第二年，贝利萨留转战叙利亚，不过这一轮，他输了。

对查士丁尼一世来说，东征波斯不是为了征服对方，只为打出威风，以获得和谈筹码。贝利萨留显然是很好地完成了这个任务，波斯人发现就算打赢了，也占不到大便宜，算了，省省吧，只要东罗马愿意出钱，咱们两边就一起收工放假。黄金 1000 磅，波斯收到后就下班休假去了。

贝利萨留可没有假期啊，查士丁尼一世给他最重要的任务是西征，收复罗马故土。罗马的故土上全是蛮夷，先拿谁家开刀呢？正好，北非的汪达尔人给机会了。

趁着所有的蛮族在罗马大地上狂欢，汪达尔人于公元 439 年攻陷迦太基，建立了汪达尔－阿兰王国。随即建立强大的海军，并趁乱占领了西西里岛、撒丁岛、科西嘉岛和巴利阿里群岛。公元 455 年，他们甚至劫掠了罗马。后来还打退了东罗马的一次入侵，无奈之下，东罗马承认汪达尔－阿兰王国，而汪达尔人则很客气地承认东罗马帝国的宗主地位。这以后，双方相安无事。

话说查士丁尼一世这一段，汪达尔人的国王是个亲罗马派。查士丁尼一世自己是个虔诚的教徒，汪达尔这个国王也深谙圣意，在自己的国家推广传统基督教。但是汪达尔人原本是信仰基督教的阿里乌教派的。

基督教早期，因为理解的误差，有不少说不明白的教派，我们不研究这个阿里乌教派和传统教派到底有什么抵触，但是宗教信仰这东西，总是很难妥协的。国王要强行干涉百姓的信仰，汪达尔人不干。于是，汪达尔人直接罢黜了国王，将他丢进监狱，扶持了国王的堂弟杰利莫。查士丁尼一世多次发邮件警告让他们恢复老王的王位，人家不搭理，行，有理由揍他们了。

贝利萨留太忙了，一边整兵预备出征，一边在首都还要帮忙平乱。前文说的尼卡暴乱，就是因为贝利萨留率兵出手，才让查士丁尼一世躲过一场大劫。

公元 533 年，东罗马 600 艘战舰整装出发，兵马并不多，贝利萨留共带出了 1.6 万人的军队。正如老杨常说的，打仗跟打牌一样，手气相当重要。这次出兵，虽然东罗马劳师远征没有地利，但天时和人和却是一个不缺。

贝利萨留采取的办法是偷袭，这支舰队安静地沿着地中海北部海岸航行。正好当时占领了意大利的东哥特王国和汪达尔国有矛盾，东哥特人诚邀东罗马人在西西里岛上他们占领的区域补养，然后又悄悄越过海峡，潜伏在汪达尔的海岸。

汪达尔人此时完全不知道一只猛兽已经靠近了家门。东罗马同时挑唆被汪达尔占领的撒丁岛造反，杰利莫派出精锐，去撒丁岛平乱。派出去的精锐当然是舰队，如果不是他们离开，很难想象贝利萨留如何进行一场激烈的海战，最后还要登陆。

踏上了汪达尔大陆的东罗马军队就不太容易对付了，显然在打仗方面，杰利莫不论是技术素质还是心理素质都差太多了。他采用了一个兵分三路迎击罗马军队的战法：派弟弟带兵正面迎击罗马前锋，派侄儿骚扰左翼，自己带兵抄后路。听上去不错，不过太超前了。这种打法最重要的是三队进攻的一致性，三股力量同时出击才容易让对方首尾不得相顾，最后被打散。可惜当时既没有对讲机也没有电话，连电台都没有，通信基本靠吼，既然是伏击，也不好扯着嗓门鬼喊鬼叫吧。三支军队彼此不能联系，以至于前两路基本是陆续出现在罗马人的视线里，让贝利萨留非常轻松地各个击破。杰利莫完全不知道前两路人马已经被干掉，还一往无前地从后方插进了罗马战阵，罗马人冷不丁被打了屁股，一时间还颇为慌乱，眼看杰利莫就能有所作为。谁知，汪达尔的军队马上看到了一个骇人的画面，老大杰利莫突然一屁股坐在地上，抱了具尸体，拍着大腿哭爹喊娘！

原来，他们正好进入了杰利莫的弟弟伏击失败的阵地，他抱的尸体就是他的弟弟。此时杰利莫完全忘记了自己是个统帅，还在战场上，哭完了，他居然还开始安排治丧了。汪达尔军队发现老大这个熊样，自然也跟着崩溃了。这一下，贝利萨留的军队立即反手还击，射门得分！

贝利萨留轻松占领了汪达尔的首都迦太基，杰利莫召回发往撒丁岛平乱的人马，也组织了几万大军反攻。汪达尔人几倍于迦太基的罗马军队，双方在特里卡麦仑决战。贝利萨留将他手上的罗马骑兵用得出神入化，这场汪达尔的灭国之战一点都不惨烈，最后杰利莫败逃。战争结束时，战场上两军阵亡的人还没超过 1000 人。

贝利萨留夏至前后从君士坦丁堡出发，9 月登陆，11 月结束战斗，灭掉一个国家花了两个月时间，效率之高，令人惊叹。第二年，走投无路的杰利莫对贝利萨留投降，贝利萨留带着战俘和汪达尔国库的财富班师君士坦丁堡，接受了一个浩大的凯旋式。要知道贝利萨留不仅是东罗马第一个获得凯旋式的将领，两边罗马都有好一阵子没玩过这个了，当时查士丁尼一世还没裁掉执政官这个职务，于是贝利萨留自然成为下一任执政官。

北非拿回来了，查士丁尼一世下一个目标是拿回意大利，贝利萨留下一个敌人是东哥特人。不能师出无名，东哥特人非常配合地给了东罗马出兵的借口。东哥特的摄政太后被杀了！这位太后不是别人，正是当年被东罗马的芝诺皇帝派去意大利的狄奥多里克的闺女，她为她 10 岁的儿子摄政。儿子死后，太后担心自己的地位不保，私下跟查士丁尼一世联络，寻求庇佑。结果还没来得及谈好细节，她就被自己的表兄弟软禁，随后被勒死在浴室里。就为这事，东罗马摆出一副替太后出头的面孔，杀进了意大利。

公元 535 年，贝利萨留从北非回来的第二年，又出差去了。对东哥特的战役就没有北非轻松了。刚开始还挺顺，登陆的次年，东罗马就收复了沦陷 60 年的罗马城，无奈罗马军团会打不会守，光复了也不知道安抚当地居民，导致东哥特人不断造反起义，尤其是东哥特军事长官维提吉斯取了王位后，更是非常聪明地煽动波斯军队进攻君士坦丁堡，希望让东罗马分兵回去。

查士丁尼一世再次暴露了他野心勃勃却又懦弱胆小的性格，他不仅急招贝利萨留回国驻防，还私下跟东哥特的国王达成协议，预备以波河为界，东哥特人和东罗马人划江而治，将意大利分吃了。谁知，贝利萨留根本不接受这道圣谕，公元539年，国都拉文纳被团团围住，城内已经出现饥荒，贝利萨留知道，再坚持一阵子，就能让东哥特彻底投降。

面对贝利萨留这个死心眼，维提吉斯想了另一个办法。他觉得既然贝利萨留会抗旨不遵，搞不好是揣着不可告人的政治企图，于是他提出，将东哥特的王位让给贝利萨留，以换得国家得以保全。贝利萨留还真答应了，说是马上进城加冕。东哥特人赶紧打开大门迎阎王，贝利萨留毫不客气地占领了这里。除了把维提吉斯抓起来，还少不了大肆劫掠一番。国都失陷，其他的城市也就轮流投降了，东罗马在形式上收回了意大利。

贝利萨留推辞东哥特的皇冠不受，其实是个很忠诚的动作，可在查士丁尼一世眼中，这事就是敲响警钟了。这顶皇冠贝利萨留没接收，下一顶呢？如今贝利萨留的战功显赫，威震八方，万一这小子突然有啥别的企图，天晓得会发生什么事呢？招回来，让他继续打波斯，波斯反正是啃不动的，正好把这家伙牵制在那里。

要说贝利萨留这个人啊，能打在罗马史上有名，忠诚更是有名，忠诚到一定的程度吧，就让人感觉有点犯傻。细算罗马史上那些军阀、将领，如果是有贝利萨留这样显赫军功的，谁会愿意受皇帝的鸟气，早就拉山头独立了。贝利萨留这个哥们儿，不但没有谋反的念头，他受查士丁尼一世的猜忌排挤甚至下黑手还都甘之如饴的，这伙计会不会是斯德哥尔摩综合征啊？

贝利萨留任劳任怨地跟波斯人陷入拉锯战。意大利那边占领得并不彻底，负隅顽抗的东哥特贵族眼看着东罗马跟波斯人玩得起劲呢，赶紧出手，罗马城又被他们占领了，他们还拥戴了一个很有能力的新国王——托提拉（这名字起得好啊，又托着又提着又拉着）。

东罗马把自己陷在东西两线作战的窘境里，查士丁尼一世坚持自己的思路：波斯是对手，打不赢慢慢打；而意大利则是别人抢了自己的东西，一定要拿回来！所以波斯战争打到一定的程度，只要能和谈，查士丁尼一世总是非常痛快地递上金子，买一段时间的平静。贝利萨留又给拉出来，被派去意大利。

这次贝利萨留再去意大利可没有查士丁尼一世殷切的送行目光了，查士丁尼一世此时又想马儿跑又想马儿不吃草，他不得不使用贝利萨留，又想限制他。

这次贝利萨留出征，带出去的人马少得可怜，他知道自己的实力，连登陆作战都危险，所以只好骚扰沿海，并要求援兵。援兵肯定是没有的，要能给你还不早给你了吗，这样拖着对谁都没好处。不久，查士丁尼一世将他召回君士坦丁堡，让他赋闲在家。

一代名将在家憋屈着，什么脾气都没有，愚忠到这个程度，我很怀疑这娃是中国留学，受过儒家教育的。

过了一阵子，东罗马帝国受到斯拉夫人和保加利亚人的进攻，贝利萨留又被找出来，再就业。静若处子，动若脱兔啊，闲着时无声无息的，一上战场就雷霆万钧。这两股人马很快就被赶出去了。

现在贝利萨留有任何战功，查士丁尼一世都是麻木的，你帮我打仗是应该的，我收拾你也是应该的，所谓君让臣死，臣不得不死嘛。不久，查士丁尼一世用一个莫须有的罪状来“表彰”贝利萨留了，说他疑似谋反，还贪污。这个罪名在中国古代肯定是抄家灭族，查士丁尼一世人性多了，抄家就行了，人就不杀了吧。贝利萨留征战连年，过手的财富无数，他作为一个罗马统帅，往自己家搬一点也无可厚非，所以查士丁尼一世这次抄家发了笔小财。根据野史记录，查士丁尼一世虽然没杀贝利萨留，但是弄瞎了他一只眼睛，让他乞讨终老。公元 565 年，罗马帝国史上好久不见的名将贝利萨留在落寞中死去。

查士丁尼一世和贝利萨留这对著名的君臣有点奇怪的缘分，查士丁尼一世娶了个妓女，而贝利萨留的老婆也是野史女主角。贝利萨留，天纵英才，少年得志，仪表堂堂，无论是北非，还是意大利，抑或西班牙，他都是一个征服者，他征服的不仅是对方的军队，当然也顺带征服敌方的女人。可不论是何地的美女对他投怀送抱，他都坐怀不乱。他打仗将老婆带在身边，对老婆的忠诚还大于他对查士丁尼一世的忠诚。

忠诚于老婆放在哪个国家都是好男人的标准，可贝利萨留却是所有人的笑柄。贝利萨留的老婆叫安东尼娜，妈妈是妓女，爸爸是赛车手，有过婚史和一个儿子。这位贝太的媒体曝光率绝对在英格兰那位贝太之上，而且所有的新闻几乎都是她乱搞男女关系。对于老婆所有不忠的指控，贝利萨留一概拒绝相信。这让我们不仅遥想到罗马帝国史上最著名的哲学家皇帝奥利略。总怀疑自己老婆出轨的男人固然是可耻的，老婆已经出轨还盲目自信的男人则是可悲的。

奥利略是哲学家，他看问题的角度跟常人不一样是可以理解的。贝利萨留同志也不玩哲学啊，他处理老婆乱搞的问题，怎么看都像是患上某种精神疾病的。有这么一件事。贝利萨留和安东尼娜收了个养子，一个色雷斯人，随贝利萨留作战，表现不错，是个小军官。在北非作战期间，兵营里传说贝太和养子有不伦关系，贝帅头顶上那个不是头盔，是绿帽。贝利萨留照例是不信的，直到有一天，他闯进卧室，发现老婆和干儿子衣冠不整地在床上。这个画面，不论怎么判都可以算通奸成立了，安东尼娜比较彪悍，有那种堵在床上我也不认的心理素质，她非常淡定地向贝利萨留解释了这个画面："老公啊，你看，咱们这次打仗搞了不少钱，这些钱若是皇上知道了是要查的啊，我叫儿子过来，跟他商量洗钱的事呢。这事肯定是要背着其他人的啊，对吧？"这话骗猪都骗不过，骗贝利萨留够了，他信了！直到后来，安东尼娜前次婚姻的亲生儿子出来指控她的淫乱，贝利萨留才终于有点信了，张罗着要收拾自己的老婆。安东尼娜更聪明，因为一样的出身，估计还有一样的业余爱好，她早就跟女王狄奥多拉成了闺密了，女皇亲自出面调解，贝利萨留两口子和好如初。不过因为女王这层关系，安东尼娜还是帮着贝利萨留解决了不少问题，否则他犯功高震主之罪，恐怕会死得很惨。

贝利萨留的一生，是悲壮的一生，他无限忠诚的君上怀疑他，他无比挚爱的老婆背叛他，他在战场上从不畏死，可对这两件要命的侮辱，他全都平静地接受。看着贝利萨留远去的身影，老杨很无语……

三　“永远不睡觉的皇帝”

又跑题了，说到野史绯闻就兴奋，老杨这个历史写得真混乱啊，主角还是查士丁尼一世啊。

前文说到东哥特托提拉再次兴兵，贝利萨留被召回，那意大利的战事怎么办呢？查士丁尼一世这段，专出人杰，你看，妓女和荡妇都精彩吧，还有更神的，就连后宫的太监都是英雄！代替贝利萨留出征意大利的，就是一个宦官，一个以名将姿态留在历史上的宦官——纳尔塞斯。

相比较贝利萨留的高大英俊，纳尔塞斯又老朽又瘦小。公公虽然貌不惊人，情商却是一流的。作为查士丁尼一世的主管太监，他能当皇帝一半的家，另一半当然是皇后当家。纳尔塞斯最大的特点就是为人慷慨，后来康熙身边的韦小宝桂公公就很有他的风范，没事喜欢给人钱，随身带大量银票，碰到大臣侍卫啥的，见面就发。所以纳尔塞斯在京城，那人缘是相当好，人气相当高。

查士丁尼一世实在找不出人来了，决定让纳尔塞斯带兵，会不会打仗不知道，反正查士丁尼一世就是信他。纳尔塞斯出征不是小事，他对皇帝说了，“像贝利萨留那样寒酸的配置，咱家肯定是不能去的，陛下看着办吧”。查士丁尼一世不敢怠慢，在不影响帝国防御的前提下，几乎调用了全罗马的军事资源，绝对是贝利萨留想都不敢想的隆重其事。纳尔塞斯比贝利萨留还有一个优势，贝利萨留治军，当然是以军纪约束，纳尔塞斯不用，一听说他要带兵打仗，多少贵族子弟上赶着要求参军，军队中的军官士兵都知道这老爷子够意思，重情义，跟他不会吃亏，都死心塌地愿意给他卖命呢。

纳尔塞斯没有让人失望，他主持的那场大战就是著名的塔吉纳战役。老杨写历史，总是回避战争过程，怕女读者觉得无趣，但是对于查士丁尼一世这段的征服战，老杨还是愿意详细描述，因为太有看点了。而这个塔吉纳战役，就是古代战史上很好看的几场表演之一，说它是表演，一点都不夸张。

纳尔塞斯有头脑，从出发开始，他就放弃了贝利萨留一贯的航线，他绕道登陆，甚至冒险穿越了当时罗马的仇家法兰克人的领地。托提拉在港口严阵以待，结果他设防的码头没有见到东罗马的战舰，东罗马军队神奇地出现在身后。纳尔塞斯占得了先机，在亚平宁山脉中部的一个叫塔吉纳的村子，两军相遇，各布战阵，预备开打。纳尔塞斯出征的时候，已经年近七旬，有着一个老人家的沉稳和谨慎。在塔吉纳两军对阵时，罗马的军队远多于东哥特的军队，可他就是不愿贸然出击，排好队列，等待东哥特先动手。

东哥特打架平时挺虎的，不太犹豫，这次比较奇怪，他们也迟迟不动手。不但不动手，战场上还出现了很惊人的一幕。东哥特的国王托提拉，换了一身黄金盔甲，披着紫袍，骑了一匹装饰得花里胡哨的战马，跑到两军中间的空地上开始表演马术！一会儿马上翻飞，一会儿凌空耍大刀，一会儿跳街舞，一会儿跳民族舞，要不是找不到捧哏的，他估计还想说相声呢。看得出，托提拉陛下相当有文艺天赋。老杨此时想，如果是贝利萨留那样的将领看到这个画面，他会怎么处理呢？以他的刚猛，估计由不得托提拉把全部表演完成，要么大军呼啸而去，要么会派狙击手一箭将他射个对穿，最友善的反应也应该是射死那匹战马，让托提拉摔个四仰八叉吧。纳尔塞斯什么都没做，老成持重的人就是不一样，老人家非常镇定地看演出，偶尔还跟着打拍子。

终于表演完了，托提拉达到目的了，他出卖色相，以帝王之尊给东罗马将士来了一场即兴表演，目的就是等 2000 名骑兵过来与大军会合，等他看到骑兵终于到达，赶紧回去换掉戏服，开始进攻。

不管知不知道托提拉这套拖延把戏，纳尔塞斯都不需要有任何反应，因为实力强太多了，尤其是经过几轮大战，罗马军团中的重装骑兵越打越顺手。最关键的是，开打之前，纳尔塞斯已经向所有将士展示了一把银票，很明白，打赢了，这笔钱大家花差花差，这实在是最刺激的战前动员了，罗马人士气如虹啊。

哥特兵冲进了东罗马的“月牙”战阵，中间不能突破铁骨铮铮的重装骑兵，两边的罗马射手箭矢如蝗，哥特兵掉头想跑，又遭到无情的追击，托提拉当场被刺死。纳尔塞斯会伺候主子，他第一时间将东哥特王带血的长袍快递给查士丁尼一世，圣心大悦。

纳尔塞斯再次收复了罗马。可怜罗马，在查士丁尼一世任期内，一会儿被光复，一会儿被占领，前后易手 5 次，算上之前被各色人等一轮轮地占有蹂躏，啥样的城池能经受这样的折腾啊，去罗马旅游，读者别忘了向这座伤痕累累的名城表示敬意。

公元 553 年，东罗马在维苏威火山一带将最后集结的东哥特死硬分子消灭，这一次，东哥特国家是彻底灭亡了。而东罗马历时 19 年，在两位名将共同的努力下，意大利终于重新回归罗马的版图。

除了干掉汪达尔国和东哥特国，查士丁尼一世还远征西班牙，去西哥特人的地盘踏了一脚，占领了人家的东南部地区，包括直布罗陀海峡。

总之，查士丁尼一世在任期内，恢复了大半曾经的罗马版图，虽然整个帝国为这些征战付出了巨大的代价。

远距离打仗已经够花钱了，查士丁尼一世还是个喜欢搞基建的皇帝。他信仰虔诚，所以最爱建教堂、修道院，以及配套的设施。现在的伊斯坦布尔有无数著名景点，最亮丽醒目的还是圣索菲亚大教堂。

圣索菲亚大教堂初建于君士坦丁大帝时期，“尼卡暴乱”时被烧毁，就是查士丁尼一世征 1 万民工、32 万黄金，花 6 年时间重建的。美轮美奂不用说了，最有特色的就是内部用马赛克拼出的壁画，虽然是《圣经》的故事，却能看出很多历史线索，因为东罗马帝国又被称为拜占庭帝国，圣索菲亚大教堂就成为拜占庭风格建筑的杰出代表，影响了后来欧洲很多建筑的风格。君士坦丁堡后来被穆斯林占领后，圣索菲亚大教堂被改成清真寺，这恐怕是地球上唯一由基督教堂改建的清真寺，穆斯林都不忍心推倒重建，可见圣索菲亚教堂的华美程度。现在圣索菲亚教堂是基督教和伊斯兰教共有的博物馆，历史文化价值非常高。

为了防范匈奴人、波斯人、斯拉夫人等对东罗马的进犯，查士丁尼一世在防御工程上花钱就更多了。原来罗马帝国为了防范日耳曼人，建起了 50 座城堡连接成国界墙。查士丁尼一世胆小啊，边境行省，他左一个右一个，造了各种碉堡几百个，不能不说，这些密集的防御工事也阻挡了敌人进攻的野心。

对一个皇帝来说，基建和用兵是双刃剑，明君和昏君都可以用这两件事作为标准。从我们局外人的角度看，这两件事查士丁尼一世都干得漂亮，不愧是东罗马帝国的千古一帝，但如果我们是君士坦丁堡的居民，恐怕就不会这么说了，因为这两件事产生的直接结果就是，国家越来越穷，老百姓的生活水准不断下降，而上面说的“尼卡暴动”，其根源也在查士丁尼一世的挥霍无度，据说查士丁尼一世死的时候，不少君士坦丁堡的居民上街欢庆。一个帝王的功过真是不好评说啊。

查士丁尼一世的故事还没完，他还有件跟中国很有关系的逸事。

像查士丁尼一世这样花钱，多少钱都不够用。东罗马控制着东西方的商道，按说利润也不错，但是查士丁尼一世很快发现，最赚钱的生意他插不上手，什么呢？不是贩毒啊，是贩丝，也就是中国丝绸。

中国人最聪明的事之一就是养蚕吐丝，南北朝以前，这项技术绝对是世界上最尖端的科技之一。丝绸自从进入欧洲，就让穿惯麻衣的他们疯狂了，居然还有一种布料能这样柔滑，这样飘逸。中国人知道这东西会吓死老外，所以很长一段时间，丝绸到底是怎么来的，是个国家级的机密，西方人一直认为，有一种会长出丝的树。华夏各朝只许出口丝成品，不准任何人将蚕卵带出国境。就因为这样的保护，丝绸成为顶级奢侈品，一磅丝绸进入欧洲，绝对能卖出同等重量黄金的价格，而这门生意，被长期把持在波斯人手里。查士丁尼一世总是和波斯人干仗，和真丝的贸易是有很大关系的。

有一天，有两个印度和尚求见查士丁尼一世，他们自称曾经在中国的南朝梁国打工，大家知道，梁国在江苏这一带，正是蚕桑重地。印度和尚告诉查士丁尼一世，丝这东西，是一种叫蚕的东西吐出来的，而那棵树，是蚕的粮食，叫桑树。技术门槛并不高，只要查士丁尼一世给的工钱合适，两个和尚就去中国出趟差，把蚕种和配套的技术给弄过来。查士丁尼一世瞌睡碰上枕头，感谢了几万次上帝，催着印度和尚赶紧出发。

南朝时期，佛教盛行，两个和尚装模作样的，谁知道他们是商业间谍啊。他们想学养蚕缫丝，自然有人上赶子教这两位天竺高僧。所有该学的都学完了，大和尚开始偷东西了，这些行脚僧不都喜欢拿个竹杖吗，这些蚕卵就被仔细地藏在手杖里。可怜当时的中国南北朝一片混乱，谁还管这事啊。两个间谍全套把式都会，偷东西、走私、销赃一条龙。

公元 552 年，查士丁尼一世大喜过望地收到了这份金贵的礼物，中国的蚕宝宝就这样开始在君士坦丁堡吐丝了，被中国人垄断了千年的技术，稀里糊涂就失去了。不久，君士坦丁堡成为西方的蚕丝工业中心。

查士丁尼一世在位时，事太多了，他有个外号叫“永远不睡觉的皇帝”。除了他自己折腾出来这么多事，君士坦丁堡还发生过一次地震，引发了一次大规模的鼠疫，当时死人无数，一次减少了 1/3 的人口。据说人死得太多，没地方埋，查士丁尼一世下令打开塔楼，掀起顶盖，把尸体丢进去，塞满一个就封住一个，这样，塔楼也装满了，最后只好往海里丢，惨状难以想象。

查士丁尼一世的故事就到这里吧，老杨已经是拣最要紧的说，还是写了这么长一篇。

四　危机四伏的帝国

因为出了查士丁尼这样一位千古一帝，后来的史学家认为，这时的东罗马帝国已经非常独立，且强势地存在了，为了让这个帝国跟之前的罗马帝国分得更清楚，从此时起，我们应该叫它为拜占庭帝国。叫这个名字是为了尊重本地的主流希腊文化，因为君士坦丁堡修建的这个地方，原来是一座希腊的城市，名叫拜占庭。我们遵史学惯例这样叫，君士坦丁堡的居民肯定不爽，他们当然要坚持自己是罗马人。

查士丁尼一世和狄奥多拉没生出孩子来，侄子侄女侄孙之类的倒是一堆，继承人就在其中了吧。最让老杨恨的是，这么多侄子，他们偏偏挑了一个叫查士丁的！大家看清楚，他跟查士丁尼一世的叔叔同名，叫查士丁。

写欧洲历史，这种同名的帝王更迭最让人伤心，别说读者有时看不明白，老杨自己都不太能写明白！真希望穿越回去，告诉欧洲人，学习日本人那样取名字，什么龟田、犬狼之类的，多么容易识别啊。

恨没用啊，老杨也干预不了拜占庭的皇帝登基。这伙计当时是查士丁二世，而以后会有一个君主是查士丁尼二世！晕死！

查士丁二世应该是狄奥多拉的侄子，虽然名字讨厌，人却是不错的。他接手了一个被严重透支的朝廷，查士丁尼一世为了打仗，跟老百姓借了不少钱，大约还打了白条子。查士丁二世登基后，他做了一件很了不起的事，在椭圆竞技场，新皇帝招来了一队挑夫，背着成袋的黄金，就地还债，兑现白条，那些债主早就对这些钱失去希望了，居然又能收回来，其欣喜可想而知了。

查士丁二世承诺给所有人一个公正而仁慈的政府，他努力想做到，不幸，这样一位仁君并不适合这个乱哄哄的内政外交形势。国内的问题当然不是送几袋黄金帮着还债就能解决的，而国外更麻烦，守住查士丁尼一世耗尽国库打下来的地盘，要比打下它们艰难多了，因为周围的蛮族没有灭绝啊。

前文说到纳尔塞斯最后成功收复了意大利，他便作为行省的首脑留在意大利了。君士坦丁堡有罗马的传统，就是喜欢传谣言，纳尔塞斯封疆大吏驻守古罗马的中心这么多年，大家都在猜这伙计敛了多少钱。那些政敌更是议论纷纷，说是因为纳尔塞斯的不得人心，意大利又要发生叛乱了。查士丁二世不是查士丁尼一世，跟这位公公没啥感情，这些消息肯定不会空穴来风，很自然就把纳尔塞斯调回来了。

纳尔塞斯先干掉东哥特后赶走法兰克人，在意大利一带威名鼎盛，他一走，周围的日耳曼人又不信邪了。

这一轮来的是日耳曼伦巴底人，也是一直在欧洲中部乱跑，没个安顿的地方，6 世纪初，在现在捷克这个位置暂时安身，并尝试着越过阿尔卑斯山，向意大利北部活动。

蛮族不怕，怕就怕基因变异出一个天才或者盖世英雄。最近风水转到伦巴底人这里了，他们出了个部落头领叫阿尔伯因。

如果熟悉中国历史，应该知道，咱们北方那个拓跋鲜卑有一个叫柔然的民族。说到游牧部落，读者千万别晕，他们窜来跑去居无定所，显得非常混乱。柔然本来也是纵横漠北，非常神气。他们收编了一个部族，让这个部族专门给自己家打铁，起个名字叫人家“锻奴”，这些锻奴也不是普通流匪，人家大号叫突厥。

后来突厥出息了，自立门户，开始跟主子翻脸。都知道柔然被北魏打得够呛，看过电影《花木兰》吧，胡军说：魏人是羊，柔然是狼！后来羊村派出了美羊羊，赶跑了灰太狼，美羊羊打完仗就到新加坡生孩子去了（什么跟什么啊）！

突厥趁柔然颓废，痛下杀手，最后干掉了他们，柔然没死绝的那部分人进入欧洲。他们是匈奴后，再次让欧洲颤抖的匪帮。这帮柔然移民在欧洲被叫作阿瓦尔人，读者记住这个名字，因为他们跟拜占庭帝国颇多纠缠。（这段历史因为人种部族众多，读者如果搞不清楚，索性跳过不看，但是一定要记住啊，这些个窜到欧洲的匪帮或者黑社会都是被咱们老祖宗赶走的，所以这份混乱咱们都有点责任。）

阿尔伯因取得了阿瓦尔人的支持，将自己一个邻居部落干掉，实力大增。不光吞并了人家的部落，还把这个部落原来的酋长杀掉，用他的头骨当酒杯，每逢饭局，必拿出来显摆。传说他攻打这个部落的原因是看中了酋长的女儿，如今酋长都成了酒杯，女儿自然也被他霸占了。

就是借着这样大胜的威风，伦巴底人攻入了意大利，先是包围并攻占了米兰，然后经过 3 年苦战，占领了帕维亚，将这里定为国都，在拜占庭皇廷无奈的目光中建立了伦巴底国。开国君主阿尔伯因并没有好下场，为了庆祝胜利，他摆流水席请客，又把头骨拿出来喝酒，还逼着老婆一起喝，他忘了，这个杯子现在是他岳父！伦巴底国的开国皇后忍无可忍，找个情夫把阿尔伯因杀掉了。

意大利东部和北部又血淋淋地从拜占庭帝国身体上剥落，查士丁二世不知道怎么反应，他也没法反应。从他开始，拜占庭的君主顾不上西边了，他们要忙着对付波斯。

蔫巴人突然发飙会让人刮目相看，大家都觉得查士丁二世很懦弱，没想到他做了一件大事，他撕毁了查士丁尼一世跟波斯签订的合同，不愿意给波斯进贡了！查士丁二世也不是愣头青，不会因为头脑发热给自己找麻烦的。他敢这么干，第一是他穷得支持不住，实在是负担太重了；第二就是他和波斯背后的西突厥勾连上了，人家答应，打架时联手，两面夹击。

公元 572 年，拜占庭和波斯开打，战争目标是争夺亚美尼亚。一动手，查士丁二世就发现上当了，西突厥这帮家伙貌似没有真心帮忙啊，拜占庭纯粹就是单打独斗！

战事胶着，查士丁二世不得不承认，光有一颗仁慈的心，是罩不住整个帝国的，干不了辞职吧，换能干的上来干。查士丁二世连个儿子也没有啊，好在皇后索菲亚推荐了一位高大英俊的美男子——提必留。

根据之前的罗马历史，提必留这个名字做罗马皇帝，很不让老百姓愉快。所以登基后，皇上改了个名字叫君士坦丁，那就是二世了，是为君士坦丁二世。

这段时间，世界上最折磨人的工作就是在拜占庭做皇帝，给我多少钱我都不干，因为每天都要面对新刺激。君士坦丁二世除了继续跟波斯胶着，又有新仇家来犯了，这次来的是斯拉夫人！斯拉夫人的目标是进占拜占庭帝国在巴尔干半岛的这部分地盘。

君士坦丁二世显然也是扛不住这个局面，所以在皇帝位子上勉强支持了4年，就歇菜了。临死前，他招来与波斯作战的一个军团司令叫莫里斯的，将女儿和王国打包送给他，让他以驸马爷的身份继承大统，这是莫里斯一世。

莫里斯之前一直在波斯前线作战，登基之后，与波斯的战争也就是政治的重点。从查士丁二世动手开始，拜占庭基本上就是输得多赢得少，到莫里斯手里，局面有了一些改善。运气好最重要，莫里斯在位期间，波斯内部出了问题，让莫里斯坐收了一次渔利。

公元590年，波斯的霍尔木兹四世被罢黜，他的长子库鲁斯二世被叛乱者拥立，这小子出手毒辣，用烧红的铁刺将父亲的眼睛刺瞎，然后登基。不过有个拥立时的将领因为自己的要求没有达到，举旗造反，决定干掉波斯王自立。

库鲁斯二世仓皇逃出皇宫，他非常清楚地分析了一下形势，波斯周边可以投靠的地方不少，但是能帮他打回波斯拿回王位的，只有拜占庭帝国。

波斯人找罗马人帮忙，这事新鲜啊，莫里斯当然知道，这可是个趁火打劫、坐地开价的绝好机会。所以对于波斯人的到来，莫里斯表达了极大的善意，他满腔义愤地大骂波斯乱党，明确表示一定会替库鲁斯主持公道。而库鲁斯二世既然沦落到这里，当然知道自己是砧板上的一块肉，要切肉片还是剁丸子全看莫里斯的心情，他主动提出：如果成功，他会交还历史上波斯侵占的拜占庭帝国所有的领土，并签订一个永久和平的协议。莫里斯笑呵呵地接受，并让他把眼下正在争夺的亚美尼亚也加上。

很快，一支齐整的拜占庭大军就渡过了底格里斯河。不是说拉锯战拜占庭大军占不到什么便宜吗，怎么这次这么容易就过河了呢？这是波斯人的道德观帮忙，篡位在哪种文化里都是反派，波斯人正懊悔呢，王室正统没死绝啊，怎么随便什么人说自己是皇帝我们就认了呢？现在看到库鲁斯回来，波斯人马上改正错误，加入拜占庭大军，罗马军队加上人民战争，不久库鲁斯二世就再次登基了。传说莫里斯将闺女嫁给了他，在他复位之后，还让1000名罗马士兵留在波斯王宫，保护女婿的安全。库鲁斯二世感恩戴德，兑现诺言，拜占庭和罗马获得了难得的和平。

五　阿尔瓦人的入侵

东边安全了，莫里斯现在预备全力收拾西边的混乱了。到底西边有多乱？骚扰拜占庭西部的黑帮匪帮不少，但是现在最嚣张、最穷凶极恶的是阿瓦尔人。

前文已经说过，根据主流历史资料，阿瓦尔人就是向欧洲逃窜的柔然遗民，跟华夏帝国混了这么多年，礼数是学到了。到了人家的地头，先跟有关当局报到吧。

公元6世纪，拜占庭帝国在东欧一带基本还能算个主管领导，所以阿瓦尔人先找当时的查士丁尼一世，要求给片自留地立脚。罗马人嘛，最不能少的就是雇佣兵，不管培养了多少雇佣军后来让自己吃大亏，只要看到妆容奇特、形象彪悍的，他们就觉得可以控制他们，让他们为罗马帝国卖命。阿瓦尔人光头，留个大辫子，身上还有些干草或者马粪的味道，很符合罗马的征兵要求，查士丁尼一世就同意他们居住在罗马原来的潘诺尼亚行省，也就是现在匈牙利西部，奥地利东部这个位置。

几年以后，阿瓦尔人收编了周围一片各种族的小弟，俨然成为实力雄厚的黑社会组织，而且时不常地找拜占庭麻烦，要求更大更好的居住地。前文说到的斯拉夫人进攻巴尔干，幕后主使也是阿瓦尔人，因为这部分南斯拉夫人基本上都烧黄纸摆香案入了阿瓦尔人的社团。

莫里斯上台后，阿瓦尔人和拜占庭已经混成了这样一个局面：拜占庭向阿瓦尔人缴纳年贡，以换取他们不骚扰西线！花钱买平安嘛，东罗马人最喜欢的解决方式。前文不是说到拜占庭跟西突厥联手对付波斯吗，为啥后来西突厥食言呢？有个很重要的原因就是，他们听说拜占庭送钱给阿瓦尔人换和平，还记得吧，突厥和阿瓦尔人，他们可是宿仇。（这么小一块地方，这么乱麻般的历史！）

阿瓦尔人知道拜占庭看着彪悍其实肾虚，而且蛮族嘛，做事从来不知道适可而止的。拜占庭越是卑躬屈膝，阿瓦尔人越是欺负他们没商量。阿瓦尔人的头目叫台吉，这个台吉闲着没事就拿罗马人开心了，每年收人家十几万金币是必需的，隔三岔五还点菜吃。比如，突然有一天，台吉说，他没见过大象，拜占庭当然知道什么意思，赶紧弄了一头，装饰华美给送过去了，台吉随便看了一眼就说："这东西长得真'杯具'啊！你说罗马人怎么想的，费这么大劲儿整这种怪兽玩？"过了一阵子，台吉又说："俺这老腰不好，让罗马人给俺整个金床来睡睡！"拜占庭忙组织能工巧匠，糅合希腊和罗马两地的传统手工艺和艺术品位，给台吉造了一张金床。台吉睡了一下说："这帮罗马人干啥都不行，这破床整的，还没土炕舒服呢！"这老哥也不是总不好伺候，比如拜占庭辛苦从印度搞来的胡椒、肉桂他就一直很喜欢，要求这东西绝对不能断，要是突然中断供应，阿瓦尔人就自己过去拿！

巴结阿瓦尔人不过是为了安心跟波斯人干仗，莫里斯跟波斯人现在是亲戚，不打了，还能由着这帮蛮夷蹬鼻子上脸吗？

莫里斯本来就是战将出身，御驾亲征是必需的。战争过程就不描述了，基本上，罗马帝国这样的武林正宗，如果没有其他意外，专心打架，对蛮夷还是相当有优势的。尤其是莫里斯本人还是个学院派的打架专家，他写了一本叫作《战略学》的打架秘籍，内容涵盖了作战训练、战术实施、行政管理、后勤保障等各方面，基本是一部野战教科书，到第二次世界大战之前，这本秘籍都被欧洲各国列为打架宝典。

公元600年，拜占庭乘胜追击阿瓦尔人，直到多瑙河下游北岸。这个位置，罗马人可是有几百年没有来过了。阿瓦尔人被赶回最初的潘诺尼亚地区，并老老实实签订了和平协定，承认罗马帝国在多瑙河地区的主权。

仗打得越漂亮，国家越穷，征讨蛮夷地区，本来就没啥油水。都知道拜占庭穷，皇帝抠门点也情有可原，不过莫里斯皇帝抠门得就有点病态了。这伙计几乎是一上任就疯狂搞钱。苛捐杂税，压榨百姓也就算了，他居然对自己的军队下手！

皇帝突然颁布诏书，说是要从军人的报酬里扣一部分用于购买军装和兵器！这种抠钱的方法真是闻所未闻啊，尤其是对一个军人出身的皇帝。这事已经让军队哗然了；后来，12000 名罗马士兵被阿瓦尔人俘虏，要求 6000 金币的赎金，莫里斯居然不干，任由阿瓦尔人杀光了这些罗马战士！公元 602 年底，莫里斯觉得长途行军太费钱，就让军团在多瑙河战区扎营过冬。莫里斯自己是个打仗专家，肯定知道扎营要找安全的地方，可多瑙河附近没有完全平定，几乎还是个敌占区，这不是让罗马军团去等死吗？所有这些事加在一起，拜占庭感觉，皇帝不会是敌方的卧底要亲手毁灭拜占庭的军队吧？

在这个前提下，军团推举了一位百夫长，名叫福卡斯的，让他带几个人，到君士坦丁堡去跟皇帝理论。这种事有什么道理好讲呢，莫里斯肯定是做了他自己认为对的事啊。根据罗马的传统，军队一旦跟皇帝较劲了，大部分的结果肯定是皇帝被军队赶下台。福卡斯是个糙人，他心里一烦躁，将皇帝、皇后以及五男三女八个孩子全部杀掉。

这是拜占庭的查士丁尼王朝的皇帝第一次有可以接班的子嗣，结果还都没机会登基。百夫长福卡斯大大咧咧进入了皇宫，披上了紫袍。

福卡斯能登基，跟绿党的支持很有关系，蓝党自然成了反对党。福卡斯是个粗人，也没啥文化，既然做了皇帝，就听不得有人反对自己，反对得多了，他想，老子连皇室都敢杀光，还能让你们跟我叽叽歪歪吗？杀了几轮后，福卡斯顺利地赢得了暴君的头衔。

一个百夫长成了皇帝，那些行省总督、封疆大吏怎么可能效忠呢？连百夫长都能造反，显然造反这件事是没有门槛了。福卡斯在首都杀人，行省的势力都在蠢蠢欲动，现在就看谁先出头主持这件事。

先出头的居然是波斯皇帝，库鲁斯二世。他出头天经地义啊，他是莫里斯的女婿，莫里斯是他恩公。库鲁斯二世记得自己是怎么拿回王位的，知道一个皇室正统出来做领袖更容易成功，所以他找了个莫里斯的“儿子”。

不是杀光了吗？恐怕这是个谜。因为福卡斯叛乱，莫里斯感觉大事不好时，派出了自己的长子去波斯求救。根据比较可靠的资料，大王子在半路就被杀了，可是江湖传言，他并没死，成功地找到了库鲁斯二世并取得了他的支持，库鲁斯二世亲自带兵进攻拜占庭为老丈人讨还公道。

波斯军队的攻击非常顺利，跟当年罗马军团帮他讨回公道一样，势如破竹，拜占庭大部分行省，亚美尼亚、两河流域、叙利亚等相继沦陷。

此时的拜占庭的情况已经糟得不能再糟了，跟福卡斯叫板的人有的是，帮他御敌就一个都没有。这种无力感只能让他杀更多的人。

乱世出英豪啊，拜占庭在福卡斯统治下乱了8年，终于有人站出来收拾河山了，他是阿非力加总督希拉克略。罗马的阿非力加行省也就是非洲北部那一带，现在的非洲的名字也来源于此。自从福卡斯上台，希拉克略就几乎是独立了，完全不搭理这个所谓皇帝，福卡斯也奈何不了他。后来君士坦丁堡的议员贵族一致看好他，都怂恿他赶紧到君士坦丁堡主持大局，这些人中还包括福卡斯的女婿。希拉克略也踌躇满志，可想到自己已经一把年纪了，造反这事伤筋动骨的，还是交给年轻人去办，于是给儿子希拉克略（父子同名）预备了战船和军队，送他出海，到君士坦丁堡去赌一把前途。

小希拉克略的航行是一帆风顺，进入君士坦丁堡也一样的顺利，这样一次王朝更迭，平淡得不像话。舰队一进入君士坦丁堡，就已经有军队和贵族过来入伙，还给希拉克略预备了全套皇帝的行头，正准备进皇宫动手，就有人把福卡斯从皇宫里抓出来了，丢在希拉克略面前！

当着周围这么多人，小希拉克略要显得自己正义威严一点，于是滔滔不绝地历数了福卡斯种种罪状，一个行省总督的儿子，受的教育应该是在一个百夫长之上，所以对于小希拉克略的长篇控诉，他基本上就没有招架之力，只好很衰地回了一句："你以为你能好到哪里去啊？！"说这话就找死了，人家现在是新皇帝，你怎么能犟嘴呢？希拉克略亲自动手，砍掉了他的脑袋，并丢到火里就地烧掉。第二天，小希拉克略就登基，开启了拜占庭帝国的希拉克略王朝。

六　波斯VS罗马

按道理说，库鲁斯二世是打着帮莫里斯报仇的旗号进攻拜占庭的，如今福卡斯死了，没他什么事了，他就应该收兵回家去。可这家伙打得high了，越跑越远，这一轮远征，他们甚至征服了埃及，直接拿下了拜占庭的粮仓！但是，最让拜占庭如丧考妣的是：波斯人攻入了耶路撒冷！

现在的拜占庭是个虔诚的基督教国家，耶路撒冷已经成为圣地。据说当年君士坦丁大帝皈依基督教后，让他的母亲海伦娜去朝圣并寻访圣迹。海伦娜太后不辱使命，居然被她找到了当年钉死耶稣的十字架！当然此时已经是碎片了。具体太后是怎么认定这些碎木片就是那个十字架已经不可考证了，反正她找到的这些碎木头片就被称为“真十字”，成为基督教几大圣物之一。海伦娜还发现了耶稣被安葬又复活的洞穴（这位老太后显然是个考古专家，我们应该请她来鉴定一下曹操墓），君士坦丁大帝毫不怀疑地在这个位置大兴土木，建起了著名的圣墓教堂，成为后来几个世纪基督徒朝拜的圣地。

波斯军队损毁了圣墓，抢走了十字架，又劫掠了教堂，还屠杀了大量基督徒，随后他们就伙同阿瓦尔人一起，向君士坦丁堡发动攻击，眼看着拜占庭帝国就要跟西罗马一样完犊子了。

小希拉克略刚上台，身份转换过快，有点无所适从。最开始对波斯人的态度就是求和，送了不少钱出去，波斯人也就是耽误点数钱的工夫，把钱揣起来就又动手了。其实说小希拉克略的求和动作是窝囊废有点冤枉，因为他并没有闲着，他开始着手进行大规模改革。

在全国建立了几个大军区，在这些军区，军政合一，军事长官就是行政首长，跟中国历史上的节度使这个职务差不多。现在对拜占庭来说，打仗是第一等大事，所有的资源由军队负责调度安排显然是合理的，还建立了一种军事屯田制，之前几次内乱没收的贵族不少土地，放着也是放着，也没钱盖房子炒房地产，干脆当作军饷发给军官，这些人平时种地，战时出征。这个举措，一定程度上缓解了政府的财政危机。

一边改革，一边受到攻击，小希拉克略有点挺不住了，他甚至计划着，要迁都北非迦太基，教会的教长把他拉到圣索菲亚大教堂的祭坛，让他发毒誓，不能抛弃君士坦丁堡和人民。

当时罗马基本法规定，皇帝身系举国安危，不能随便往战场跑，动不动就御驾亲征这种古罗马的鲁莽行为，必须废止。看着君士坦丁堡海域上的波斯战舰，还有陆地上来势汹汹的阿瓦尔人，小希拉克略心想，难道让朕等死啊！

热血翻腾的小希拉克略跑到教会，跟当时的教长借钱，教会那时相当有钱，而且在那个时代，他们几乎只进不出。皇帝豪情万丈、掷地有声地承诺："把所有的钱拿出来帮朕出征，回来连本带利还给你们，你们按地下钱庄的利息收！"

教会很高兴看到君主这个状态，而让所有人没想到的是，小希拉克略整饬人马并不是为了抵抗君士坦丁堡遭受的攻击，他是要绕开攻城的敌人，进入波斯领地去骚扰后方！战术是不错的，但是很危险，因为搞不好小希拉克略的军队还没到波斯，君士坦丁堡已经被攻破了。小希拉克略坚持这样做，他临走几乎已经交代了后事，告诉元老院和教长，如果真的守不住，是战是降由他们自己决定。

波斯军队的主力都出征在外，如同波斯军队进入拜占庭时的顺利，小希拉克略也尝到了摧枯拉朽的感觉，几乎没有遭遇有效的抵抗就进入了波斯腹地。公元626年，小希拉克略非常高明地取得了突厥人的支持，两面夹击。第二年，占领了重镇甘扎克。

甘扎克这个地方要重点说说，它不是个普通的小城，大家都知道，波斯人是信祆教的，就是拜火教，既然拜火，肯定要有火吧。波斯每任新王即位，都会点一把圣火，跟奥运会一样，不能熄灭的。圣火点在全国三个地方，这三把火代表不同阶层，一把火代表僧侣，一把火代表农民，还有一把火，当然就是代表君主。而代表君主的这把火，就在甘扎克，放在一个专为圣火而建的祠堂里。小希拉克略打到这里时，圣火已经被转移了。波斯人践踏了耶路撒冷，罗马士兵当然就毫不客气地摧毁了这座圣火祠，算是给圣墓报了个仇。

圣火祠一倒，波斯明显越来越颓废，在取得著名的城市尼尼微后，拜占庭大军已经攻到波斯的都城泰西封城下。

小希拉克略打得这么顺，要感谢后方。君士坦丁堡雄伟的城墙阻挡了阿瓦尔人，而海上强大的舰队打退了波斯人，罗马人保住了自己的首都，波斯人能不能保住他们的首都呢？

波斯人用行动证明，他们也能，不过，他们有更聪明的办法。

相比较小希拉克略的破釜沉舟，身先士卒，库鲁斯二世就显得猥琐多了。这一场大型斗殴原本是他发起的，他一点也不善始善终，眼看着不行，他居然想带着钱财逃跑。普通百姓都要为自己的错误负责呢，更何况是君王，还差点葬送整个国家。波斯人非常团结地将他揪下王位，拥戴大王子，也就是莫里斯的女儿生的儿子——卡瓦德二世接班。就在这个情况下，波斯宫廷还有夺位战，为了让自己坐稳王座，卡瓦德二世当着库鲁斯二世的面，屠杀了自己的 18 个兄弟，并在 5 天后，要了自己老爹的命。

卡瓦德二世对自家人凶残，对敌人很客气。擦干净手上父兄的鲜血，马上向小希拉克略提出议和。波斯之前攻占的全部领土还给拜占庭，交换战俘以及军旗，签订和平协定，小希拉克略撤军。

6 年的远征，终于凯旋。元老院、教士、百姓聚集在城门口，带着橄榄枝和灯火，等待他们辉煌的君主。4 头大象拖着金色的战车，希拉克略带着巨大的荣耀回到了君士坦丁堡，进城的时候，老杨想，小希拉克略肯定想到了恺撒或者屋大维这些古罗马位列仙班的帝王。实际上，他已经超过罗马帝王的东征极限了，上一个到达波斯首都的罗马统帅是马克·安东尼！

然而更大的荣耀是在第二年，波斯人交还被抢去的“真十字”，小希拉克略带着圣物亲自前往耶路撒冷，托了库鲁斯二世皇后的福，圣物完好无损。耶路撒冷举行了巨大的仪式欢迎圣物回归，并褒扬小希拉克略的功绩。这一刻，小希拉克略不光是战场上最神勇的将领，帝王宝座上最荣耀的君主，更是最蒙上帝喜悦的信徒。这一刻他无愧于任何赞美之词，比太阳还光芒耀眼，自然，他也就成为世界历史上，查士丁尼一世之后，东罗马最伟大的君王。

小希拉克略回家，总结自己的这一轮大胜，觉得这是军区制改革的功劳，于是决定大力深化改革。原来只是在边境行省建立军区，现在全国变成军区，并且屯田。这是拜占庭帝国历史上最有成效的一次改革，它虽然没有让帝国更加强大，却让它在后来大敌环伺的态势下保全了自己。

除了军事改革，小希拉克略任期内还有一件大事就是去罗马化。这时的拜占庭认命了，还想恢复昔日罗马帝国的荣光应该是不切实际的梦想了，不要死守着罗马不放了。拜占庭是希腊故地，希腊文化才是本地的，容易和周围环境融合的；不能再说拉丁语了，改说希腊语吧。从小希拉克略这辈开始，拜占庭的官方语言就是希腊文了。而某些官员设置，政府部门的配置，也慢慢向希腊传统靠近。

不打仗的日子真是安逸啊，不过，小希拉克略没安逸多久。还记得吗？当初小希拉克略悲壮的远征是靠谁支持的？教会！皇帝借了教会一大笔钱，而且承诺按高利贷利息还给人家！

世界上都是欠债的记性不好，别指望讨债的会忘记。教会当初借钱的时候，的确是预备跟王国共存亡，大约也没指望拿回来，可现在既然皇帝凯旋，这笔钱就不能算了。而且啊，地球人都知道，小希拉克略洗劫了波斯王宫，抢的金银珠宝数目不详，说不好就被军队中饱私囊了。

小希拉克略苦闷死了，打仗靠什么，士气和金钱，大部分时候，金钱等于士气。6 年远征，教会借的那点钱怎么够啊，不管抢了多少，也都用了，基本上回到君士坦丁堡的小希拉克略，并不比他出发时富裕。

教会讨债，小希拉克略哭穷，教会不信。于是，小希拉克略在任期的后面几年，就忙着跟教会斗智斗勇兼赖账了，终于把自己整病了。

从安息到萨珊，波斯帝国和罗马帝国缠斗了几百年，终于以罗马的胜利结束，不幸的是，更大更强的敌人已经在身边迅速崛起，拜占庭的皇帝正忙着跟教士算小钱，而来自真主的号角声已经锐利地划过帝国的天际！

七 被蚕食的帝国

对，阿拉伯人来了！

就在小希拉克略回到君士坦丁堡登基的那一年，穆罕默德在麦加的山洞里看见了天使加百利，收到了来自真主安拉的消息，让他作为使者，在人间传播伊斯兰教。拜占庭和波斯两败俱伤那几年，穆罕默德建立了政教合一的穆斯林政权，而且开始向外扩张。拜占庭的教会忙着跟皇帝讨债的那几年，穆斯林统一了阿拉伯半岛。小希拉克略病倒那几年，阿拉伯世界的哈里发开始对拜占庭的版图开刀。

这一轮征伐从公元 633 年持续到公元 658 年，正好是阿拉伯世界最著名的四大哈里发时期，此时的阿拉伯国家如海天间的一轮朝阳，正要喷薄而起，而它前进道路上的两大障碍，拜占庭和波斯正是遍体鳞伤，自然会被这耀眼的穆斯林光芒灼伤了。

阿拉伯人先是攻陷了大马士革，这一战，小希拉克略的弟弟，跟随他一起征战波斯的猛将狄奥多拉战死。围城两年后，圣城耶路撒冷开城向他们投降，接着是叙利亚、小亚细亚、美索不达米亚也向他们投降。随后，阿拉伯军团突袭了埃及，罗马永远失去了自己的粮仓。埃及都失去了，可以预见北非也是早晚的事了。要不是公元 656 年阿拉伯世界内部哗变，还不知道拜占庭帝国要被压缩到什么程度。

拜占庭失去了西亚和非洲大部分领土，这些领土基本是小希拉克略从波斯人手里抢回来的，但转手送给了穆斯林。其实放在波斯人版图上也一样，因为他家整个被阿拉伯吃掉，彻底灭亡了。

公元 641 年，希拉克略驾崩。小希拉克略死前得了一种怪病，叫作恐海症，就是说不能看见大海，这病也找不到医学资料查询，老杨想，会不会是一看见大海就发癫痫呢？就因为这个怪病，面对阿拉伯世界的步步进逼，这位亚欧地区的“万王之王”只能缩在家里，啥也干不了。

君士坦丁堡的所有人都认为，小希拉克略得这种怪病，绝对是上帝的惩罚，为啥呢？他不顾所有人的阻拦，在原配皇后死了之后，迎娶了自己的侄女玛提娜！当时也没人告诉这两个人，如果非要乱伦，非要近亲结婚，就不要繁殖后代了，这两人一鼓作气生了 9 个孩子，死了 4 个，残了 2 个！

按小希拉克略的意思，继承大位的应该是前妻生的长子君士坦丁三世，玛提娜不干，非要让自己生的儿子也成为共治君主，小希拉克略自然不会违抗侄女的意思，于是，30 岁的君士坦丁三世和 15 岁的弟弟希拉克利纳斯一起登基了。

君士坦丁三世身体不好，长期病歪歪的，在位 100 多天，就死掉了。这下玛提娜的儿子成了唯一的皇帝，母子俩有点暗爽。君士坦丁三世有两个儿子，按道理呢，希拉克利纳斯应该要关照这两个侄子，或者拉扯一个做皇帝，但是看起来，他没这个想法。君士坦丁三世身体不好，脑子不坏，死前已经给自己的几个亲信的行省军官留了话，要帮助自己的儿子出头。亚美尼亚的一个将军看准时机跳出来了，希拉克利纳斯发现形势不对，赶紧找到大侄子，给了他一顶共治的皇冠。这个动作太迟了，因为玛提娜在君士坦丁堡形象相当恶劣，恨她以致恨她生的孩子的人太多了，所以一有人发动，这母子俩就被推翻了（拜占庭的皇帝特别容易倒）。

拜占庭帝国是个法治地区，不会随便把皇帝太后揪下来的，肯定有罪名啊，罪名就是，谋杀君士坦丁三世！这个是历史之谜了，大部分的史料都说君士坦丁三世死于肺结核。真相不重要，重要的是，妖女和她生的孽障被赶出皇室序列了，而且判了刑，一个被割了舌头，一个被割了鼻子。大家注意啊，割鼻子这三个字我们后面会经常看到，貌似拜占庭的法官，很喜欢割人鼻子。科学的说法是，一个人被割了鼻子，就算将来能翻身，也不可能登上大位或者成为重要官员了。也就是说，割掉了鼻子，就算割掉了仕途。

君士坦丁三世的长子君士坦斯二世即位，他 12 岁。

君士坦斯一辈子最忌讳的就是他弟弟，按之前的传统，既然是兄弟俩，就应该是共治君主，君士坦斯怎么也不愿意把皇位分一半给弟弟坐，后来迫于压力，他竟然把他弟弟杀了！这事让拜占庭的人都很震惊，也对这个皇帝产生了极大的憎恶。这帮人都是基督徒，《圣经》里有个经典的故事就是“该隐杀弟”（该隐是夏娃第一个儿子，亚伯是第二个，兄弟俩同时向主献祭，上帝看中了亚伯的祭品，出于嫉妒，该隐将弟弟骗到郊外，杀掉了），所以君士坦丁堡私下都叫皇帝该隐。

做梦总感觉弟弟来索命，首都的气氛也非常不友好，君士坦斯决定迁都，他预备将都城迁到西西里岛的叙古拉城去，这里也就是当年数学家阿基米德居住及被杀的地方。

这事太一厢情愿了，君士坦斯不知道自己在西西里岛也不招人待见，他在自己选定的新宫殿里作威作福，不知道死神就在身边。这一天，洗澡的时候，一个仆从用淋浴的水瓶砸破了皇帝的头。西西里岛的军人拥戴一位内廷侍卫成为新的皇帝，据说这个突然天降富贵的侍卫长得俊美绝伦。

这次军人造反没有成功，因为君士坦斯留在首都三个儿子，大儿子已经被封为副皇帝了，现在，他只需要带着自己的拥趸开进西西里岛，擒拿反叛，报了杀父之仇就可以转正了。

君士坦丁四世登基，为了给父亲报仇，君士坦丁四世在西西里岛可杀了不少人，杀戮太多也抑郁，所以从西西里岛回到君士坦丁堡这一路上，皇帝陛下居然不肯刮胡子，以至于荣登大宝那天，皇上的大胡子造型显得很炫，从此以后，君士坦丁四世就被叫作“大胡子”了。

八 “希腊火”大败阿拉伯人

前文说到，阿拉伯攻打拜占庭，正打得飞沙走石，意气昂扬，突然家里内讧，不得不将这个工作暂停。就是这段时间里，阿拉伯世界冒出了什叶派和逊尼派两股人马，闹到现在还没闹明白。两边这第一场大战的胜利者是逊尼派的穆阿维亚，他创立了阿拉伯帝国的第一个王朝——倭马亚王朝。

阿拉伯帝国缠上拜占庭了，视其为最重要的对手。穆阿维亚发现，陆上的优势再强也不够，要干掉君士坦丁堡，必须有很强的海军，以突破对方的海上防线，进攻稍微薄弱些的海防城墙。于是，穆阿维亚一手主持了阿拉伯海军的建立。

公元 655 年“船桅之战”，新鲜的阿拉伯海军大败拜占庭舰队，差点俘虏了君士坦丁四世。等到穆阿维亚摆平了穆斯林的纠纷，坐定了哈里发大位，就赶紧又把之前中断的工作衔接上，恢复了对拜占庭的征讨。

大约是从公元 663 年开始，穆阿维亚就把攻打拜占庭当作国家节日了，每年一次，绝不落空。他知道直接攻打君士坦丁堡还比较困难，所以他先攻打君士坦丁堡附近的岛屿，等周围的岛屿被收编大半后，哈里发决定总攻了。

公元 674 年，君士坦丁堡再次被围，随后的 4 年，穆斯林孜孜不倦，百折不挠。君士坦丁堡的防守能力不是浪得虚名，不论阿拉伯战舰在外围占了多大的便宜，一进入拜占庭的水域，总是艰难重重，阿拉伯人坚持不懈，终于逼得拜占庭出动了当时最高端的大规模杀伤性武器！

战斗进行中，阿拉伯人突然发现君士坦丁堡城内飘出来很多小木船，眼看越来越近，阿拉伯人谨慎为上，赶紧打沉，小船几乎没有任何防御，说沉就沉了。小船上带着的东西不会沉，很快就黑乎乎、黏糊糊地布满整个海面，还有一股怪怪的气味。阿拉伯的舰队莫名地被这些黑色液体包围了，还没等分析出这是不是某种化学武器，对面的君士坦丁堡城头开始发射火球了，破空而来，一落入海中，那些黑色液体呼的一声就燃起冲天的大火。阿拉伯的木制战船帮助了火势，越烧越远，顷刻间，围城的舰队，2/3着火沉没，没有着火的战舰看着不对，赶紧后撤。不幸后撤的道路已经有拜占庭的海军在恭候，就算阿拉伯还有船只能逃出战场，在军事上，他们也不得不承认，这个结果，就叫作全军覆没！

这种拜占庭独门的大杀器就是江湖上名动一时的“希腊火”，拜占庭人喜欢叫它“海洋之火”，因为这些火焰是漂浮在水面上的。

说到打仗的士气，阿拉伯人对宗教的虔诚而引发的战争热情是谁也比不了的，拜占庭非常清楚这一点，好在拜占庭也有自己的优势，那就是文化和科技的积累。希腊火的发明者叫作卡利尼克斯，是叙利亚的建筑材料工程师，业余时间热衷炼金。叙利亚被阿拉伯占领，他作为一个基督徒是不好混的，所以要逃到君士坦丁堡去，经过小亚细亚的时候，他发现当地有一种黑色黏稠的液体可以漂浮在海上，还可以燃烧，他当时就想到这个东西可以用于战场。他将这种黑色液体和硫黄及某种松脂混合，制造出了这种在当时非常高端的武器。现在我们可以猜到，这种黑色液体肯定是石油。

阿拉伯的海军在希腊火中焚烧，而他们在陆上的战斗形势也不太顺利。伟大的穆阿维亚哈里发此时已经高龄，国内的政治气氛也不算和谐，他知道，如果再挣扎着跟拜占庭死磕，后果是非常严重的。他愿意服输，跟君士坦丁堡签订30年的合约，每年向拜占庭缴纳3000块黄金，另加50匹纯种骏马、50个奴隶作为年贡。

欧洲历史高度评价这一次的胜利，因为就是这一仗，让全世界都知道，原来阿拉伯人的扩张进程是可以被遏制的。阿拉伯人的心思地球人都知道，吃掉拜占庭，然后大举西进，将穆斯林的战旗插遍欧洲，对基督徒来说，那可是“餐具”了。

阿拉伯兴起后，那些较小的部族，比如附近的阿瓦尔人、斯拉夫人都成为“粉丝”。这些家伙吧，其实都挺墙头草的，对于伊斯兰教或者基督教，他们也没个明确的见识，依附的标准就是看实力。拜占庭这次打出了罗马军团久违的神勇，这几个家伙马上表示了敬仰，如滔滔地中海，连绵不绝。但有一撮人并不买账，没办法，他们需要立足之地，他们是保加尔人。

中世纪的欧洲地方太小，种族太多，生存的关键词是迁徙和打仗，也就是打不过就跑。保加尔人被东部的卡扎尔人挤对，不得不越过多瑙河，进入色雷斯，并挤走了那里的斯拉夫人。他们占领的这块地方吧，对外宣称是拜占庭的领土，其实拜占庭早就说了不算了，基本上就是给斯拉夫人把持了，现在不过是换了一伙钉子户而已，如果拜占庭有其他的事情忙，是绝对管不了的，现下刚收拾了阿拉伯人，军威正炽，闲着也是闲着，“大胡子”决定亲自带兵把这块地方收回来。

这个仗打得很诡异，传说“大胡子”有个痛风的毛病，到了前线他就犯病了，于是离开前线去找药。他手下的军团反应很快，以为皇帝临阵脱逃了，争先恐后作鸟兽散了！这下好了，保加尔人本来预备打到这个位置有个住处就行了，现在更加深入，并且就在拜占庭的版图上建立了自己的国家——保加利亚帝国，历史上称为第一保加利亚帝国！“大胡子”本来是去阻挠的，现在看起来是邀请他们进来建国了，有苦说不出，只好承认了对方的疆界！

这对拜占庭可是一件大事，大家应该还记得，西罗马的颓败之初，就是许多蛮族在自己的领地上开始建国。

虽然失去了色雷斯部分地区，但比起前几任，“大胡子”算是失地比较少的了，更何况他压制了穆斯林的咄咄逼人，这个功劳已经盖过其他的过失了。

再大的功劳也不能掩盖人品的邪恶。拜占庭前几任皇廷的风波都来自“共治”这个麻烦。“大胡子”君士坦丁四世也遭遇了同样的烦恼，他有两个弟弟，按传统，这两个弟弟应该与他并立称王。他虽然给了他俩副皇帝的名分，但是一点权力也没分出去。这两个皇弟当然也有自己的势力，所以搞了几次动作，被“大胡子”粉碎了，但是也彻底激怒了他，他直接宣布剥夺了他俩的王位，而且割掉了弟弟们的鼻子！

“大胡子”自己也有两个儿子，他深知这其中蕴藏的隐患，于是，从他这任起，他宣布，以后只有长子即位，拥有整个帝国和最高权力，如果一定要立个共治君主，就当作摆设吧。

九　被割了鼻子的查士丁尼二世

“大胡子”33 岁死于痢疾，还不到 16 岁的太子查士丁尼二世继位。

16 岁的小孩最是热血，满怀理想。查士丁尼二世一直将查士丁尼大帝当作自己的偶像，所以一坐上了偶像的位置，就预备按他的人生轨迹走。

查士丁尼大帝的特点就是喜欢花钱打架和花钱基建，这两件事，查士丁尼二世也都喜欢。

本来阿拉伯人是个很好的对手，可查士丁尼二世上台，正逢阿拉伯的哈里发也是新的，而且是刚经历了上任哈里发死后的国内动荡，所以人家不跟他打。看到查士丁尼二世一副愤青面孔，阿拉伯的哈里发马上提高了年贡，买到了平安。

阿拉伯人安全了，斯拉夫人倒霉了，他们不是一直占据拜占庭的巴尔干半岛吗，查士丁尼二世找到攻击目标了。

查士丁尼二世的拜占庭军队很快获得了巴尔干半岛的胜利，斯拉夫人表示臣服。俘虏太多了，于是查士丁尼二世将其中 3 万人补充进拜占庭的军队，其他的斯拉夫人，他下令全部移民到帝国东部去开荒，那里被阿拉伯人打得乱七八糟的，很需要民工。

大家都知道，大规模移民是需要准备和安排的，查士丁尼二世一概没有，他根据他自己的需要，一会儿让西边的人移民到东部，一会儿让山区的人移民到海边，引起民怨沸腾。

拜占庭一直在基督教的某些观点理论方面跟罗马教廷有分歧，查士丁尼二世初生牛犊做事鲁莽，他决定亲自到罗马去把教皇抓到君士坦丁堡来洗脑！查士丁尼二世出差的结果是，被教众围追堵截，差点被痛扁，后来他跑去罗马教廷，痛哭流涕请求原谅，才安全回家。

查士丁尼二世非常虔诚，他是第一个将耶稣的头像印在货币上的拜占庭君主。这本来是个挺好的事，可人家阿拉伯不干啊，阿拉伯这时缴纳年贡是按拜占庭的款式铸币的，你让人家穆斯林怎么处理这个基督的头像呢？这事两边没谈拢，查士丁尼二世就叫嚣跟人家开仗。

牵涉自己的信仰，阿拉伯人就算不愿意打，这时候也不肯示弱。查士丁尼二世刚组建了斯拉夫人的军团，正好让他们去迎接阿拉伯人的怒火。斯拉夫人才没这么傻呢，一上战场，全跑了！

查士丁尼二世气翻了，把剩下的斯拉夫人全部作为奴隶卖了，将带兵的将领里昂提乌斯送进了黑牢。

此时的帝国，今非昔比，因为实力只够防守，所以最好还是保持低调。偏偏皇帝这样随性地实践自己的抱负，除了打架惹事就是修建各种华丽建筑。他宠爱的近臣打着皇上要花钱的旗号，大肆搜刮，查士丁尼二世成了拜占庭又一个招人怨恨的皇帝。

为了安抚民怨，查士丁尼二世把里昂提乌斯放出来，让他去做希腊军区的司令。可此时里昂提乌斯的心已经拔凉拔凉的了，希腊军区的司令算什么，你把皇帝给我做，也抚平不了我内心的创伤！于是，里昂提乌斯就把皇冠抢过来戴上，将查士丁尼二世流放，出发前，还割掉了这位先帝的鼻子！（这家人在刑罚方面毫无创意。）

里昂提乌斯自己成了皇帝，才知道皇帝不容易。国内有人不服，天天闹事，国外阿拉伯人又恢复了进攻。不到 3 年，一个军官又被拥立，取代了里昂提乌斯。里昂提乌斯下台前，也被割掉了鼻子！

这个军官为了看上去像个皇帝，给自己起了个新名字叫提必留，算一下，这个是提必留二世。这家伙勉强支撑了 7 年，证明了自己的头颅也配不上拜占庭的王冠。

君士坦丁堡里换皇帝换得热闹，被流放的查士丁尼二世是鼻子虽无，壮心不已，日思夜想，做梦都是打回首都去，夺回王位来！

查士丁尼二世先是秘密流亡到卡扎尔人的国家，跟他家的首领提亲，要求娶他的女儿。查士丁尼二世虽然没了鼻子，可毕竟曾是拜占庭的皇帝，希拉克略王朝的正统，愿意给一个小汗国做驸马，人家怎么好意思拒绝呢。查士丁尼二世给自己这个蛮族的老婆起了个新名字，我们都能猜出来，肯定是叫狄奥多拉，还让她受洗成为基督徒。他的目的当然是以女婿的身份借兵回家复仇，不过他老丈人胆子太小了，居然给君士坦丁堡通风报信。幸亏查士丁尼二世机敏，在仇家找到他之前，以最快的速度窜到保加利亚去了。

保加利亚应该是觉得这个没鼻子的家伙值得投资，于是真的借给他人马，让他打回家去。君士坦丁堡是攻不破的，但是曾经的主人自然有进门的办法，查士丁尼二世找到一条废弃的水道，突袭进城，加上城内还有他一些支持者，就这样，漂泊了 10 年后，查士丁尼二世取回了自己的王座，二次登基了。

复仇！血腥复仇！这是查士丁尼二世复位后生活的全部。前两个篡位者被带到他面前，这次不光是割鼻子了，因为都没有鼻子了，查士丁尼二世另外想到什么招儿，我们就不描述了，反正这两个倒霉鬼，死得肯定不舒服。查士丁尼二世的内心已经被彻底扭曲，事实证明，没有鼻子是真没有前途了，因为完全变态了。查士丁尼二世血洗了所有仇家，突然想到，早年他去罗马还受了气，于是发兵意大利，把那边的仇家又抓来杀了一轮。

复位后的查士丁尼二世又做了 7 年皇帝，病态的复仇激起更多的仇恨，真是冤冤相报何时了。公元 711 年，亚美尼亚军官带着舰队来到君士坦丁堡城下，城内的人为这位新的君主打开了大门，查士丁尼二世再次被罢黜，因为没有鼻子割了，所以直接被割掉了脑袋，他那个蛮族的老婆为他生的儿子也遭到杀害，希拉克略王朝的血统就完全断绝了。

以后的 6 年，君士坦丁堡的王座像戏台子一样，乱哄哄你方唱罢我登场，换了 3 个剧团，没有一个争取到有效的收视，统统被轰下场了。

十　捣毁圣像运动

再没有像样的老大出来，拜占庭帝国就危殆了。

利奥三世来了，在前期所有造反篡位的军区大员中，利奥三世是拜占庭最大军区的司令官。公元717年，他露出称帝意向的那一年，阿拉伯发兵12万，舰船1800艘，再次包围了君士坦丁堡。当时在位的皇帝本来就是被强行拉上台凑数的，听说首都又被围了，赶紧求爷爷告奶奶要求下课，客客气气让了位。所以，利奥三世绝对不能算是篡位者，没有一上台就坏了名声。

到底是军区司令，打仗，人家一点不怵。海战他不怕，因为有希腊火呢，关键是陆战，利奥三世也不怕，他拉帮手，找盟军。盟军就是保加利亚，在拜占庭的游说下，保加利亚觉得，他们在拜占庭的版图存身，基本还是可以跟主人家相安无事的，如果这个主人家是阿拉伯，恐怕就没这么安宁了，于是，他们愿意跟拜占庭联手作战。

公元717年，攻防战开始，看来这次进攻，阿拉伯人并没有想到对付希腊火的办法，他们根本没办法接近君士坦丁堡的水域。阿拉伯人就是倔啊，没办法进就退呗，我就不退，我死给你看！当年冬天，出奇地寒冷，阿拉伯士兵、马匹冻死无数。不论是援军还是给养，都被拜占庭和保加尔人联军半路拦截。阿拉伯死人太多，第二年夏天，军中暴发了瘟疫，铩羽而归。这是君士坦丁堡第二次阻挡了阿拉伯人的庞大攻击。

击退穆斯林，利奥三世算是在错综复杂的环境下坐稳了王位，从他开始，拜占庭的伊苏利亚王朝就算开始了。

利奥三世对国家治理是有自己的想法的，他更加完善了拜占庭国家安全的根本——军区制，重新划分了部分军区，使之更符合国情和需要，影响颇为深远。

拜占庭帝国这时有两股势力很强大，一股当然是军队，而另一股就是教会。

基督教发展到这时候，势力很强大，阿拉伯征服了不少基督教地区，当地的老百姓也许会迫于压力改信伊斯兰教，但是有神职的基督教公务员不会啊，他们全跑回拜占庭寻求耶稣的庇佑，这就引起了利奥三世统治下的人口、教士僧侣及其他教会相关人士的增多。教会是国内最有钱的机构，本来占据了全国一半以上的土地，还不用交税，享受各种特权，现在这些新的大老爷进来，根据优惠政策又获得一份利益，直接挤压了老百姓的生活空间。

本来，根据《圣经》，基督徒是不能搞偶像崇拜的，也就是说，一个基督徒应该是在内心供奉天上的主，而不是在教堂或者修道院，供奉一尊泥塑的耶稣像。这事到利奥三世这个时代，已经彻底变了，教会或者是为了敛财，或者是没理解《圣经》，居然开始挂一些耶稣的画像或是雕像 ，让信众过来朝拜。可能是面对一个实物，人觉得更有安全感，因此经常去拜拜，教堂教会跟着财源广进。

利奥三世是反对偶像崇拜的，而且他和他的班子认为，拜占庭遭遇的不幸，地震、瘟疫啥的，或者是被阿拉伯人欺负，都是偶像崇拜搞坏的。为啥人家穆斯林这么神勇呢？人家就绝对不搞偶像崇拜。

公元 726 年，利奥三世下了第一道捣毁圣像的诏书。开始了声势浩大、延绵百年的“捣毁圣像运动”。教会当然不干，结果所有不配合朝廷的修道院都被取缔，土地钱财也被没收。这些土地转手就到了军队和贵族手里，财富充实了国库，所以，皇上捣毁圣像的支持者还是很多的。

利奥三世搞这么大动作，罗马教廷坐不住了。屡次交涉无效，利奥三世态度强硬。罗马教皇格列高利三世给予他最严厉的惩罚，也就是，开除了拜占庭皇帝的教籍！利奥三世也不是好欺负的，本来西西里岛和伊比利亚这两个行省是交给罗马教廷管辖的，现在利奥三世宣布，以后这两个地区，拜占庭收回来了，交给君士坦丁堡的大教长管理。意大利南部的拜占庭领土，本来是让罗马教皇收税的，现在也不许他收了。教皇这个气受大了，此后的日子里，不管哪个欧洲君主，只要是让教皇高兴，他就把罗马帝国皇帝这个冠冕给人家戴上，完全不顾及拜占庭这个罗马帝国正统接班人的感受。

这一次利奥三世和罗马教廷的决裂，被认为是希腊文化和拉丁文化的正式分野，以后谁也别说罗马和拜占庭是一家了啊！

利奥三世战胜阿拉伯名声甚好，捣毁圣像又让自己背了不少骂名，功过相抵，好在他还有一件很重要的功绩，也就是立法。利奥三世在任期内编修了查士丁尼大帝的法典。查士丁尼一世这部法典过于浩大烦琐，执行时有诸多不便。利奥三世细化了部分章节，让内容更加明确。历史学家说利奥三世的改编让法典更人性化，这真是见仁见智了。改编后的法典取消了部分死刑，取代的是：割鼻子、割舌头、剁手脚、剁脑袋，或者是剃阴阳头！老杨估计是利奥三世发现拜占庭的伙计喜欢这类刑罚方式。不过也有先进的地方，比如对妇女和儿童的权益增加了保障，不准随便离婚，不准堕胎，不准同性传绯闻，等等。

我们就算这个皇帝功过相抵吧，利奥三世正好统治拜占庭 24 年，驾崩的时候，国家肯定比他登基的时候更平静、更安全、更富裕，所以他算是平安终老了（根据前几任的例子，能好死很不容易）。

十一　保加利亚战争

自从利奥三世发起捣毁圣像运动，整个基督教世界，特别是拜占庭国内，就分为了两派，一派是支持的，一派是反对的。而后来的君主，有的支持有的反对，交替出现，圣像一会儿被建起来，一会儿被打碎，热闹异常。

利奥三世的儿子又叫君士坦丁，这个是君士坦丁五世了，这家伙跟他爸爸一边的，完全支持捣毁圣像，而且是个强硬派。他下手比利奥三世狠多了，而且这伙计也有点病态人格，对于支持圣像那派人，他抓住绝不留情，据说还喜欢亲自操刀割鼻子、剜眼珠子，有当刽子手的奇特爱好。

自从利奥三世登基后，觉得自己原来所管辖的军区势力过大，所以就给分割了。这样一来，最大的军区就成了首都附近的奥普西金军区了。这么大的军区，当然是交给信得过的、跟利奥三世一起打天下的好兄弟——阿尔塔巴斯杜斯，他后来甚至成了利奥三世的女婿。

君士坦丁五世喜欢杀人，肯定也热衷战争，讨伐阿拉伯是必需的。他带着军队，从奥普西金军区穿过，没想到还没遭遇阿拉伯人就遭受了重创。皇帝受到的攻击来自他的姐夫，奥普西金军区司令阿尔塔巴斯杜斯！

我们不指望拜占庭的封疆大吏会对自己的主子有特别的敬畏，但是姐夫跟小舅子总有点香火情吧，人家去防御外虏，你怎么能中间偷袭呢？这样没有道理讲的事，一般是来自宗教狂热。君士坦丁五世的姐夫是圣像派的支持者，其强硬程度跟君士坦丁五世也差不多。

冷不丁被偷袭，君士坦丁五世大败溃散，姐夫挥师进京，坐上了老丈人家的王位。他是支持圣像崇拜的，所以首都自然有不少支持者，加上手里有兵，又是驸马爷，称帝的难度不大。

君士坦丁五世跑到了当年他父亲发迹的军区，好在虽然被分割了，但实力还在，部将还忠诚。听说旧主受辱，自然无不愤慨，纷纷披挂，随公子打回京师，拿回主公的江山。看来利奥三世的军区即使被分割还是最强的，君士坦丁五世新统辖的这支军队与姐夫的人马一场大战，取得了胜利，终于在被赶下王位的第二年重新回到了皇宫。

姐夫和两个儿子，也就是君士坦丁五世的两个外甥，都被他抓起来游街示众，然后在大竞技场被刺瞎双眼。支持者大部分被处决，没被处决的也少了不少器官。

痛定思痛，君士坦丁五世总结教训，发现奥普西金这个军区有重大的安全隐患，谁占有这里都有资本跟皇上叫板，老爸做得对啊，有些军区要分解掉。君士坦丁五世很快将军区分拆成独立的拥有不同职能的军团，平时互不干涉，但是皇帝的命令可以让他们马上集结。叛臣培养基地被取缔了，君士坦丁五世还拥有了一支属于自己的机动部队，实在是太聪明了。

走过这么大的风波，君士坦丁五世什么都不怕了，继续没完成的事业，打阿拉伯人出气去。

阿拉伯没机会成为皇帝的出气筒了，因为他们内部也打乱套了。这时的阿拉伯，正处在第二个王朝阿巴斯和第一个王朝倭马亚更替时期，王朝的辞旧迎新总带着血和痛。阿巴斯在中国的历史上被称为黑衣大食，因为喜欢举个黑旗。倭马亚战败后退缩到半岛，我们叫他们白衣大食。阿巴斯王朝掌权后，考虑到原来的都城大马士革离仇家太近，不太安全，于是将都城迁到了现在的巴格达，离君士坦丁堡远了，距离产生美，双方都感觉舒服多了。

君士坦丁五世借着阿拉伯内乱，出手收复了不少地方，不过等阿拉伯一缓过劲儿来就又拿回去了。这段时间，阿拉伯和拜占庭这两大帝国的势力在边境均衡，都占不到什么大便宜，对彼此领土的野心现在变成了部分地区的边境摩擦，也正好两边都需要休息了。

拜占庭帝国最不缺少的就是敌人，阿拉伯乖了，更恶劣的仇家又冒出来了，那就是保加尔人。

还记得这伙人吗？他们是第一个在拜占庭版图上建国的部族。后来他们帮助被割掉鼻子的查士丁尼二世复位成功，收了拜占庭不少好处，接着又帮助利奥三世打阿拉伯。仗打胜后，拜占庭答应每年给他家一笔压岁钱表示感谢（拜占庭王朝在这件事上没有荣辱观，不管大国小国，就喜欢给人家送年贡），保加尔人得了好处也不感激，继续在巴尔干半岛扩张，占了很大的一片地盘。

君士坦丁五世执政后，感觉对保加尔人还是要加强防御，于是一口气修了 600 多座城堡，竖在保加尔人面前。保加尔人又在此时要求增加年贡，皇帝当下就恼了。

君士坦丁五世在位最值得一提的就是对保加利亚的几次大战，其中以公元 763 年和公元 773 年两次最为著名。君士坦丁五世不但打退了保加尔人对君士坦丁堡的攻击，再一次化解了拜占庭帝国被灭亡的危机，还进攻到对方的腹地，让保加利亚国内生灵涂炭，一片混乱，短期内再无力骚扰拜占庭。但是君士坦丁五世的目的是彻底了断保加尔人，把这个长在拜占庭版图上的毒瘤连根除尽。所以，公元 775 年，年迈的君士坦丁五世再次出兵征讨，想给保加利亚毁灭一击时，驾崩在军营里。

本来罗马帝国的统帅，军功是第一位的，教会兴起后，评价皇帝的许多指标就与信仰有关了。君士坦丁五世挽救拜占庭于危亡，本来应该是帝国的大救星，可就是因为在圣像的问题上动作过于粗暴，历史形象并不好，还有一个非常不体面的外号，类似臭大粪之类的称呼。最可怜的是，后来崇拜圣像的那一派掌权，君士坦丁五世的尸体被从教堂里翻出来丢进大海。再后来，拜占庭国家受到保加尔人的再次征伐，老百姓开始怀念君士坦丁五世，还组团去君士坦丁五世曾经的墓前痛哭。

君士坦丁五世共有 6 个儿子，第一个皇后生的长子利奥四世接了班，第二个皇后还生了 5 个儿子。利奥四世自幼多病，性格和身体一样软弱，所以给他找了个比较强势的老婆，皇后是来自雅典的艾琳。

利奥四世这样的身体当皇帝，宏图大业基本就不敢想了，对他来说活着最要紧的事就是安排自己的儿子顺利接班，防止自己那 5 个异母弟弟跳出来作乱。

利奥四世在位 5 年就蹬腿了。这伙计虽然也是个捣毁圣像派，但是他性格温和，动作比较斯文，虽然两边都对皇帝这种有点骑墙派的作风看不上，但是也都对他没有太大的敌意，所以，他顺利地将政权交给了 10 岁的儿子君士坦丁六世，还让太后艾琳成为摄政王，共治天下。但是排位顺序还是君士坦丁六世是第一皇帝，艾琳是第二皇帝。

十二　帝国第一位女皇

艾琳是君士坦丁五世选定的儿媳妇，虽然是个孤女，没有家世，但是才学和修养是非常好的。

孤儿寡妇，5 个虎视眈眈的小叔子，一看这个组合就知道会血雨腥风。艾琳是支持圣像崇拜那一派的，她一摄政，就忙着重建偶像崇拜，为自己网罗了不少支持者。

现在小叔子们对艾琳的反对，除了对王权的争夺，还夹杂关于要不要捣毁圣像这个内容。这 5 个小叔子一出手，就发现这个来自雅典的嫂子不是一般的良家妇女。艾琳应该说是屡次粉碎了这些敌对势力的反攻。后来，她将 5 个小叔子，有的割了鼻子，有的割掉舌头，有的送进了修道院，清除了王座周围这几根特别碍眼的杂草。

随后，她就叫来罗马教皇，开了个著名的宗教大会，会上宣布，所有捣毁圣像的都是异端，崇拜耶稣画像和崇拜耶稣没有矛盾，是完全正确的。皇太后还宣布，之前那些支持捣毁圣像的教长教士，只要悬崖勒马，知错就改，浪子回头，朝廷绝对不秋后算账，还能让他们保留教内外一切职务。拜占庭大部分的教长都选择保留公职，服从改造。因为这事，艾琳在基督教世界里名声大噪，获得了一个“圣艾琳”的称号。

太后摄政有很多弊端，一般过于强势的母亲，儿子都比较懦弱，一个能干的太后往往会搭配一个没用的儿子，这就造成了儿子长大，太后不肯交权让其亲政。

大家奇怪，按道理拜占庭国内捣毁圣像派的人应该很多，为啥艾琳能这么容易就否定了先帝的诏令呢？这是因为捣毁圣像派心里有数，国内最强悍的捣毁圣像派领袖米哈伊尔是君士坦丁六世重要的幕僚，也就是说，君士坦丁六世铁定是这派的皇帝，早晚要君临天下的，到时候会改变所有的错，让一切重新来过。

艾琳当然也知道这个道理，所以她迟迟不愿放权，后来因为几次针对她宦官（女皇总是喜欢宦官的）的宫廷斗争，她决定先给自己找条退路。不久，她突然要求拜占庭人支持她成为排位在君士坦丁六世之上的皇帝。艾琳忘记了，君士坦丁六世当政是靠军队支持的，不管她在教会体系人气有多高，但本土军队还是愿意效忠利奥三世的子孙。亚美尼亚的军区率先支持君士坦丁六世，并扶持他成为唯一的君主，将艾琳赶出了王宫。

女皇不会轻易认输的，在宫外的两年里，她依然控制着她的支持者。君士坦丁堡的同党，更是不断通过各种渠道给君士坦丁六世灌输百善孝当先的做人基本道理。君士坦丁六世还是挺好的孩子，过了几天，想想老妈也挺可怜的，又把艾琳接回来，继续做副皇帝。

历史上关于君士坦丁六世的记载不多，总结了一下，对拜占庭的国家贡献应该是负数。但是这个皇帝是深受仇家爱戴的，君士坦丁六世和艾琳主事这几年，阿拉伯人和保加尔人看拜占庭就是一台智能化的提款机，只要亮一亮手上的刀剑，该设备就自动吐出银子来。

因为长期面对不同仇家一起上门的局面，拜占庭早就制定了长期国策，那就是打一派拉一派，花钱跟这家上供，买得平安后跟另一家作战，防止自己两面受击。但是堂堂一个罗马帝国，年年月月地向周边蛮族缴纳岁贡，已经异常丢人了，到君士坦丁六世这辈，破罐子破摔，没有最丢人，可以更丢人。这母子俩一头供着阿拉伯，一头供着保加利亚，还随时应对方要求涨价。

君士坦丁六世也不是不想作为，公元 792 年，他也曾御驾亲征，迎击保加尔人。不过皇上进入战场后改变了主意，自己跑掉了，突然找不到皇帝的拜占庭军队随即大败。从此，君士坦丁六世遭遇了来自军队的极端鄙视。第二年，曾经支持他的亚美尼亚军区起义，被他非常残酷地镇压，曾经帮助过他的军官很多都被迫害。

除了军队，他还鄙视自己的人民，并扩大到了全社会，起因是女人。

君士坦丁六世 17 岁的时候，艾琳做主，给他选择了美丽的玛利亚做皇后，君士坦丁六世一直不喜欢她，他喜欢的是一个宫女。他镇压了军区起义，觉得自己可以掌控一切了，就宣布和玛利亚离婚，并举行了一场盛大婚礼迎娶这个宫女。不管是罗马法律还是基督教正统派教义，离婚尤其是皇帝离婚都是不可接受的，而且他和宫女的这段关系，可以定性为“通奸”。

这两件事，让君士坦丁六世丢失了几乎所有的支持者，艾琳也觉得，到了自己大义灭亲的时候了。公元 797 年，艾琳派手下抓捕了睡梦中的君士坦丁六世，还剜去儿子的双目，据说下手过重，差点当场要了他的命。君士坦丁六世非常悲惨地又活了几年，后来就静悄悄地死掉了，而伊苏利亚王朝也就这样无声无息地绝嗣了。

人之发肤，受之于父母。君士坦丁六世的眼睛是他妈给的，艾琳可能是觉得自己拿回来也应该。即使是看惯了挖眼割鼻这些刑罚的拜占庭人都有点看不过去了，哪有妈妈这样对自己儿子下手的。相比之下，咱们的武则天皇上直接要了儿子女儿的命反倒显得分外慈爱。

不管有多少微词，艾琳现在是拜占庭唯一的君主了，罗马帝国落在一个女人手里，任人蹂躏，如果恺撒、屋大维天上有灵，想必应该特别伤心。

说到罗马帝国，老杨又要申请跑个题，插播一段这前后欧洲的事。

前文我们说到君士坦丁五世的功绩，不论是对阿拉伯还是保加尔人，他都取得了足够荣耀的胜利。但是他有一个大疏漏。也就是，对于拜占庭在意大利半岛上的土地，还有依附拜占庭存在的罗马教廷，他几乎不放在心上。我们原来说过，伦巴底人在阿瓦尔人的帮助下攻占意大利北部，成立了自己的国家。意大利半岛上的三个主人分别是伦巴底人、教皇和拜占庭的总督。

伦巴底从没放弃过对南部的征伐，每遇凶险，教皇就指望着拜占庭出兵保证教廷的安全。利奥三世的捣毁圣像运动导致了罗马教廷的天主教派和拜占庭的东正教（东部正统教派）严重分裂，教皇也硬气，伦巴底人再打过来的时候，他不找拜占庭帮忙了，他找法兰克王国。

法兰克王国（请参看《德意志：铁与血的历史》）是日耳曼部族的法兰克人建立的，而且正越来越强大。法兰克的首相丕平掌握实权，想把当时的法兰克国王取而代之，但是又怕名不正言不顺，于是拜谒教皇，让教皇支持他改朝换代。教皇还真答应他了，丕平推翻墨洛温王朝，自己建立了法兰克王国的加洛林王朝。

这样一来，教廷和法兰克国就有了非常暧昧、亲昵的关系，所以，罗马再次受到伦巴底人攻打时，教皇马上想到找法兰克人帮忙。丕平出兵赶走了伦巴底人，还将收复的拜占庭的总督行省一并送给教皇做礼物，拜占庭坚决不干，要求丕平还回来，法兰克人肯定是不答应的。这个事件在历史上叫作“丕平献土”。从此，教皇不仅有个教廷，还有大片属于自己的土地，势力越来越大了。

丕平死后，法兰克王国迎来了他们历史上最牛的国王，也就是查理大帝。查理大帝任期内，法兰克王国几乎征服了所有西欧的土地，成为继罗马之后西欧地区地盘最大的国家。

公元 800 年，查理大帝听说教皇有难，发兵攻入意大利，再次拯救了教皇。教皇非常知道好歹，查理大帝在教堂做礼拜，教皇突然将一个王冠给他戴上了，并宣布这是罗马人的皇帝！从此以后，法兰克王国改名神圣罗马帝国，查理不是国王，他是罗马皇帝！

这事对拜占庭羞辱大了，而教皇也有道理啊，古罗马没有女人做皇帝的规定，如果拜占庭坚持自己才是罗马帝国的延续，那艾琳就不是皇帝，那就是说，罗马皇帝位子正空着呢，人家查理怎么不能加冕呢？

关于查理大帝加冕到底是教皇拳拳盛意，还是他自己露出了明显企图，我们到《德意志：铁与血的历史》再去讨论吧。现在，查理戴着这顶罗马帝冠，心里颇为忐忑不安，因为东西罗马原来有个规定，西罗马的君主必须得到东罗马君主的认可。他觉得如果不能让拜占庭承认自己，这个皇帝做得就有点自说自话。不过查理很快就想出了妥善的解决办法，那就是查理大帝迎娶艾琳皇帝，两家变一家，谁敢说合并后的国家不是罗马帝国？！

经过 400 年的分裂，眼看着东西罗马又要统一了，多好的事啊，艾琳当然也没有意见。查理大帝做事讲究，专门派了一个正式的使团过来求婚。使团没有见到艾琳皇帝，见到的是尼基福鲁斯皇帝！

十三　磕巴皇帝米哈伊尔二世

这人谁啊？原来是女王的财政大臣，军区司令出身，一直是君士坦丁堡的实权派。艾琳呢？被流放荒岛，学织布去了。

尼基福鲁斯名字很长，在位的时间却短。9 年时间，最大的事情就是进行了一次人口普查，发现了很多逃税的，到底是财长出身，马上着手税务改革。在他任期内，国库收入明显增加。

估计是文官做久了，尼基福鲁斯皇帝重上战场非常露怯。他一登基就宣布，以后对阿拉伯的年贡不给了，打吧。这一轮打架的结果是，年贡继续交，而皇帝还被迫同意了最屈辱的条件，就是每年他和他的儿子要以个人名义，向阿拉伯缴纳 3 个金币的人头税！

尼基福鲁斯皇帝在阿拉伯人那里受了耻辱，想从保加尔人身上找回来。保加尔人在欧洲中部的劲敌就是阿瓦尔人，最近法兰克的查理大帝干掉了阿瓦尔人，保加尔人轻松了，就天天找拜占庭玩。尼基福鲁斯皇帝一生气，后果也挺严重的，指挥拜占庭大军直扑保加利亚的首都，抢走了皇宫的金银财宝，还一把火烧掉了这座宫殿。谁知道保加尔人并不认输，人家有后招。他们在拜占庭军队追击保加尔汗王的途中，将拜占庭军团引入一个山谷，将其分割包围消灭，迫使尼基福鲁斯皇帝也横死当场。

这是继罗马帝国的瓦伦斯皇帝被西哥特人干掉后，又一个在战场上被蛮夷干掉的皇帝，尼基福鲁斯比瓦伦斯还惨，他碰上的蛮族更彪悍，保加尔的汗王将尼基的头骨做成了酒杯，他和他手下的战将轮流用它痛饮。

尼基福鲁斯的儿子重伤逃到亚得里亚堡，支撑着登基成为新皇帝。不过他伤成这样，连回君士坦丁堡的力气都没有了，登基不过是过把干瘾罢了。

好在尼基福鲁斯还有个女儿，驸马爷是宫廷总管米哈伊尔，君士坦丁堡没得选择，只好将他扶上皇位，虽然都知道这伙计就是模样帅点，但性格窝囊，毫无才智，是标准的绣花枕头。查理大帝也知道欺负老实人，看这家伙上位，马上发了封邮件，让对方承认他“罗马皇帝”的称号，米哈伊尔在家考虑了一下后果，只好同意了，查理大帝心里踏实了。

保加尔人干掉了拜占庭的皇帝，开始疯狂地报复他对自家首都的摧毁，当再进入拜占庭领土时，基本就是“三光”政策。这一轮他们无限逼近了色雷斯，占领了一个重要港口，不仅抢走大量的金银，最要命的是，带走了大量希腊火的原料。

米哈伊尔不得不提着胆子出征了，两国军队从两个方向开始寻找对方，突然有一天发现对方就在面前，面面相觑，发了一阵黑晕才想起开打。开打之后，阿纳多利亚军区的司令利奥突然撤出了战斗，因为拜占庭军团里一直存在欧洲军区和东部军区之间的矛盾，跟捣毁圣像有很大关系。利奥带领的东部军区不愿意跟欧洲军区协同作战，临阵撂挑子不干了。悲剧重演，拜占庭的军队在保加尔人手下再次几乎全军覆没，米哈伊尔皇帝逃回首都。

皇帝不会打仗被认为是此战失利的主要原因，一个不会打仗的皇帝就别霸着位置了，现在拜占庭需要的是能打的皇帝，利奥敢在阵前耍态度，气质相当硬朗，就他吧。于是，利奥五世就这样上台了。

阵前哗变，完全不把国家利益和战友的生死放在心上，利奥五世这个人，人品一般啊，要是让保加尔人评价，这位利奥五世皇帝绝对就是个卑鄙小人。

利奥五世忙着篡位，保加尔人可不懈怠，再次攻到君士坦丁堡的城墙下。保加尔人也知道，君士坦丁堡的城墙都快成神话了，怎么打都打不破，汗王算计一下，既然打不过，不如就跟利奥五世和谈吧。让他给老子一笔钱，老子撤军走人，让他赶紧收拾他们家那些乱七八糟的事。

和谈好啊，利奥五世欢迎，并很客气地邀请汗王进来边吃边聊。蛮族心里实诚啊，停战谈判，人家还请吃饭，全副武装不合适啊，于是就换了身休闲装，散着步赶饭局去了。过了一个来时辰，突然看到汗王披头散发，浑身是血地跑回来，一边跑一边喊：“利奥五世这个老犊子骗人，他摆鸿门宴啊！”

显然是利奥五世以和谈为名行诱杀之实，保加尔人气疯了，以非常狂躁的姿态洗劫了附近所有的村庄和城市。看到保加尔人疯得厉害，君士坦丁堡只能紧闭城门，躲在城里，祈祷这群蛮夷赶紧消停吧。祈祷是有用的，这种排山倒海般的冲击终于在第二年停止了，因为汗王脑出血死掉了，牛羊肉吃多了，不注意养生，又被利奥五世刺激了一次，算是间接杀人了。

保加尔人换领导，利奥五世趁机出击，打了个胜仗，获得了一张30年不打架的承诺书。恰好，阿拉伯国内又起争端，于是，这两大敌人谁也顾不上找拜占庭麻烦了，利奥五世过了几年平静的日子。

利奥五世是捣毁圣像派的皇帝，他总结啊，他之前的皇帝，捣毁圣像派的都比支持圣像派的结局好，他有理由要把这件事发扬光大了。利奥三世以后又一个轰轰烈烈的打砸圣像活动开始了。正好他宣布开砸不久，他就打赢了保加尔人，他更是坚信，捣毁圣像是关系国运的，绝对不能马虎对待，要砸得彻底、砸得有效。但是，利奥五世这个皇帝做得是不踏实的，他知道自己这个位置来得不体面，对支持圣像派下手颇重，他感觉周围的敌人很多，日子过得很危险。

利奥五世有个贼好的哥们儿，一起扛过枪的老战友，也叫米哈伊尔。这个米哈伊尔是个磕巴，当年在军营里，地位还在利奥五世之上，当初预备造反篡位，利奥五世还犹豫不决，就是这位米哈伊尔老哥哥，用剑指着利奥五世说："你……你……你赶紧的，戴……戴……戴上皇……皇冠……冠，要是不……不答应……哥哥我就……阿就……阿就……在你身上扎……扎个对穿！"（人家是结巴，说话费劲）利奥五世看他憋得一脸通红，这次赶紧登基了。为了感谢米哈伊尔的扶持，利奥五世甚至是米哈伊尔儿子的干爹。

如果米哈伊尔看过"明史"就应该知道，不管你跟皇帝原来有什么样的交情，在人家称帝后最好都忘了，千万别提，尤其是皇帝年轻时偷鸡摸狗、喝花酒不给钱这种事，那是打死不能说的。米哈伊尔是个莽撞人，又没啥文化，这些前辈的教训估计是不知道的。

至于他究竟在利奥五世背后说了什么，我们就不深究了，他一个结巴，说话纠缠不清的，整得我们头晕。利奥五世一点不晕，他通过结巴的表现看到了叛逆的实质，公元820年的一天他宣布，当年的12月25日，把米哈伊尔丢进火炉里烧死！

利奥五世这个人做事太绝，12月25日，那不是圣诞节吗？这一天杀人显得不厚道。利奥五世的老婆就劝他，待圣诞节过完再动手，你好歹让你兄弟在牢里过个年呗。利奥五世听从了皇后的建议，但是这个节，他过得一直心律不齐，总觉得要出事。早晨，利奥五世去教堂参加早祷，教堂里很多教士，都经过严格挑选，看上去规规矩矩的。利奥五世诵读了一节赞美诗，声音未落，有几个教士突然冲出来，长袍下抽出长剑围住了利奥五世，皇帝用一柄十字架抵抗了一阵，最后被刺穿了胸膛，血溅教堂的祭坛。

这些教士赶紧放出了被监禁的米哈伊尔，不错，整个行动就是这个结巴在牢里策划的。事发仓促，一时找不到锁匠开锁，米哈伊尔是戴着脚镣登基的，他应该是米哈伊尔二世了。

米哈伊尔二世虽然没有什么文化，但还是很会审时度势的。他自己是个捣毁圣像派，但是他从不表明自己的立场，在他的任期内，他下令关于捣毁还是保留圣像这事不准讨论，好像没有这个烦心的问题。经过上一任过激动作，米哈伊尔二世这个处理方式显然是缓和很多矛盾，既然这事总让人受伤，就干脆回避不提了吧。

当年米哈伊尔二世和利奥五世是哥们儿，某军区的军事骨干，除了他们俩，还有一个老战友，叫作托马斯。米哈伊尔二世干掉利奥五世，托马斯心想，你们俩都做了一把皇帝玩了，我也要拿过来过把瘾。于是，他带头起义了。

托马斯走的是农民起义路线，发动群众，甚至发动敌人。他一举事就号称要打垮贪官污吏，做穷人的保护者。最厉害的是，他居然拉了阿拉伯人做帮手，联合攻打君士坦丁堡。

米哈伊尔二世发现乱党和阿拉伯结伙，马上拉拢保加尔人联手。保加尔人一想，万一托马斯得势，他跟阿拉伯人一伙的，回头保加利亚还有好果子吃吗？共同的利益，让保加尔人非常投入地帮助米哈伊尔二世平乱。

金汤般的君士坦丁堡啊，敌人攻不破，自己也攻不破，起义再次败在首都的城下。托马斯被擒，米哈伊尔二世剁掉了他的手脚，让他骑着驴游街，貌似拜占庭人认为骑驴是一件非常丢人的事（张果老千万不要到拜占庭去溜达）。

米哈伊尔二世和托马斯的内战打了3年，军队尤其是海军损失严重。虽然起义军在拜占庭本土失败，但是阿拉伯趁着这内外勾结的机会占领了西西里岛和克里特岛，拜占庭又失地盘了。

米哈伊尔二世为了让自己这个皇帝显得正宗点，二婚迎娶了先帝君士坦丁六世的公主，可惜没生出个孩子，最后即位的是他前妻生的儿子狄奥菲雷斯。米哈伊尔二世既然顺利传位给了儿子，那这也就算是个正式的王朝了。从米哈伊尔二世开始，这就是拜占庭的弗里吉亚王朝。

这个王朝共传了三代，狄奥菲雷斯登基时 16 岁。这位皇帝选皇后的过程，就是贵族淑女经过海选，剩下的在王宫站成两行，太子爷手拿金苹果，送到谁手中，谁就是未来的皇后，可以跟皇帝去开房。

狄奥菲雷斯选择了教养非常好的狄奥多拉，都说这个女人贤淑，也印证了一句古训："慈母多败儿。"狄奥菲雷斯是捣毁圣像派皇帝，他上台后最不聪明的事就是重启了圣像风波，好在也没闹多久，他在位 13 年，儿子 2 岁生日的时候，吃多了拉肚子死掉了，都说狄奥菲雷斯是个有知识有品位的皇帝，连家中要备健胃消食片这个道理他都不懂。

十四　“舒马赫”米哈伊尔三世

米哈伊尔三世 2 岁就是皇帝了，从懂事起就知道自己君临天下。这样的小孩子我们不能用常理来分析。很多历史书喜欢拿他跟尼禄相提并论，这个有点侮辱尼禄，因为不管尼禄做皇帝做得多么差劲，人家做票友是兢兢业业的，而且他对艺术的热爱也是真诚的。昏君这东西也分等级，玩物丧志的可以原谅，前提是你要玩出成绩来。比如李煜，比如宋徽宗，这两个前辈我们就很同情他们。尼禄在位时，一手开创了文化下乡，这个也是可圈可点的。米哈伊尔三世一辈子最爱赛车，但充其量也就是个观众，他要是自己上场参赛，后来修炼成了舒马赫，老杨就很佩服他了（很多历史书将米哈伊尔翻译成迈克尔，舒马赫的全名是迈克尔·舒马赫）。

米哈伊尔三世看赛车有要求，天塌下来也不能打扰，如果此时敌人进攻，最好不要向皇帝禀报，因为对皇帝来说，他支持的蓝色车队有没有取得最后胜利比国家安全重要多了。为了保证他看赛车时的平静，连烽火都不准点！

好在有他妈妈帮助他摄政，他妈妈有个情夫是海军总司令，帮着防御外面，他妈妈还有个弟弟，帮着处理国事。外事问干爹，内事问舅舅，小皇帝虽然爱玩，也没闯什么大祸。

都是外戚还有矛盾，太后和舅舅一直姐弟不和，都变着法子排挤另一方。眼看着米哈伊尔三世长大要亲政了，这两派外戚知道，谁争取到米哈伊尔三世，谁就是最后的赢家。

米哈伊尔三世 15 岁了，要大婚了。太后组织了传统的宫廷选秀。这事让米哈伊尔三世很痛苦，他早就有心上人了，一个宫女尤多西亚让他很痴狂。太后当然不会允许米哈伊尔三世自由恋爱，于是替他做主，迎娶了一个身世修养都属上层的贵族女子，虽然这位准皇后相貌并不出众。

这事构成了米哈伊尔三世对自己母亲的仇恨，加上舅舅巴尔达斯煽风点火，于是米哈伊尔三世跟母亲要求亲政，并罢黜了海军总司令。狄奥多拉没有当年艾琳那样的杀伐决断，看到儿子的步步紧逼，她也只好含着泪交出政权，后来被送进了修道院。

狄奥多拉太后在基督教历史上形象也非常之好，她是个支持圣像派，在任期内召开宗教会议，公元 843 年正式颁布法令，恢复圣像崇拜，将闹腾了一个世纪的捣毁圣像运动暂时平息了。

太后退政，政权自动转移到舅舅手里，因为米哈伊尔三世实在是不怎么管事。

巴尔达斯任期内的一大盛事就是在皇宫重建了君士坦丁堡大学，当时最著名的数学家利奥成为首席教授。巴尔达斯能够任用利奥，表现了他对这所大学的重视程度，因为利奥是捣毁圣像派的名人约翰的侄子，说起来是朝廷的敌对派。君士坦丁堡大学开设当时的所有学科，吸收了大量的优秀学者进驻。这所大学在拜占庭全盛时代是世界级的名校，吸引了亚洲和欧洲很多学子。

跟之前所有的皇帝一样，米哈伊尔三世要面对阿拉伯人、保加尔人、斯拉夫人，这些人走马灯一样来君士坦丁堡旅游，没给国家带来一分钱收益，全是惨重的损失。就这三家已经应付不来了，谁知又来了一批新的旅行家，他们是罗斯人！（罗斯人的故事参看《俄罗斯：双头鹰之迷思》。）

好在罗斯人此时实力一般，拜占庭还是可以将他们打退。拜占庭人知道，没有什么敌人是打退了再不来了的，所以趁着罗斯人还是个雏儿，赶紧去传教，让他家加入东正教的大家庭，以后一家人，就不好互相欺负了。罗斯人信仰了东正教，对他家后来的历史是有重大影响的。

说到通过传教买的平安，还有一个成功的例子，就是保加利亚。话说这段时间，拜占庭对阿拉伯的打击颇有优势，不是因为自家长进啊，实在是敌人的削弱。9 世纪后半期，阿拉伯帝国被他们喜欢重用的突厥将领摆了一道，导致的结果就是军阀割据，政治分裂。阿拉伯帝国的领土上，雨后春笋般涌现了十多个小朝廷，还都宣布自己是独立国家。就这样，拜占庭终于可以狠狠地松一口气了，也可以非常认真地考虑保加尔人的前途了。

这段时间，保加尔人也觉得自己应该在宗教信仰上有个说法，蛮夷也需要与时俱进啊。他家首选的，是西欧的天主教，因为和法兰克王国亲密点。听到这个消息，拜占庭水陆大军起发，浩浩荡荡出现在保加利亚的边境。

拜占庭这种带兵传教的模式取得了成功，保加利亚同意接受东正教的传道，保加利亚当时的汗王给自己改名米哈伊尔，成为米哈伊尔三世的教子。

综上所诉，米哈伊尔三世虽然什么事都不管，国运还是非常旺盛，真该感谢皇舅，回忆之前的拜占庭历史，没有仇家上门的日子真是非常罕见啊。

这么帮忙的舅舅，米哈伊尔三世并不领情。他最大的特点就是耳根子软，自己毫无主见，喜欢谁，就完全听谁的。米哈伊尔三世是个昏君，昏君一定要搭配一个弄臣，米哈伊尔三世当然不缺。

有一天，米哈伊尔三世设宴招待保加利亚的使团，席间自然有娱乐节目，保加尔人孔武有力，擅长角斗，在席间叫板，邀拜占庭人上场对打。君士坦丁堡都是斯文人，谁敢跟蛮族武士动手啊。这时，米哈伊尔三世一个亲戚派出了他的一个家臣，这位老兄也虎背熊腰，块头不在保加尔人之下。

却说保加尔人吱哇乱叫扑向拜占庭人，拜占庭人轻蔑一笑，一个勾手，就把保加尔人摔得四脚朝天，半天没翻过来。一招制敌，现场的拜占庭人欢声雷动。米哈伊尔三世上下打量这位武士，暗自点头。

米哈伊尔三世喜欢赛车，自然也好名马，有人送了他一匹神驹，神俊无比，性烈如火。摔翻了几个骑手后，米哈伊尔三世怒了，让人去废掉这个畜生。这时有人挺身而出，要求帮圣上驯服烈马。米哈伊尔三世一看，眼熟啊，这不就是打败了保加尔武士那位壮士吗？米哈伊尔三世让他试试，这伙计再次不负圣望，让烈马老老实实了。

这下米哈伊尔三世动心了，他对自己的亲戚说，这位壮士不在皇宫服务就太委屈了，必须进宫，以后伺候皇上。皇帝要的东西，别人怎么好不舍得呢，于是，这个会驯马的武林高手就成了皇家马厩的主管。

这是米哈伊尔三世的新宠，大名叫巴西尔。他是个色雷斯地区出生的农民，小的时候，一家子被保加尔人俘虏，在希腊北部的马其顿地区长大，所以又会打架又会驯马。成年后，巴西尔想去君士坦丁堡打工，刚进城那天，身无分文，无可投靠，好在碰上一位好心的僧侣，给他吃的，还介绍他到皇帝的表叔家里去上班，顺利引起了米哈伊尔三世的注意，成了弼马温。

巴西尔很快成了米哈伊尔三世最好的伙伴，根据米哈伊尔三世的习惯，现在他做事都听巴西尔的。而正好，巴西尔还给米哈伊尔三世解决了一个大麻烦。

米哈伊尔三世的“小蜜”怀孕了！皇后没有得到米哈伊尔三世的关注，宫女尤多西亚一直专宠。东正教的国家，皇帝也不能纳小，更不敢离婚，“小三”怀孕，这就是皇帝通奸了，怎么办？叫巴西尔过来，让他跟自己的原配离婚，娶尤多西亚回家。

巴西尔毫不犹豫地按米哈伊尔三世的要求做了，他自己因此担了巨大的骂名，不过不要紧，所有的付出都有代价，巴西尔很快获得了跟皇舅巴尔达斯一样的权力。

一山容不得二虎，米哈伊尔三世在巴西尔的诱导下，觉得必须铲除舅舅。舅舅也不傻，知道自己已经处于危险中，所以在君士坦丁堡期间，他步步为营，早有防备。

巴尔达斯是统帅，他不能不出征吧，米哈伊尔三世邀请舅舅一起去收复被阿拉伯人占领的克里特岛。据说巴尔达斯怕米哈伊尔三世对他不利，出发前专门拉着外甥去教堂，让皇帝起誓，不许搞阴谋诡计。米哈伊尔三世真发誓了，当时的大主教作保，巴尔达斯就这样，万般无奈跟米哈伊尔三世上了岛。

进攻之前，要检阅部队，巴尔达斯和米哈伊尔三世一起出现在校场，突然几个士兵窜出来，以迅雷不及掩耳之势将巴尔达斯一剑捅死！不是起誓了吗？对啊，没人看见啊，这事天知地知，米哈伊尔三世知，主教知，主教是米哈伊尔三世一手扶持的，绝对不给皇上添乱，这个暗杀事件后来的官方版本是巴尔达斯叛乱，对皇帝不利，被就地镇压。

巴西尔立了大功，米哈伊尔三世能给的赏赐都给了，干脆，收他做儿子吧，这样他就是自己的继承人了，可以上位成为副皇帝。这一年米哈伊尔三世 26 岁，巴西尔 55 岁。

换了个副皇帝，米哈伊尔三世继续无所事事。其实巴西尔正式掌权之前，他就已经很注意军队势力的培养，私下里已经获得了很多军区的支持。

小皇帝没有定性，喜新厌旧，这一点巴西尔比谁都清楚。他听舅舅的罢黜了太后，听巴西尔的杀掉了舅舅，如果再有新的弄臣出现，巴西尔就危险了。为了防止自己重蹈巴尔达斯的覆辙，巴西尔决定先下手为强。

公元 867 年 9 月 24 日，米哈伊尔三世喝得烂醉熟睡，不知道什么人潜入寝宫，将皇帝血肉模糊地杀死在龙榻上。身在外地的巴西尔赶紧回来接管大局，表情哀伤，要求彻查凶手。一边忙着登基，一边给米哈伊尔三世主持了盛大的丧礼，还将一座教堂用米哈伊尔三世的名字来命名。

巴西尔也就是巴西尔一世，因为都叫他马其顿人，所以他开创的这个朝代，就是拜占庭历史上最风光、最得意的马其顿王朝。至于米哈伊尔三世到底死于何人之手，巴西尔一直没查出来，这个凶手呼之欲出，可大家都不敢说，因为人家现在是皇帝。

十五　马其顿王朝的开国之君——巴西尔一世

一个华丽精彩王朝的开国之君一般都不会太差，巴西尔一世在位19年，应该说，他为他的王朝奠定的基础是不错的。

巴西尔一世最为后世称道的功绩就是立法。这位罗马史上第一个农民出身的皇帝，居然第一重视的课题是法制建设。从《查士丁尼法典》庞大的体系中找出最重要最常用的行政法规或者公法，用希腊语编成了《法律手册》，这部小册子涵盖了日常审判的实用条款，非常方便有效率，一直被拜占庭司法部门持续使用，对周边国家也产生了极大的影响。

马其顿刚开始这段，要不要捣毁圣像已经不纠结了，但是巴西尔一世还是要面对国内的宗教冲突。这次，拜占庭的正统派又遭遇了保罗派。

保罗派被称为基督教的一个异端，成员主要有农民、城市平民或者奴隶。他们向往早期基督教的朴素和平等，要求废除教会内的等级制度，废除烦琐的教会礼仪，反对偶像崇拜。对他们影响最深的是：他们认为在教堂受洗是不对的，受洗应该是到河里去。

我们从局外人的角度也看不出这些要求有什么不好，但是宗教这东西，一点分歧都会导致很恐怖的冲突，这是一定的。

教派以底层民众为主，所以人数众多，经过几个世纪的发展，在小亚细亚和亚美尼亚一带颇有势力，后来发展到在幼发拉底河上游建立了自己的国家。

这个小国建立后，经常干的营生就是攻击拜占庭，而且大部分时候，他们还和阿拉伯人联手行动。巴西尔一世杀掉米哈伊尔三世篡位那一年，保罗派的军队甚至打到了爱琴海岸边。巴西尔一世派了他女婿迎击，取得了重大胜利，保罗派的领袖当场阵亡，并彻底摧毁了这个小国。而拜占庭顺势就攻入幼发拉底河流域，启动了帝国向东征讨的进程。

巴西尔一世时代有个重要人物不能不提，因为历史舞台上，巴西尔一世大部分出镜时间都有这个首席幕僚在身旁。他就是君士坦丁堡的教长，大主教弗提乌斯。

主教肯定是巴西尔一世最信任的人，不仅参与皇帝很多决策，还是王子的老师。巴西尔一世杀害米哈伊尔三世和他舅舅，这几乎不算个秘密，就是靠这位主教利用身份帮他涂抹掩饰，让他顺利过关。

这么个大恩人，巴西尔一世一上台，就罢免了他的职务。不是巴西尔一世过河拆桥，他有更大的想法。他想的是，现在地中海上阿拉伯海盗猖獗，他们霸占了部分西西里岛，显然是对意大利有企图，巴西尔一世要保全并光复拜占庭在意大利南部那点领土啊。

弗提乌斯什么都好，最大的问题是，他跟罗马教廷关系非常恶劣，最搞笑的是，两边的主教谁也不服谁，罗马教皇一气之下开除了弗提乌斯的教籍，弗提乌斯毫不客气地宣布他开除罗马教皇的教籍。教众恨不得对两位老大说：麻烦你们俩成熟一点好不好！

巴西尔一世要出兵意大利，如果罗马教廷怀着敌意，就什么也干不成了，尤其是，巴西尔一世还想获得法兰克王国的援手。

拜占庭这一轮对西西里岛的争夺吃了大亏，不仅丢失的没抢回来，原来有的还丢了，米开朗基罗的徐拉古城终于落在阿拉伯人手里。好在名将尼基福鲁斯全力应战，保住了塔兰托，让意大利南部，也就是靴子头这个位置还留在拜占庭手里，这很重要，不仅防御了阿拉伯对意大利的进攻，也让周围邻居都知道，拜占庭在地中海还是有点实力的。

巴西尔一世运气好，法兰克的路易二世国王还真给他帮了大忙，尽管他自己一点也不情愿。法兰克的军队收复了被阿拉伯人占领的城市巴里，扬扬得意。谁知道，巴里人不愿意跟法兰克人一国，他们要求加入拜占庭。都知道路易二世挺没用的，所以都欺负他。巴里人不断起义，要求换国籍，总算折腾到路易二世死掉了，巴里打开城门，迎接拜占庭的军队，巴西尔一世不得不恭敬地收下了路易二世这份大礼。

意大利的战事忙得差不多，巴西尔一世觉得跟罗马教皇保持笑脸太费劲了，正好，君士坦丁堡的大主教死掉了，赶紧又把弗提乌斯请回来上班。

弗提乌斯的职业目标，就是要将东欧各种人群——保加尔人、斯拉夫人、罗斯人等等，全部置于东正教光辉下，不能被罗马的天主教拉去了。这个想法和巴西尔一世是非常契合的。而保加尔人也发现了两边的教廷对东欧这些资源的争夺，所以他家坐收了一次渔利。

保加利亚已经皈依了基督教，东正教已经去传教了，但是罗马教廷还是在拉拢他们。保加利亚国王趁机对罗马教廷提出，他家应该有自己的主教，有独立的教会。这个要求罗马教廷是绝对不答应的，这不是造反吗？同样的要求，拜占庭答应了，可以啊，你家只要承认君士坦丁堡教廷的最高权力，你家的主教到君士坦丁堡来加冕，你们自己的教会可以自治。就这样，保加利亚正式投入了东正教的怀抱，跟拜占庭一伙了。这件事，保加利亚和拜占庭双赢，罗马教廷什么也没有，教宗在欧洲的地位越来越高，甚至凌驾于西欧所有君主之上，最郁闷的事就是这个君士坦丁堡的教廷，隔三岔五地，总是能让教宗心律不齐，还没药治。

巴西尔一世的工作忙得差不多了，看岁数也该安排接班的了。大家还记得吗，巴西尔一世抛弃了前妻，娶了米哈伊尔三世的情妇。这个皇帝“小三”嫁过来后生了三个孩子，都说这几个娃其实是米哈伊尔三世的，不过根据史料，能够确认的只有长子利奥。因为“小三”是带着肚子嫁给巴西尔的，而我们确认在这之前，巴西尔应该不敢勾搭主子的情妇。除了这三个儿子，巴西尔一世的前妻还留下一个儿子，也就是君士坦丁。巴西尔一世登基后，将君士坦丁列为太子，显然，他不想马其顿的血统回归上一个王朝。

君士坦丁没有皇帝命，早早就死了。没办法，只好传位给利奥了。

巴西尔一世生得卑微，死得古怪。75 岁的老皇帝还跑去打猎，明明是去猎鹿的，却被鹿猎走了，有头被激怒的公鹿向皇帝冲过来，鹿角缠上了巴西尔一世的腰带，公鹿拖着皇帝跑了很远，总算被侍卫追上，一个侍卫拔剑切断了皮带，巴西尔一世得救了。传说皇帝回去后还砍掉了这个侍卫的脑袋，原因是不能随便对君主拔剑。由此可知，老人家被鹿吓疯了，没过几天，巴西尔一世就驾崩了。

十六 “智者”利奥六世

又是利奥，君士坦丁、利奥、查士丁尼是出现频率最高的拜占庭君主名。这是第六个利奥，利奥六世！

按常理分析，利奥六世应该是知道自己身世的。巴西尔一世是养父，又是杀父仇人，这个关系不好处。找不到利奥六世幼年与巴西尔一世关系的资料，传说是一直不和，后来还公开翻脸了。翻脸的原因还不是血缘问题，是利奥爱上了一个姑娘，而巴西尔一世坚决反对，并强行塞给他一个不爱的女人。看来拜占庭皇廷包办婚姻真是直接导致了不少家庭“餐具”（惨剧）啊。

江湖上还有个传说，说是利奥翻脸后就策划杀父弑君，“公鹿事件”就是他的阴谋。这事老杨真不敢同意，挑唆一头公鹿把一个老头拖死，这个暗杀方法太科幻了，难道利奥六世还会驯兽？

反正拜占庭皇帝被杀也不是什么新鲜事，咱们就不追究了。

利奥六世这一生的关键词是结婚，这一辈子就是忙着结婚离婚、离婚结婚了。老杨估计他是后来英国的亨利八世学习的榜样。结婚离婚之余，他做的最有用的工作，就是继续他爹的立法工作。

利奥六世是大教长弗提乌斯的亲传弟子，为人聪慧，博学多才，20 岁登基的时候，就有“智者”的称号。所以他主持的立法工作比巴西尔一世时代更加细致系统。利奥六世主持编撰的是《皇帝立法》。这本法典一问世，就逐步取代了《罗马民法大全》，是整个帝国司法的依据和基础。

不管什么法律，跟咱们都没关系，老杨知道，读者都伸长脖子等着利奥六世的婚姻故事呢，马上就来。

巴西尔一世按皇后标准给利奥六世选择了对象，但是利奥六世私下一直跟一个叫邹依的女孩儿相好。对于自己的原配婚姻，他采取的抗争方式就是，一登基，就罢黜了自己的老师，军政大权全部交给邹依的父亲扎乌提塞斯负责。

好在这段婚姻没让他恶心很久，第二年，皇后就如愿死掉了，利奥六世高兴地将邹依迎进门，而扎乌提塞斯现在就是正牌国丈了。利奥六世的八字不知道是不是有点克妻，一年之后，邹依又死了，而且是跟国丈一起死的。没人帮忙，利奥六世开始亲政了，他又找了个老婆。这次结婚，帝国上下已经颇有微词了。为啥呢？死了老婆不准再娶啊？是不准啊，这是利奥六世自己立法规定的！他的法规规定，结第二次婚就可以遭到鄙视了，如果还结第三次，就直接违法了！这娃搬起石头砸了自己的脚，立法之前他应该去算算八字，是不是专克女人。

利奥六世顶着舆论压力结婚，他没办法啊，前两次婚姻没生出孩子来啊，王朝不能绝嗣吧。又是一年，第三任皇后又死了！（无语……）

老杨估计此时拜占庭的女人听说被皇帝看中，都先准备好遗言后事了。利奥六世偏不信邪，反正他自己不死，他还要再试！他又找到一个邹依，历史上称为“黑眼睛邹依”，已经说明了外形特点。利奥六世担心一结婚又死人，所以先跟邹依鬼混，看来是“黑眼睛”命硬，居然成功地怀孕了，还生下一个儿子！

利奥六世高兴啊，老杨都跟着松了口气。现在要解决的是户口问题。这娃是黑户啊，因为教廷不会承认邹依的地位，这娃就是个私生子。好在教廷也考虑王朝延续的问题，给了利奥六世一个解决办法，孩子可以承认，大教长给他洗礼，并起名君士坦丁，前提是邹依不准进宫，不准跟皇帝结婚！

行，同意，没问题，利奥六世很爽快地答应了，喜滋滋抱着小君士坦丁去受洗，太子爷有了。

利奥六世是个大知识分子，谁也想不到他会耍无赖。君士坦丁受洗后第三天，利奥六世大张旗鼓将邹依娶进门，册封为后！

整个拜占庭都哗然了，这……这……这也太……教长都气得说不出话来了。有什么办法呢，人家是皇帝，君士坦丁堡的教长没有罗马教宗那么强悍，他们基本还是屈尊于帝王之下。教长唯一可以惩罚他的方式就是：不准利奥六世进教堂！读者心想，不进就不进呗，有啥了不起的。基督徒不会这样想，不能进教堂是挺严重的惩罚了，犹如在学校被停课留校察看了。利奥六世有招，他直接找到了罗马教皇出头，天主教那边的法律不是利奥六世定的，对结婚离婚这事没那么严苛。

对拜占庭皇室来说，罗马教皇其实挺好用的，总能满足需要，用得着的时候，只要承认教皇是老大，他能帮着解决不少事，用不着的时候，隔三岔五就挑衅教皇，让他生气。

利奥六世取得罗马教宗的支持，直接让君士坦丁堡的教长退休，起用了不会跟自己抬杠的人，看上去又是和谐社会了。其实不然，这次教长轮替又让拜占庭宗教界产生了新的矛盾和分歧，会在以后激化并表现出来。

利奥六世追求爱情婚姻自由给拜占庭留下的麻烦可不止国内，还引发了外患。

外患来自保加利亚，直接责任人是当朝国丈扎乌提塞斯。根据印象，国丈一般都是反派，比如我们最熟悉的国丈就是包龙图打坐在开封府对付的反派庞太师（戏剧加工啊，庞太师真人没这么坏）。拜占庭这位国丈挺有才的，利奥六世立法，他居功至伟，但是老头都是贪财的，利用女婿的权势也是正常的。

话说国丈就将整个拜占庭对保加利亚人的贸易签给了自己的两个朋友，这两个家伙垄断了两国经贸。垄断生意，总归是欺负人的。他们先是将保加利亚开放的市场移出了君士坦丁堡，搬到了附近的一个城市，还大幅度提高了税收。

我们不能因此说国丈因为自己的利益损害国家，当时拜占庭面对的情况也比较复杂。因为保加利亚正好堵在君士坦丁堡通向欧洲的道路上，不论是君士坦丁堡去欧洲还是欧洲来君士坦丁堡，都要经过保加利亚，这家人收过路费收得非常爽。但是保加利亚的疆界是拜占庭承认的，你最后要为此付出代价只能说是活该啊。

一发现拜占庭对自己不利，保加利亚马上反应。他家已经是东正教国家，和拜占庭是同教兄弟，不能一有冲突就扑上来打，先做规定的外交动作嘛。召开一个记者招待会，新闻发言人义正词严地斥责了拜占庭这种破坏两国友好并操纵税率的行为，最后，保加利亚提出严正抗议。拜占庭跟现在的美利坚一样，对严正抗议已经麻木了，我行我素，全无改正。

此时保加利亚国内正在辞旧迎新呢，第一个信基督的国王退休让位，他最小的儿子西蒙成了保加尔人的王，而且他还是历史上最牛的保加利亚汗王。这样一个人物，他会仅仅满足于严正抗议吗？他才不管是不是东正教的兄弟呢，他就知道，拜占庭这样嚣张，肯定是太长时间没有挨揍了。

公元 894 年，西蒙发动了对拜占庭的战争。利奥六世知道在巴尔干半岛很难阻挡保加尔人的兵锋，所以就勾搭他们身后的马扎尔人（大约就是匈牙利人），两面夹击。这个战法开始时有点效果，但后来被西蒙各个击破。战争的最终结果是利奥六世割让了边境部分土地，每年还要向西蒙进贡。

根据之前的历史我们知道，战败—求和—给钱—赖账—开战—再战败，这个基本已经是拜占庭式循环了。

十七　人文皇帝君士坦丁七世

利奥六世死的时候，小君士坦丁才 6 岁，根据之前的顺序，他叔叔，也就是利奥六世的弟弟，亚历山大先即位。我敢打赌，这个亚历山大叔叔只要有机会，就会干掉这个侄子，再演一幕“靖难之役”。不过他没有耍阴谋的时间，因为他患有睾丸癌，相当痛苦，所以登基一年就死了。

对一个睾丸癌患者来说，亚历山大算坚强了，就这么短短一年，他就整了不少事。他跟他哥哥不和，所以一掌权就把他利奥六世时代的政府班子全部换掉，把嫂子邹依赶出皇宫，让已“退休”的大教长尼古拉斯再次上岗。当然，他做的对帝国影响最大，最值得名留青史的大事就是：他豪情满怀，热血沸腾地停止了对保加利亚的年贡，以换来保加尔人的再次入侵！这伙计真是身残志坚啊！

君士坦丁七世 7 岁就上班了，又一个童工皇帝，尼古拉斯教长担任了摄政王。这孩子刚死了爹，又看不见妈，他站起来还没有王座高呢，就这样孤零零生活在冰冷的宫廷里。按拜占庭的传统，君士坦丁七世的妈妈邹依应该是名正言顺地摄政；邹依来自一个军事贵族家庭，她和她的家族也有大批的支持者，这样一来不管是出于对儿子的想念，还是对权势的需要，邹依都要想办法回到皇宫去，让所有人承认她是皇太后。

公元 913 年，君士坦丁堡城内，小君士坦丁七世坐在王座上玩变形金刚，想妈妈；她妈妈及外公一家和尼古拉斯教长在角力；君士坦丁堡城外，保加利亚的大军由西蒙率领攻到了城下。

还是那地方，还是那城墙，西蒙就纳闷了，满世界都是豆腐渣工程，为啥君士坦丁堡这个城墙工程质量这么好?

想了一阵子，西蒙决定，对着一个高墙置气，显然没有必要，于是，他释放了谈判的善意。尼古拉斯教长听着城外的马蹄声，心里直发毛，就等着西蒙来谈判呢，他甚至提前把钱预备好了。

西蒙非常了解拜占庭，可惜拜占庭不了解西蒙。西蒙几乎是在君士坦丁堡长大的，他小时候被当作人质送到这里受教育。西蒙对拜占庭的历史文化门儿清的，在他幼小的心灵里，他的想法跟之前所有的保加利亚汗王不同，他不要钱，不要地，他要整个拜占庭国家，他要做罗马帝国的皇帝！当然国土还要包括保加利亚在内。

尼古拉斯以为西蒙进城来谈判，其实人家是来提亲的，他要求把他的闺女嫁给君士坦丁七世。尼古拉斯心想，好事啊，反正皇帝总要结婚的，跟西蒙结亲，以后他不好意思攻打自己女婿国家吧。西蒙随后又提出，让大教长给他加冕为皇帝。

以前保加尔人的首脑，我们都是叫汗王，现在西蒙要求做皇帝。尼古拉斯也答应了，他给西蒙加冕时，两个人各怀心事，教长心想：“你戴上皇冠赶紧走啊，带着你的人，去你那一亩三分地做皇帝吧！”西蒙心想：“只有罗马帝国才能叫皇帝，现在你既然把这顶帽子给我了，就等于承认我就是东罗马皇帝了啊。等我闺女嫁过来，我就是国丈，要不要在君士坦丁堡登基还不是自己说了算吗！”仪式完成后，西蒙皇帝表示马上撤军走人，以后绝对不做这种损害关系的事了。

对，只有东罗马的君主才是皇帝，而且是本区域唯一的皇帝，你让一个蛮夷成为皇帝了，君士坦丁七世算什么呢？尼古拉斯为他的妥协和无能付出了代价，邹依皇后在反对派的支持下，重回皇宫，掌握了国家权力。

尼古拉斯是鸽派，邹依就是十足的鹰派。她一回宫，就宣布儿子和西蒙女儿的婚约无效，西蒙的皇帝称号更加无效，重新打过来吧！

邹依刺激了西蒙卷土重来，可她手上又没有可以帮她打架的得力人手，看来，无力御敌时，一个鹰派比一个鸽派带给国家的麻烦更大。每到这时候，拜占庭的军事将领想到的一般都是攘外必先安内。邹依的统治不力，肯定有人换她。

公元 919 年，海军司令罗马努斯成功了。虽然他的舰队没有打败西蒙，但他本人却实现了西蒙一辈子的理想，他把女儿嫁给了君士坦丁七世，他成了国丈，随后进位成为共治君主。

西蒙这一次暴怒而来，锐不可当，他一举荡平了巴尔干半岛，军队一直进入到了科林斯地峡（希腊半岛和伯罗奔尼撒半岛粘连的位置）。听说自己女婿被抢走，西蒙再次冲到了君士坦丁堡城下。

拜占庭对付蛮夷喜欢以夷制夷，有钱嘛，花钱买帮手。西蒙在君士坦丁堡留学，这招他也会，他派人去北非，找法蒂玛王朝帮忙。法蒂玛王朝就是阿拉伯帝国分裂后形成的独立国家，控制着北非埃及一带，在地中海上颇有优势。西蒙想让法蒂玛王朝赞助舰队，水陆两线一起攻打君士坦丁堡。

收买帮手这门外交课程，西蒙也就学了点皮毛，人家拜占庭才是专家。一听说西蒙打这个主意，拜占庭派人在路上堵住了使臣，然后自己派人去了北非。法蒂玛王朝人在家中坐，就有人送钱上门，而且条件是，在家休息，不要随便到海上去吹风，这还能不答应吗？

公元924年，第三次徜徉在君士坦丁堡城下的西蒙老泪纵横。他不得不承认，这堵墙是他生命中的天堑，余生是不可能越过了。他不得不选择再次要求和谈。

罗马努斯的外交态度正好在鹰派和鸽派之间，这次对西蒙的谈判，也是有礼有节，可圈可点。首先，西蒙这个皇帝的称号是不合适的，这样吧，以后就叫沙皇；保加利亚这一轮攻陷的土地，还给拜占庭，拜占庭每年给钱；至于结亲嘛，还是可以结，拜占庭的皇室就别想了，你家攀不上，这样吧，罗马努斯将孙女嫁给西蒙的儿子，两边还是亲家对吧，欧了！走吧，不送！

西蒙老人家受此重大打击，没活几年就含恨而去。他的儿子彼得一点不像他生的，一登基就对拜占庭示好，加上他还是罗马努斯的女婿，就目前这个态势看起来，又可以平静几年了。

罗马努斯通过自己不懈的努力，让自己成为正式皇帝，君士坦丁七世沦为副职，这样的副职还有三个，也就是罗马努斯的三个儿子，君士坦丁堡共有5个皇帝。老罗有私心啊，他想的是让自己的大儿子登基，彻底改朝换代。没想到大儿子很早就死了。这就让老罗很犹豫，他还真没胆子直接扳倒君士坦丁七世，毕竟人家还是他女婿呢。就在他摇摆不定的时候，他两个儿子坐不住了。这老头迟迟不决定大事，肯定是想让君士坦丁七世接班，为了防止这个恶性事件，兄弟俩决定，先搞定老头，再对付君士坦丁七世。

公元944年的一天，老罗的两位公子带着卫队冲进了皇宫，给父王换上僧侣的袍子，宣布他退休出家了，并放逐到一个小岛。皇室这一场父子反目吸引了很多人的注意，但是大部分人都把同情分送给君士坦丁七世。不管怎么说，人家才是真正皇家血脉，他继位是天经地义的。

君士坦丁七世6岁登基，此时40岁了，什么事都轮不到他管，于是他经常忘记自己是皇帝，时间都用来研究学问了。君士坦丁七世是拜占庭历史上学术成就最高的君主，这样一个温文尔雅的知识分子，对权力非常淡泊，这些宫廷阴谋，手足相残，他则更是不懂。

好在他老婆懂，君士坦丁七世的老婆也就是老罗的女儿海伦娜，正是有这个家族的血脉，天生会玩权术和计谋。她感到他两个兄弟要对自己的老公不利，于是先散播消息，说她兄弟要在某个宴会上杀掉君士坦丁七世。这个消息一放出来，那些喜爱和支持君士坦丁七世的人，自动自觉组合在一起，抢先逮捕了兄弟俩，并发配到老罗流放的岛上去了。父子三人荒岛重逢，一笑泯恩仇，以后的岁月，就斗地主打发时间吧，要是大哥不死，还能凑一桌麻将。

君士坦丁七世总算是登基了，海伦娜皇后可能很高兴，君士坦丁七世却很镇定，他继续忙他的事。他编撰了一本百科全书，叫“礼仪书”。《礼仪书》是拜占庭历史上最有价值的史料书籍之一。他还出了一本他祖父巴西尔一世的传记。还有其他各种著作。他热衷于古文物研究，积极推进文化产业的建设。应该说，君士坦丁七世带有一种古希腊君主的人文风度，在东西罗马所有的皇帝中独树一帜。虽然他任期内并没有什么惊天动地的业绩，但是这个君主在公元959年去世时，还是受到了臣民非常真诚的哀悼，不少人拥挤上前，要亲吻他的遗体。

十八　帝国的扩张

君士坦丁七世怎么死的呢？传说是被他儿媳妇毒死的。君士坦丁七世的继承人罗马努斯二世也是个不喜欢治国的君皇。他没有他父亲的文化修养，所以注定成为一事无成的昏君。君士坦丁七世是大知识分子，对儿子的婚姻，是不太干涉的，罗马努斯二世的老婆是自由恋爱来的，一个收税官的女儿，狄奥法诺。

这是个艳丽放浪的女人，拥有不可抗拒的美貌，她跟罗马努斯二世还挺般配，罗马努斯二世也是个著名帅哥。罗马努斯二世这个帅哥没有狄奥法诺这个美女有用，这女人是个御姐型老婆，一结婚就把持了罗马努斯二世所有的事，其中包括：毒死君士坦丁七世，让老公早登大宝；登基后放逐太后，防止她干预朝政；皇帝的 5 个姐妹全部送进修道院，防止她们结党影响老公的政权。

罗马努斯二世每天都很忙，赛车、打网球、打猎，这些活动让他无暇分身，他很高兴有个贤内助帮自己解决一切。

但要说罗马努斯二世任期内一点好事没干，也冤枉，至少，他提拔了一代名将，为帝国重新扩张贡献了自己的力量。

这位名将就是罗马努斯二世任命的东部战区司令长官，尼基福鲁斯·福卡斯。读者不认识，阿拉伯人绝对不敢说不认识，因为这家伙，人送外号“阿拉伯死神”！

尼基福鲁斯在东部第一重要的工作就是收复克里特岛。这个岛屿被阿拉伯海盗占领已经一个半世纪。克里特岛出现在本书的第一篇，它是希腊文化的发源地，而地理位置上，正好卡在爱琴海和地中海交界处，对拜占庭海军来说，这个据点太重要了。

这次拜占庭海军出动了 7.7 万人，排山倒海地登陆作战，阿拉伯的海盗也没想到人家这么隆重，只好把克里特岛还给原主。拜占庭一收回该岛，政府赶紧在当地成立军区，教廷第一时间赶过去传教，让克里特岛重回了拜占庭的怀抱。

尼基福鲁斯因为收复克里特岛成了拜占庭最红的统帅，首都为他举行好久没办过的凯旋式，称他为“明日之星”。他随后又以最快的速度扑向帝国东线，抗击陆地上的阿拉伯人。大家看地图，现在叙利亚塔尔图斯这个位置，当年是一个阿拉伯的小国，尼基福鲁斯横扫其全境，直接攻入了叙利亚，占领了北部的皇城阿勒颇。拜占庭军团抓走1万多名青年男子为俘虏，剩下的男人全部杀掉，并大肆抢劫10日，走的时候，这座中亚名城已是废墟。

如果说收复克里特岛是清理了东地中海，摧毁阿勒颇就是占领了中亚的中心，从此拜占庭向东部的扩张就是一片坦途了。

毋庸置疑，凯旋的尼基福鲁斯是拜占庭最有权势的男人。不对！难道最有权势的男人不是皇帝？不是，因为他死了。

公元963年，坐了4年大位的罗马努斯二世突然死掉了，据说又是中毒死的。如果当时有法医学鉴定，可能可以发现，罗马努斯二世跟他父亲死于同一种毒药，如果君士坦丁七世是被儿媳妇下毒，那么罗马努斯二世就是死于老婆下毒。看来狄奥法诺很可能是五毒教出身的（这不出奇，康熙朝的太后就是神龙教的）。

狄奥法诺野心勃勃，她大约是想杀掉老公，自己以太后的身份摄政，因为大儿子巴西尔也只有5岁。不过她的算盘落空了，朝野上下几乎没有人支持她，她感觉到周围的敌视，非常聪明地选择再次成为皇后。她主动要求嫁给尼基福鲁斯，并让尼基福鲁斯上位成为新皇帝。狄奥法诺的安排非常严密审慎，一点都不担心尼基福鲁斯因此改朝换代，因为这位老鳏夫50岁了，应该是生不出儿子来了。

尼基福鲁斯是天生战将，并不适合管理国事，他是个基督教的狂热分子，对他来说，打击穆斯林也是“圣战”。他心中只有打仗，为了维持军队，他不得不对老百姓课以重税，引发民众对他的极大不满，加上中间还爆发了一次饥荒。所以，虽然尼基福鲁斯在战场上几乎是全胜，但是在国内，喜欢他的人越来越少。

尽管尼基福鲁斯一鼓作气征服了西里西亚和塞浦路斯岛，但有两件事，他却给后世留下了麻烦的祸端。

根据公元 924 年老罗马皇帝跟保加利亚的西蒙皇帝的谈判内容，拜占庭应该是每年向保加利亚交年贡的。保加利亚的彼得皇帝比较封闭，不了解时事，以拜占庭如今的军威，还会老实上贡吗？于是保加利亚按老规矩预备开战。

对尼基福鲁斯来说，打穆斯林才过瘾，他实在不愿在保加尔人身上浪费工夫，拜占庭的传统外交手段又派上了用场。尼基福鲁斯派人送 1500 磅黄金给罗斯公国的大公斯维亚托斯拉夫（这名字真长），让基辅罗斯出兵收拾保加尔人。这个长名字的大公跟尼基福鲁斯一样，那是相当喜欢打架（详见俄罗斯篇），现在有人送钱给他打架，他非常配合地冲进了保加利亚。罗斯和保加利亚打了几年，罗斯在多瑙河流域站稳了脚跟，甚至还罢黜了当时的保加利亚沙皇，扶持新沙皇控制了整个国家。

尼基福鲁斯这时候发现不对了，完了，养虎为患，还引狼入室，罗斯大公向拜占庭露出了狞笑，他要感谢拜占庭帮助他发展壮大，感谢的办法是，他顺带着把拜占庭吃下肚子！

拜占庭如今要面对自己一手培养的敌人，而这个敌人可能比历史上别的敌人都要强大，可是尼基福鲁斯没有办法改正他的错误了。

老爷子性格火暴，除了周围传统的敌人，尼基福鲁斯任期内还跟德国皇帝奥托大帝发生了纠纷。

奥托大帝几乎可以说是当时欧洲乃至世界最嚣张的人了，他不仅获得加冕，成为神圣罗马帝国的皇帝，还攻入意大利，帮着教廷换了个教皇，而且规定，以后教皇要效忠皇帝！

奥托大帝既然想做罗马皇帝，全取亚平宁半岛是必需的。所以他就跟拜占庭商量，让拜占庭将公主嫁给他儿子，拜占庭在意大利南部的领土就权当作嫁妆。

他派个说客过来跟尼基福鲁斯提亲，尼基福鲁斯大怒，当场发飙，将这个使者骂得一头狗血。大意是："回去告诉奥托这个鳖犊子玩意儿，不要以为戴上帽子他就像个人了，他就算天天洗澡，我也能闻到他身上的日耳曼蛮夷马粪味。想娶罗马公主，等癞蛤蟆会飞了再来吧！”

奥托大帝一辈子也没被这么侮辱过，他一气之下，发兵攻打南意大利，预备让尼基福鲁斯看看癞蛤蟆是怎么飞的。意大利的这个麻烦尼基福鲁斯也没来得及解决。

尼基福鲁斯征战多年，的确麾下培养了大量优秀将领，其中最出名最惹眼的，就是尼基福鲁斯的外甥约翰·基米斯基。这位新出炉的军队红人虽然个子不高，但是模样相当英俊，关键是年轻啊，这就吸引了皇后狄奥法诺的注意。一个会毒杀老公的女人一定会通奸，这个毋庸置疑。这时，尼基福鲁斯又老又丑，给了其他年轻将领很多机会。

公元 969 年冬天，戎马一生的尼基福鲁斯皇帝在深宫中熟睡，常年的军旅生涯让他习惯了睡在地上的熊皮上。半夜，一群刺客神秘出现在大内寝宫，乱剑捅死了皇帝。

尼基福鲁斯一生战功显赫，可死的时候，君士坦丁堡几乎没有人为他伤心。当时的大教长虽然严厉谴责这种谋杀行为，但是也觉得实在没必要追究责任人。尼基福鲁斯死了，马其顿王朝的嫡系皇子也还没成年，最适合登基的就是约翰了。教长给约翰开了个登基条件，那就是绝对不能娶狄奥法诺，这女人都快混成职业杀手了。

狄奥法诺精通下毒，尼基福鲁斯被谋杀的方式充满刀光血影，肯定是约翰的手法，所以这小子才是主谋。可是约翰跟皇后混，第一考虑自然是政治前途，难道还真有爱情？教长要求的是很容易的，约翰马上与狄奥法诺切割，并且说，这个女人是杀死舅舅的凶手，一定要将其流放！狄奥法诺以为自己有机会做第三任皇后，没想到，男人要是毒起来，比女人毒多了。

为了让自己名正言顺，约翰迎娶了君士坦丁七世的公主，她是两位小皇子的姑姑，约翰并不介意她是个孤僻的老姑娘。

不管约翰登基的过程有多么丑陋和无情，他用他后来的帝王生涯平息了这些批评，虽然不是马其顿王朝的嫡系皇帝，但他为帝国争取来的东西，足以让拜占庭的后人为他自豪。

约翰一上班，先要解决前任遗留的问题，一边是罗斯公国的挑衅，一边是奥托大帝的暴怒。他审时度势，觉得罗斯人必须教训，而德皇那边，还是以和为贵。

此时，罗斯军团已经吃掉了保加利亚大部分地区，扶持新的保加利亚沙皇，两家联手眼看就要抵达拜占庭的防线。

拜占庭军团调 4 万大军北上迎敌，攻入了首都，并找到了被罗斯大公罢黜的前沙皇。约翰宣布他才是真正的沙皇，吸引了大量保加尔人的支持，这些保加尔人倒戈加入了拜占庭大军。

约翰是天生的帅才，他的天赋在这一仗表露无遗，罗斯军队跟拜占庭大军正面碰撞了两次后，觉得还是退却比较理智。约翰一路追击，将罗斯军队围在多瑙河畔的重镇——德里斯特拉堡垒。

这座城堡以往也是固若金汤的，约翰调来了几百艘战舰，进入多瑙河，用希腊火对该堡垒发功攻击，居然都没有奏效。好在约翰也不急，他知道这个堡垒虽然结实，但是长不出粮食来，只要围死了，时间长了，自然可以不战而胜。

整整围了 65 天，城里饿死人了，罗斯大公也终于同意跟约翰陛下好好谈谈。对于罗斯公国的处理，反映出约翰绝对不是一个单纯的武夫，他有很高的外交智慧。经过这一轮跟罗斯公国的战争，他发现这帮来自寒冷世界的莽人是非常彪悍的，如果逼得太紧，对方孤注一掷，后果还不好估计。罗斯大公一赌咒发誓放弃敌意，撤兵回家，约翰马上给罗斯士兵发粮食，还答应之前所有跟罗斯公国的贸易条款都照旧，仿佛这场误会就没有发生过。然后，约翰带着一个军人的敬意，让军团闪开一条道路，目送罗斯军团回家。罗斯公国有幸在约翰手下得了条生路，不幸别的敌人没放过他，这位名字贼长的大公在第聂伯河上被袭击身亡，这一趟远征，没有归期。

至于奥托大帝，貌似他在南部意大利没有占到什么便宜，也觉得打下去没意义。况且，不管他多嚣张，有个心理障碍总是过不去，那就是，没有东罗马帝国的承认，他这个神圣罗马帝国的皇帝，总是有点发虚。

约翰很大度地表示，奥托大帝英明神武，绝对配得上西罗马大帝这个头衔，拜占庭承认他的身份，而且，约翰将自己的亲侄女嫁给奥托的儿子，虽然不是嫡系，也算金枝玉叶，不辱没奥托家的门庭。奥托也是聪明人，既然主要目的达到了，也没有必要再树敌。于是，一场欧洲东西两大帝国的风波，就这样被平息了。

收拾了前任的烂摊子，约翰还要继续前任的伟大事业啊，继续向阿拉伯进军！

约翰的远征收复了阿拉伯的古都大马士革，将名城安条克（现在土耳其的安塔基亚）收回到拜占庭的版图，并且，大军已经攻到耶路撒冷城下。

约翰比较谨慎，怕自己长途行军，后路被抄，差不多的时候便掉头北上，将之前大致占领的区域再仔细蹂躏了一遍，强力清扫阿拉伯的残余。这一次拜占庭的征伐，基本搞定了幼发拉底河左岸地区，这条带着神秘的中东名河已经好久没看到过罗马人了，现在，他们的队伍又来饮马了。

皇帝班师回朝的想法是，抢来的东西先送回家，让臣民高兴一下，军团回家休整，再出发时，他将会一鼓作气收复圣城。我们可以相信，如果上帝再给约翰 6 年时间，他会荡平巴勒斯坦地区，遗憾的是，他没有另外的 6 年。

凯旋的途中，约翰感染了伤寒，回到皇宫便一病不起，不久就溘然而去。

十九 “生于紫色寝宫的”

好久没扯闲话了啊，大家先从拜占庭这些刀光剑影的故事里出来冒个泡，透口气吧。这一篇，我们开讲地质学。

有一种火山岩，灰色或者紫红色，带着斑点，最早产自埃及地区，我们叫它斑岩。大家又蒙了，其实不算啥神秘材质，这种岩石半风化那种粗质的颗粒，经常被用来做保健品，中国名称叫麦饭石。

这种石料颜色特殊，在希腊语里，斑岩和紫色是一个词，就像中国和瓷器在英文中是一个词一样。拜占庭时代，这种斑岩被用来建造皇宫，因为拜占庭皇族的标准色是紫色，所以这种石材就显得非常契合。尤其是皇后的寝宫，产子的地方，整个房间都由这种斑岩构成，是一种神秘高贵的紫红色风格。于是，拜占庭的皇子公主，正宗的就被称作“生于紫色寝宫的”（拜占庭的大部分皇帝来路很野，能生在紫色寝宫并不容易）。

比起古罗马帝国，拜占庭这半壁江山肯定是有点落魄，加上还被各种蛮夷或者异族欺负。但是，血统就是血统，不论什么样的敌人，对这支穿紫袍的皇室都是带着敬畏的，而拜占庭人自恃身份，他家的皇室跟人结亲也非常讲究，比如前面介绍过的保加利亚沙皇西蒙，想让君士坦丁七世娶自己的女儿，未遂；德皇想让儿子迎娶拜占庭的公主，结果是娶了约翰的侄女，这两次提亲都不惜引发战争。可见，“生于紫色寝宫的”是何等金尊玉贵。

闲事扯完了，又扎进拜占庭那些宫闱风波吧。

约翰又死了。拜占庭皇帝没有正常死的，好死赖死都跟阴谋有关。这一次，大家怀疑是个宦官毒杀了他（宦官跟女人一样，喜欢用毒）。

这场疑似毒杀事件我们回头再说，国不可一日无君啊，约翰都死了，轮到谁了？

非马其顿血统的皇帝已经传了两代了，人家马其顿家族的正统血脉也该长大了吧。大皇子巴西尔已经18岁了，再不让他登基说不过去了啊，他就是巴希尔二世了。

这样把巴希尔二世请出来，肯定是过于平淡了，稍懂历史的都知道，巴希尔二世绝对算得上马其顿王朝最巅峰的君主，而且放在整个拜占庭的历史上，他的地位估计也就是仅次于查士丁尼大帝。

如此重要的角色，之前成长的过程老杨怎么一句不提呢？没法提啊，这孩子隐藏得太深了。大家想啊，君士坦丁七世被毒死，罗马努斯二世被毒死，尼基被砍死，约翰病死，这些皇宫“餐具”一幕幕伴随着巴西尔的成长，这娃娃没有被整成变态已经很不容易了，那些叔叔、大爷哪个是好惹的，能保住小命，等到登基算是非常走运了。

巴西尔第一次出镜，是在他妈妈被放逐的时候。狄奥法诺知道自己被约翰利用然后出卖，当时就气炸了，在皇宫里撒泼骂街。当时巴西尔和弟弟都在现场，看着那个疯狂的母亲为自己做无谓的抗争，一言不发。狄奥法诺以为当时已经11岁的儿子会替自己说话，结果，她看到的是巴西尔冷淡漠然的目光。狄奥法诺显然是气昏头了，她当时跟所有人说，这个小兔崽子是个私生子，不配拥有继承权等等。唉，我怀疑希腊文里就没有母贤子孝这样的词语。

约翰登基后，常年在外征战，宫中大小事务，包括两个皇子的照顾，就托付给宫中的宦官，也叫巴西尔。为了和太子爷区别，我们叫这个公公为瓦西里吧。

瓦西里公公最早是侍候皇子就寝的，大家可以想象，两个相当于孤儿的皇子在打雷下雨做噩梦的夜晚，哭着醒来，看到的最温暖的面孔，就是这位瓦西里公公啊。

公公在约翰出征时把握了朝政，阴谋派的历史学家认为，约翰一场伤寒就丢了性命，很可能是瓦西里下毒。原因是，朝野都在传说，约翰大军抢来的财富，很多都被瓦西里搞到自己口袋里去了，约翰班师回国时，曾扬言要彻查此事，瓦西里为自保，索性就先下手为强了。

不管怎么说，瓦西里看起来是帮了太子的忙，否则以约翰皇帝的年纪，等他有空生儿子的时候，巴西尔还能不能登基就是未知数了。

巴希尔二世终于登基了，我们终于又看到一位“生于紫色寝宫的”皇帝了。巴希尔二世的一生真是要好好整理一下，他忙死了，恐怕历史上还没有哪位君主，可以先平复了国内起义，又进行农业改革，还可以在跨越千里的范围内，四个方向跟不同的敌人作战，还都取得了胜利。让我们按时间的顺序讲述这些精彩的故事吧。人物众多，地名烦琐，读者注意安全用脑。

第一件事，贵族造反。因为先帝希拉克略的改革大业，拜占庭国内权势熏天的大贵族越来越多了，拜占庭的贵族特点就是，不仅有钱有地，还手握重兵，所以这帮人动辄篡位造反。

巴希尔二世登基时 18 岁，真看不出特殊才能。那些曾经抢了他家王权的异姓王爷看到两个“生于紫色寝宫的”王子，整天只知道吃喝玩乐，毫无野心。他们猜测巴希尔二世这个皇帝是以一个准庸君的形象登基的，瓦西里公公很高兴地大胆摄政。

瓦西里公公涉嫌毒杀了约翰，在约翰的旧部看来，这事铁证如山。约翰留下的人马中，在内阁有一定权力的就是原来的副官巴尔达斯·斯克莱鲁，为了简化，我们就叫他小鲁啊。小鲁爷们挺忠的，他还真没想过要造反，他一门心思预备辅佐巴希尔二世，但是他不放过瓦西里公公，他要给旧主报仇。瓦西里再次先下手为强，将他调往东部军区，这样可以让他远离权力中心。

军队还是约翰的军队，小鲁一到东部，附近的军区就拥他为帝了！君士坦丁堡还没有反应过来，小鲁的军队已经攻占了帝国在亚洲的大部分地区！

瓦西里公公怕了，手边没人御敌平乱啊。正好，他想到，小鲁是有个仇家的。几年前，尼基皇帝死后，有个大贵族叫巴尔达斯·福卡斯，为了区别，这个叫小福啊，当时起兵预备争夺皇帝位，后来就是被约翰派出的小鲁打败了，小福回家后郁闷不得志，一直深恨小鲁，听到瓦西里公公的召唤，马上重新披挂，找老仇家算账去了。

福卡斯家族虽然根基深厚，实力强大，但小福初战却非常不利，打了几个回合后，重新统筹了一下老福家的资源，再次出击才获得了胜利。小鲁战败，逃到巴格达休整。

巴希尔二世上台，内战是主旋律，有教育意义，让他快速成长。而瓦西里镇压叛乱的过程中，巴希尔二世也学到了不少执政技巧。这是一个拜占庭版的康熙和鳌拜的故事：公元985年，巴希尔二世正式登基9年后，觉得应该可以胜任皇帝这个职务了，就突然袭击，以叛逆罪逮捕了瓦西里，没收财产，放逐他乡。

小王子终于长大了，没有保姆了，所有的事情他都要自己解决了。上帝没有给他平静过渡的机会，一亲政，面临的就是大敌当前。

问题出在保加利亚。大家想，保加利亚不是被征服了吗？连沙皇都被抓到君士坦丁堡来了。没错，拜占庭踏平了东部保加利亚，西边马其顿那部分，还有大量的保加尔人呢。前面说过，7世纪左右，拜占庭打败保加尔人，将一部分人迁到马其顿一带，让他们帮着防御北方，这里的保加尔人天天想的就是光复他们的国家。约翰皇帝死去的那年，马其顿地区的保加尔人起义了，带头的是当地总督的第四个儿子，名字叫沙穆埃尔。

沙皇鲍里斯二世和他弟弟正被关在君士坦丁堡一座监牢里，听说保加利亚起义的消息，心中无比激动，想尽办法越狱成功，赶紧往回跑，想着还能回去召集旧部，领导大业。拜占庭和保加利亚的边境是森林，鲍里斯兄弟俩逃得匆忙，忘记了自己穿的是拜占庭的服装。一进入保加利亚岗哨的视线，鲍里斯国王就被忠于职守的哨兵一箭射死。王弟倒是顺利地逃回去了，不过他在君士坦丁堡被净身了，失去了做沙皇的条件，这个由马其顿崛起的新的保加利亚王国就只好由沙穆埃尔统治了。

这一轮起义发生在拜占庭内战期间，所以沙穆埃尔的征伐显得很有效率。待到拜占庭人不得不关注保加利亚局势的时候，沙穆埃尔的势力已经覆盖了黑海到亚得里亚海，塞尔维亚到希腊北部这样广大的一个区域，赫然已经是个不小的国家了。而被约翰取消的教会也得到了恢复，不仅如此，沙穆埃尔的行动还获得了德皇和罗马教宗的支持。

巴希尔二世开始反击时，沙穆埃尔刚刚占领了希腊中部的拉里萨。巴希尔二世的出山第一战并不顺利。在希腊，皇帝遭遇了人生第一场挫败，幸好跑得快。而保加利亚人对一些城市久攻不下，也想休息一下。

保加利亚此时万众一心，热火朝天，拜占庭可不一样，听说巴希尔二世去希腊打仗了，还打了败仗，造反的又跳出来！小鲁在巴格达休息够了，又回来争取江山了。巴希尔二世仓促间，赶紧又把小福找回来，让他继续对小鲁作战。

这次小福可没这么好商量，哦，有人造反你就想到我了，没事的时候就把我晾在一边，老子明明是火锅，你非要给我晾成蒜泥白肉！于是，一带兵出征，小福也宣布称帝！

好家伙，一个人造反就够头痛了，同时有两个人造反称帝，欺负巴希尔二世是个青瓜蛋子，没有经验啊。小鲁和小福现在都沦为忤逆，居然开始惺惺相惜了，两个人商量好，联手把巴希尔二世赶下台，帝国的领土，两人一人一半，小鲁占有亚洲部分，小福拥有欧洲部分。

好在这两人的联合是没有什么基础的，小福因为家族的关系，有大量的贵族支持，明显势力大些。他觉得小鲁已经没啥使用价值，于是就找个机会把小鲁抓起来，整合了他的人马。这样，叛军就只剩一支了，实力更强的一支，他们水陆并进，眼看就要杀到君士坦丁堡城下。

巴希尔二世深知福卡斯家族的厉害，他知道如果没有一支奇兵过来拯救，他就要步几位先帝的后尘了。巴希尔二世在周围看了一圈，发现他可以倚重利用的，就只有罗斯公国了。

此时的罗斯公国是弗拉基米尔大公，也就是被约翰打败的那位长名字大公的儿子（这娃名字也不短）。巴希尔二世跟他商量，说是愿意将自己的亲妹子安娜嫁给他。大家注意，这可是一件大事，安娜公主是“出于紫色寝宫的”，之前不论是保加利亚沙皇还是德国皇帝都够不到的正统。

这简直是从天而降的尊严。罗斯这个后起的斯拉夫国家，还带着些乡下人的诚惶诚恐：天哪，这样一个天使来到罗斯公国，应该放在哪里供起来啊！大公兴奋得鼻子都红了，巴希尔二世拿自己的妹子去和番还是有点于心不忍，所以跟大公商量，你皈依东正教吧，有个信仰上点档次，要不然一天到晚就是匪帮、蛮夷。

弗拉基米尔大公现在是，但有所命，莫敢不从。况且，他早就有在他国内统一意识形态和宗教信仰的想法，其实在心里，拜占庭的东正教一直是他的首选。于是，俄罗斯历史上最壮观的一幕就出现了，皇帝和全体百姓跳进第聂伯河受洗，成为东正教徒。大家要知道，俄国人信仰东正教，影响了后来地球上的很多大事。

洗完了，亲订了，发兵吧。大公发来6000人的精锐部队，这支军队后来就留在拜占庭成为常备雇佣军，也就是非常出名的瓦兰吉亚兵团。

巴希尔二世接受了这支带着寒风的异族军队，信心大涨，加上小鲁被捕后，部分不愿意跟小福合作的军队，皇帝的武装也空前壮大。在金角湾登陆，巴希尔二世的进攻非常顺利。叛臣小福和主子在沙场对阵，结果中箭身亡，军队缴械投降。另一位叛臣小鲁被带到巴希尔二世跟前，满头乱发，脚步踉跄，要多狼狈有多狼狈。巴希尔二世看着他说："这么多年让我寝食难安的家伙就这个熊样？"随后就下令处死。皇帝长出了一口气，终于解决了！

公元991年，皇帝放弃了去希腊直接阻挡沙穆埃尔的南征，而是开进了马其顿，并驻扎下来预备骚扰敌人的后方和大本营。刚站稳脚跟，巴希尔二世就收到一个坏消息。先帝约翰刚刚收复的安条克遭受攻击，阿勒颇被围困。谁干的？来自埃及的阿拉伯法蒂玛王朝。

巴希尔二世知道，保加利亚的问题对帝国来说更加严重，但他也不愿坐视阿拉伯人的侵袭。于是，他决定两边都不放弃，来回跑，两线作战。

在没有汽车没有飞机的时代，这个决定太疯狂了，然而巴希尔二世做到了。公元995年，他出现在阿勒颇城下，解决了围城的阿拉伯人，还趁机占领了附近的几个城池。

沙穆埃尔最喜欢看他两边跑，趁他去叙利亚的时间，开进了希腊南部的科林斯，占有了整个希腊半岛。随即便挥师色雷斯，预备攻打拜占庭的第二大城市，现在在希腊北部的塞萨洛尼基。巴希尔二世一得知这个情况，又赶回了希腊战场，在塞萨洛尼基大败保加利亚，然后掉头又回到叙利亚，继续对付法蒂玛王朝。

看着眼睛都花了，哪有人能这么折腾啊！好在拜占庭在希腊的守军是不错的，沙穆埃尔一直攻击到伯罗奔尼撒半岛，预备班师回家的时候，遭到伏击，沙穆埃尔受重伤，要不是手下拼死保护，他就当场翘辫子了。这一次保加尔人受创，帮助巴希尔二世赢得了一点时间，要不然他真是会跑出心脏病来。

回到叙利亚，安条克总督再次被法蒂玛击败，幸好巴希尔二世行军迅速，援救及时，中止了帝国的损失。公元999年，平息了叙利亚的局势，法蒂玛王朝答应10年之内不挑衅闹事。巴希尔二世留下军队继续向着巴勒斯坦挺进，他自己趁这工夫，又跑到高加索地区，视察亚美尼亚的防务，后来他还发兵吞并了这里几个小国，建起了新的防线。算起来，这是巴希尔二世的第三条战线。伊比利亚王国（现在的格鲁吉亚）最后归顺了拜占庭。

1001年，上一个千禧年，沙穆埃尔养好了伤，也没待在家里傻等巴希尔二世，他把周围的小国部落都收编后，再次出现在巴尔干战场。此时巴希尔二世已经甩掉了身后的很多包袱，现在没有人再像钓鱼一样让他来回奔波了，他卷起袖子，脑门上绑了根白布条，预备最终了结沙穆埃尔。

原来说过，拜占庭大军心无旁骛，专心打仗，几乎是无敌的，就怕他们内乱，或者后院起火。此时的巴希尔二世心态很放松，罗马帝国千年沉淀的打架经验，加上先进的战术和武器，这一切都不是沙穆埃尔这种起义武装可以比的。所以拜占庭一动真格的，保加利亚马上就露出了劣势。

巴希尔二世第一步就攻击萨尔迪卡（现在的保加利亚首都索菲亚），切断了沙穆埃尔的军队与大本营的联系，而趁着人家大军在外，巴希尔二世逐步将保加利亚东部收回囊中。

最精彩的战役出现在保加利亚西北部的重镇维丁，巴希尔二世亲临战场指挥作战。沙穆埃尔知道北上帮维丁解围是做不到了，于是干脆袭击君士坦丁堡的重要门户亚得里亚堡（现在土耳其的埃迪尔内），这一计叫作围魏救赵。巴希尔二世不懂三十六计，但是他有一个统帅超级稳定的心理素质，他居然没有任何回师解围的动作，而是坚定地守在维丁城下，把这里围得水泄不通，8个月后，终于将这个要塞攻克。而亚得里亚堡那边，沙穆埃尔的进攻并没有占到一点便宜，于是大军向马其顿首都斯科普里撤退。

巴希尔二世占领了维丁后，毫不停歇地南下，也进入了马其顿，在现在的首都斯科普里附近，两军遭遇。沙穆埃尔这一路抢了不少东西，行李辎重不少；巴希尔二世也可以抢，不过他心想，这片土地早晚是我的，我何必抢呢，所以并没有累赘，专心干仗。境界上就赢了一筹，结果也没有意外。沙穆埃尔战败逃进了山区，从君士坦丁堡越狱的前沙皇之子再次投降。

拜占庭一边攻陷了斯科普里，一边攻陷了沃德纳城，两点一线进行封锁，保加利亚的领土被分成了两半。

拜占庭的优势地位已经完全确立了，巴希尔二世好整以暇地整饬军队，预备最后的总攻。

自从沙穆埃尔进山打游击，拜占庭就每年夏天进山剿匪，对沙穆埃尔的动静，还是颇为了解的。决胜局出现在1014年，拜占庭大军在山谷设伏，成功地将保加利亚军队主力引进了包围圈。这一战，有1.4万多名保加尔人被俘，只是又让匪首沙穆埃尔跑了。对这些战俘，巴希尔二世想出的处理办法是，每100人留下一人，其余99人全部剜去双眼，然后这个没瞎的人，就带着99个瞎子去找沙穆埃尔。画面真是不堪想象啊，漫山遍野的瞎子绵延数里，满脸鲜血，哀号声声，这样一支队伍出现在沙穆埃尔面前时，身心俱疲的沙穆埃尔彻底崩溃了，他大喊一声，脑血管崩裂而死。

又花了几年清理保加利亚的残余抵抗，大约在1018年全取了保加利亚。巴希尔二世不需要保加利亚成为拜占庭的附属国，他要将这块土地彻底收回，于是他在当地成立了军区，正式消化了这个存在了337年的国家。

被称为第一保加利亚的国家创造了很多奇迹。比如他们是第一个在拜占庭版图内立国的蛮族，他们曾经征服了整个巴尔干半岛，他们跟拜占庭帝国前后大战了5次，让拜占庭非常狼狈。面对这样一个对手，巴希尔二世实在不敢手下留情，因为对这个国家的血腥征服，巴希尔二世得到一个绰号，被叫作“保加利亚人的屠夫”。

保加利亚被收复，周边被他征服过的小国也就被释放了，塞尔维亚、克罗地亚，甚至是匈牙利都匍匐在拜占庭脚下，成为附庸或者同盟。自从日耳曼人西迁导致斯拉夫人南下，几百年了，东罗马总算又将巴尔干岛控制在自己手里。

胜利后的巴希尔二世专门去雅典旅游，在那里举行了盛大的凯旋式，并将著名的用来供奉雅典娜的帕特农神殿改名为“圣母教堂”。

要说武功，巴希尔二世是承继了前两任君主的辉煌，如果不是这两个人打下良好的基础，巴希尔二世也不会这样一帆风顺。忍不住要纳闷啊，上两任也挺好，就是因为在外征战过程中无暇顾及国内安全，被中途扳倒。这个巴希尔二世打了30多年仗，只是开头那几年镇压了造反，怎么后来反贼就绝迹了呢？

这就要说到巴希尔二世最著名的“土改”行动了。这件事源于公元995年，他从叙利亚战场返回途中。这伙计心理素质好啊，这正是他两头跑的那段岁月，巴尔干那边还等他回去救火，他居然好整以暇地跑到东部防线去巡视。当地大贵族尤斯塔休斯当然是要非常客气地迎接圣驾。

他这一客气，巴希尔二世惊出了一身冷汗。为啥呢？“生于紫色寝宫的”巴希尔二世算是什么世面都见过了吧，但他必须承认，君士坦丁堡皇宫的生活质量比尤斯塔休斯家差多了。尤斯塔休斯带着巴希尔二世参观他的田地、农庄、果园、湖泊，大得望不到边，最惊人的是，他豢养的奴隶和侍卫足够组建一支军队！行走在尤斯塔休斯家的田野里，那些奴隶对尤斯塔休斯毕恭毕敬，仿佛不把巴希尔二世这个君王放在眼里。

住在尤斯塔休斯家的这几天，巴希尔二世一边毫不客气地胡吃海塞，一边分析问题，他现在终于知道，为何两位先帝会在那样的赫赫军功下中道崩殂，这个隐患就在于，大地主、贵族势力太大了，只要他们想，就可以搅动江湖风雨，引起政权动荡，甚至更换君主！巴希尔二世心想：幸亏朕及时发现问题，要不然不知道什么时候，这帮尾大不掉的东西就对朕下手了！

回到君士坦丁堡，巴希尔二世就开始打土豪分田地。倒霉蛋就是尤斯塔休斯。巴希尔二世非常客气地邀请尤斯塔休斯到君士坦丁堡做客，说是上次叨扰了他，要在皇宫做东表示感谢。皇帝请客，尤斯塔休斯自然是会赏面的。谁知一进京，就被软禁，家产全数充公。这个尤斯塔休斯郁闷啊，到底啥事得罪皇上了？肯定是在我家吃多了，消化不良拉肚子了，迁怒主人家，伴君如伴虎啊！

很快，皇帝就要求这些大贵族出示他们合法的土地文书，以证明大片土地的来历。要命了，这谁有啊，这些土地不都是把农民赶走巧取豪夺来的，哪个农民也不会写下主动赠送土地的文书啊。巴希尔二世下令，只要拿不出文书的土地，要么充公，要么跟谁拿的就还给谁，物归原主。巴希尔二世的整套改革的宗旨就是分化大地主保障小农，所以公布的这套土地新法案叫“小农法”。为了进一步限制贵族，扶持小农，后来巴希尔二世强行推进了一次税务改革，提高贵族的税率，减免小农的赋税，还规定大贵族有替附近贫困者交税的义务。比如你邻居穷人破产了，田地荒芜了，但他的税还是要交，离他最近的贵族替他交税。用这个办法，国库税收有了明显的保障和增加，而大贵族的势力也因此被严重削弱，解除了巴希尔二世身在前线的后顾之忧。要知道，巴希尔二世任期内，进行了 60 年的内战外战，可就是这样大规模动武，巴希尔二世还是在死后留下一个巨富的国库，这一点之前的拜占庭皇帝想都不敢想。

自从巴希尔二世镇压了国内两个贵族的起义，性情就变得很乖张，谁也不信，对谁也没好脸。没有朋友，也没有爱人，终身未婚，传说这伙计后来几乎是禁欲和苦修的。甲胄不离身，铠甲里面穿的是僧侣的衣服，过着简朴的生活。拜占庭宫廷里优雅而烦琐的礼仪让他很烦，对知识分子也不待见，最喜欢就是在军队，住在军营跟士兵同吃同住，甚至留下遗言，希望死后葬在骑兵训练场附近。

巴希尔二世一生，在东跟高加索一带的小国作战，在北与保加利亚作战，在南与阿拉伯作战，这三条战线已经让我们很晕了，但他一点不晕，还开出了第四条战线，那就是在意大利南部的战斗。巴希尔二世闲不住，晚年时他想的是，他要去把阿拉伯占领的西西里岛拿回来！

1025 年，67 岁的巴希尔二世再披战袍，跨海远征。老人家实在不适合这样折腾啊，还没靠岸，舰队就不得不返航了，因为皇帝发急病驾崩了！

巴希尔二世时期的拜占庭是帝国的巅峰，统治着南到幼发拉底河，北到多瑙河，东达亚美尼亚山脉，西至亚得里亚海的辽阔疆域。在当时，这个几乎已经是拜占庭的极限了，再打出去既危险，也没有必要。不过埃及、北非、西西里岛和圣城还没有收复，恐怕是这位拜占庭战神最大的遗憾了。

这一轮的征服，也许土地上的收益是有限的，可它带给周围甚至极远处国家的影响是巨大的，不论是人文、政治，还是宗教，即使后来拜占庭帝国消亡在尘烟里，他留在这些国家的痕迹仍在延续、在闪耀……

二十　邹依女皇的丈夫

巴希尔二世一生最遭人诟病的事，就是他对子嗣的不负责任。他要是个普通百姓，愿意禁欲挺好，就算挥刀自宫也充分自由。可你是皇帝啊，对皇帝来说，不管哪种文化、哪个国家，都要遵循“不孝有三，无后为大”这个原则。巴希尔二世不结婚不生子，他也不安排以后接班的事，然后就毫不负责地死掉了，他不是不知道，他弟弟君士坦丁是个败家子。

君士坦丁一直是哥哥的共治君主。这哥俩执政的格局就是，巴希尔二世想法挣钱养家，开疆辟土，君士坦丁在家里花天酒地，游戏人间。巴希尔二世给弟弟安排的最大的工作就是专心生孩子，结果君士坦丁连唯一的工作他都没做好，他是钱没少花，妞儿没少泡，儿子一个也看不到，就生了三个丫头片子。

不能说皇帝没有努力啊，反正是君士坦丁八世登基的时候，身体已经大大地坏掉了。他每天病歪歪看着三个闺女，那个闹心啊！

根据 21 世纪的标准，到年龄嫁不出去就是“剩女”：25~27 岁还没嫁人的叫“剩斗士”；28~31 岁为“必剩客”；32~36 岁为“斗战剩佛”；到了 36 岁往上，可尊为“齐天大剩”。

君士坦丁八世“杯具”了，他生了一堆猴子，三个“齐天大剩”！这三个闺女年近半百，谁也不找对象结婚！长公主生过天花，是个麻子，于是自惭形秽去修道院出家了；三公主塞奥多拉不知道受了什么刺激，反正是早就宣布绝对不嫁人；二公主邹依貌似还有点社交活动，从她后来的表现看也不像是清纯玉女，至于为啥不结婚，老杨就真找不到资料了。

君士坦丁八世是个病秧子，在位 3 年就觉得差不多了，他要替王朝安排未来啊。继续包办婚姻吧，找个人，把皇位送给他，顺便把 50 岁的老姑娘二公主邹依打包嫁出去，君士坦丁八世早在 1000 年前就知道捆绑销售是可以处理积压商品的了。

整个拜占庭国内的贵族分两派。一派是官僚贵族，也就是在政府部门各重要职能部门担任领导；另一种当然是更牛的军事贵族、军区司令之类的。

官僚贵族这个体系内，最有势力、最有实权的应该是君士坦丁堡的市长。当时的首都市长是罗马努斯·阿尔吉鲁斯，又是一名老罗。这个伙计不但正好单身，还是拜占庭一个非常显赫的家族的成员，虽然年过花甲，还是风度翩翩，谈吐雍容，堪配王室，于是，被选为驸马。

可惜老杨找不到邹依公主的照片，我就纳闷了，一个“生于紫色寝宫的”拜占庭公主怎么这么难嫁呢！话说老罗听说自己当选驸马时也 60 多岁了，当时就吓呆了。也就是说，地球上最强大的王国作为陪嫁，公主还是没人要。老罗可怜啊，他被这家人讹上了。君士坦丁八世给了市长三个未来选项：一，挖眼珠子；二，直接处死；三，入赘登基。老罗没想到自己一世悠闲，临老会死于逼婚。越老越怕死，算了，从了吧！

君士坦丁八世安排了婚事就找他哥哥去了，3 天后，罗马努斯三世就登基了。

皇帝罗马努斯三世有点不知如何自处，总要找点事做吧，要不然每天在后宫对着 50 岁的邹依公主，而且按她的年龄又生不出儿子了。

前几任帝王都有扩张领土的功勋，罗马努斯三世决定出去打仗，显示自己老骥伏枥，老当益壮。打谁呢？他也知道找容易打的，比如叙利亚的阿勒颇。

前面多次提到名城阿勒颇，这里是世界上最早有人类居住的地区，公元前 2000 年就是东西商贸的中心。前文说到巴希尔二世不断从巴尔干赶回叙利亚，就是要保证对这里的征服。征服是征服了，没有完全占领，这里成为独立的阿勒颇酋长国，承认拜占庭保护国的地位。

罗马努斯三世突发奇想，要把这里占领，正式纳入拜占庭的地图。他肯定是认为这里可以手到擒来的，要不然，他干吗不继承巴希尔二世的遗志去攻打西西里岛呢。

1030 年最热的那几天，罗马努斯三世出征了。兵分两路，挺像那么回事的。这场大战的结果是，拜占庭军队大败，罗马努斯三世带着亲随溃逃！好在第二年，他手下的名将乔治·马尼亚科斯帮他报了仇，于是阿勒颇酋长国又同意承认拜占庭保护国的地位了。

这罗马努斯三世就是拿着公款去中亚玩了一次打仗游戏。打仗不行，国政上下点功夫吧。这事关系到他和他的家族切身利益，所以他做起来分外用心。他撤销了巴希尔二世之前对小农的保护！贵族要替周边贫困者交税这一条自然是首当其冲，国家税收急剧减少，而大地主、贵族又可以肆无忌惮地鲸吞小农的土地了。

罗马努斯三世和邹依的婚事是被迫的，谈不上什么感情。罗马努斯三世不愿意见到邹依，邹依当然自己找乐子。当时宫廷里有个大太监约翰，这位公公还兼任国家孤儿院院长，老杨估计是因为他自己生不出孩子，就给他一群孩子让他照看，非常有爱的安排。

约翰公公看到皇后寂寥，就找了自己的弟弟米哈伊尔过来伺候。这是个英俊的年轻人，约翰善解人意地将他安排在寝宫上班，我们相信他所做的工作应该不仅仅是叠被子、倒马桶这些，因为皇后几乎离不开他了。

米哈伊尔知道，他进宫的目的是帮他兄弟实现他不能实现的理想。他来自商人家庭，出身寒微，没有罗马努斯三世那么多臭讲究，有机会做皇帝，管它付出什么代价呢。

1034 年 4 月的一天，罗马努斯三世暴死在浴室里（不管是西罗马还是东罗马，浴室是最受欢迎的凶杀现场）。罗马努斯三世早上死掉，当天晚上邹依和米哈伊尔就成了亲，并让他登基成为米哈伊尔四世。

约翰高兴啊，米哈伊尔四世登基和约翰亲自登基的唯一区别就是，约翰不用跟老邹依皇后上床，他现在就相当于一个隐形的摄政王。约翰是个公公，太监得势，第一个表现就是对财富的疯狂追求，大把敛财，让自己的家人过上奢华的日子，让邻居街坊不会因为这家出了个太监而轻视他们。约翰也是这种人，他的执政特点就是横征暴敛，“帝国万税”。

保加利亚臣服后，当时巴希尔二世知道当地战乱伤害一时难以恢复，就非常体贴地同意那个地区可以用实物纳税。约翰把这条改了，保加利亚必须以现金缴税，那些土豆、茄子啥的，不能再往国库里送了！保加利亚人哪来的钱啊，太监太邪恶了，起义吧！刚平静的保加利亚又打起来了。好在这片可怜的土地一时根本不能恢复，所以起义很快被镇压，避免了再一次生灵涂炭。

为了彰显自己不光只会搞钱和闯祸，约翰派了名将乔治去攻打西西里岛，如果能收复，太监的摄政生涯将十分光彩。

乔治真是名将、高手，可惜没生在好时候，落在这些个猥琐无能的帝王手里非常悲情。他帮助罗马努斯三世在叙利亚找回了面子，可那场仗打得毫无道理，现在又要替一个太监去争取功名。

这一趟出兵，有一个重要的历史背景要介绍一下。还记得拜占庭在意大利南部的领土吧，巴掌大的地方，被很多人眼红，德皇、教皇、穆斯林都想吃一口。最近这段时间，更有难料的人物出现了，那就是诺曼人（请参看《英帝国：日不落之殇》）！

此时的诺曼人已经在塞纳河下游找到了落脚点。公元911年，法王割让塞纳河口给大海盗罗洛，让他们成立了诺曼公国。有了据点，海盗吸引得越来越多。人多地方少，怎么办呢？找地方扩张吧。其中最宏大的扩张活动就是诺曼征服，威廉成为英伦之主。而有一部分诺曼人，就看中了意大利，想到那里去争取一个新的诺曼底。后来通过自己的努力，帮着意大利某个贵族打架有功，果真在意大利获得了一小片定居点。就是现在意大利的阿韦尔萨城。

诺曼人来到欧洲，生活的主要内容是找房子找工作。诺曼人有技术，比较容易就业，他们是海战专家，还彪悍威猛，特别适合做雇佣兵。乔治这次率领拜占庭军队攻打西西里岛，一到当地，就雇佣了大批诺曼人，跟穆斯林开战。仗打得很顺利，诺曼人尽忠职守，他们一直是作为先锋部队使用的，骁勇异常，帮着拜占庭一口气攻克十几座城池，甚至成功地将叙古拉城收复。

打仗就有战利品，老杨估计乔治一开始并没想到诺曼人这么好用，有些分红方案事后就不愿意兑现了。诺曼人是北方人，实诚，看不得这算计小气的老板，一气之下辞职走人。这帮雇佣兵带着对拜占庭的诸多怨恨，投奔了阿韦尔萨城的老乡，老乡很同情他们的遭遇，商量了一下，不能白被欺负了，找拜占庭打架去，把他家在意大利南部的地方霸占过来我们住下。就这样，拜占庭稀里糊涂地就得罪了诺曼人，结下了梁子。

而约翰公公在家听到战报，他心里打鼓了。乔治这样攻城拔寨，非常顺利啊，现在乔治人不在首都，首都到处是他的传说。这事不好，功高震主，回头他攻陷了西西里岛，有钱有势有人气，他肯定会来抢班夺权。趁他的大功还没告成，赶紧召回来吧。乔治一到家，就被控叛国罪，被抓住关起来。

就这样，西西里岛眼看要回家了，现在又离开拜占庭而去了。乔治一走，他之前收复的土地又被阿拉伯人收回。乔治不仅打了一场莫名其妙的仗，还要承受一场从天而降的牢狱之灾。

却说米哈伊尔四世熬到登基，不用伺候老太太了。约翰为防止皇后串通其他人让历史重演，几乎是软禁了邹依，还天天派人监视皇后的所有行动。约翰是安排得挺严密的，可米哈伊尔四世不是最佳人选啊，他虽然年轻，却是个癫痫病人！出去镇压了保加利亚的起义后，回来就不行了。

约翰赶紧准备下一茬人选。他说服邹依接受了他的侄子，也叫米哈伊尔，约翰等不得米哈伊尔四世死掉了，提前让他退位，给米哈伊尔五世腾地方。

米哈伊尔五世外号“卡拉法特斯”，意思就是船舶修理工，没办法，约翰的家族没什么档次，抓来接班的都是蓝领。维修工听说自己居然是下届皇上，登基时拉着邹依太后的手泪流满面：“干妈，您老放心，啥时候我也不会忘了您的大恩大德！”

大家正寻思这娃真有良心呢，他就以极快的速度将叔叔约翰公公流放他乡，拿回了朝政大权。约翰公公树敌无数，形象恶劣，这个娃娃大义灭亲，为国除害，拜占庭全国上下都拍手叫好。

米哈伊尔五世现在是错误理解了这个信号，他以为百姓的支持是对于他本人的，顿时自我感觉奇好，决定再走一步。登基第二年，他把邹依太后送到了修道院！

这个错误犯大了。马其顿王朝统治拜占庭快200年了，全国人民从生下来就知道，皇位应该在马其顿家族的子嗣中传递，就算是他家的女婿或者是养子，也不过是暂时替他家上班的。人家让你上班，你就好好上班，千万别想取而代之。一个修船的，你居然敢把马其顿家族的继承人流放罢黜，到底是吃了什么这么大胆啊。

愤怒的民众冲向皇宫，包围了三天三夜，让米哈伊尔五世把太后交出来。

米哈伊尔五世只好放出了太后。暴怒的民众觉得邹依公主也是个不着调的，给马其顿家族丢脸，算了，把三公主塞奥多拉一起接出来，共同坐上朝堂吧。米哈伊尔五世被赶下台，还被挖了眼珠子。

米哈伊尔五世这一年也不是什么好事都没做，他将乔治将军放出来，派他去南意大利抵抗被他得罪的诺曼人。

邹依姐妹俩只好暂领朝纲，这两老太太懂什么啊，唯一会做的事就是互相倾轧。邹依为了对她妹子占上风，决定再结一次婚，让自己再次成为皇后！

这女人 50 岁之前单身，50 岁以后结三次婚，真是女人中的神话啊。64 岁再披婚纱的邹依淡定地说："别迷恋姐，姐会让你们吐血。"

这次登基的是君士坦丁九世，拜占庭资深议员，家族背景深厚。他本人 40 岁，风流倜傥，生活优雅，喜欢文学艺术。所以很快，皇帝身边就围了大量的学者，君士坦丁九世为此在君士坦丁堡建了新的大学。

君士坦丁九世挺招人喜欢的，邹依是他第三任老婆了，而他登基后，还跟前妻的侄女保持关系（拜占庭的老男人都对自己的侄女有想法）。邹依此时已经非常通达了，64 岁的她能阻挡 40 岁的老公找"小三"吗？纵容归纵容，她可大度得过了。君士坦丁九世觉得应该给"小三"一个名分，拜占庭的皇宫没有贵妃、昭仪这类职位配置啊，怎么办呢，给点实际的。于是，百官上朝发现了骇人的一幕，君士坦丁九世坐在王座中间，旁边是邹依和塞奥多拉，这两位公主的身后，赫然坐着君士坦丁九世的"小三"！百官纳闷了，又开麻将啦？干吗四个人一起坐上来啊？但是既然两位公主貌似也不说什么，群臣的非议也就被无视了。

君士坦丁九世这样的文学青年一般是不食人间烟火的，不懂建设，只懂消费。巴希尔二世死后，"小农法"被终止，大地主、贵族又以最快的速度壮大了。君士坦丁九世不敢得罪这帮人，又想让自己位子安全点，所以就经常拿库里的钱出来封赏。说起治国能力，君士坦丁九世还比不上几个不着调的前任，可他花钱的本事却比他们强多了。他非常痛快地让国库空空如也。

此时的拜占庭，养着人数众多的军队，军饷成为国家最大的负担。君士坦丁九世任期内，大规模的军事行动几乎没有，于是他就开始大胆裁军，让帝国东北边境亚美尼亚军区5万守军全部退役！这个傻皇帝，在群敌环伺下让国土敞开一扇大门，为帝国带来了巨大灾难。

这样的昏君还能不给人造反吗？在意大利作战的乔治又受到来自皇帝的猜忌，君士坦丁九世又在他攻击正酣时召他回国，乔治终于爆发了，自立为帝，然后率舰队返航，预备攻打首都，不再让别人主宰自己的命运。可惜，在一场战役中，乔治受重伤不治，否则他取得王位，可能会让后面的拜占庭历史清净一点。

君士坦丁九世任期内还有一件大事，那就是东西两个教会正式分裂了。前面说过，早就不和了，两边在教义方面的分歧和对教廷势力范围的争夺上，摩擦已经非常多，经常互相打嘴仗。1054年这一次，是真正翻脸了。而这个翻脸事件的导火索，是一块饼。

二十一　教廷之争

老杨一直是对各种宗教都怀有敬畏之心的，每遇到宗教话题，总是不敢做深入的阐述，生怕什么地方搞错了，引起有信仰的同志不快。但是写历史，宗教问题总是不能回避的，所以老杨试着以外行人谨慎记述，如有纰漏，敬请谅解。

这章从基督教的故事开始。以色列人离开了流着奶和蜜的迦南地（耶路撒冷），迁往埃及定居，结果遭到埃及人的欺凌和迫害。上帝选择了摩西，让他带领以色列人回到迦南。以色列人是埃及的主要劳力，所以埃及法老不许他们离开。上帝对埃及降下十大灾难，最后一个灾难是，耶和华要杀死埃及人家里所有的长子。摩西跟以色列人说，让他们当晚杀掉家里的羊羔，将血涂在门框上。上帝看到门框上有羊血的房屋就会越过，不加伤害。当晚全埃及人的长子都死了。法老终于答应让以色列人离开，摩西分开了红海，带着以色列人开始了新生活。

为了纪念这个事件，犹太人有个非常重要的节日就是逾越节。根据圣经旧约，逾越节应该食用烤羊羔肉、无酵饼和苦菜。这个故事，我们注意一个重点，他们吃的是不发酵的饼，不仅不能用酵母，家里的酵母在当天还要拿出来丢掉。

公元 33 年，这一年的逾越节是基督教史上最有名的逾越节了。因为这一天，耶稣被钉上了十字架。逾越节前夜，耶稣跟十二门徒吃了最后的晚餐。在餐桌上，耶稣表明他已经知道被门徒出卖，而且预备坦然地接受出卖。他将一块饼分给门徒，告诉他们，这就是他的身体，他会为信徒舍弃。随后又将葡萄汁分给门徒，说这是他的血，是为信徒而流。

后来基督教会成立后，圣餐礼就成为一个非常神圣重要的宗教仪式。受洗的信徒如果觉得自己没有做亵渎信仰的事，就可以去教堂领一小块饼和一小杯葡萄汁。经过这个仪式，信徒再次承认他们对主的信仰，承认耶稣是他们的救主，庄重立誓，一生顺服耶稣至上的命令。

故事讲完了，又要回到拜占庭，上一章我们说到，基督教的东西教会正式决裂了，事情的起因，就是关于逾越节的饼。当时的罗马教廷圣餐礼使用的是没有发酵的死面饼，而君士坦丁堡教廷坚持不按犹太人的规矩过节，而使用发酵的面饼。就为这事，两边又开始吵架。

两边教廷的各种争议，有点像美国两个党派竞选前的辩论，基本是对民众公开的，要吸引民众的注意，希望用自己立场吸引尽量多的教众，有点像拉票。如果执着于一些晦涩难懂的教义，民众对两边的吵架是提不起兴趣的，于是，先在礼仪、规矩这些比较浅显的事上争个是非曲直。

1054 年，罗马教宗九世派了一个钦差到君士坦丁堡来传旨，要让君士坦丁堡的教廷懂得规矩，不要乱来。谁知君士坦丁堡的教廷根本就不承认罗马教廷有发圣旨的资格，自然更不能接受对方的观点。也巧，罗马的教宗利奥九世和君士坦丁堡的大教长斯鲁拉里乌斯都是强硬派，都有点倔脾气，谁也不愿意妥协。罗马教廷先发飙，宣布开除君士坦丁堡教长的教籍；君士坦丁堡也不示弱，马上宣布开除罗马代表团所有人的教籍。君士坦丁九世皇帝当时还身患重病，坚持着在两边调解，什么效果也没有。本来大家都以为这是个跟以前一样的普通吵架事件，遇到共同利益时，还是一家人。但没想到，这次来真的了，君士坦丁堡号称自己是正教，从此以东正教这个名字与天主教正式决裂，越行越远，甚至引发彼此的仇恨和战争。

1050 年，邹依皇后死去。4 年后，君士坦丁九世也病死了。再过一年，塞奥多拉也死了，就这样，马其顿血统就彻底断绝了。邹依第一次结婚到塞奥多拉驾崩这一段，历史上称之为“邹依之夫”的时代，虽然只有短短的 28 年，但对帝国造成的危害是不可想象的。但是马其顿王朝当之无愧成为拜占庭最辉煌、最华丽的王朝，巴希尔二世及其之前的那些帝王，几乎再造了罗马帝国尊荣。

塞奥多拉驾崩那年，她指定了一个退休的官员继承王位。理由是这位老哥人缘好，朝中主流对他都不排斥。这位米哈伊尔六世是军需官出身，他跟君士坦丁九世混，最擅长的就是省钱抠门。米哈伊尔六世是官僚贵族的代表，他要省钱，肯定是拿军队来克扣。他突然说要解散驻守阿纳托利亚的军团。这下军队就炸锅了，经过君士坦丁九世的时代，军人已经很委屈了，那个是马其顿家的女婿，他们给了面子没闹，这个米哈伊尔六世什么都不是，一个糟老头，居然也敢跟军爷叫板。

不用说，接下来的事谁都能猜到了。1057 年，米哈伊尔六世提前下课，阿纳托利亚军区的将军伊沙克·科穆宁按着剑登上了王位，科穆宁王朝这就开始了。

大家注意到，军事贵族成为皇帝可是久违了，前几任异姓皇帝都来自官僚集团。这说明什么呢？说明大军事贵族再次崛起了，如今又是他们拿王位当战利品的时代了。

军爷想事情，大部分都挺单纯的。伊沙克打心眼里觉得首都这帮官僚没什么了不起的。他一上台先用自己配着刀剑非常英武的形象发行了新的货币，告诉所有人，朕带着剑呢，你们最好老实一点。

他坐在皇位上分析，拜占庭国家出什么事了：军队衰退，国库空虚，大地主、贵族势力过大。这些问题源于君士坦丁九世在位时，限制军队，用大把国库的钱封赏官僚贵族以及教会。至少伊沙克是这样认为的。他觉得改正错误反向操作就行了，把发到官僚贵族教会手上的钱和地收回来，用于军队建设，所有的问题将迎刃而解。

伊沙克觉得自己有军队，有家伙，对付几个文官教士还是有优势，可他错了，他不知道，马其顿王朝这 200 年下来，就是夯实了这些官僚贵族的基础，他们的重量绝对超过伊沙克的能力。

没收产业，甚至是教会的产业，皇帝的动作让自己在首都成了最不受欢迎的人。一手主持了跟罗马教廷决裂的斯鲁拉里乌斯教长更是觉得皇帝是在挑衅。他对付的办法是，有一天突然穿上紫色的靴子去见皇帝。紫色是帝王专用的，教长的意思很明白，你小子再跟我横，我就踢你下来，自己坐上去！这位暴脾气的大教长有一天离开君士坦丁堡下乡办事时，被皇帝趁机抓住，罢免了他。

伊沙克以为自己扳倒了最大的障碍，没想到下台的教长比他在台上还可怕。有些原来不参与皇帝和教长纠纷的人都觉得教长是个弱势受害者，皇帝仗剑欺人。教会和官僚联合起来，要求伊沙克下台。在君士坦丁堡，这两股势力让你上天入地都做得到，有兵也不能在首都开打吧。两年皇帝做下来，伊沙克心力交瘁，主动退位，去修道院度过晚年。

官僚和教会联手又放倒一位皇上，他们觉得找继承人一定要慎重，有位老兄在教会和朝廷人缘都很好，是当时的教长和首相的铁哥们儿，还迎娶了先帝米哈伊尔六世的侄女。

这时君士坦丁堡的首相一定要介绍一下，他叫普塞罗斯。如果研究拜占庭的文化，这个伙计是不能回避的人物。神童出身，据说 14 岁就已经研究大学课程了。在文化领域，他是拜占庭头号的大哲学家和人文学者，几乎是拜占庭文化的代表，其学术成就让后人高山仰止，以至于后来欧洲文艺复兴，他依然是许多人的偶像。不过这伙计的人品就不好说了。他在学术方面的成就已经够牛的了，可他玩政治的能力还在他的学术能力之上。在君士坦丁堡从马其顿王朝到科穆宁王朝过渡这么纷繁复杂的态势下，他作为一个权臣，足足服务了六朝君主，岿然不倒。

仗义每多屠狗辈，负心多是读书人。这句话是中国人的古训，老杨觉得用在普塞罗斯身上正好。总结普塞罗斯一生，虽然权倾朝野，总感觉对国家的实际贡献并不多，他老人家最喜欢的就是废皇帝立皇帝，全无忠诚。而废立间，大多数时候，都是将他本人的利益放在第一位考虑。

政治太肮脏，不适合读书人，玩不好容易被政治玩死，后人还说他书呆子气，死得活该；玩得太好呢，就把自己玩得比狗屎还臭，后人会说他侮辱斯文，丢知识分子的脸。了却君王天下事，赢得生前身后名，这样的境界，有几人能做到?

普塞罗斯先是君士坦丁九世的顾问，后来又做米哈伊尔六世的顾问，伊沙克时期他成为重要朝臣，后来还成为首相。不过这三个皇帝都是他放倒的，他还导演了一幕好戏：伊沙克退位后，普塞罗斯拎着一双紫靴子，在一个老干部、老领导都在的场合，放在他好朋友君士坦丁·杜卡斯的脚底下，于是，君士坦丁十世就被大家认可了。普塞罗斯经常看报纸、看新闻，肯定知道东方那个大宋帝国的开国皇帝就是这样上位的，这一招纯属剽窃！

君士坦丁十世成为皇帝，跟普塞罗斯亲自登基没区别，据他自己的博客爆料，君士坦丁十世将他奉若神明！而且君士坦丁十世的儿子是普塞罗斯的学生，他是太子少保，也就是说，他还有机会服务下一任帝王！现在知道普塞罗斯选皇帝的标准了吧。

二十二　塞尔柱突厥

进入科穆宁王朝这段乱糟糟的岁月里，拜占庭历史这幕大戏，又出现了新的演员，还都不是普通的龙套，这一章，我们先介绍他们。

先出场的是突厥人。突厥人不陌生，先前已经出来参演过几场戏，戏份不重，但是让人印象深刻。现在既然是主要演员了，我们就要仔细了解背景了。

5 世纪左右，突厥人就在准噶尔盆地北部放牧了，凭叶尼赛河而居，应该是阿尔泰人的一支，跟匈奴、蒙古、女真之类咱们的熟人都有点远亲。前面说过，他们被柔然征服，成为“锻奴”，后来起义独立，成立了突厥可汗国。当时的突厥分成东西两部分，而我们这章的演员来自西突厥，他们的中心大概是现在乌兹别克斯坦的塔什干北部。

西突厥落脚的第一场大战就是联合波斯干掉了白匈奴，瓜分了他家的地盘。以阿姆河为界，西突厥跟波斯人成了邻居。不过他们的位置更好，他们把持着丝绸之路的中段，地位已经相当于一级批发商了。拜占庭因为跟波斯人干仗，只能通过突厥人搞华夏中原产的高档物品。所以西突厥虽然是个游牧民族，但是进入了商业领域显得还挺有天赋的。

前面我们说到，拜占庭曾经找西突厥联手对付波斯人。这个地区的政治，诡谲难测，敌人和朋友变化迅疾。

从贞观年间开始，西突厥就贱兮兮的，总是骚扰华夏西北，长期先动手，等一开打又不是对手，又宣布臣服，过几年看人家不注意他了，又跳出来讨打。他们原来是怕唐太宗，后来听说太宗死了，赶紧出来，以为能占到便宜。不久，西突厥遭遇了华夏历史上最神气的老公，就是高宗李治（全中国上下几千年只有他老婆做过皇帝，所以他是最神气的老公）。

突厥此时的首领是沙玻罗，这个沙玻罗最嚣张，居然进袭到了新疆温泉一带。高宗派去征讨的大将就是苏定方。看过《隋唐英雄传》的都认识这个人，都说著名的帅哥罗成就是被他干掉的，好多人打心眼里恨他。这种虚构非常缺德，苏定方实在是民族英雄一类的人物。他先是随同李靖奇袭东突厥，生擒可汗，灭东突厥；又在公元659年，顶风冒雪征西，生擒沙玻罗，让西突厥灭亡。

西突厥国没有了，西突厥人没死绝啊。他们在伏尔加河以东，额尔齐斯河以西这一片继续放骆驼，跟邻居的穆斯林做些物资的贸易。

8世纪时，巴格达的哈里发觉得自己周围住着这样一支蛮族挺闹心，一边防御，一边就开始传道，向突厥人推广伊斯兰教。突厥人本来是信萨满教的，但是随着贸易的发展，对先进文化有了渴望，在宗教信仰上也就想与时俱进了。伊斯兰教的教义朴素易懂，突厥人长期跟穆斯林打交道，看着这帮人发展壮大，挺不错的。而且他们号召“圣战”，这和突厥人骨子里喜欢找人干仗的秉性相合，时间长了，突厥人就成了穆斯林了。老杨常常想，如果当时拜占庭眼界宽一点，经常去关照一下突厥人，让他们信了东正教，历史应该是什么样的？

11世纪，吉尔吉斯草原上一个突厥人的部族预备迁徙了，他们的首领叫作塞尔柱，所以这一支就叫塞尔柱突厥。当时的阿拉伯世界已经分裂，独立王国林立。而正宗的阿巴斯王朝的政府被局限在巴格达及其周边地区。

塞尔柱先是在萨曼王朝打工，给人家当边防军，并皈依了伊斯兰教，是逊尼派成员。后来萨曼王朝的一个突厥将军造反，又成立了一个伊斯兰小国，叫作伽色尼王朝，就在现在的阿富汗东南加兹尼这个位置。伽色尼王朝的独立让突厥人看到了新的生活方向，所以趁王朝到处扩张之际，塞尔柱突厥就把伽色尼干掉了，现在这个位置是塞尔柱帝国。

1055年，塞尔柱的孙子图格鲁勒带兵进入巴格达，从此这里成为塞尔柱帝国的中心、首府。巴格达这下热闹了，就像现在这么热闹，市里有两套班子在上班，一个是塞尔柱帝国，一个是阿拉伯帝国。不过突厥人掌握了大权，阿巴斯王朝的哈里发就管点儿宗教事务，算个宗教领袖了。哈里发授予图格鲁勒“苏丹”的称号，还称他为“东方与西方之王”！进入巴格达的塞尔柱帝国，慢慢走向极盛。

塞尔柱突厥在南面成了气候，北面也有一群突厥人建立了自己的国家，也就是匈牙利。大家还记得，我们之前说过“上帝之鞭”阿提拉，他建立了匈奴帝国。解体后，日耳曼部落接手了这里。然后是出自柔然的阿瓦尔人，然后斯拉夫人又来了，这个匈奴帝国的旧地，换了几位主人，民族大融合。其实整个中欧都是这样不断换房客，如果中欧的国家说他们血统纯正，全世界人都笑死了。后来马扎尔人总算永久占有下来了。马扎尔人据说是来自一支突厥的贵族，慢慢地以马扎尔人为主要族群的国家就逐渐建立发展起来了。公元 975 年，匈牙利皈依了天主教。1000 年，伊斯特万一世获教皇加冕，成为匈牙利第一任国王，这个应该是匈牙利王国的正式确立。

早年一起养骆驼到处流浪的突厥人，上面讲述的这两股算是成了大器了，建立了自己的帝国，拥有了非常可观的地盘。其他的突厥部落，虽然没有他们混得好，但是也吃喝不愁，有房有车。他们如果做正当职业呢，就帮人打架，学坏了的就打家劫舍，日子也挺惬意的。这其中包括居住在顿河和多瑙河下游的佩切涅格人、库曼人、乌格斯人（这一支跟突厥混在一起，但并不是突厥人）。读者不要晕啊，这几个都是即将出场的主要演员。

什么戏啊，演员表这么长，比那明星还多呢，还没讲完啊。让我们转向意大利。

前文说到，诺曼人到拜占庭的军队打工，因为待遇问题两边结下了梁子。到南部意大利打工的诺曼人，最有名的是奥特维尔家族的兄弟们，共有 12 个。人多力量大，加上还很能打，他们渐渐成为诺曼人在南意大利的主心骨。

1053 年，教宗利奥九世觉得应该出手规范一下诺曼人在意大利的行为，他向法王和拜占庭都提出要求，让他们派兵帮着跟诺曼人打一场，法王和拜占庭的君士坦丁九世都答应了，可等真要动手的时候，拜占庭打突厥无力分兵，法王也不舍得送兵马给教宗送死。教宗利奥是个犟脾气，你们不帮忙，老夫自己上！他带着自己手下的散兵游勇就打过去了。人家诺曼人跟正常战士作战可以以一当十，跟教宗养的废物作战几乎可以以一当百，结果可想而知。教宗利奥提着袍子拼命跑啊，诺曼人在后面使劲追，总算追上了，利奥以为大势已去，要去面见主了。没想到诺曼人扑将上来，跪在教宗面前，亲吻他的脚！他们痛哭流涕，表达了自己对教宗作战的无奈，希望得到他老人家的宽恕、谅解，最重要的是祝福。这帮诺曼人入乡随俗，在欧洲混了几年就忘记了他们本身的宗教信仰，皈依了天主教，看到教宗，他们激动啊。

还有什么比蛮夷的降服归顺更让利奥高兴呢，尤其是这一轮从悲到喜，从死到生。这帮孩子既然知道好歹，教廷也不亏着他们！教宗宣布，诺曼人在南意大利的动作合法，诺曼人占领的地方，不管原来是谁家的，他们住了就是他们的，谁也不能强拆或者强迁。为了感念教宗的恩德，诺曼人觉得应该为教宗“圣战”，于是将目光投向了西西里岛的阿拉伯人，预备带兵出征的是奥特维尔家族的第六子，罗伯特·圭斯卡德。

罗伯特在诺曼战史的地位是很高的。如果他还信奉北欧宗教，老杨相信，他一定会成为奥丁最值得自豪的战士。这伙计外形高大威猛，长发长须，相当有气派。模样虽然粗犷，心思却缜密，“圭斯卡德”这个名字实际上是个绰号，意思是说这小子鬼精，智商高，反应快。历史书将他与特洛伊战争的第一号英雄阿喀琉斯并论，可见其江湖地位之高。

西罗马帝国遭蛮族蹂躏时我们说过威尼斯城的建立。7 世纪中期，这里成了共和国，隶属拜占庭帝国。因为善于航海和贸易，非常富裕。9 世纪，他们获得了自治。意大利半岛上还有三个像威尼斯一样的航海共和国：比萨、热那亚和阿玛尔菲。江湖人称海上 F4。

行了，大部分重要的新演员都交代了，我们回到拜占庭，重新出发吧。

二十三　帝国的衰败

溜达得太远了，再回来的时候，发现君士坦丁十世居然死掉了。死就死了呗，反正他活着也不好用。他有三个儿子，随便抓一个上来接班。太子少保普塞罗斯升级了，米哈伊尔七世是他的亲传弟子，他现在是帝师了。

君士坦丁十世临终，太子年幼，太后当然是要摄政的。君士坦丁十世担心自己死后，老婆改嫁，儿子的地位受到影响，于是逼着尤多西亚发了一个毒誓，白纸黑字写下来，由资深议员公证，交给大教长保管。君士坦丁十世觉得自己深谋远虑，心无挂念地死掉了。

君士坦丁十世这么患得患失的，到底给他儿子留下了什么呢？

先是塞尔柱帝国在东部开始行动了。这事始于君士坦丁九世，大家还记得吧，君士坦丁九世撤销了亚美尼亚的军区，将帝国东部开放旅游，塞尔柱的突厥骑兵无心看风景，进门之后，就攻城拔寨，向帝国的腹地直插。君士坦丁十世死的时候，塞尔柱正在攻打地中海东岸，也就是说，他们横扫小亚细亚半岛，几乎已经全取了拜占庭帝国的亚洲部分！

北部，巴希尔二世的远征将帝国边境推进到了多瑙河岸，跟佩切涅格人做了邻居。这也是突厥，他们能不来骚扰吗？因为拿他们没办法，所以巴希尔二世之后的君主干脆同意他们在帝国北边找地方住下，帮着防御北疆，可这帮人天生喜欢当匪帮，不受招安，在帝国的土地上烧杀抢掠，无所不为。

匈牙利看到帝国混乱，也觉得这便宜不占白不占，出兵占领了多瑙河的要塞，预备南下榨油。随后是库曼人、乌格斯人一轮轮、一群群，要么是“旅行团”，要么是“自由行”，在巴尔干半岛闹翻天了。

意大利的南部，诺曼人罗伯特已经拿下了不少属于拜占庭的城池，而且他已经得到教皇的支持，所有南部意大利的领土，他只要吃得下去，全是他的，包括西西里岛！

君士坦丁十世就是留了这么一个烂摊子给儿子，还以为留了一个宝贝，还不许他老婆找人帮忙。他死了是安全了，他老婆还要活着受煎熬啊。尤多西亚非常清楚，这个局面，如果没有强悍的军事统帅出来帮忙，她和儿子别说保住王位，能不能保住性命都是未知数呢。

太后很早就为自己选择了卡帕多西亚的将军——罗马努斯·迪奥格尼斯，30 多岁，年富力强，在北方战场成名。这家伙曾经策动政变，要推翻君士坦丁十世，戴罪之身，正预备判刑呢。太后给他送去了秋波，告诉他，想做皇帝不用赔上性命。

君士坦丁堡现在最有权的人，是普塞罗斯和君士坦丁十世的弟弟，这两人当然不愿意太后再嫁。尤多西亚也不是普通的良家女子。她跟罗马努斯先发展地下情，然后派人去大教长那里将她发的毒誓偷出来。大教长本来预备跳出来找麻烦，但他很快收到一个消息，说是太后看中的是他兄弟。君士坦丁堡的高层都是自私鬼，一听说这事对自己有利，大教长说，如果涉及国家安全，所有的誓言都可以不考虑。尤多西亚得到教长的支持，赶紧将地下情人拉到台前，共结连理。看到新皇帝居然不是自己兄弟，大教长肠子都悔青了，可他说过的话也不能反悔啊，就这样，罗马努斯四世在所有人惊愕的目光中登基了。

罗马努斯四世是个战士，一接下孤儿寡母的嘱托，就毫不犹豫地出征对付帝国的敌人。如今塞尔柱帝国之患最是要紧。

虽然拜占庭军队好长时间没有正经打过仗，训练也少，但毕竟人数众多，而且基础甚好。突厥人进入的速度快，还没在征服地形成相应的基础，加上战线拉得很长，所以罗马努斯四世集中兵力，在几个重要据点全力攻击，还是取得了非常漂亮的胜利，竟然收复了大部分的失地。

最后一仗是在幼发拉底河的曼西喀特城，突厥人几乎已经决定放弃了，不少士兵偷偷逃跑。此时塞尔柱帝国的苏丹是阿尔普·阿斯兰，意思是“威武之狮”，这位算是穆斯林历史上数得着的英雄人物，能征善战，骁勇威烈，而且气质高贵，知书达理。

突厥最厉害的是进退自如，急如闪电的轻骑兵，偷袭很好用，但如果阵地战对攻，就有点不堪一击。而拜占庭兵团秉承罗马军团的传统，有各种战阵，还有全副武装的重装骑兵，冲过来像个小炮弹，所以正面对攻，罗马军团一般能胜。

这一战，罗马努斯四世率领的拜占庭大军有10万人（穆斯林的历史书上说有30万，太夸张了），包括各种来路的雇佣兵，诺曼人、法国人、斯拉夫人，还有突厥，看外形整个一“八国联军”。而阿斯兰的突厥人只有4万，苏丹本人穿上白袍，撒上香粉，将坐骑的尾巴绑紧，平时的武器也换上了锤子和弯刀。他不是为了阵前表演，他是告诉士兵，如果战败，他这一身就是寿衣了。

战场的画面一看就是正规军对游击队，但是罗马人的问题是，雇佣兵太多，而且这10万人也是杂烩的，彼此并不团结。大家都知道，既然是布阵打仗，团队意识是多么重要。所以这10万大军很快就有点一盘散沙，而突厥的骑兵鬼魅般在战阵中穿梭搅和，以致战场越来越乱。拜占庭这么多人干仗，后面的看不到前面的情况，当时有个后卫部队的将领，叫安德罗尼卡，他告诉拜占庭军队，说是皇帝罗马努斯四世自己早溜了，把兄弟们留在这里给突厥人练刀子玩。这个消息一传出，那真是山呼海啸地夺路而逃。罗马努斯四世兀自在阵前拼命，后面的人越来越少他还不知道。一直到他的近卫部队全部被杀光，他才知道自己已经是光杆司令，就这样，落在了突厥人的手里。

这是历史上著名的曼西喀特之战。除了苏丹的造型稍微引人注目一点，它出名并不是因为打得好看。这一战，历史学家给予的定位是“拜占庭帝国的第一声丧钟”，也就是说，先占据优势而后惨败，就已经注定了后来拜占庭帝国的灭亡。

罗马努斯四世被送到苏丹座前，阿斯兰怎么也不相信这个蓬头垢面、污血满身的人就是高贵的拜占庭皇帝。据说他坚持不跪，是被好几个突厥人按倒的。阿斯兰走到皇帝面前，亲自扶起了他，给他安排了座位，没有一点胜者的傲慢，显得彬彬有礼，将罗马努斯四世待如上宾。罗马努斯四世在突厥的大帐里好吃好喝住了8天。两人的主要工作就是谈判，谈谈如何处理这么大的一个战俘群。因为没有先例，阿斯兰也不太懂得行情，要多了显得自己农民，要少了又觉得吃亏，所以他问战俘本人。

阿斯兰问：“大哥啊，俺拿您咋办呢？您看这事吧，小弟也是第一次，没啥经验，您老见多识广，给教教呗。”

罗马努斯四世还真是有教无类，还真回答：“你要是报仇出气呢，就把朕杀了；你要是想炒作炫耀呢，就把朕绑在你战车后面游街；你要是追求实际利益呢，就拿朕回去换钱。”

阿斯兰又问：“如果这次干仗是大哥你赢了，俺落你手里头，你咋办？”

罗马努斯四世显然是修养不够，这时候控制不住情绪了，激动地说：“朕自当亲自用鞭子抽你，抽得你皮开肉绽！”

阿斯兰淡淡一笑：“你看，你一个大城市来的人，怎么这么粗鲁呢？俺就不像你，俺放你回家！”

说到做到，苏丹真的是下令放人，除了给罗马努斯四世洗干净，换了新衣服，还给他带了不少突厥土特产，仿佛罗马努斯四世是到亚美尼亚走了一趟亲戚。不过带回去的，还有皇上按了手印的合同，拜占庭需要支付突厥 100 万金币，知道他们这会子拿不出来，允许分期付款，免利息，每年给 36 万个。阿斯兰这个伙计，真是实诚！

阿斯兰绝对没想到，自从罗马努斯四世落在他手里那天，就已经严重贬值了。对拜占庭来说，被俘虏的君主，相当于鞋子上沾的狗屎，那是非常让人厌恶的，就想快点甩掉。其实就算罗马努斯四世不被俘，他也是君士坦丁堡的阴谋对象，不知道有多少人想趁他不在，让他下台。其中最想的一个，就是君士坦丁十世的弟弟，现在跟普塞罗斯一起管事的约翰，恰恰是那个在战场散布假消息，让拜占庭军团溃散的安德罗尼卡的爸爸！所有的事都是有原因的，只是罗马努斯四世还不知道，他还大大咧咧，带着土特产回君士坦丁堡去阖府团聚！

罗马努斯四世一进关，就听说他已经被罢黜，皇后被放逐修道院，米哈伊尔七世现在是唯一合法的皇帝。罗马努斯四世赶紧找到散兵游勇，武装起来，想要拿回自己失去的地位，后来被自己的叛将也就是安德罗尼卡打败，再次被俘。拜占庭人对自家的先帝就没有阿斯兰那么客气了，罗马努斯四世被挖掉双眼，后因眼伤过重死亡。

阿斯兰听说自己的金币拿不到了，又恢复了对拜占庭的进攻。不久，帝国在亚洲的大部分土地又被突厥的帐篷布满。而就在曼西喀特战役的同一年，诺曼人攻陷了意大利的巴里，帝国留在意大利的最后希望已经被他们吞噬了。到这一年，我们再不能叫拜占庭为“横跨亚欧非的地中海帝国”了！

二十四　科穆宁王朝

米哈伊尔七世登基时 20 岁，性格非常懦弱。这样的皇帝一般都有奸臣帮忙。米哈伊尔七世的老师不是普塞罗斯吗？罗马努斯四世的死既然是米哈伊尔七世的集团一手策划的，那么普塞罗斯肯定也是幕后黑手之一。算起来，这是他推倒的第四位皇帝了，没想到在自己的嫡传弟子这里遭报应了。

老师是好老师，学生也是好学生，在学术修养上，米哈伊尔七世年纪轻轻就造诣非凡。不过，他不喜欢老师，因为他觉得原来的邮驿大臣更让他感觉舒服，所以不久，他就让老师提前退休了。普塞罗斯跟其他从云端栽下的拜占庭高层一样，在修道院度过了晚年。

米哈伊尔的新宠名字很长，我们简称尼基，这家伙最出名的就是贪财。拜占庭国家一直对粮食供应有保障的，比如有专门的储备粮，碰上灾年和战争可以优惠卖给百姓。尼基一上台就垄断了谷物供应，“大斗进小斗出”，标准旧社会地主盘剥百姓的做法。粮食价格上涨，连带着其他物品全都价格飞涨。一直非常坚挺的拜占庭货币“诺米斯马金币”，500 年来，第一次出现了大规模的贬值。

真理是：经济危机一定会引发政权危机。历史又重演了，又是欧、亚两边两个将领同时造反，而且名字又是一样，都叫尼基福鲁斯！为了区别，欧洲的造反派我们叫他老布，亚洲这个我们叫老伯。这两人同时举事，而老伯优势明显，因为他还拉拢了邻居突厥帝国给他帮忙。找国家的敌人帮手推翻自家的君主，这种事在后来的拜占庭国家就形成传统了。

老伯的军队获得了首都人民的支持，以米哈伊尔七世的性格，两边都有人造反他绝对不会硬扛着，所以赶紧主动退位出家。他的宠臣尼基想修行也来不及了，他被君士坦丁堡的老百姓活活打死了。

老伯真是老伯，入城登基时，76 岁高龄。他知道拜占庭人对皇室血统还是有点讲究的，就想法给自己加个金身，他迎娶了米哈伊尔七世的老婆！大家算算啊，米哈伊尔七世退位时不到30岁，他老婆比他还小，等于皇后的年龄大约是老伯的1/3。

皇帝既然顶着压力娶了前皇后，大家猜想，米哈伊尔七世留下的儿子就应该是继承人，谁知道不是。

放眼君士坦丁堡的所有贵族家族，科穆宁家很引人注目，伊沙克·科穆宁皇帝下台了，他弟弟约翰生了八个儿女，这八个儿女就是最好的纽带，通过联姻，绑定了君士坦丁堡很多重要的贵族。这八个子女中，公认最优秀、最有前途的就是三公子艾里克修斯。三公子迎娶了杜卡斯家族的小姐，也就是曼西喀特战役的叛徒安德罗尼卡的女儿。这样，三公子成了杜卡斯家族的女婿，米哈伊尔七世是杜卡斯家族的皇帝，他的儿子当然也是杜卡斯家族的继承者，现任皇帝居然剥夺了他的继位权，杜卡斯家族岂能答应。

艾里克修斯代表杜卡斯家族进首都要求权利，他自己的科穆宁家族当然也追随，再加上这两家的亲戚，帝国最有权势的人都在这个队伍里了。其实要对付的敌手也都是亲戚，艾里克修斯进攻首都受到的抵抗都来自他的几个姐夫，好在还是小舅子强些。

1081年，24岁却已经做了6年军事长官的艾里克修斯帮助科穆宁家族拿回了王位，距他大伯伊沙克·科穆宁黯然退位22年了，很多历史书，将这一年才当作科穆宁王朝的正式开端。

艾里克修斯一世，在历史上形象非常之好。没办法，历史是人写的，你是谁不重要，重要的是谁写你。艾里克修斯一世有本自己的传记，虽然叫人物传记，但其实是一本覆盖面较广、描述比较清晰的历史记录，被认为是研究当时历史的经典。这本书对艾里克修斯一世极尽赞美，文笔细腻、辞藻华丽，在所有的历史书籍中格外醒目。一般的历史书尽量理性平和、肃穆端庄（老杨写的不在此列），艾里克修斯一世的传记却带有深厚的情感。其他的历史人物羡慕不来啊，因为艾里克修斯一世这本传记是他女儿安娜·科穆宁娜写的。她是艾里克修斯一世最钟爱的女儿，也是欧洲历史上最早出现的女性历史学家。

因为安娜的记录，我们对艾里克修斯一世的生平是比较熟悉的。其实安娜就算不过誉她父亲。我们知道，艾里克修斯一世如果碰上好时候，绝对是希拉克略或者巴西尔二世那样优秀的皇帝。可他接手现在的帝国，几乎没有资源让他挽救帝国的颓势。财政和军事的重要基础——小亚细亚半岛已经失去，巴尔干半岛只剩南部，意大利的领土包括西西里岛已经被诺曼人占有，艾里克修斯一世经营的，也不过是博斯普鲁斯海峡及其周边而已。

艾里克修斯一世上台，诺曼人罗伯特已经预备正式向拜占庭下手，现在他想的不是几个城池的得失，他想的是君士坦丁堡的那个王座。所以他集合舰队，越过亚得里亚海，开始进攻对岸，大约是现在阿尔巴尼亚沿岸这个位置。而南边的突厥人呢，他们当然继续征服，曼西喀特战役失败后，塞尔柱帝国在小亚细亚这个地区出现了很多小的王国，依附于塞尔柱存在。在离君士坦丁堡最近的这个位置，现在的土耳其伊兹尼克这个地方，成立了一个叫作罗姆苏丹的国家。

亚洲大部分已经失去了，而那么大面积的国土，一时半会儿收回来也不现实。艾里克修斯一世想得开，他换了一个思路，决定不再为亚洲的事烦恼了，就让突厥人先住着吧，那种三天打鱼，两天晒网的抵抗也没有任何意义了，还不如把所有的军队集合起来，迎击诺曼人，别让欧洲再丢了。

艾里克修斯一世仿效先贤，跟教会借钱，6 个月的时间，集结了 7 万大军，行军 200 多公里，杀到了诺曼人的眼前。可惜这一战并不成功，皇帝千辛万苦征集的军队根本不经打。罗伯特带来的，可是正宗的虎狼之师。

皇帝逃回希腊。怎么办？祖宗的办法总是有用的，找帮手啊。帮手不难找，关键是没钱，如果诺曼人还有别的敌人就好办了。上谷歌去百度一下，还真找到一个，那就是新兴的航海国家威尼斯。

对威尼斯来说，保持亚得里亚海上的自由空间是最重要的，因为这家是生意人，亚得里亚海是他家大门，生意人最忌讳被人挡住大门。诺曼人如果取得了对岸，他们肯定会控制亚得里亚海，到时候，威尼斯的利益就受到影响了。

就算拜占庭不求威尼斯，威尼斯也会想办法遏制诺曼人，但是既然拜占庭先开口，竹杠是不能不敲的，威尼斯商人嘛，人家无利不起早。

艾里克修斯一世答应，只要威尼斯出手帮忙，以后威尼斯人在拜占庭的贸易没有限制，物品进出口全部免税，君士坦丁堡免费给他家预备好仓库和码头，拜占庭每年还给20磅黄金的谢礼。

威尼斯海军很痛快地加入了战团，以他家强大的海军力量，打破了诺曼人对亚得里亚海东岸的封锁。只是海上安全了，陆地上还是打不过他们啊。好在老天照应，罗伯特因为意大利后院起火，跑回去救火去了，留下他儿子伯赫蒙德。艾里克修斯一世打不过老子，但是欺负儿子还是够了。不久，拜占庭就取得了一定的优势。现在最怕罗伯特再回来。想啥来啥，1085年，罗伯特因为瘟疫死掉了。他一死，意大利就有点乱套，诺曼军团就暂时撤回去处理家务。艾里克修斯一世就这样幸运地解除了帝国在西欧的危机。

战后最得利的就是威尼斯人，他们进出拜占庭满面春风，成为东西方贸易最闪亮的明星。

拜占庭和诺曼人在海边干仗，身后的斯拉夫人可没闲着。按各自需要或者喜好参加不同的阵营帮忙，大部分时间是搅和，反正就是想看鹬蚌相争。而一直在北方蠢蠢欲动的佩切涅格人，这时终于不满足于小打小闹，他们伙同突厥人，水陆联手攻到了君士坦丁堡城下。艾里克修斯一世唯一能想到的办法就是找库曼人帮忙，这一招再次奏效，一场惨烈的大战后，佩切涅格人也好长时间不敢来了，首都的包围圈也被打开。后来库曼人自己来了一次，被干掉了。

欧洲的威胁解除了。亚洲的情况呢？因为自己内部的问题，加上艾里克修斯一世高超的外交手段，其实就是挑拨离间（外交第一课就是挑拨离间），让罗姆苏丹国内讧。那么小的地方，割据出好些小国，首领都叫埃米尔，互相还不团结。他们兄弟阋墙，自然对拜占庭的压力就小了，艾里克修斯一世正预备着，差不多的时候试着反击，收复点领土回来。

一边打仗，艾里克修斯一世一边经营着国内事务，尤其是财政收支，居然让他攒了不少钱，国内的财政困境得到很大程度的缓解，皇帝正在逐步归还跟教会借的钱。看来，如果没有大的变故，虽然现在蜷缩在这小片国土上，将来的日子还是有希望的，艾里克修斯一世欣慰地点了点头。

好日子并不属于艾里克修斯一世，这伙计生下来就是劳碌的，不久，他发现他招惹了一个巨大的麻烦，“十字军”来了！

在《英帝国：日不落之殇》一书中，老杨从西欧的角度分析了“十字军”的来历，现在从苦主拜占庭的角度，找找这支欧洲著名的散兵游勇的起源。

说起“十字军”，艾里克修斯一世长叹一声：“悔不当初啊！”起了板，唱起来了：“朕刚上班没坐稳，塞尔柱的突厥就找上门，他们来得真是猛，我们左突右挡解不了围。眼看首都就要失陷，朕只好到处找人求帮助，病急了只能乱投医，朕的手谕送到了教皇处。于是乎，教宗他老人家不怕苦，召集各国的子弟来行武。我这里成了游乐园，西欧的兄弟们给我添堵。”

根据安娜公主的记录，那一年处境恶劣，海陆都被封锁，皇上招不到雇佣兵，所以将一封求救信式的征兵文书送到了罗马教廷。自从东西罗马分裂，教宗最想念的事就是将君士坦丁堡教廷这个不服管束的东西制服，然后拉入罗马教廷的管理序列。一听说君士坦丁堡求救，教皇乌尔班二世就有了自己的打算。

当时的圣地耶路撒冷控制在塞尔柱帝国手里，他们对基督徒不算友好，而且欧洲的基督徒去朝圣，吃亏的时候多，回去之后，圣城沦陷，朝圣无门这个惨痛的消息就在基督教世界到处流传。乌尔班教宗非常有效地利用了这个情绪，号召所有人，为基督而战，远征西亚，收复圣城！

乌尔班关于宗教方面的热情吸引了不少虔诚的基督徒参加军队，但是他关于圣城是世界中心，里面金银财宝无数的演讲吸引了更多人。第一次东征，“十字军”超过 10 万大军（具体数目待定），来自西欧各国、各阶层，上到公子王孙，下到贩夫走卒，什么人都有，听说有钱抢，都来了。

10 万人马杀过来，艾里克修斯一世当时心里就蒙了。其实这会儿，帝国的危机已经克服了，艾里克修斯一世正在看塞尔柱帝国内讧的笑话呢。这帮人不来也没什么，可既然他们来了，万一动了坏心眼，是奔君士坦丁堡来的，那可真是飞来横祸了。

二十五 “十字军”狂潮

艾里克修斯一世猜对了，“十字军”真是奔着君士坦丁堡来的。

第一次“十字军”出征分两个梯队，第一部分大都来自社会底层，流民、农民、流浪汉、劳改释放犯诸如此类，大约2万人。这群品种流杂的乌合之众，就是大名鼎鼎的“十字军先锋”。领导这个先锋的是个法国修士，叫彼得，这位老兄在整个“十字军”东征的事情上还是发挥了非常重要的作用，他的故事我们在《法兰西：卢浮宫里的断头台》一书中讲述。

第一批出发的“十字军”战士，没有武器、没有装备、没有补给，当然更没受过任何军事训练。他们这群人沿多瑙河东进，这条美丽的河流遭了殃。因为没有相应的纪律约束，他们的给养基本靠抢。抢劫和杀人放火一般是连动的，既然是“圣战”嘛，除了为自己争取物资顺利行军要杀人，宗教目的更要杀人，他们杀谁呢？杀犹太人，原因是犹太人出卖了耶稣。这个屠杀理由让老杨一直很困惑，耶稣自己也是犹太人啊。

“十字军先锋”是一伙有宗教信仰的草寇，所以容易吸引其他的草寇，滚雪球一样，队伍越来越壮大。可进入巴尔干半岛一带，他们就被收拾了。人家好好的国家，你们这几万人如同蝗虫过境，谁不闹心啊。遇上脾气不好的，也就不给教宗面子了，打黑剿匪，所以队伍人数又减少了。

艾里克修斯一世坐在君士坦丁堡的王座上，一直有人帮他直播“十字军”的动向，怕也没用啊，这帮蝗虫终于到了君士坦丁堡城下，而且在拜占庭境内，也没少违法乱纪或者刑事犯罪。这帮人打的是帮助艾里克修斯一世的旗号，就算把拜占庭吃破产，艾里克修斯一世也不好发作，只希望赶紧把这帮人送上战场，越快越好。

拜占庭早早预备了大量船只，送瘟神一样效率奇高地把这帮人送过了博斯普鲁斯海峡，看到最后一个人上岸，艾里克修斯一世松了一口气。

艾里克修斯一世把瘟神送到了死神手里，这些“十字军先锋”，武器不齐全，没有作战经验，也没有后援，4 万来人，七手八脚上岸，还没找到位置站稳呢，突然看见烟尘中大批戴着头巾，装束飒爽的异族人呼啸而来。当时，恐怕“十字军先锋”在想：他们举着一弯新月，美丽而冰凉，不知道家乡的天空有没有这样的月亮，太久没看见，忘记了。只是，明明是白天，怎么会看到这样凄冷的月光……

“十字军先锋”登陆后不久，被屠杀殆尽，艾里克修斯一世本着人道主义精神，抢着救出了几千人。

乌合之众被干掉了，正规军还没到呢。先锋部队出发半年后，以欧洲贵族骑士阶层为主的“十字军”主力部队出发了。这支部队非同小可，来的基本上都是欧洲有名的爵爷或者是世家子弟，经常跟女明星传绯闻那种。有几个头面人物一定要介绍一下，来自洛林（现在的法国东北）的戈弗雷公爵，来自图卢兹（法国西南）的雷蒙德伯爵，还有法王的弟弟休和英王的弟弟罗伯特。除了这四大天王，其他人中最引人注目的当属诺曼人的头领，罗伯特的儿子伯赫蒙德，以及来自佛兰德尔（荷兰）的罗伯特伯爵的公子罗伯特。

艾里克修斯一世听说是这帮人来了，心里暗暗叫苦，这些人可不是几条小船就能随便送走的。好在艾里克修斯一世有过人的外交智慧和谈判能力。这几位到了君士坦丁堡后，经过艾里克修斯一世的软磨硬泡加忽悠，终于达成协议：拜占庭负责后勤保障，他们几个负责前线干仗，但是打下来的地盘，如果以前是属于拜占庭的，就还给艾里克修斯一世。艾里克修斯一世在适当的时候，会御驾亲征，加入这支队伍，与这些欧洲兄弟一起为圣地而战。骑士在君士坦丁堡对艾里克修斯一世隆重起誓，我们绝不能违背骑士的誓言。

拜占庭的船只又将一批人送上了小亚细亚前线。罗姆苏丹国的穆斯林兄弟还没整理完上批“十字军”的尸体呢。在他们眼里，又来了一群送死的。

跟先锋部队一样，进军的第一个堡垒就是罗姆苏丹国的首都尼西亚（现在土耳其的伊兹尼克），攻打了 1 个月，毕竟是人多势众啊，关键是罗姆苏丹这时正忙着跟一个邻居苏丹国内讧呢，尼西亚后来因坚持不住向拜占庭投降。“十字军”打得这么辛苦，就预备进城后拿点东西呢，谁知艾里克修斯一世已经抢先一步跟城里订好合同了。如果尼西亚主动投降，艾里克修斯一世保证城市的安全，也就是绝对不让他们受到劫掠。

“十字军”心里很不爽，但是也没办法，说好了打下来要还给人家，现在这是拜占庭的城池，“十字军”不好造次啊。

艾里克修斯一世爽了，原来这帮人是有用的，不是正好你们要去耶路撒冷吗？行军也无聊，那些个沿路的城池和要塞，帮我收回来吧。

欧洲骑士不是盖的，人家是真心来打架的，居然是越战越勇，沿路部分重要城市都被攻克，而艾里克修斯一世非常聪明地跟在后面查漏补缺，看到人家打得差不多，就上去料理后事，并接收城防。历史书上，将艾里克修斯一世比作胡狼，而“十字军”是雄狮，胡狼长期跟在狮群后面，捡点腐肉碎骨吃吃。捡着捡着，不知不觉地，“十字军”帮着艾里克修斯一世收复了原来阿纳托利亚军区的大部分领土。

欧洲人在小亚细亚的进军是十分辛苦的，塞尔柱人的坚壁清野，让“十字军”的给养十分匮乏。最糟糕的就是炎热，欧洲骑士都是重装骑兵，厚重的铠甲下，汗流如雨，尤其是穿越沙漠时，骑士身上的银币都用来购买饮水了。刚过了沙漠又要翻越托鲁斯山脉，山势陡峭，步履维艰。

几位爵爷坐在 4 人抬的床上行军，还是觉得苦不堪言。随后，他们商议，干脆分兵出去，看能不能找到好走的行军路线。于是，诺曼的伯赫蒙德与洛林公爵的弟弟鲍德温各带人马向西里西亚方向寻找新的机会。这两人联手打下了塔尔苏斯这个重要据点。两人在胜利后就塔尔苏斯的归属问题吵翻了，最后决定还是还给拜占庭。

伯赫蒙德跟鲍德温吵翻了脸，南下参与进攻安条克的行动，而鲍德温却是捡到宝了。

亚美尼亚是个基督教地区，被穆斯林占领后，亚美尼亚人望穿秋水，盼着亲人来解救，听说“十字军”的部队就在附近，亚美尼亚伊得萨的君主赶紧写邮件求救。

鲍德温离现场最近，所以他带着自己的人马过去帮忙了。正好亚美尼亚这个君主不得人心，城里正闹宗教冲突呢，鲍德温过去的时候，发现该地区的国王已经莫名其妙地死在骚乱中了。鲍德温狂笑了一阵，大大方方地收编这个地区，自己变身成为伊得萨伯爵，成立了伊得萨公国。

根据西欧封建主的遗产分配方式，长子继承一切，幼子几乎啥也没有，“十字军”中的很多世家子弟都是没钱、没地、没权的落魄骑士，来亚洲参战，他们的最大理想就是打下自己的地盘，建立自己的领地，鲍德温第一个做到了，而伊得萨公国就是亚洲建立的第一个“十字军”政权。

这个头一开，好多事就不能约束了。此时其他的“十字军”主力正在围攻安条克城，这里是进入叙利亚乃至巴勒斯坦的门户。

安条克城富裕而繁华，城墙看起来几乎也是牢不可破的，城外有河，紧挨着林立的巨大塔楼。“十字军”之前攻陷尼西亚，靠的是拜占庭提供的现代化攻城设备。可这里已经是君士坦丁堡的千里之外，那些巨大的攻城装备也没办法运过来。只有一边围城，一边临时起造攻城机械。意大利那些航海国家，比萨、热那亚等小国都发挥了力量，运来了大量的工具和材料，不过“十字军”的效率太差了，制造速度缓慢，围城呢，又围不死，于是变成了，安条克人在城里生活照旧，十字大军在城外越来越少。

7 个月后，“十字军”几个巨头感觉不行了，不想出办法就在这里耗尽了。这时诺曼人伯赫蒙德提出了一个解决办法，说是如果大家能同意，让他成为安条克之主，他就马上给所有人一条破城之计。山穷水尽了，所有人只能勉强同意。

当晚，“十字军”发动又一轮攻击，而伯赫蒙德居然带人轻松爬上塔楼，进入城内，随即城门大开，“十字军”潮水般涌进城中。

真诡异啊，难道伯赫蒙德是飞进去的？其实说穿了也没什么，有内奸帮忙而已。安条克是个基督教地区，被穆斯林统治后，大部分人被迫修改了宗教，但是不服的肯定是大有人在吧。伯赫蒙德就碰上一位，他还是三座高塔楼的守卫。他在当夜干掉自己的同僚，放下绳梯，让“十字军”破城成功。

进入安条克的“十字军”随后就发现位置转换了，因为大量的塞尔柱帝国军队过来救援了，他们显然更精通如何围城，一过来，“十字军”就发现，城外水泄不通，自己插翅难逃了。

其实此时，艾里克修斯一世的军队在塞尔柱人的身后，他完全可以过来帮个忙。但是他很聪明地决定转身回家。本来他对安条克甚至是圣地的收复是没什么热情的，如果是跟着捡漏，不担损失，他就跟着跑，如今需要自己的军队跟塞尔柱的大军硬碰，去救那几个欧洲佬，艾里克修斯一世觉得实在没必要，况且也不一定能救回来，算了，回去跟教皇说一声，让他给那几位爵爷准备一个追悼仪式吧。

再次陷入绝境，“十字军”的头头这次有点绝望了，好些骑士甚至趁着月黑风高，用绳梯逃之夭夭。

一天，一位马赛的教士来到“十字军”首脑会议室，他说神灵托梦，告诉他，在安条克圣彼得大教堂的祭坛旁，能够找到圣矛，而这支圣矛，会带领基督徒穿越异教徒的灵魂。

圣矛是基督教的圣物。据说当年耶稣被钉上十字架，看守的士兵想要确定他是否死亡，就用一支长矛在他心脏上戳了一下，血喷溅出来，这个士兵本来眼神不好，是个半瞎，被圣血溅上后，居然恢复了视力。他因此皈依了基督，后来成为一个圣人。而上文说的圣矛，应该就是这支长矛的矛头。

这个消息极大地震动了“十字军”的高层，宁可信其有吧，教士带着爵爷和随军神父，在祭坛开挖。居然真的找到了一柄用金色丝绸包裹的矛头！

1098 年 6 月 28 日，沉寂了很久的安条克城头竖起了“十字军”的战旗。“十字军”预备在主的带领下，高举圣矛，浴血突围。这是基督教历史上伟大的日子，也充分展示了人类的精神力量发挥到极限，是多么不可思议。

能打的怕不要命的，不要命的怕疯了的。“十字军”冲出来的时候，穆斯林看到了那种疯狂的拼命状态。这种打法还真是从没见过。很快塞尔柱的军队开始恐慌，并出现了溃逃，大约有 7 万穆斯林被这样疯狂杀掉了，而“十字军”只是陪送了 1 万人，现场尸横遍野。并且塞尔柱军队撤退后，他们留下的大批辎重也补充了“十字军”最需要的后勤保障。“十字军”占领安条克，预备争取下一个胜利。

圣矛的事已经被证明是教皇派出的随军代表，也就是他一手导演的魔术，还找了一桌子的“托儿”。只要稍微有点考古知识就知道，1000 年都过去了，矛头的款式应该有点变化吧，怎么会跟城外突厥人用的矛头一样呢，耶稣死的时候，突厥人还不知道在哪个荒郊野岭漂泊呢。

诺曼的伯赫蒙德要求兄弟们兑现诺言，让他拥有安条克。虽然说好了要还给艾里克修斯一世，但艾里克修斯一世居然在危急关头见死不救，所以对他的承诺可以宣布作废了。现在这个诺曼人铁了心，不给他，他就天天闹，还撒泼。既然其他人的目的是去圣地，就别在这里耽误工夫了，给他吧。这样安条克公国又成立了。其他人继续南下。

艾里克修斯一世听说安条克重镇成了诺曼人的公国，气坏了。这人没有平常心，他不想想，早前这个地方也不属于他啊，是人家塞尔柱帝国的。艾里克修斯一世大概是觉得，给异教徒占去了，自己又抢不回来，也就认了，被诺曼人占去，那可说不过去。

安条克的诺曼公国让拜占庭和塞尔柱两边都看着心痛，艾里克修斯一世还没动手，突厥人那边先开打了。伯赫蒙德打不过人家，中间还被俘虏了一次，花不少钱给赎回来的。趁着诺曼人跟突厥人干仗，艾里克修斯一世在背后占了地中海沿岸不少地方。伯赫蒙德这才发现，自己两面受敌。

伯赫蒙德心想，突厥人是拜占庭的敌人，老子山长水远过来帮你打仗，你居然骚扰我后方，行，你等着，老子回家找人去，有种你别走！

这两家不是原来就有仇嘛，伯赫蒙德的爹临死都念叨着要打进君士坦丁堡，这次参加“十字军”，伯赫蒙德揣的就是帮老爸实现理想的念头。之前他进入君士坦丁堡停留时，艾里克修斯一世为了显示对敌人的宽容，给予他非常客气的照顾，让他住皇宫最好的客房。就是在参观皇宫的时候，诺曼人算是开了眼了，金碧辉煌的装修，室内随意摆放的东方珍宝，而那些金贵的丝绸，用在各种不必要的地方，还有一个房间居然堆满白银！这哥们儿当时就有点失态，眼睛发光，嘴里念叨着：“这些东西要是老子的，还有什么事做不到？”

伯赫蒙德几乎是偷渡回了欧洲，因为要经过拜占庭的海域啊。根据艾里克修斯一世的女儿的记述，当时伯赫蒙德是藏身在一具棺材里蒙混过关的，据说为了防止被人发现，跟他一起进棺材的，是一只腐烂的死鸡。勇敢的诺曼人抱着一只腐烂的死鸡过了海，这哥们儿鼻子真好用，看来躲在货柜里偷渡还真算是幸福的。

回到欧洲，伯赫蒙德雇用了大量的五毛党在各大论坛疯狂发帖，大意就是拜占庭的国王艾里克修斯一世是个背信弃义的小人，他背叛基督，还坑害“十字军”的兄弟，大家跟我去，把这家伙揍死，把他家的钱分掉！

看来中世纪的欧洲征兵工作还是非常容易进行。伯赫蒙德搞来了5000名骑兵和40000名步兵。他继承他爸的战术思想，从海上穿越亚得里亚海，登陆，强攻都拉斯城。距上次罗伯特登陆，过去快30年了。

所谓三十年河东，三十年河西，这时的拜占庭帝国可不是当时那个腹背受敌、狼狈不堪的状况了，“十字军”帮着在前线开战，帝国的军队和人民自然休养生息，发展进步。

诺曼人远来，艾里克修斯一世张网以待，冬季即将来临，诺曼人的补给严重不足。很快，这一仗就分出了胜负。艾里克修斯一世报了当年在罗伯特手下战败之仇。

伯赫蒙德低头承认艾里克修斯一世是他的领主，他的安条克公国以后就是拜占庭的附庸，他的军队随时听皇帝的命令而出征作战。但是这些承诺，后来都没有兑现，因为伯赫蒙德离开时将安条克城交给自己的外甥坦克伯雷，这小子死犟，坚决不承认这份合约。不久，伯赫蒙德死了，坦克伯雷就更加誓不低头了。

艾里克修斯一世和诺曼人的纠葛其实是后来的事了。“十字军”在1099年成功占领了耶路撒冷。攻打圣地比攻打安条克容易多了，这里是塞尔柱人势力的边缘，加上“十字军”一路南下，基本扫清了外围障碍。所以虽然行军走了4个月，实际攻打只花了1个月就成功了。

3年的远征终于走到了辉煌的终点，进入耶路撒冷的“十字军”彻底失控了。他们完全忘记了《圣经》上说：要爱你们的仇敌。他们宣布，要血洗圣城！

一点没夸张，真是血洗，光是阿克萨清真寺这么大的地方，就有几万穆斯林被杀，据说，在低洼的地方，人血会浸到膝盖这个高度！不光是穆斯林，还有犹太人，反正是见人就杀，见活物就砍。除了杀人，还有抢劫，“十字军”挨个进入居民家中，洗劫财物。有的士兵杀完人，非常礼貌地将主人摆起来火化，凶手并不是帮助死者办理后事啊，他们是担心有金银细软在临死前被吞进肚子了！

耶路撒冷肯定是不还给拜占庭的，艾里克修斯一世也不敢要。经过明争暗斗，圣城落在了洛林公爵手里，成立了耶路撒冷王国，不过在这种地方，他也不敢当国王，于是自称“圣墓保护者”。

圣城光复了，钱也得了，没死的都发了财，第一次“十字军”东征算是圆满了。普通百姓带着自己这趟出境务工的收入，回到欧洲继续过日子。在欧洲没有领地没有前途的世家子弟，就带着自己的人马在地中海沿岸寻找地盘，于是很多小国就在这一带出现了。

第一次“十字军”浪潮过去了，艾里克修斯一世也放松了。弹指一算，在位快 40 年，也老了。回想自己这一生啊，艾里克修斯一世觉得很痛快，为啥呢？不管胜利失败，他一直在操控啊。你看啊，先是操控威尼斯帮着打诺曼人，后来又操控库曼人收拾了佩切涅格人，最成功的就是让“十字军”帮助自己收复了大量亚洲的土地。拜占庭看家的外交斡旋本领，在艾里克修斯一世手里被用得出神入化。

艾里克修斯一世任期内，漂亮地清理了初期纷繁的混乱，稳定粮食和货币的价值，让政局稳定，国家富裕，军队得到了建设和发展。虽然没有恢复拜占庭的全部国土和往日的荣光，但艾里克修斯一世的确是将要垂垂亡矣的帝国重新扶起来，踉跄着继续前行。不过，气数已尽，拜占庭的前路会越走越黑。

艾里克修斯一世带来的这一段复兴，只能遗憾地被叫作“回光返照”。

二十六 “英俊的约翰”

我们分析为什么艾里克修斯一世能在复杂多变的国际形势下腾挪自如，发现这与他生活在一个女人围绕的圈子里分不开。艾里克修斯一世身边，全都是强势的女人。如果一个男人能摆平身边不同的女人，这个男人几乎可以做世界上的任何事了。

大家可能还记得，艾里克修斯一世之所以成为艾里克修斯一世，是因为他推翻了前任皇帝。他推翻前任皇帝的原因是，那家伙不愿意将皇位还给米哈伊尔七世的儿子——君士坦丁王子。

艾里克修斯一世刚上岗的时候，为了表示自己绝对不会像前任那样缺德无良，让自己的女儿安娜嫁给了君士坦丁。这样，君士坦丁又是太子又是驸马，身份双保险。但是随着艾里克修斯一世慢慢地加强了自己的王权，他有点不甘心了，他更希望是自己的儿子继承大位，而且不管怎么看，他都觉得自己的儿子比那个君士坦丁上道。

不过这事并没有引发麻烦，因为君士坦丁不久死掉了，这下艾里克修斯一世不用顶着社会压力，就可以让儿子接班了。

让儿子接班，女儿不干了。安娜公主二婚了，嫁给一个望族。安娜公主从懂事起就知道自己是未来的皇后，现在弟弟要接班，自己最多是个皇姐，差远了。安娜既然是欧洲历史上数得着的文化人，她受的教育肯定是非常全面的，而她本人自然也是智商很高的女子。对安娜来说，不是自己的东西还要努力争取呢，更何况本来就是自己的东西。所以她力劝父王母后让她的新老公成为继承人，或者干脆就让她本人直接登基。

艾里克修斯一世小时候就听妈妈的话，他刚登基就出门打架，让母亲摄政；结婚后，听老婆艾琳的话；后来，跟前任皇后玛利亚发生了点暧昧的婚外情，那时候，他听玛利亚的；晚年，女儿又能左右他的想法了。

安娜这样的女儿，当然是深受父母喜爱的，皇后艾琳也喜欢她胜过喜欢两个儿子。于是，老婆和女儿的唠叨，成了艾里克修斯一世临终前的主要生活内容。女儿的历史书非常心痛地写道，她父亲是因为长年的国事劳累和奔波患上了不可医治的疾病。但老杨怀疑艾里克修斯一世就是被老婆和女儿烦死的。

也许艾里克修斯一世后来被说动了，但是科穆宁家族是不会让这件事发生的。于是支持大王子约翰的人先下手将信物抢在手里，在1118年，艾里克修斯一世死时，扶持约翰登基，这是约翰二世了。

安娜没想到功亏一篑，心有不甘，开始策动谋反。这个世界成王败寇，既然抢不到，就只能怪自己命数不到，技不如人，安娜作为一个女知识分子，她必须接受这个结局。

按照拜占庭历史上对谋反忤逆的惩罚，我们想，安娜不知道会丢掉眼睛还是丢掉鼻子，或者是直接丢了她的性命。谁知，约翰并没有伤害这个姐姐，据说就是给了一次口头批评，但是看到这位姐姐生活一点不简朴，约翰就没收了其家产，分赏给帮助他登基的功臣。

安娜保住了性命，没了家产，以后又不能天天买名牌开 party 了，所以就收拾了心情，回家写东西赚稿费，带着对父亲的思念，写下了一本传之后世的《艾里克修斯传》，成为名垂青史的女历史学家。所以说，上帝封闭了一扇门，肯定会为你开一扇窗。

从约翰二世对他姐姐的态度看，我们发现这位新皇帝有着拜占庭皇帝罕见的仁慈和善良。约翰个子不高，模样不帅，还黑乎乎的，可偏偏有个外号叫“英俊的约翰”，这显然是拜占庭人对他人品的褒扬。

约翰二世可以匹配这个世界上很多对于君主的好词语，比如，宽容大度，谦虚有礼，生活俭朴，勤政爱民，睿智审慎，意志坚定，精力充沛，等等。这几个词是老杨从不同的历史资料对他的评价中抄出来的。总之，大家公认他是科穆宁王朝最好的一个皇帝。

上班第一件困扰约翰的事就是，威尼斯商人已经严重遏制了帝国商业的发展，他想撤销当初跟他们拟定的贸易条款，遭到威尼斯人严正抗议，并发动舰队攻打了爱琴海上的一片岛屿。看到人家那么威猛的海军，想到自家的海军这几年没什么建树，约翰不得不答应他们，合同照旧。

约翰最大的武功在巴尔干岛，他彻底干掉了佩切涅格人，让他们再也无力跟帝国搞事，而佩切涅格人的残兵又被补进了帝国军队。为了庆祝这个重大的“打黑”工作的成功，拜占庭还搞了一个“佩切涅格节”给大家放假。

重要仇家诺曼人在自家原先的领土上成立了安条克王国，是让艾里克修斯一世和后来所有的皇帝恨得咬牙切齿的事。但是更气人的还有呢，约翰任期内，诺曼人在意大利南部又建立了自己的国家。

这事不光让约翰生气，德意志神圣罗马帝国也生气。德意志和拜占庭开始都觉得，现在不过是容诺曼人在那里暂且安身，等恢复罗马帝国的雄心壮志在心胸澎湃得难以控制时，一定把那地方拿回来。可现在人家不想做租客了，人家想做业主了，这就必须收拾他了。于是，德意志和拜占庭决定，不管将来这地方属于哪边，先把诺曼人废了，给谁也不能让他们霸占了。而意大利的比萨共和国也觉得诺曼国家在自己旁边成立，隐患多多，约翰同意给予比萨跟威尼斯差不多的贸易条款，于是比萨很痛快地加入德拜同盟。欧洲的这一系列结盟动作让约翰觉得对付意大利的诺曼人有底了，所以回到东部，解决亚洲的诺曼人。

约翰出击小亚细亚，他干掉几个挡路的苏丹伊米尔后，就直扑安条克城。没费什么事，该城就投降了。约翰进城给自己搞了一个凯旋式，并答应安条克的公爵，他只要出兵帮助帝国军队继续南下，收复圣城，将来打下的地盘，自然会分一块让他重新建国，这个安条克，还是老老实实还给拜占庭。

安条克的公爵虽然答应了约翰，但他的意思呢，能不能先打下地盘我再还安条克；皇帝的意思呢，你先还给我，我回头有地一定给你，扯皮了，约翰决定再打他一次。这一次，他觉得不能随随便便打下安条克就算完了，他发了一封信给耶路撒冷的主人，通知对方，他预备带兵来朝圣，耶路撒冷方面很清楚，皇帝这次预备连安条克带圣城一起收回去。

可惜这一场好戏还没开幕就结束了。出征前，皇帝去猎野猪，结果跟野猪撕扯过程中，箭囊中的一支毒箭刺破了手指，非常细小的伤口，但是也导致了约翰命丧黄泉。阴谋派历史学家认为，搞不好也是被人害的，至今还不知道嫌疑人是谁。同时老杨又发现，继皇宫的卧室和浴室之后，打猎也是拜占庭谋杀皇帝的主要方式。

二十七　最后的大帝曼纽尔一世

老杨原来说过，好皇帝和昏君都是扎堆出现的，这是个榜样问题。从小看着父亲不辞劳苦，兢兢业业，儿子希望能建立跟老爹一样的伟业，于是也发愤图强。艾里克修斯一世算个中上等的皇帝，而约翰已经是个上等皇帝，所以激励下一位君主，必须步步高。

约翰有四个儿子，前两个早死。约翰本人最喜欢的是小儿子曼纽尔。不光约翰喜欢，如果穿越回那个时代的拜占庭，女读者肯定会爱上他，男读者也绝对愿意为他而战。这个曼纽尔有点罗马名将安东尼的感觉。他是公认的武林高手，人长得高大威武，气宇轩昂。战场上，他威风八面，身先士卒。回到宫廷，他比谁都会享受生活，有品位，会玩会闹。传说他专用的兵器和盾牌，一般人都挥舞不动。还传说有一次他单枪匹马从500名突厥人的包围中杀出一条血路。还传说他有一天亲手杀掉了40名突厥人。传说太多了，也不知真假，我们就当小说看吧。

曼纽尔还有个哥哥，他知道自己各方面都比不上这个弟弟，所以知道约翰将皇冠戴在弟弟头上，他不吵不闹地接受了，也没按帝国传统发动一次叛乱，非常可贵。

说到曼纽尔这个皇帝啊，我们要掬一把同情的眼泪。这是个标准的心比天高，生不逢时的人物，他一生致力于恢复大罗马帝国的荣光。在任期间，拜占庭整个一国际警察，不管欧洲哪个地区有事，都能在现场看见拜占庭人。拜占庭四面出击，想解决所有的问题，收复所有的土地。可是曼纽尔却总是忘记，此时的拜占庭，已经日薄西山，垂垂老矣，再这样疯狂地折腾，肯定是会把骨头整散架的。

曼纽尔最大的特点就是亲西欧。前文说到，约翰跟德国结盟，结盟的办法就是，让曼纽尔娶了德皇康拉德三世的小姨子。不仅娶西方老婆，他更喜欢西方的文化，而且最青睐骑士。他经常邀请西欧的骑士来宫廷做客，或者是举办比武，皇帝亲自上场娱乐。不少西方人来君士坦丁堡考公务员，然后进入曼纽尔的政府班子。这事让拜占庭人挺不乐意的，在大部分人心里，那帮拉丁人，对君士坦丁堡肯定没安什么好心。

曼纽尔登基的第二年，塞尔柱帝国发动进攻，将第一次“十字军”东征建立的第一个小公国伊得萨又拿回去了，这个消息传到西欧，教皇又发布了东征的教令。这次东征发起人是德皇康拉德三世和法王路易七世，他们愿意跳出来，自然是有他们自己的考量和打算。

第二次“十字军”东征因为是两位君主带领，显得特别有气势。这两位，康拉德三世和曼纽尔是连襟，路易七世却跟曼纽尔并不友好，因为他是诺曼国王罗吉尔二世的好朋友。不管是亲戚还是仇人，只要是打着“十字军”旗号过来，曼纽尔就要尽地主之谊，还要安排船只，送他们过海峡。

德皇和法王显然觉得没必要跟对方合并作战，所以当德皇先到达君士坦丁堡时，他也不说等法军一起登陆，他先过去了。很多历史书说，先送德军过海，是曼纽尔故意的，目的不详。

德军登陆后不久，就遭遇了突厥人的打击，几乎全军覆没，康拉德三世跑得快，逃到尼西亚躲起来了。法军到达后，曼纽尔其实已经知道德军溃败，但是他告诉法王的消息是，非常顺利，德军已经取得可观的胜利。法王怕功劳被德意志抢走了，赶紧过海。这两队真是难兄难弟啊，法军和留在战场的德意志残部会合，又艰苦奋斗了一阵子，还是输了。德皇和法王先后逃离这个是非之地，第二次“十字军”东征以非常沉闷的失败告终。

就在曼纽尔帮着运送“十字军”过海的时刻，老仇家罗吉尔二世动手了。他动手是为了占据先机，因为他知道，曼纽尔把手边的事情做完，第一件事就是找诺曼人麻烦。罗吉尔这次出击骚扰了拜占庭的几个丝绸中心，拐走了大批技术工人，因为他们家最近也在发展丝绸产业。

康拉德三世从战场离开时身染重病，在君士坦丁堡受到了很好的照顾和招待，实实在在的亲戚嘛。康拉德三世答应，回家养好病，帮着曼纽尔收拾诺曼人。

诺曼人自从到南边生活后，学了些南人的花样，知道打架不要命是最低级的技能，现在既然是国家了，就要学会玩外交手段。这段时间，外交斡旋这个武器被操纵在罗吉尔二世手里，曼纽尔可悲的是光想玩霸权，忘记了这门拜占庭几百年修炼出来的最高技艺。

罗吉尔先是挑唆德意志的大公反德皇，而后又唆使匈牙利人和塞尔维亚人反拜占庭。罗吉尔手艺不错，康拉德三世急匆匆回家平乱，而匈牙利和拜占庭立时爆发了大战。

康拉德三世忙完了家务事，正预备叫上连襟去意大利开战，他就死翘翘了。接班的是他侄子，德国历史上最拽的皇帝，“红胡子”腓特烈一世，也就是我们都认识的巴巴罗萨。他一上台就撕毁了和拜占庭的同盟协议。大家都知道，“红胡子”一辈子就想打出一个完整的罗马帝国，这跟曼纽尔的抱负一样。这两人要的不是东西罗马，而是统一的罗马，拜占庭横在那里，“红胡子”罗马皇帝这顶皇冠戴着就有点发虚，所以他看拜占庭就是眼中钉。虽然曼纽尔出于大局考虑，屡屡向“红胡子”抛媚眼，送秋波，“红胡子”都把橄榄枝劈成柴火烧，就是不给曼纽尔好脸色。

上帝给了曼纽尔一个扬名立万的机会，因为不久，罗吉尔二世也死了。曼纽尔觉得，不管有没有人帮忙，他都可以找诺曼人算账了。

1155 年，曼纽尔对诺曼人的进攻取得了惊人的胜利，在意大利一举拿下了从塔兰托到安科纳这一长条海岸，如果意大利的地图是一只长靴，小腿后部这一线都被曼纽尔收拾了。

曼纽尔在意大利的胜利又让他没有了平常心，他觉得收复罗马故土是指日可待了。谁知来得快，去得更快。曼纽尔进攻之前，忘记打点邻里关系。除了正式敌人诺曼人恼他，连盟友威尼斯也不爽，对威尼斯人来说，亚得里亚海沿岸，谁势力过大他都不爽。1158 年，拜占庭迫于各种武装压力，又撤出了意大利，这次出来就再没有机会回去了。意大利像是一个分手的情人，跟拜占庭最后缠绵，然后毅然远去，再不转身。

曼纽尔不怕打击，他马上转头到东方去找那些“十字军”国家。收拾两个小公国还是比较容易，曼纽尔又辉煌了一次。安条克公国承认拜占庭的宗主权，而曼纽尔人还没到圣城，气场已经传递过去了，以至于圣城的君主也过来表示驯服。

向罗马皇帝投降是有规定造型的，要光着头赤着脚，脖子上要绑根绳子，举着剑跪在皇帝面前，安条克公国和耶路撒冷的国王都受到了这个待遇。

1159 年，曼纽尔以一个盛大的仪式进入安条克城。当天真是锣鼓喧天、彩旗招展、人山人海，而最好看的画面是，曼纽尔骑着盛装的高头大马，安条克的国王替他牵着马缰绳，耶路撒冷的国王则是低着头跟在马屁股后面一路小跑。想到先帝忙活一辈子最大的理想就是收拾这两个家伙，曼纽尔心里那个美啊，他冲天上默默地说：现下都摆平了，老爷子，你安息吧！

皇上精力太旺盛了，过一阵子，他看中匈牙利了，他觉得这个地方隔三岔五地总是跟帝国找麻烦，而且他家明显是巴尔干地区不安定的幕后黑手。

正好匈牙利的老国王死了，曼纽尔赶紧凑过去插手人家传位接班的事，哪家换老板的时候，都怕节外生枝，有人搅和就更乱。曼纽尔又达到目的了，他扶持的人没有登基，但是登基的怕了他，答应了他的条件。那就是让皇弟贝拉成为下一任匈牙利的国王，而太子爷贝拉呢，送到君士坦丁堡，让他跟曼纽尔的女儿，“生于紫色寝宫的”拜占庭公主订婚。当时曼纽尔没有儿子，他指定了贝拉做继承人。也就是说，未来有一天，贝拉将成为匈牙利和拜占庭两个国家的国王，一统江山。

结婚和接班都是以后的事，眼下曼纽尔得到啥好处了呢？话说 1102 年，克罗地亚已经彻底决定跟匈牙利一伙了，并同意匈牙利国王同时兼任克罗地亚国王。所以啊，克罗地亚以及沿亚得里亚海那一长条的土地，都是匈牙利的了。这一带可是战略要地，是巴尔干半岛防备诺曼人的门户啊，曼纽尔是真想拿回来。正好，贝拉被册封为太子，这块土地就是他的封地，他入赘到拜占庭去，这个就算嫁妆或者彩礼吧。后来曼纽尔自己生出儿子了，就炒了贝拉的鱿鱼，将他打发回家了。婚事虽然取消了，彩礼却一直未退。

克罗地亚加入匈牙利，塞尔维亚也想加入，可现在他家还是属于拜占庭的，怎么办？起义抗争呗。塞尔维亚这段时间当家的也算个人物，大土王斯蒂芬·奈曼加。这个人物请大家记住，他是后面很多重大事件的主角。塞尔维亚是斯拉夫人，出了名彪悍，要不是曼纽尔的匈牙利政策奏效了，这位大土王还真不容易收服。1172 年，曼纽尔开进塞尔维亚，奈曼加无奈投降，跟前面那两个投降的“十字军”国王一样，大土王也成为曼纽尔凯旋式上的风景。

所有的事看着都挺顺，曼纽尔现在谁也不怕，谁敢叫板就收拾谁。不是前面说，占领意大利，惹恼了威尼斯吗？曼纽尔就纳闷了，你说一个小小的航海国家，怎么心理素质这么好，已经在拜占庭占了大便宜了，威尼斯商人挤对得拜占庭本地人都不敢做买卖，赚了我的钱，还强压我一头，让我看脸色。曼纽尔下令，突然动手，闪电行动，将帝国境内所有的威尼斯商人抓起来，货物船只全部没收。曼纽尔这次行动前比较谨慎，他知道他还需要海上力量的支援，所以这边辖制了威尼斯，那边赶紧着跟热那亚和比萨共和国签订了新条约，给予他们相应的贸易优惠。这次整得威尼斯人有些气短，对方手里有人质，也不太敢耍横，只好过来谈判。看，曼纽尔把威尼斯又给收拾了。

从一个胜利走向下一个胜利，从一个辉煌走向下一个辉煌。曼纽尔自我感觉很膨胀，如果当时还有什么事让他特别烦恼，那就是“红胡子”。

“红胡子”更拽，从 1153 年到 1176 年，他连续四次攻打意大利，并且几乎征服了意大利北部。不过他跟曼纽尔的命运一样，来得快，去得快，为了对付他，教皇带领意大利这些城邦国家组成了伦巴底联盟，结伙抗击德国人，团结就是力量啊，后来把“红胡子”收拾老实了，灰溜溜撤出他占有的领土。

曼纽尔一直支持伦巴底联盟对付“红胡子”，拉拢敌人的敌人，这招“红胡子”也会，他联盟的当然是拜占庭的宿敌突厥人。曼纽尔本来就想着要把之前丢失的阿纳托利亚军区完全夺回来，现在看到红胡子总是跟那几个苏丹国眉来眼去地耍猫腻，更想打他们了。

这一次，曼纽尔运气用完了，1176 年秋天，拜占庭大军在米里奥塞法隆被突厥人包围，几乎全军覆没。意气风发的曼纽尔这一次被打蒙了，从此一蹶不振。而他心里非常清楚，小亚细亚跟意大利一样，是永远挽不回芳心的爱人了。

曼纽尔一生真是战斗的一生、英雄的一生。但如果是拜占庭的百姓，可能更希望他是个昏君。昏君最多是生活奢侈点、糜烂点、荒唐点，要么再养两个宠臣奸佞，贪污受贿，败坏朝纲，对国家就算有影响，还不至于形成快速毁灭性打击。最怕就是碰上一个好高骛远、不切实际，总是想做超级大国美梦的皇帝。曼纽尔四面出击，到处干仗，拜占庭国库的银子像泄洪那样外泄，又没有像洪水那样涌进，还无端地给自己招惹来很多敌人，让后祸绵延。表面风光的帝国，现在内部极其虚弱。而曼纽尔号称收复的国土，在他死后又陆续回到了原主人手里。也就是说，曼纽尔花光了帝国的储备，用来打水漂玩了。

1180 年，曼纽尔死了。他可能死的时候还觉得，他为帝国带来了一次耀眼的复兴。他不知道，就是他将拜占庭帝国送上了滑梯，拜占庭帝国正预备以惊人的速度向下坠落。

曼纽尔娶过两任皇后，都是西方人。第一任是德皇的小姨子，第二任是安条克的公主玛利亚。玛利亚的血统来自法国皇室，传说是当时著名的美女。她为曼纽尔生下了唯一的儿子艾里克修斯。

曼纽尔临终时，找到了理性和智慧，他决定跟敌人和解，好给后代留一个大体安全的环境。不是一直跟法国不和吗？曼纽尔就为 10 岁的儿子迎娶了 8 岁的法国公主；又将关押的威尼斯商人释放，跟威尼斯人和解；最重要的是，他赦免了他的堂弟，安德罗尼库斯，这可是他最大的反对党，一直忙着忤逆造反，还跟突厥人和德国人有勾结。他感觉为保证幼子的皇位安全，能做的都做了，可他看不到那些悲惨的结局。

二十八　社交天才安德罗

艾里克修斯二世继位才 11 岁，玛利亚摄政。玛利亚是个大美女，可是一直不受拜占庭人的欢迎，根本原因就是她来自西方，是拉丁人。本来家里有个来自西欧的老板娘就让民众很厌恶，如今这个拉丁女人居然还管事了，太不像话了。

玛利亚也不是一个人在战斗，她主要是依靠科穆宁家族的一个侄子。曼纽尔死后，她扬言要出家，可依然和侄子保持着非同一般的关系。这段不伦之恋也没带给她任何好处，她依靠的这个男人，是个窝囊废，在科穆宁家族内部也不招人待见，现在让他出来主理国事，还真是害他。

民间反她，科穆宁家族也不帮她，塞尔维亚人再次造反，匈牙利要求退还彩礼，突厥人又动手了，这些事，这个美女一件也解决不了，当然她的小情郎也解决不了。怎么办呢？

有人说，他能解决。他就是安德罗尼库斯，以下简称安德罗。

这是个惊才绝艳的名字，在拜占庭的历史上，这个名字象征的是传奇！跟安德罗这一生的经历相比，不管历史上的拜占庭皇帝享受过什么样的荣华富贵，都可以说自己活得苍白无趣，以他为男主角，绝对可以写出一部史诗级的小说，不过他对于拜占庭的整个历史影响不算很大，所以我们大概介绍一下。

安德罗是曼纽尔的堂弟，这个关系怎么来的呢？还记得先帝约翰吧，他大姐安娜公主造反，被他镇压后宽恕了。后来他弟弟艾萨克也闹了一次，不过问题不大，他继续宽恕。安德罗来自艾萨克这一支，他是约翰的侄子，而这一支的兄弟都不是省油的灯。

安德罗的大哥最牛，他居然跑到一个苏丹国，信了伊斯兰教。不仅娶了苏丹的女儿，后来还继承了苏丹的地位，这件事差点让伯父约翰二世气吐血。

安德罗是个高大的帅哥，有运动家的体型，他很在意自己的身材，饮食方面非常控制，喜欢运动，一直保持到老年都很精神。他也是个武林高手，精通各种武器，打仗时冲锋陷阵、浑不畏死，休息时花天酒地、纸醉金迷。很眼熟啊，这样的花花公子好像本朝还有一个对吧？是啊，就是当今圣上曼纽尔。我们发现了这两人的相似，曼纽尔也发现了，所以和堂弟有点惺惺相惜。

曼纽尔是火线登基的，正在小亚细亚前线作战，约翰驾崩，他赶回去领了执照，然后又回到军营继续指挥战斗。安德罗这样的人物自视甚高，看到自己的堂兄一步登天成为皇帝，心里多少有点酸溜溜的。

安德罗和曼纽尔工作休闲风格都差不多，找女人的品位更是接近。曼纽尔有个皇室丑闻，就是他一直跟他亲侄女保持同居关系（拜占庭老男人的侄女情结）。曼纽尔的这个乱伦“小三”有个妹妹，叫尤多西亚，她看中了安德罗，并马上与之打得火热！算清楚关系啊，安德罗是曼纽尔的堂弟，尤多西亚是曼纽尔的亲侄女，也就是说，她也是安德罗的侄女！

尤多西亚正是安德罗的绝配，两人都是放浪不羁，也不顾道德舆论的。安德罗在西里西亚作战，尤多西亚就跟着住在军营里。安德罗打仗的方法是，白天豁出命去进攻，晚上一律休息，军营里开展丰富多彩的文体活动。安德罗打仗从来都带着喜剧演员的，用于夜晚劳军，而尤多西亚像野猫似的躺在安德罗怀里，完全不在意周围那些异样的目光。

尤多西亚跟安德罗在一起，是顶住了家族的重重压力的。据说有一次，尤多西亚的兄弟们实在看不下去了，带着家伙去捉奸，要了结这两个伤风败俗的东西。尤多西亚居然不顾自己的安危，忙着找女人衣服让安德罗穿上逃出去。后来，安德罗拔出佩剑，在一群人中间杀出一条血路跑了。

这是安德罗第一次显示身手，不光是说他武功高强啊，这伙计精通逃跑。

安德罗的军营晚上开 party，最容易被敌人端了营寨，有一次他的阵地真被敌人突袭了。当时军团被打得大乱，安德罗挥舞着一支长矛杀人无数，再次逃了出来。

曼纽尔看着这位堂弟哭笑不得，其实曼纽尔骨子里也是这种人，不过他现在是一国之君，多少会注意点影响。所以即便安德罗闯了这么大的祸，皇上也没有责难他，还赏给他不少土地，说是安抚他受到的惊吓。

堂兄对自己不错，安德罗并不满意。给多少土地都没意思，他要的是堂兄脑袋上那顶帽子。

安德罗此人离经叛道，而且毫无忠诚，他想要的东西一定会主动争取，况且对拜占庭的贵族来说，打皇位的主意算不上痴心妄想。安德罗因此跟匈牙利和德皇“红胡子”保持联系，三个人组建了一个 QQ 群，专门讨论如何取曼纽尔而代之。安德罗并不善于掩饰，他的心思都写在脸上。

有一次，有个戴拉丁面具的人袭击了曼纽尔的营帐，因为守卫的警惕让他跑了，皇帝感觉那个人的身手、架势很像安德罗。曼纽尔在军营里什么都没说，对堂弟继续保持友好和微笑，一回到君士坦丁堡，就把他抓起来，关进了皇宫的高塔。

这是帝国安全等级最高的监狱了，不到一定的级别还不能进去。安德罗入住后，守卫的等级又翻了一番，曼纽尔要求，一只苍蝇都别想飞出去！

安德罗关了一阵子，突然有一天，守卫大惊失色地来汇报，说是犯人不见了！牢门完好无损，四周没有窗户，安德罗这么个大个子，凭空消失了！那阵子，大家都传说皇家监狱闹鬼了。

既然安德罗越狱了，第一件事肯定是回家吧，所以曼纽尔安排人去找安德罗老婆的麻烦，发现问不出个究竟，就把他老婆丢进了安德罗原来那个房间，替夫坐牢。

安太太一肚子冤屈啊，说你个死鬼，你平时花心外遇包“小三”我都懒得说你了，你逃跑了你也不说一声，要不带上我一起走啊。正自怨自艾呢，突然墙脚开了个洞，安德罗从里面跳出来了！

原来安德罗进来后发现墙脚有点松动，他背着狱卒偷偷挖开，发现墙后居然有个洞。于是他就每天省点粮食放在里面，等存够了粮食，他就躲进这个洞里，再小心把砖头放回原位。这就是安德罗神奇越狱之谜了。两口子在墙洞里团聚了，小日子还不错，据说安德罗有一个儿子就是这段时期的产物。

安德罗忙活半天，难道仅仅就是让老婆过来陪坐牢？当然不是，他料定会把老婆抓来，也料定看管他老婆的守卫不会这样森严。果然，看守一个家庭妇女，就别浪费纳税人的钱了，之前增加的守卫都撤了吧，留下的守卫偶尔还可以打瞌睡，喝小酒，或者是赌两把骰子。趁着守卫忙这些的时候，安德罗第一次越狱了。为啥说第一次呢？很简单，因为还有第二次呗。

这一次越狱失手被擒，安德罗只好另想办法。安德罗朋友多，也都在协同越狱。恢复了看守等级，狱卒吃酒的时间少了，但是不会不馋啊。安德罗的小厮经常过来看望主人，给主子送吃的，顺便也给狱卒带一份，好酒好菜，小厮还会讲些荤段子，狱卒一高兴，就多喝了两盅。趁他们酒醉，小厮用蜡烛将牢门的钥匙印出模子，然后找到高手工匠，复制了一把钥匙。小厮再来，还是好酒好菜，跟狱卒唱个肥喏："几位牢头大哥，俺家主子多日不曾好吃喝，瘦了须不好看，牢头大哥容我将这个猪头送与他补补可好？"狱卒此时跟小厮亲近啊，看他抱着个猪头哈哈大笑，说你家主子好歹是个皇亲国戚，进补就吃猪头？光顾着笑了，也不好好检查，猪头就送给安德罗了。

猪头不是普通的猪头，里面塞的是钥匙和一卷长绳。趁夜，安德罗避开守卫，打开牢门，用绳子顺高塔吊进了花园，翻过御花园的围墙，他的朋友已经备好了快马。安德罗跑回家中，想办法打开手铐脚镣，告别了家人，也不敢停留，就马不停蹄地向多瑙河方向跑。

越过多瑙河，穿过喀尔巴阡山区，眼看要进入波兰，结果被一群罗马尼亚人抓住了。这帮人看出这是个君士坦丁堡的逃犯，想着把他抓起来送过去领赏。一被抓住，安德罗就开始装病，说自己可能是严重的腹泻，随时要解决排泄问题。晚间罗马尼亚人在林边安营休息，安德罗要求到林子里去方便。罗马尼亚人心想，让他去吧，我们这么多双眼睛盯着呢。

安德罗捡了根树枝插在地上，脱下自己的外套挂上，然后穿过树林撒腿就跑。罗马尼亚人正忙着安营扎寨，黑咕隆咚也看不真切，远远的是有个人影蹲在那里啊。这小子坏肚子了，还不知道要蹲多久呢。等罗马尼亚人发现不对，安德罗早就跑没影了。

他的目的地就是罗斯公国，找到基辅大公。他来对了地方，基辅大公很快就发现了这个拜占庭人的魅力。安德罗是个社交天才，跟谁都能处成哥们儿。他在宫廷里彬彬有礼，进退有度，言语幽默有内涵，出外狩猎灵活勇猛，不仅是大公，慢慢地，基辅的贵族都成了这位拜占庭人的"粉丝"。

安德罗的野心不是跟蛮族混一辈子的，他还是想着君士坦丁堡的皇位。正好，曼纽尔来邀请基辅大公出兵帮着打匈牙利，安德罗趁机跟堂兄谈判。最后两人达成协议，只要安德罗发誓效忠，再不起忤逆不忠的念头，以前的事，皇室就既往不咎了，但是安德罗还是要带兵打匈牙利。大家记住，此时安德罗发誓不光是效忠曼纽尔一个人，还包括他的继承人。

获得宽恕的安德罗大喜过望，带领罗斯骑兵杀进匈牙利。看到安德罗和彪悍的罗斯骑兵相得益彰，配合默契，狂风般在匈牙利国土上扫荡，曼纽尔笑了，他知道，他必须原谅这个堂弟，因为他再也找不到一个这样像自己的人了。

回到君士坦丁堡不久，安德罗又惹事了。拜占庭和匈牙利这个阶段的战争的结束不是两家联姻吗？曼纽尔收了贝拉做女婿，还说将来要把拜占庭的王位传他。当时这事在国内引发了很多不满和反对，而其中反对最激烈、闹得最响的就是安德罗。

安德罗跟曼纽尔什么都像，就是有一点，曼纽尔喜欢西方文化，不嫌弃拉丁人，而安德罗是属于看到拉丁人就厌恶的拜占庭传统派。匈牙利是天主教阵营的国家，他家的儿子根本不配接掌拜占庭的王权。安德罗这样的人，我们不指望他有意见温和表达，他大肆组织反对派。

曼纽尔伤心啊，朕对他不错啊，这家伙为啥总是不能驯服呢？算了，这样的猛兽是不能当宠物养的，给他打发远一点，让他去咬敌人吧。于是，把他放到西里西亚去做军事长官，怕委屈了他，还将塞浦路斯岛全部税收都交给他收取支配。

西里西亚军区挺无聊的，周围那些突厥人都不禁打，很快就没什么人来挑衅了。过了一阵，安德罗辞职不干了。他有别的事情，要到安条克泡妞去！

大家还记得吧？此时拜占庭的皇后是玛利亚，安条克的公主。安德罗除了喜欢跟曼纽尔作对，就是喜欢跟他做连襟。他再次看中了曼纽尔的小姨子！

玛利亚是大美女，她妹妹也不会差。这位叫菲力芭的公主已经跟人有了婚约。安德罗才不管这些事呢，他花了一个夏天的时间，泡在安条克，找一切机会接近公主。对付女人，安德罗比对付突厥人还有把握呢。果然，没多久，公主就开始偷着跟他幽会。纸包不住火，公主要嫁人的，这样不三不四混着算怎么回事啊！安条克的桃色新闻以超自然的速度传回了君士坦丁堡。曼纽尔心想，安条克刚收回来，那国王本来就跟咱们离心离德，你一个有妇之夫又去勾引人家待嫁的公主，你说你这人是不是个惹祸精啊！

为了不让丑闻扩大，赶紧给他换个地方吧。于是又让他去做地中海东岸一个地区的领主，大约是现在的贝鲁特附近。安德罗正好厌倦了，公主的名字叫菲力芭，就是“非礼吧”！这女人听着就不是良家女子，不跟她玩了，走了！

明明是这家伙始乱终弃，他还说别人的名字取得不好。菲力芭无端被抛弃，天天在安条克以泪洗面，诅咒这个负心郎。旧人哭是听不见了，安德罗很快就看见新人笑了。

他的新封地旁边，又有一个大美女，还是他老乡。算起来，应该是堂兄妹或者堂姐弟，他们都是艾里克修斯一世的孙辈。这位拜占庭公主狄奥多拉嫁给了耶路撒冷国的国王鲍德温，不过老公死了，她正在孀居。

安德罗一落脚，漂亮的小寡妇就登门拜访了。“金风玉露一相逢，便胜却人间无数。”

巴勒斯坦地区很快就知道了这两人的风流韵事，最刺激的是，连私生子都有了。

皇帝差点喷出一口血来。哪见过这么无法无天的人啊，不准你勾搭公主，这次你直接勾搭王后！而这个王后也是个没谱的，听说曼纽尔正发兵马过来擒拿安德罗，她居然收拾了行李细软跟安德罗私奔了！

第一个情人为他跟整个家族翻脸，第二个情人放弃了自己的好姻缘，第三个情人放弃王后之位愿意随他浪迹天涯。“一见杨过误终身”，显然安德罗也是这个品种的雄性动物。

两个人带着孩子，还有死忠安德罗的亲兵，在小亚细亚流浪。安德罗做事的风格与宗教礼法不合，更不符合道德规范，可他这样恣意宣泄的人生，难道不正是每个男人心中渴望的吗？官方媒体上，安德罗已经把自己名声彻底败坏，可是私下里，不论是拜占庭还是拉丁公国，甚至包括突厥人，都有不少他的“粉丝”。

他在小亚细亚的突厥人国家里乱窜，大家还都愿意接纳他、邀请他，最后安德罗选择了科隆尼亚苏丹国住下。为了报答苏丹对自己的收留，安德罗愿意帮他领兵打仗，抢劫战利品。打谁呢？当然是攻打拜占庭在特拉布宗的行省！

安德罗要是放在中国，就这种卖国等级的背叛行为，绝对遗臭万年了。

拜占庭也生气，又抓不住他，只好由教长下令，开除他的教籍。随后特拉布宗总督安排了一次成功的突袭，一举将狄奥多拉和两个孩子抓住，送回了君士坦丁堡。

安德罗这次不跑了，他猜得出，如果他不回去，儿子将遭遇什么。安德罗一见皇帝，就扑到他脚下，号啕大哭，他哭得肝肠寸断，如丧考妣，一桩桩、一件件忏悔自己的所有罪状。这是个公开的场合，安德罗显然是个演技派，这一场哭戏可以给表演学校当示范教学了。君士坦丁堡的观众也比较投入，都跟着抹眼泪。安德罗的形象一直都是孔武威猛，他现在像个婴儿一样哭，效果比老婆子坐在大街上拍大腿哭更加煽情。最后的结果居然是，曼纽尔又饶了他！不过怕他在京城惹事，将他打发到黑海南岸的本都，去看守葡萄园了。

可以接上开头的故事了，曼纽尔死了，艾里克修斯二世接班了，玛利亚太后摄政。曼纽尔是二婚，前妻还有个女儿，也叫玛利亚。女儿玛利亚发动叛乱反对后母玛利亚，听着乱吧？看着更乱，因为首都都炸锅了，民众分党派开打，各类反对派都跳出来了，打、砸、抢，穷凶极恶的。行省的总督听说出现这么好的政治投机的机会，都来加入战局，行省也没人管了。

虽然都疯了，好在还有教长是清醒的，他知道，找到一个势力强大的人来扶持小皇帝，所有的问题都能解决。就这样，安德罗又回到了大家的视线。据说安德罗一进入博斯普鲁斯海峡，帝国所有的舰队出港，迎接他们的新统帅。登陆后的安德罗先宣告了他的誓言，大意就是会用生命忠于王室云云，所以一路走过去，身边的“粉丝”越来越多，再次说明了安德罗是个很优秀的演员。

既然是民心所向，剩下的事容易多了，公认的罪魁祸首是太后和她的情人侄子嘛，侄子被拉出来刺瞎双眼，玛利亚被送进修道院。主犯被杀，君士坦丁堡的民众还觉得不解恨，疯狂的情绪再次找到了宣泄口，他们冲进了住在首都的拉丁人的住宅，抢走财物和牲口，杀掉主人，这个古典而优雅的中世纪名城顿时成为炼狱，到处充斥着索命的妖魔。

主事不久，安德罗就声称玛利亚太后策动匈牙利的国王攻打拜占庭。这事几乎没有证据，立案的依据就是安德罗的一面之词，不容辩护，玛利亚被处以绞刑，尸体被丢进大海。整个事件最残酷的部分是，玛利亚的绞刑判决书是她的儿子艾里克修斯二世亲手签发的，这时的艾里克修斯二世不过是个12岁的孩子。

清理了所有的反对势力，安德罗觉得应该到时候了，他的宠臣深谙圣意，用弓弦将艾里克修斯二世勒死。而这个过程最残酷的是，安德罗用脚踢了一下堂侄子的身体，说："你父亲是个骗子，你母亲是个妓女，而你是个蠢材！"艾里克修斯二世的尸体也被丢进了大海，跟他母亲团聚了。安德罗完全忘记了，他多少次宣誓效忠曼纽尔和他的儿子。

鉴于君士坦丁堡对皇室正统的要求，安德罗迎娶了艾里克修斯二世的法国遗孀，说是遗孀，年纪也不过13岁，而安德罗这一年已经65岁了！

安德罗的皇帝生涯以大屠杀开始，基本奠定了统治基调，那就是冷酷而铁腕。一个残暴的国王并不见得完全不好，有些难以根除的历史悠久的弊端，就可以通过下狠手得到快速治理。比如严重腐败，卖官鬻爵，这些拜占庭的痼疾，都在安德罗手中得到了一定的控制。而他对税收承包人腐败的清理，真正减少了百姓的负担，得到了民众的大力拥护。据说当时抢劫失事船只是没办法约束的罪行，安德罗觉得，没有什么罪行是不能控制的，关键是看量刑的轻重而已。后来，拜占庭规定，抢劫失事船只的，一经发现，抢劫犯将被吊死在被抢船只的桅杆上。这个措施还真是让抢劫明显减少了。

安德罗这样登基的皇帝，没有人反他是不可能的，加上他行事过激，下手太重，得罪了不少官僚贵族。国内树敌越来越多，国外的敌人陆续又来了。

塞尔维亚和匈牙利联手而来，他们跟曼纽尔有约定有交情，更加不会给安德罗面子。匈牙利收了他家的彩礼，还加上了利息。塞尔维亚的大公不但让本来的土地独立，还从拜占庭拿了不少，攒够了之后，就大大咧咧地成立了独立的国家。

最大的打击来自诺曼人。他们故技重施，还是越过亚得里亚海在第拉海姆登陆，不会再遭遇之前的抵抗了，因为拜占庭的守军司令主动投降了。而投降的原因是，他知道打不过，但如果输了回去，在皇帝手里会死得更惨。诺曼人长驱直入，一直打到塞萨洛尼基，攻陷了这座拜占庭第二大城市。

诺曼人一进城，又一个炼狱出现了。跟 3 年前的君士坦丁堡一样，大屠杀开始，不过凶手和被害人交换了位置。诺曼人给当年被杀的拉丁人报了仇，这个仇还报得非常彻底。

安德罗不是很能打吗？诺曼人如此猖獗，他忙啥呢？镇压造反啊，只要有人疑似造反，安德罗就宁可错杀绝不放过，被关的人统统杀掉。这个工作量太大了，牵制了他大量精力。造反这个东西，靠杀一般是拦不住的，杀的人多，反他的人更多，而且越来越多。

有一天，有个乱党因为被皇帝的人追杀，逃进了圣索菲亚大教堂。当时教堂里人很多，大部分都是乱党或者乱党家属，基本是为了躲避皇帝的屠刀躲进来的。新进来的这个小伙子引起了大家的注意，很多人认识他，他是艾里克修斯一世的曾外孙子。

艾里克修斯一世的小公主当年看中了一个普通市民，并让这家人成为驸马而逐步壮大，安德罗的反对党里，这个家族是骨干。这位 29 岁的小伙子，大名叫伊沙克·安格鲁斯。

教堂里的人看到了希望。这不是有个现成的领头羊吗？让他做皇帝，带着大家废掉暴君。全城暴乱又开始了，安德罗从度假的小岛赶回来，以为再次可以靠屠杀平乱，没想到，帮他杀人的人都跑光了。安德罗明白，又到了需要逃跑的时候了，他很快驾船出海。不过这一次，他最厉害的逃跑术没有施展成功，他被民众自发组织的船队追上堵住，并押回首都。

安德罗大概应该是拜占庭史上死得最惨的皇帝，包括之前所有的挖眼割鼻吊死勒死的。新皇帝伊沙克二世非常仁慈地不判决他，而是将他送到了受害者的手里。受害者也很仁慈，安德罗取了他们亲人的性命，而他们只需要安德罗身上一点东西，比如一只手、一只脚、一只耳朵、一颗眼珠。安德罗的器官没有苦主人数多，眼看取没了，怕他死得太快，又将他放在骆驼上游街。不知道安德罗的死亡过程持续了多久，直到有位善心人士给了一剑，让这个组团行刑的活动提前结束了。连死亡都没让我们失望，安德罗绝对是拜占庭历史上最传奇的皇帝。

二十九　内讧

伊沙克二世稀里糊涂成为皇帝，他自己一点准备也没有，更加不知道从哪里下手，于是他选择了什么都不做，让所有的事按自己的规律自然发展，按中国话形容就是：无为而治。伊沙克二世确信一点，什么都不做，肯定不得罪人，防止死得难看。

伊沙克的家族是一步登天的暴发户类型，当了皇帝后，就觉得国库是自己家钱袋子，老百姓家是自家的菜园子，想吃什么只管摘。伊沙克这一朝，赋税甚重。比如皇帝结婚，发现手头紧，就在全国征收特别税。被安德罗铁腕压制的所有问题，都卷土重来，甚至愈演愈烈。伊沙克二世最出名的事迹就是卖官，像自由市场摆摊那样卖。

其实卖官也不绝对是坏事，万一碰上了好买家，也能帮不少忙。比如艾里克修斯·不达纳斯，他带兵出击诺曼人，取得成功，诺曼人灰溜溜地顺着来时的路线撤回去了。

在对待匈牙利的问题上，伊沙克觉得还是应该以和为贵，所以承袭曼纽尔的做法，联姻。伊沙克迎娶匈牙利国王贝拉的女儿，两国罢兵，还向威尼斯表达了歉意，希望重修旧好，拜占庭答应赔付之前违法合同的罚款，等等。都说伊沙克挺昏庸的，但是他上台后的确是安抚了帝国的边境。

外部的问题解决了，内部的问题是黄河泛滥，连绵不绝。造反叛乱此起彼伏的，而其中比较严重的，是保加利亚人反了！

大家还记得吧，马其顿王朝的巴西尔二世，一举平灭了第一保加利亚王国，将它收在帝国的版图中，那是 1018 年，现在差不多一个半世纪过去了。固执的保加利亚人做了这么久的二等公民，虽然已经越来越希腊化，但是骨子里却不愿意永远屈服，一有机会还是想要独立，还是渴望真正属于自己的国家。

起义领袖是兄弟俩，彼得和亚森，这哥俩应该还有个弟弟叫卡罗赞。其实这两兄弟开始并没想搞这么大动作，他们很客气地要求将普罗尼亚（现在保加利亚的普罗夫迪夫）的土地送给他们。拜占庭当时以为，这两兄弟显然早上没睡醒，自然也不会搭理他们，这才促使了他们发动起义。

之前说过，多瑙河一带品种流杂，加上这几年拜占庭横征暴敛的，有人吆喝要造反，还是比较容易招募人马的。

伊沙克赶紧派了刚赶走诺曼人的不达纳斯带兵平乱，没想到造反这种情绪是会传染的，一进入疫区，不达纳斯也反了，他当时就自立为帝，然后带兵掉头反攻君士坦丁堡。好在这家伙命数不够，很快战死了。伊沙克皇帝不得不自己出马办这些事了。

瘦死的骆驼比马大，帝国的军队是一年不如一年了，但是对付这种杂乱无章临时凑合的起义军，还是有点优势。一战再战，伊沙克都打赢了，无奈帝国的经济实力扛不住持久战。起义军的优势就是主场作战，随时都有新的兵源，人家自愿参战不要钱。帝国的军队是雇佣兵，多打一天，帝国就要多付一份工资。旁边的塞尔维亚人，他们可不光看热闹，斯蒂芬·奈曼加大王一边支持保加利亚，一边忙着在帝国边境挖墙脚，偷偷摸摸搞了不少土地在手里。

保加利亚的仗打得心烦意乱，小亚细亚的贵族又造反了。退一步海阔天空，伊沙克祖上也不是拜占庭本地户口，对于帝国的疆界没有放不下的感情，人家要独立就给他独立吧，太闹心了。就这样，伊沙克和彼得兄弟达成和解，保加利亚建国吧，别再找拜占庭的麻烦，把小弟弟送到君士坦丁堡做人质去。

1187 年，保加利亚国再次建立，这是个多灾多难的地方，这第二保加利亚国寿数也不算长久。

塞尔维亚、保加利亚相继独立，拜占庭对巴尔干半岛的影响越来越微弱。伊沙克从北到南，从西到东疲于奔命，大贵族的造反还没压住，第三次“十字军”东征开始了！

“十字军”三个字也许是穆斯林的梦魇，但是绝对也不会让拜占庭的皇帝舒服。这次东征又为何事呢？耶路撒冷又丢了！

塞尔柱帝国不是分化出很多小的苏丹国吗，以现在伊拉克北部摩苏尔为中心的，就是赞吉王朝。突厥苏丹国太多了，大部分的名字也就是出现在电话号码本上，但是这个赞吉王朝却几乎出现在所有的历史书上，就因为出了一个大明星，名字叫萨拉丁。

赞吉王朝控制着伊拉克北部和叙利亚，是个逊尼派的国家。萨拉丁出生在这里，从小受的教育就是：门口有两个敌人，一个是基督教的耶路撒冷国；一个是埃及什叶派的法蒂玛王朝。萨拉丁从小就有雄心壮志，要把这两个王朝都干掉。

萨拉丁的发迹史挺幸运的，耶路撒冷进攻埃及时，法蒂玛王朝请求赞吉王朝支援，毕竟两家只是内部矛盾，对付基督教那可是宗教矛盾。赞吉王朝派了萨拉丁和他的叔叔出征，取得胜利后，法蒂玛留叔叔做丞相。叔叔没多久就死了，萨拉丁接班，法蒂玛王朝的哈里发死了，萨拉丁又顶上了。

萨拉丁还是赞吉王朝的人，所以赞吉王朝让萨拉丁照章纳税，萨拉丁哭了一通穷，拒绝给钱。赞吉苏丹正要出兵收拾他，苏丹又死了。萨拉丁就在埃及独立了，实现了自己的第一理想：在埃及推行逊尼派教旨。

赞吉王朝小苏丹 11 岁，朝中的旧同僚都邀萨拉丁回去主持大局。萨拉丁回到亚洲，带去两样东西：威武的军队和大把的银子。经过近 10 年的征伐，萨拉丁取得了叙利亚。

叙利亚和埃及都在萨拉丁手里，正像两个磨盘，将巴勒斯坦地区挤在中间，两个磨盘若是一转动，圣地就变成齑粉。

1187 年，磨盘启动了，萨拉丁亲率大军包围并歼灭了圣地“十字军”的主力，随后经过 13 天的围城，圣城投降了。

耶路撒冷的基督徒吓坏了，他们就算没见过，也听说过当年“十字军”入城是如何烧杀抢掠的，他们都在惊恐中祈祷自己的命运。祈祷奏效了，没想到萨拉丁打造了一支仁义之师，他们静悄悄地入城，静悄悄地驻扎，既没杀人，也没放火！萨拉丁要求圣城的居民交人头税，如果交不出，就卖身为奴，但是很多交不出来的穷人，萨拉丁也没让他们为奴。他自己手上的战俘，全部无条件释放！

最了不起的是，“十字军”进城，将清真寺都改成了教堂，萨拉丁恢复了它们，可是圣墓教堂，他下令给予保留，并昭告天下，圣地是所有宗教的圣地，对所有宗教开放，欢迎各种朝圣的信徒！

在世界历史的英雄榜上，也许萨拉丁的战绩不是最辉煌的，但是他的宽厚和仁义却让他显得如此可贵与难得。

按道理，萨拉丁这种处理方式，基督教世界应该觉得安慰，如果当时的西方世界也存有萨拉丁这样的仁念，应该就不会再劳民伤财地发动“圣战”，造成极不必要的损失和伤亡。

首先教宗就想不通，教皇乌尔班三世听到圣城失陷的消息，一口气没上来，当场驾鹤西去了。继任教皇新官上任，觉得有必要搞点教绩出来，又颁布教令，号召组建“十字军”。

第三次“十字军”东征，是“十字军”历史上最显贵的一次，因为西欧的巨头几乎都出动了，德皇“红胡子”腓特烈一世、法王“小狐狸”腓力二世、英王“狮心王”查理全部应召预备远征。

德皇采用的是陆上行军，也就是说，又要在拜占庭借道，还要送他过海。对拜占庭的老少爷们儿来说，“红胡子”要过境这个消息比萨拉丁占领了圣城这件事坏多了，都知道“红胡子”对拜占庭不安好心啊，他说是借道，不会顺手牵羊，或者是顺势动手吧。

安德罗早年在小亚细亚流浪时，曾经见过萨拉丁，貌似两人还相谈甚欢。后来还签订了联盟协议。伊沙克此时翻箱倒柜把这份协议找出来，派人找萨拉丁表达了结交之意。

江湖上，“红胡子”绝对是狠角，武林中人都对他有几分忌惮，即使是萨拉丁。所以听说拜占庭愿意跟他一伙，他也高兴。他跟伊沙克提出的要求是，尽量拖住红胡子，拖一阵算一阵。

德军从巴尔干半岛经过，塞尔维亚和保加利亚人是欢呼雀跃的。他们在拜占庭手掌中获得了自由，可是这个自由危险重重，谁知道什么时候，拜占庭恢复了元气，又打回来。所以这两个小国决定投靠“红胡子”，向他宣誓效忠。

既然是借道，当然是要按主人家要求的路线行军，拜占庭为了按萨拉丁的要求拖住德军，给了他们一条让他们非常不满的行军路线。“红胡子”当时就火了，开始对行军路上的拜占庭城市发动攻击，占领了就毫不犹豫地抢劫，一边打，一边还跟伊沙克书信往来，互相指责，甚至对骂。

“红胡子”暴脾气，你越骂我越打，竟然攻陷了亚得里亚堡！而且德皇还调来舰队，预备水陆两线一起进攻君士坦丁堡！

伊沙克这下怕了，赶紧答应他们，预备船只送他们过海，再送几个贵族给德国人做人质，还要负责德军的后勤补给。这应该是东西罗马的两个皇帝第一次正面冲突，显然，在对付日耳曼条顿人的问题上，罗马人总是吃亏。

德军过海后战绩还是不错的，攻城拔寨，势如破竹。突厥人也不太敢跟这支来势汹汹、举止狰狞的人死磕，德军拿下西里西亚，眼看就要进入叙利亚。

“红胡子”太老了，还穿着厚重的铠甲，在渡过赛弗里河时，据说是心脏病发作，一头栽进河里，当时就魂归天外。一代霸主“红胡子”，就这样稀里糊涂将自己葬送在异乡。“红胡子”一死，德军自然溃散，这一路“十字军”，基本就可以忽略不计了，对萨拉丁来说，这是安拉显灵了。

至于英法两路，那就不是我们这章故事讨论的范围了，他们也没成功，圣城继续留在萨拉丁手里。好在这两家没给拜占庭找大麻烦。也就是狮心王查理走的时候，顺手拿走了塞浦路斯岛，后来这个岛屿拜占庭一直也没收回来。

保加利亚和塞尔维亚投靠了大哥“红胡子”后，小日子过得很酣畅，“红胡子”大军进攻拜占庭期间，这两个小弟跟在后面捡了不少东西。“红胡子”死的时候，他们已经进入色雷斯了。

伊沙克不能不管啊，对塞尔维亚人下手，算是占了点上风，伊沙克和奈曼加和解了，两边结了亲。奈曼加的小儿子娶了伊沙克的侄女，这两边的关系暂时缓和；保加利亚就不好打发了，拜占庭出兵几次都吃了亏，没办法，伊沙克向自己的岳父求助，他岳父也就是匈牙利的国王。

1195 年，听说匈牙利预备对保加利亚出兵，伊沙克预备再次领兵亲征，跟岳父两头夹击保加利亚人，可他的哥哥跳出来，夺取了皇位，还把皇帝眼睛刺瞎关进大牢，拜占庭的伙计，对自家人下手从来不留情。伊沙克一辈子就忙着平乱了，带着兵马的造反派被他压服了不知道多少，没想到最后废在自己兄弟手里。

夺权的这个名叫艾里克修斯，他是艾里克修斯三世。

伊沙克在位，拆东墙补西墙，还是能让帝国勉强维持。这个艾里克修斯三世，虽然夺位的时候下手挺狠，但真正当了皇帝，是一坨标准的扶不上墙的烂泥，稍通历史的人都知道，在他的任期内，君士坦丁堡终于被攻破，还是被同为基督教的“十字军”攻破的。“十字军”的目标不是耶路撒冷吗？怎么跑偏打到君士坦丁堡去了呢？这要从西方各国慢慢讲来。

三十 “十字军”攻占君士坦丁堡

“红胡子”落水身亡，亨利六世成为德意志的皇帝。因为他老婆是西西里的公主，所以后来西西里岛的诺曼人国王死后，亨利六世又占领了西西里的土地。德国和西西里岛合并，带给德国皇帝最直接的思考就是：以后想干掉眼中钉拜占庭，将更加容易了！

大家还记得，西西里岛的诺曼人多次从第拉修姆登陆，进袭拜占庭，都被打回来了。现在的西西里岛是德皇的，所有上了西西里岛的人都觉得可以跨海进攻拜占庭，德国人接手了这里，他们更这样想了。

打仗不能没由头啊，正好，机会来了。艾里克修斯三世罢黜了伊沙克，还刺瞎他关进黑牢，这事帮了亨利六世，为啥呢？因为伊沙克的女儿嫁给了亨利六世的弟弟菲利普，以弟媳妇的名义，亨利六世找艾里克修斯三世的麻烦。

艾里克修斯三世这人心肠恶毒，却没生胆，听说德皇要找他算账，赶紧低头求和。说：“老大，你弟媳也是我侄女，我也不落忍，干脆，我给点钱补偿补偿行不？”

伸手不打笑面人，亨利六世是个知识分子，他也黑不下脸。这件事艾里克修斯三世要感谢教皇，虽然教皇对拜占庭没有任何同情，但是他也不愿意让德意志进攻拜占庭，他怕的是，万一亨利六世真的重新合并了罗马，成了唯一的皇帝，教廷肯定没有现在这么大的势力了，所以他坚决不许亨利六世对拜占庭下手。

不打就不打，拿钱来也行，不是一点钱啊，每年送 16 英担金子的年贡来！

艾里克修斯三世直叫苦啊，16 英担是多少呢？大约 1000 公斤吧。君士坦丁堡也没有金矿啊，只好跟民众收呗。于是拜占庭又冒出来一项新的税目。

再加十项税目也一样，因为拜占庭的老百姓已经榨不出油水了。这笔年贡差点把艾里克修斯三世逼疯，后来他万般无奈，竟然挖掘了圣使徒教堂的拜占庭皇陵！

他不是盗墓，而是明目张胆地挖。皇帝下葬，终归是有点陪葬金银的。艾里克修斯三世的家族又不是传统贵族，跟这些列祖列宗没啥亲缘关系，所以不能算刨祖坟，但依艾里克修斯三世的秉性，真是祖坟，他也照挖不误。

艾里克修斯三世的噩梦没持续太久，亨利六世才收了两年金子就死了。德意志进入了一阵子动乱，没人找艾里克修斯三世收债了。可是，除了德皇，还有人想拜占庭想得睡不着，这个人就是威尼斯共和国的总督丹德罗。

威尼斯对拜占庭的贸易享受特权，这让威尼斯因此挣了不少钱，应该说，威尼斯如今称霸地中海，那全是拜占庭赞助的。这个赞助，威尼斯可不感恩，他家还总觉得不踏实。因为威尼斯在拜占庭的这种霸道生意，让拜占庭本地人非常憎恨，也严重损害了拜占庭本国的商业利益。从约翰二世以来，好几任皇帝新官上任三把火都是先中断威尼斯的贸易特权，而每次威尼斯都靠出动海军张牙舞爪撕破脸才拿回来，这让拜占庭人更加仇恨威尼斯商人，而历史上也不是没发生过针对威尼斯人的捕杀或者是恐怖行动。为了抑制威尼斯一家独大，拜占庭经常采用的办法就是扶持比萨共和国和热那亚共和国两个竞争对手，这两家的发展，的确是妨碍了威尼斯独霸地中海。

丹德罗心想，我们不能总受控在拜占庭手里吧，如果能控制拜占庭的皇帝，威尼斯就是老大了。丹德罗是个盲人，老爷子眼睛看不见，心眼可不少，天天在家里盘算着怎么对付拜占庭。

正好，此时教皇也是换班的时候，不知道从什么时候开始，新教皇第一个政绩工程就是组织“十字军”去打架。1198 年，英诺森三世成为新的教宗。圣城不是还在穆斯林手里吗？很有必要第四次东征。

这次东征，愿意参加的人着实不多，教廷的征兵工作遭遇了前所未有的困难。直到 1202 年，法国的一个伯爵终于稀稀拉拉地组织了一队人马集结在教皇麾下。

英诺森三世是个军事爱好者，他亲自制定了这一次的进攻路线，那就是放弃陆上行军，“十字军”过海占领埃及，然后从埃及进攻耶路撒冷。计划是不错，关键是，谁家出舰队啊？找了一圈，威尼斯人跳出来了，说这活儿我们家接了，不过价钱可不低啊，威尼斯共和国为“十字军”服务一年的费用是 8.5 万银币，先给钱，后上船！

威尼斯人备好了船只，等“十字军”过来买票上船时，司令博尼法斯侯爵很不好意思地说，钱没筹齐，只有 5 万银币。威尼斯人火大了，你玩我啊你，没钱你早说啊！我们家船全集在这了，什么事都不干，就为配合你们东征，你现在说没钱，我去法院告你去！

威尼斯商人是天才商人，商人一般不会和客户真正翻脸的。丹德罗给“十字军”提出一个解决办法，让“十字军”帮他家攻打扎拉！

扎拉就是现在克罗地亚的扎伊尔，原来当然是拜占庭的地界，后来威尼斯把它占了，可是前不久，匈牙利又给抢走了。威尼斯的意思是，“十字军”帮着把扎拉拿回来，剩下的 3.5 万银币就可以一笔勾销，威尼斯舰队继续为“十字军”提供快速周到的海上服务。

听说打扎拉，“十字军”内部一片哗然。扎拉现在是匈牙利的，匈牙利是天主教国家。“十字军”不是对异教徒作战的吗？所以很多人当场就表示退出，但是大部分人还是留下了，从第一次“十字军”东征我们就知道，这个“圣战”队伍里，真正因为纯粹宗教信仰而战的非常之少。

1202 年底，威尼斯的舰队将“十字军”送到了扎拉城下，这真是西方历史上最好看的一仗。举着十字大旗的军队，疯狂进攻同样举着十字大旗的城市。而城内的百姓都发蒙了，这次的“十字军”征兵没查视力吧，怎么眼神都不好呢，跑偏了知道不？！每家每户都拿出十字架等物，挥舞着表明身份。

教皇听说“十字军”没打埃及，改打扎拉，差点跳起来。赶紧左一封信右一封信给“十字军”的将领，晓之以理，动之以情，劝他们停手。这些信件估计都被邮差搞丢了，反正“十字军”这帮人异口同声地说，没有收到任何教皇的来信。

“十字军”的出门第一战开局不错，很轻松就拿下了扎拉城，大军进入休整，有些看着喜欢的东西也揣起来，然后预备第二年开春进发埃及。

所有的变化就在这段时间，有个人突然出现了，他的出现改变了“十字军”的进程，也改变了拜占庭乃至周边很多国家的命运。

这个人也叫艾里克修斯，来自君士坦丁堡，他是伊沙克二世的儿子。他和父亲一起被关在牢里，但他跑出来了。种种迹象表明，君士坦丁堡城防修得不错，监狱造得一般，稍微有点能耐都能越狱。

他出来投奔亲戚，也就是他的姐夫，前面说的德意志皇弟菲利普。不过现在不是皇弟了，他接亨利六世的班，成了皇帝！

艾里克修斯天天缠着他姐夫，让他出兵攻打拜占庭，让伊沙克复位。菲利普也想啊，可是他不能啊，他刚登基，国内的反对势力天天作乱，他怕一不小心，老丈人没救出来，还把自己搭进去。于是他给出了个主意，让小舅子去找“十字军”，而要想让“十字军”帮忙，关键是说服威尼斯人，现在他们说了算，你看，他们说打扎拉，就打了。况且，要攻打君士坦丁堡，没有他家的舰队肯定是不行的。

于是，艾里克修斯就这样出现在扎拉城。攻打扎拉“十字军”可能有分歧，攻打君士坦丁堡，大家就没意见了。君士坦丁堡是东正教，不是异教也是异端，完全是“圣战”范围内的事。听着艾里克修斯满腔忧愤的诉说，看着德皇派人送来的亲笔信，威尼斯人差点笑出来，真是一听牌就有人点炮，想啥来啥。但是威尼斯人还要装出一副犹豫、为难的样子。艾里克修斯急了，这孩子完全不知道，他正在做一件引狼入室的事，还拼命给狼群承诺好处，其实他并不知道他最后能拿出多少钱来，但是他豪情万丈地说：“你们威尼斯不是有钱就服务吗？‘十字军’给你 8.5 万银币，你就帮着打埃及，只要你帮我打下君士坦丁堡，我给你 20 万银币！”威尼斯人忍着笑答应了，要知道，即使是他们，也甚少碰上这样的冤大头，花钱雇人进攻自己的国家！

不仅说服了威尼斯人和“十字军”，还说服了教皇，其实不用说服，教皇也玩欲擒故纵呢。教皇同意“十字军”改道，事成之后，两边教会再次统一，当然，是统一在天主教的旗下。艾里克修斯这时候任何要求都能答应，他还拍着胸脯表示，他有机会登上大宝，第一时间组织“十字军”收复圣城。这个傻小子成了很多人的笑柄，他自己并不知道。

1203 年 5 月，各方签订协议。6 月 24 日，威尼斯的舰队出现在君士坦丁堡的海域！

原来说过，君士坦丁堡是一座打不破的城池，是说它陆上防线的围墙，其实它的海防城墙没这么神奇。很早拜占庭的敌人就知道，水陆齐攻是可以奏效的，不过之前拜占庭拥有强大的海军，敌人的舰队没到城下就被干掉了。

威尼斯的舰队遭遇了拜占庭的海军，此时的帝国舰队几乎是一触即溃。加上伊沙克二世也有自己的支持者在城中接应，威尼斯的战船轻松进入了金角湾，向君士坦丁堡的海防城墙发动攻势。

要说君士坦丁堡的攻防战有什么特别看点，应该就是瓦兰吉亚卫队的殊死抵抗。大家还记得吧，他们是来自罗斯公国的彪悍战士。这时，篡位皇帝艾里克修斯三世早就收拾了细软，洗劫了国库，带着君士坦丁堡的大部分财富逃走了！

7 月 17 日，君士坦丁堡终于被攻破。经过 870 年，这个神话终于被打破，这座金汤般的城市就这样在贪婪的目光中打开了它金碧辉煌的大门。

三十一　复兴的火种

伊沙克被放出来，重新登基，而“立了大功”的艾里克修斯成为共治皇帝，他现在是艾里克修斯四世。七手八脚把政府重新组建起来了，突然想到，唉，“十字军”还在城外呢。

要说“十字军”真是骑士啊，人家非常有风度地等在城外：“不进来坐了，俺们拿了钱就走！”

艾里克修斯四世这下想起来了，20 万银币还没给呢。跑到国库一看，傻眼了，艾里克修斯三世收拾得真干净啊，一点也没留下，全卷走了！艾里克修斯四世这下慌了，他可知道“十字军”的手段，这笔钱要是拿不出来，剩下会发生什么他根本不敢想。他命好，没有亲眼看到他闯祸的后果。

君士坦丁堡的老百姓看着艾里克修斯四世带人来进攻自己的家园，对这个家伙简直是恨之入骨。艾里克修斯三世的女婿跳出来充当了执行者，将艾里克修斯四世勒死。随后伊沙克也死在牢里，大家拥护艾里克修斯三世的女婿成为新皇帝。救命啊，他也叫艾里克修斯，他是艾里克修斯五世！

城外的“十字军”当然知道城内的变故，他们放话了，我们不管你们是三世、四世，还是五世，不管是谁登基，债是赖不掉的，赶紧还钱，晚了就收利息了！

艾里克修斯五世看着挺英雄的，比他岳父强点儿，他宣布绝对不给钱，然后布置城防，预备跟“十字军”死磕。

又来了第二次攻城战，这次“十字军”内部达成一个新协定，如果再次破城，就不再扶持新皇帝了，让拜占庭灭亡，他们在这里建立新的拉丁国家。还商量好，先洗劫城市，然后再瓜分国家。

有了这个目标，打起来更有劲儿了。1204 年 4 月 13 日，“十字军”再次攻陷了君士坦丁堡，并纵马进城，开始狂欢。

西欧人抢劫和掠夺的本事我们都熟悉，基本是能拿的拿走，拿不走的就地损毁。君士坦丁堡这座梦幻般的名城让“十字军”眼睛都花了，据随军记者记载，“十字军”战士说：从创世以来，不管哪个城市也不可能收获这么多战利品，在世界历史上，没有哪一支军队能掳掠到这么多东西（这娃没机会参加后来的圆明园抢劫）！老杨估计此时西欧那些没参加的人肠子都悔青了。

杀人放火，无恶不作，无所不为。这些人忘记了所谓的骑士精神，为了表明自己“圣战”的立场，对东正教堂更是特别关照，他们最愿意在教堂的祭坛旁强奸修女。有一次，他们还把一个妓女放在东正教大教长的宝座上，极尽羞辱之能事。这个万城之城，收藏和沉淀了多少文明的精华、历史的记忆，就这样惨遭毒手。拜占庭人说，即使是异教徒阿拉伯人攻陷了君士坦丁堡，他们也不会如此残暴和疯狂！

拜占庭的财帛被瓜分，精美绝伦的雕塑和工艺品被送到西欧各国，当作出征礼品。法国因为是发起人，所以获得最多。现在，研究拜占庭的文化，大家都要到法国去。当然，要想了解当年圆明园的收藏也要到法国去，“感谢”欧洲人替所有的文明古国保存这些珍宝。

现在的威尼斯圣马可教堂是当年第四次“十字军”东征的出发地，里面陈列了大量这次抢劫的战利品，尤其是门口那四匹精致的铜马，它们原来是放置在君士坦丁堡大赛车场的。

抢累了，也抢完了，该谈正经事了。其实正经事在一个月前就谈好了。以君士坦丁堡为中心建立拉丁帝国，6 名威尼斯人和 6 名法国人组织一个选举委员会，在“十字军”将领中选举新皇帝。最有资格当选的人，一个是威尼斯总督丹德罗，一个是“十字军”总司令博尼法斯。丹德罗是个标准的商人，只对利益感兴趣，很早就宣布放弃竞选，以至于无欲则刚、地位超然，可以主导很多事情。老丹感觉到，这次出征，博尼法斯已经是声名大噪，人气爆棚，再给他当皇帝，君士坦丁堡又不好控制了，况且他在欧洲的封地离威尼斯不远，万一想对威尼斯不利，也是个麻烦。在老丹的暗中摆布下，一个没啥势力的佛兰德尔伯爵鲍德温当选。根据协议，威尼斯人成为君士坦丁堡的新教长。

鲍德温是皇帝，所以1/4的帝国领土归他，剩下的3/4，丹德罗拿走一半，有功的将士被封一半。

博尼法斯没有得到自己想要的东西，杀进塞萨洛尼亚，以那里为中心建立了自己的国家，国土包括马其顿，但是他承认是拉丁帝国的附庸。还是不甘心啊，他又发兵攻陷了希腊和伯罗奔尼撒岛，让宠臣建立了臣服于自己的两个国家。

收获最大的当然是威尼斯人，他们已经占有了圣索菲亚大教堂和3/4的帝国土地，又要来了亚得里亚海和爱琴海沿岸的大部分重要岛屿，控制了威尼斯到君士坦丁堡所有海上通道以及君士坦丁堡所有的海峡和入口。最拽的是，所有的“十字军”君主要向鲍德温一世宣誓效忠，而丹德罗不用。因此，丹德罗虽然没有当皇帝，但他的权力比皇帝还大呢。

当事人分赃分爽了，可忘记了一个重要的发起人，也就是教皇英诺森三世。听说攻陷了君士坦丁堡，他也窃喜啊，在教廷安详地等待“十字军”给送礼物来，左等右等，最后确信，这帮兔崽子将他忘干净了！

于是英诺森给“十字军”发信，措辞严厉，义气凛然地斥责了“十字军”的跑偏行为，说这次事件完全是违背上帝的意愿和他本人的意愿，教廷很生气，“十字军”要受到惩罚。并宣布，开除所有参加者的教籍。

鲍德温一世收信后，以非常恭敬、卑微的态度给教皇回了信，大意是：所有人都不会忘记，教皇领导发起了这场伟大的胜利，拉丁帝国和他本人都是教皇的臣属，就等着教皇过来收编东正教呢，另外，附上君士坦丁堡本地特产若干，望陛下笑纳云云。

一收到这封信，教宗就向西欧宣布，“十字军”攻陷君士坦丁堡是上帝的安排，理应得到颂扬和光耀，所有西欧的信徒都要珍惜这一场胜利，保护好拉丁帝国，让它永远地存在下去。反正当时世界上只有教宗一个人自称经常跟上帝联络，上帝到底怎么想的自然是教宗说了算呗。

难道拜占庭帝国就这样灭亡了？没有，还保存了一点帝国的小火苗。

艾里克修斯五世被推选出来代替艾里克修斯四世还债，发现“十字军”再次攻城，抵抗一阵也溜走了。这时艾里克修斯三世的另一个女婿站出来，组织民众继续反抗，当场被拥立为新皇帝，也就是塞奥多利·拉斯卡利斯。

但城破之际，他也没有与首都同存亡，而是带着贵族向小亚细亚方向逃走了。

本来塞奥多利带着一群老老少少、男男女女的拜占庭流亡者，接近了突厥人的势力范围，肯定是灭顶之灾。但是罗姆苏丹国有自己的想法，他们觉得拉丁帝国站稳脚跟后，一定会南下继续“圣战”，不如让拜占庭这些移民在突厥人和拉丁人之间建国，让突厥人跟拉丁人干仗时有个战略缓冲带。

塞奥多利带着这群人，历经辛苦，到了现在土耳其的伊兹尼克，当时叫尼西亚，所以他们建立的这个拜占庭流亡政府被称为尼西亚帝国。

除了尼西亚帝国，还有一支拜占庭人在希腊西北角的伊匹鲁斯山区成立了伊匹鲁斯国，国王是安格鲁斯家族的一个私生子。在黑海南岸的特拉布宗，也有一个小国，领导者是安德鲁皇帝的孙子。

尼西亚、伊匹鲁斯、特拉布宗，三国鼎立，成为拜占庭复兴的火种。

三十二　四分天下

尼西亚王国占据了尼西亚地区，而这个位置已经被拉丁帝国封给法国的伯爵路易。于是鲍德温一世国王就派了自己的弟弟亨利跟路易联手，去把尼西亚收回来。刚刚站稳脚跟的尼西亚根本不是对手，眼看着拜占庭幸存的火苗就要被“十字军”的马蹄踏灭。

上帝怜悯，就在最后的关头，“十字军”突然撤走了！

保加利亚人救了拜占庭。话说拜占庭色雷斯地区的贵族还是挺配合的，国破山河在，不用计较谁当家，拉丁帝国成立后，色雷斯的拜占庭贵族早早就宣布向鲍德温一世国王投诚，并愿意成为他忠诚的子民。“十字军”有太多爵爷需要封地了，本来就不太够，所以色雷斯贵族的土地也要加入分配。拜占庭的贵族投降，就为了保住家园，如今土地被剥夺了，那谁还投降啊。

色雷斯的拜占庭人知道自己人少力微，跟拉丁帝国作战定是以卵击石，正好拉丁帝国成立时，保加利亚曾派使节过去表示友好，希望建立良好的邻里关系。结果热脸贴上冷屁股，鲍德温一世斥责保加利亚是造反忤逆出来的，拉丁帝国不承认这个国家，他们应该请求原谅并乖乖地臣服于新的帝国，而不是以平等的身份过来走动。保加利亚人受此大辱，怎能甘心，于是计划着要跟拉丁帝国干一仗，而色雷斯人此时赶紧表达了愿意跟保加利亚人并肩战斗的想法。

保加利亚和拜占庭的起义引发很多城市响应，大量“十字军”战士或者是拉丁人被杀。而联军一直进攻到了亚得里亚堡。

拉丁帝国刚建立，容不得这些周边的刺头出来影响，鲍德温一世亲自出征，跟保加利亚和拜占庭的联军作战。1204 年，保加利亚国王卡罗赞率领的军队跟鲍德温的“十字军”在亚得里亚堡展开一场大战，鲍德温一世被生擒，路易伯爵当场阵亡，拉丁帝国遭遇了沉重的打击。

鲍德温一世被擒后的故事很多。传说他被卡罗赞关在牢里，卡罗赞的老婆看中了这位风度翩翩的西方爵爷，屡次以色相引诱，谁知鲍德温虽然身陷囹圄，却保持操守，抗拒敌人的美人计。王后被拒绝后，恼羞成怒，到卡罗赞面前编了一通瞎话，大约就是鲍德温非礼、骚扰、耍流氓之类。卡罗赞大怒之下砍掉他的手脚，还把他丢在腐肉堆里喂猎鹰，熬了三天才死。这事未经证实，这位拉丁帝国的开国之君结局成谜，好多年后，经常有人跳出来自称是鲍德温一世骗人。

鲍德温的哥哥亨利接过了帝国的大权，他稍微智慧一点，一上任就安抚留在拉丁帝国的拜占庭贵族。

对保加利亚的战斗不仅损失了国王，还损失了很多优秀的骑士。拉丁帝国采用西欧封建国家的分封制，所有分到自留地的贵族或者是军官，就成为那块地的绝对领主，一般是专心在自己封地这个小圈子里忙活。虽然说宣誓效忠国王，但是如果对自己的利益没有好处，他们也不愿插手国王的事，所以拉丁帝国建立不久，国王就发现，想再召集大伙出去联手打仗很难了。

亨利也勉强组织了几次对尼西亚的进攻，每次要大打出手，背后的保加利亚人都会跳出来捣乱，感觉上他们已经和尼西亚结伙了。

保加利亚人这一仗，最大的受益者是尼西亚国，塞奥多利趁机站稳了脚跟，开始按照拜占庭的旧制建立和发展自己的国家。

很多人受到致命打击后会改变自己的性格和人生态度，而尼西亚国家，仿佛就是拜占庭帝国经过浴火重生后的顿悟。

先是选定了新主教，重建了教廷。塞奥多利经过了大教长正式的加冕，让一切名正言顺，也让东正教世界知道，君士坦丁堡陷落了，东正教廷还存在呢。

小亚细亚原本是拜占庭的主要农产区，塞奥多利到这里时，看到的是已经荒芜很久的土地。有太长时间拜占庭无力关注这里了，而突厥骑兵幽灵般穿梭往来，拜占庭的百姓也实在不敢种地啊。塞奥多利当场号召大家生产自救，开荒种地。

塞奥多利亲自带头下地，根据土壤的不同，决定有的地方种粮食，有的地方种葡萄。鸡鸭牛羊也慢慢被饲养起来，原来在君士坦丁堡养尊处优的贵族和贵妇，可能一辈子也没想过，自己有满身泥土，脸朝黄土背朝天的日子，但是看到皇帝和皇后都在耕种，也实在不好意思偷懒。拜占庭人在农活方面估计是挺专业的，后来附近的突厥人经常到尼西亚来收购土特产。塞奥多利的儿子约翰登基时，他送他的皇后一顶镶满宝石和钻石的皇冠。这是世界历史上最珍贵的一顶皇冠，因为它不是靠搜刮民脂民膏做成的，而是约翰皇帝自己养鸡卖蛋挣来的。这就是著名的“鸡蛋皇冠”。受到鼓舞的尼西亚百姓，迸发了极大的生产热情，不等不靠，在村主任老塞的带领下，粮食产量连年提高，年人均实现增收 2 个银币……总之就是，尼西亚先打下了坚实的农业基础。

从开头就限制大贵族的势力。虽然是流亡政府，贵族还是要给土地的，但是不能再像以前那样没有止境了，贫富差距容易滋生不安定因素，所以塞奥多利非常注意对下层官员和将士的封赏，而且盖了不少救济院和医院。

抵制高档货。所有的进口高档商品都是威尼斯商人经营的，不能让这帮人亡了我们的国家，还要赚我们的钱。尼西亚人只吃自己种出来的粮食，穿自己织出的衣裳。不让威尼斯人赚钱，最重要的是扶持了本国商业，给后来的韩国人做出了榜样。

而真正让尼西亚发展壮大，最后终于能复国的措施，就是恢复了军区制。这项制度曾经带给拜占庭帝国伟大的复兴，而拜占庭帝国由盛转衰的根本原因，就是 12 世纪，军区制被不知不觉地废除。塞奥多利深知这个道理，所以一建国就马上恢复这项制度。当然，尼西亚国家的军区不能跟以前的军区同日而语了，但是它的确再次奏效，让这新的拜占庭国家快速地复苏。

经过塞奥多利开国这些年的建设，我们看到了一个政治清明、充满活力的小国家，很难让人相信，它来源于原来那个臃肿迟缓、散发着腐烂气味的古老帝国。而我们不得不替塞奥多利陛下叹息一下，这样的君主，如果早几年登基，拜占庭也许是另一种命运。不过也说不定，没有逼上绝路，很少能有这样彻底的脱胎换骨。

经过塞奥多利的励精图治，尼西亚国家开始扩张自己的地盘了，缓慢地向东方推进。这就让邻居突厥人紧张了。这家人眼看就要推进到黑海岸边了，那以后突厥人还去不去海边了？

小亚细亚这么大点的地方，小国不少，居住环境一拥挤，就牵涉合纵连横的事情了。拉帮结伙非常重要。突厥各小国中，对尼西亚最有意见的是伊克尼乌姆苏丹国，他家拉拢了拉丁帝国预备一起攻打尼西亚，而且他们非常有借口，扬言帮助艾里克修斯三世拿回皇位。

怎么艾里克修斯三世冒出来了？对啊，“十字军”一开战，他就席卷国库逃之夭夭了，跑去欧洲转了一圈，发现尼西亚重新站起来了，他赶紧过来希望继续做老大。

这是流亡政府成立后正式的第一仗，塞奥多利手里几乎没有可用的兵，但就是凭借一点可怜的雇佣兵，战胜了突厥人，不仅当场干掉了对方的苏丹，还生擒了艾里克修斯三世，也就是塞奥多利的岳父，最后这个老祸害被丢进修道院反省去了。这一仗让尼西亚在突厥环伺的世界里打出了威严，打出了底气，塞奥多利丢掉手里的锄头，开始考虑拿回失去的江山。

尼西亚发展得挺旺，希腊另一个拜占庭的流亡政府伊匹鲁斯君主国也不差。总归是拜占庭这些个移民都在卧薪尝胆，发愤图强。

两个新兴拜占庭国家发展崛起，而“十字军”建立的拉丁国家却在衰退。“十字军”都是外地人，时间长了要回家啊，当地是东正教的世界，老百姓和这些拉丁人也不一条心，矛盾重重的。伊匹鲁斯国就是趁着塞萨洛尼基王国越来越冷清的时候果断出击，收复了这座拜占庭原来的第二大城市。而伊匹鲁斯国的国土也就从亚得里亚海延伸到了爱琴海。

拉丁帝国的亨利临终时，让他在法国的妹夫过来接班。这个叫彼得的家伙，山长水远跑过来就职，在经过希腊伊匹鲁斯山区时被逮个正着。伊匹鲁斯国都没想到，自家随手就能抓住拉丁帝国的国君。经过敌占区，防范如此松懈，可见这个拉丁帝国的国君，要么是个傻子，要么没人拿他当回事。拉丁帝国找不到主子了，好在彼得的老婆尤兰德走水路过来，得以幸免，所以由她暂摄王权，日子肯定是一天不如一天。

眼看着运气越来越靠近自己这边，伊匹鲁斯的国君决定不谦虚了，原来还不敢说自己是皇帝，现在也披上紫袍了，他居然找到保加利亚的教会的教长给自己加冕。这事很晕啊，这位大号也叫塞奥多利，到底他和尼西亚的那位塞村长，谁才是塞奥多利一世呢？！（一个是“欧洲塞”，一个是“亚洲塞”，以示区别。）

现在以君士坦丁堡为中心，有三国恩怨纠结，西边是伊匹鲁斯国，中间是拉丁帝国，东部是尼西亚帝国。除了这三国演义，还有一股势力是不能忽视的，也就是保加利亚，这家人有进取心，刚刚重新获得了独立，他家就考虑要吃掉整个拜占庭帝国的领土，建立一个大保加利亚帝国！

四家人团团坐定，摆开桌子开始打麻将。

三十三　昙花一现的拉丁帝国

牌局时间比较长，有支持不住离场换人的。最早上桌的四位赌客是：尼西亚皇帝“亚洲塞”、拉丁帝国女皇尤兰德、保加利亚沙皇亚森二世、伊匹鲁斯皇帝“欧洲塞”。

一边洗牌，一边“亚洲塞”就向尤兰德献殷勤。法国美女刚守寡，还给彼得生了个遗腹子，一脸忧伤，颇有姿色。“亚洲塞”其实对小寡妇没兴趣，他看上的是尤兰德的闺女玛丽。尤兰德一个女人家，也没啥大主意，看到“亚洲塞”很客气，就答应了。拉丁帝国和尼西亚帝国成了一伙，而伊匹鲁斯在扩张的过程中，早就跟保加利亚结盟，所以眼下，是个二打二的局面。

谁知尤兰德打了几圈后就下场了，她的二儿子罗伯特接替了牌局。“亚洲塞”一看，团伙关系有松动，上赶子又把自己的闺女送过去，嫁给拉丁帝国的新王罗伯特。谁知道罗伯特对这个拜占庭老婆完全没兴趣，他看中了一个出身低微的灰姑娘，这灰姑娘已经许配给了当地一个绅士，灰姑娘的妈一般都是虚荣透顶的，听说是进宫伺候皇上，赶紧跟人退婚，跟着女儿进宫享福去了。被退婚的绅士也不好惹，纠集了一帮朋友，杀进皇宫，将前丈母娘就地杀掉，还把前未婚妻的鼻子嘴唇都割了。罗伯特好歹是一国之君啊，居然有人这样触犯天威，龙颜大怒，跑出皇宫去找教皇告状哭诉！结果是教皇和“十字军”的贵族都觉得那个绅士做得对，让罗伯特老老实实回家上班。由此可见，拉丁帝国已经没用到什么程度。

“亚洲塞”没机会见到这个，长时间打麻将太伤身体了，提前退席见上帝去了。他的女婿约翰·瓦塔基斯接过了牌局。

瓦塔基斯一上桌就显示出是个高手，连吃带碰就收复了爱琴岛上好些岛屿，而且一直打到了色雷斯。“欧洲塞”见他居然想在自己鼻子底下截和，当然不会坐视，马上出手，将进入巴尔干的尼西亚军队赶出了该地区。

罗伯特身体不好，打了几圈也下去了。他的小弟弟，也就是彼得的遗腹子鲍德温二世被抱上了麻将桌。虽然未成年人不准参加赌博，但其他三个老男人一点都不介意让这个小朋友学坏。

保加利亚的亚森二世很快让鲍德温放下了戒备，因为亚森二世愿意把女儿嫁给他，这样，很凶的坏叔叔就是自己的未来岳父了。亚森二世计划着，以丈人的身份去君士坦丁堡监国，女婿家就是自己家了。

牌局突然发生这样的变化，伊匹鲁斯气坏了。保加利亚和拉丁帝国一抱团，伊匹鲁斯还能跟保加利亚结盟吗？其实“欧洲塞”就是没有大局观，此时尼西亚的新皇帝瓦塔基斯一直捏着一张好牌想打给他，“欧洲塞”只要收下，两边流亡国家一合并，局面马上就不一样了。

“欧洲塞”是个心胸狭窄的愚人，他此时根本看不到瓦塔基斯含情脉脉的目光，光恨亚森二世的背叛了，他要打架，要向保加利亚进攻！

1230 年，马利卡河边的克罗科特尼卡战役上，伊匹鲁斯的军队全军覆没，“欧洲塞”被擒。根据拜占庭帝国的先帝对保加利亚人的处理方式，亚森二世刺瞎了“欧洲塞”的双目。看不见了，自然也就打不成牌了，伊匹鲁斯国提前下场，“欧洲塞”的后代愿意接受尼西亚作为自己的宗主国。

整个过程，瓦塔基斯一直平静地看着，偶尔还面露笑容。其实瓦塔基斯一直有间歇性的癫痫，想不到打麻将时一点不犯病。趁着这三家缠斗时，尼西亚的领土继续向黑海方向推进。估摸着“欧洲塞”不行了，尼西亚再次进入巴尔干半岛，接收伊匹鲁斯家的地盘，随后占领了巴尔干半岛的大部分地区。不知不觉中，尼西亚已经被翁婿两代建设成为中亚名城，隐隐有当年君士坦丁堡的繁华，而尼西亚帝国的领土也在逐步扩大。

剩下三家了，亚森二世看着女婿流口水，拉丁帝国感觉到了保加利亚的野心，他们把耶路撒冷的国王老约翰迎来成为鲍德温二世的摄政，亚森二世的如意算盘又落空了。

亚森二世赶紧一把握住瓦塔基斯的手，要求保加利亚和尼西亚成立联盟，一起攻打君士坦丁堡。尼西亚肯定是没意见的，亚森的闺女不是许配给鲍德温二世了吗？现在退婚了，改嫁给瓦塔基斯的儿子。

此时牌桌上的气氛是，瓦塔基斯继续淡定地微笑，保加利亚人完全像个狂躁型精神病人，拉丁帝国的小皇帝用惊恐的目光看着这两位。

1236 年，保加利亚和尼西亚联手，水陆齐发进攻君士坦丁堡。此时拉丁帝国到处找帮手，眼看着就没救了。谁知，亚森二世这个狂躁症又发作了，他突然想到，我是不是冒傻气了？这样打下去，不就是我帮着尼西亚那小子复国吗？城里全是拜占庭的老百姓，他进了城一呼百应，还有我啥事啊？！差点吃大亏啊！亚森二世突然停止进攻，转头跟库曼人联手，开始袭击尼西亚在巴尔干半岛的领地。

亚森二世是整个牌桌上牌品牌技最差的人，反复无常，打牌犹豫，还经常出错牌。好在他很快也不打了，因为他妈叫他回家吃饭，家里来客人了。

什么客人啊，打牌还能随便走吗？就是客人来头太大了，不亲自招呼根本不行，他们是蒙古人！

1243 年，术赤第二子拔都干掉了罗斯公国，在伏尔加河和顿河的下游建立了金帐汗国，蒙古的铁骑飞快地在多瑙河流域践踏了一圈。波兰、波西米亚、匈牙利等国家全部遭到入侵，所有南斯拉夫的国家都被洗劫，保加利亚老老实实地缴纳年贡换取平安，哪里还有精力上桌打牌。

在巴尔干半岛，蒙古的势力进攻到尼西亚帝国的领土边缘，而没有深入，以至于在其他国家都受打击后，尼西亚的领地还一切平安。蒙古人当然不会放弃称雄，另一个拜占庭国家特拉布宗早早匍匐在蒙古马蹄下表示臣服，尼西亚在小亚细亚最大的敌手伊克尼乌姆苏丹国受到正面打击，最后也答应缴纳年贡，换取暂时的安全。蒙古人居然又没有穿越苏丹国的领土找尼西亚的麻烦！

这样一来，不论是西部还是东部，尼西亚的对手都被蒙古人削弱。蒙古人带起的一阵冷风从尼西亚脸庞拂过，尼西亚虽然打了一个寒战，但好在并没有感冒。

1254 年 11 月 3 日，约翰·瓦塔基斯皇帝也离开了牌桌。他是笑着走的，他赢了很多钱。在他任期内，尼西亚国库充盈，物质繁荣，百姓安居，国家安定。在他的皇后的支持下，尼西亚建有大量的慈善救助机构。尤其是蒙古人打击了周围的邻居，很多人流离失所进入尼西亚，都成为皇帝的军队。而邻居被洗劫后的物资匮乏，也让尼西亚从中发了财。瓦塔基斯驾崩时，尼西亚领土是他们初来时的两倍！

瓦塔基斯为帝国做出的贡献是巨大的，就是因为他在任奠定的基础，才使后人复国成功。所以约翰·瓦塔基斯被封为圣人，在他去世的地方，到现在还有纪念他的活动。

瓦塔基斯的儿子塞奥多利二世继位，父亲的癫痫症遗传给了他，但他是个学者，经常跟拜占庭历史上的君士坦丁七世相提并论。

塞奥多利二世在位只有 4 年。这 4 年，牌桌上又恢复了四个人，伊匹鲁斯国“欧洲塞”的后人又跳出来发难，新的保加利亚沙皇一边给蒙古上贡，一边想从牌桌上把钱赢回来。

沙皇先出击收复了被尼西亚占领的原有国土，不过塞奥多利二世拉了塞尔维亚帮忙又抢回来了。保加利亚被再次赶下牌桌，并签了一个不许再上桌的协议。然后尼西亚跟伊匹鲁斯国谈判，将公主嫁过去和亲，顺带着还逼着人家割地迎新娘。婚礼还没散，伊匹鲁斯就召集了阿尔巴尼亚人预备跟尼西亚痛打一架，塞奥多利二世马上拉拢保加利亚的小沙皇组成联军对抗。

真够乱的，塞奥多利二世在位 4 年就干这些事了，希腊半岛的局势真是鬼神难测。拉丁帝国的小皇帝傻坐着看戏一脸迷茫，你们的敌人不是我吗？为啥你们三个打得热闹，没人理我呢？

我们这些看客脑子都乱了，塞奥多利二世是个癫痫病患者，他就更加犯病了。所以这一仗还没开打，他就追随先帝而去了，死的时候才 36 岁。

7 岁的太子约翰登基了，约翰四世。塞奥多利二世临终前已经很不可爱了，因为战术思路经常和手下的将领贵族不和，所以易怒而暴躁，让不少贵族对他很有看法，心存不满。他死前指定了自己的好朋友摄政，遭到所有人反对。他死后的第九天，在教堂做纪念活动时，一些贵族跳起来抓住新的摄政王，将他杀死在祭坛前，然后拥立米哈伊尔·帕列奥列格成为新的摄政王！

唉……我们遗憾地看到，还没有复国成功，还没有回到君士坦丁堡，传统的宫廷谋杀又开始了，这毛病是不是永远改不了啦？

三十四　末代王朝

如果再继续写上章那场纷繁混乱的牌局，老杨就是下一个癫痫病患者了，证明打麻将一点好处都没有！好在历史又给我们送来一位精彩绝伦的人物，让我们可以中场休息一下。这个人物就是刚刚成为约翰四世摄政王的米哈伊尔·帕列奥列格。

拜占庭有很多贵族世家，有的是历史悠久、根基深厚的，有的是新近暴发、人五人六的。贵族互相还瞧不起，上流聚会，说起这家不够尊贵，那家是投机来的，也是常有的事，但是如果说到帕列奥列格这个家族，恐怕大部分拜占庭贵族都得闭嘴了，因为这家实在太贵了。

且不说之前的基础和来源，就从科穆宁王朝开始。帕列奥列格几乎是科穆宁王朝的缔造者，一手扶持了科穆宁家族荣登大宝。而后的每代君主都不敢小觑这家人，这个家族领导着军队和政府，是地地道道的实权派。而他家族多次与皇室联姻，家族中有不少是“生于紫色寝宫的”成员，大概计算一下，这家子跟11位皇帝做过亲戚。

米哈伊尔·帕列奥列格，很年轻就被升为雇佣兵的司令，他掌管着尼西亚政府最重要的来自拉丁世界的雇佣兵。米哈伊尔少年得志不完全是靠家族背景，他自己就军功显赫、战绩辉煌。而不管什么派别的历史书怎样描述这个人，有几个词是一定都会用到的——足智多谋，聪明绝顶，工于心计。

从一个著名的故事可以看出他超群的智商。说是有一次，米哈伊尔陷入了一场丑闻，大约是帕列奥列格家族在继承权的问题上耍了猫腻，矛头直指米哈伊尔，他涉嫌与此事有关，但是又没什么明确证据。这种传闻的罪行根据法律是交给上帝来审判，当时的主教就说，可用烈火法来判定米哈伊尔是否有罪。这是当时风行欧洲的神判法的一种，具体做法就是，嫌疑人捧一个烧红的铁球，在教堂里来回走三次，如果没烧伤，就说明是无辜的。

米哈伊尔笑着对主教说："我不是出家人，像我这样的红尘中人，不可能得到奇迹的赏赐，但是主教您是最神圣的神职人员，上帝对您老肯定是关照的。这样吧，我认罚，但是我要求，主教您亲手把烧红的铁球递给我！"

主教当时脸都变色了，最后，他只好自圆其说，然后宣布米哈伊尔无罪。

塞奥多利二世在任时，每逢出征，尼西亚就交给米哈伊尔主政。有一天他听说，在前线的皇帝怀疑他在京城搞鬼，正预备派人回来拿他。米哈伊尔赶紧带着自己的亲随跑了，一口气跑到了苏丹国。苏丹国遭到蒙古的袭击，米哈伊尔为了答谢人家的收留之恩，还帮他们带兵出征。后来因为他一直为苏丹和尼西亚的边境和平努力，所以塞奥多利二世原谅了他，并把他召回身边。

据说后来米哈伊尔在对付伊匹鲁斯那些小国造反时，塞奥多利二世又怀疑他，派人给他戴上铁链子抓回来，好在他还没到尼西亚，塞奥多利二世就死了。塞奥多利二世安排的摄政王被杀，跟部分贵族替米哈伊尔打抱不平很有关系。

米哈伊尔成了摄政王，随后成为小约翰四世的共治皇帝。米哈伊尔一上台就遇到了一支品种流杂的联军，这支联军的发起人是西西里岛的诺曼国王，大家还记得，这家人三番五次地跨海过来打架，都从第拉海姆那个位置登陆，屡败屡来，非常有恒心。

诺曼人此番再来，第一个就受到了伊匹鲁斯国的欢迎，两家马上联姻组成盟军。随后，在攻打尼西亚帝国这个目标下，所有人都来了。伯罗奔尼撒半岛不是一个小拉丁藩国吗？他们的王也参加了，连带着雅典附近那两个也加入，塞尔维亚人也来了。

米哈伊尔派出自己的兄弟约翰应战，这支联军显得不堪一击，伯罗奔尼撒的小王还被俘虏了。

虽然取得了暂时的胜利，米哈伊尔觉得海上的风险总是存在的，所以他仿效之前的君主，开始扶持、拉拢航海共和国。这次受益的是热那亚，在地中海上，他家的实力仅次于威尼斯。当年给予威尼斯的条件，热那亚都能享受到，于是米哈伊尔取得了自己强大的海上同盟。不过，此时的拜占庭也只是想着找帮手，他们好像已经失去了自己建设一支海军垄断地中海的雄心壮志。

1260 年，米哈伊尔攻打过一次君士坦丁堡，没有奏效。于是，他想法跟鲍德温二世签了一个为期一年的和平协定。他预备收拾了希腊半岛那些乌七八糟的敌人，再好好准备，一举拿回自家的首都。

奇迹发生在 1261 年 7 月 25 日，炎热的天气让米哈伊尔刚刚睡着，半夜时分，突然有军报过来，一个信差用颤抖的声音告诉米哈伊尔，尼西亚的军队刚刚收复了君士坦丁堡！

这个消息让整个尼西亚宫廷都沸腾了。米哈伊尔是个谨慎的人，他第一时间怀疑这个信差是个骗子，是怀着某种阴谋的。他下令将他关押。随后快报一次接一次传过来，都是重复这个消息。米哈伊尔心都哆嗦了，难道这是真的？

后来确定了，是真的！

米哈伊尔命手下的大将艾里克修斯·斯特拉格特布鲁斯（简称布鲁斯）带着 800 人的小股部队，到伊匹鲁斯去巡视前线，经过君士坦丁堡，布鲁斯发现，这座城市居然没有设防！是啊，不是签了一年的合约不打架嘛，人家“十字军”骑士趁机回家休假，预备明年开打再过来呗。布鲁斯简直不敢相信自己的眼睛，他派人反复勘察，确信这是一座完全不设防的城池后，他下令这 800 人进攻。真不算是进攻，因为没有抵抗嘛。鲍德温二世和他的随从一听说尼西亚军队打进来了，也不了解对方有多少人，也不安排抵抗，撒丫子就溜了。布鲁斯将拉丁帝国的佩剑、玉玺、王冠啥的，打个包快递给米哈伊尔，他才相信这个神奇的事真的发生了，上帝用这样的办法将君士坦丁堡还给了拜占庭！

布鲁斯将城中的拉丁人全部赶走，重新布置了城防，然后举行盛大的仪式欢迎米哈伊尔进京。这是 1261 年 8 月 15 日，君士坦丁堡被异族统治了 57 年。此时进城的米哈伊尔正确的称呼方式应该是米哈伊尔八世，因为他复国了，他可以继承先帝的排序了。

米哈伊尔八世高举圣母像走在队伍的前面，拜占庭的百姓挥舞着红绸欢迎亲人回家。米哈伊尔八世在圣索菲亚教堂重新加冕，向全世界宣告，拜占庭帝国重生了！

街道还是那些街道，教堂还是那座教堂，可是风景已经不在。回京的尼西亚贵族没有机会见到拉丁人对家园劫掠的过程，现在却看到了那次暴行的结果。他们很难相信，难道这里就是父母经常说到的万城之城，众城的女王？别说跟原来的君士坦丁堡相比，即使是跟尼西亚比，都显得如此破败不堪，肮脏暗淡。没办法，那些人是蛮族啊，蛮族在家里借住了这么久，你还能指望他们收拾干净还给你？

这个盛大的庆典容易让人忽略很多事，但是如果细心点就会发现为什么是米哈伊尔八世加冕。约翰四世呢？他不也应该跟着进城加冕吗？没给他机会，在尼西亚他就知道自己应该随时闭嘴，不再要求什么。这个可怜的小孩儿的沉默没有拯救自己，几个月后，他被米哈伊尔八世刺瞎了眼睛，永远放逐到一个遥远的城堡。米哈伊尔八世上位前曾宣誓会保护约翰四世的利益，老杨最想不通的是，拜占庭的贵族违背誓言、弑君造反都成了传统了，为啥每次关键时刻还非要搞个宣誓仪式？而且这个世界上著名的文明之地，动辄喜欢刺瞎别人的眼睛，毫无人道的概念。

米哈伊尔八世开创的帕列奥列格王朝，就是拜占庭历史上最后一个王朝。虽然在整个拜占庭历史上，这个王朝就如同体育比赛时的“垃圾时间”，但它居然奇迹般延续了200年，是拜占庭历史上统治时间最长的王朝。

三十五　二流的小国家

米哈伊尔八世刺瞎约翰四世的眼睛，被当时的大教长阿森尼乌斯开除了教籍。大教长要求他交出王权来赎罪，不过米哈伊尔八世心想，瞎都已经瞎了，我再让出王位他也没用了。这件事算是米哈伊尔八世完美开局的一个污点。

没等米哈伊尔八世坐稳，该来的都来了。前文不是说到伯罗奔尼撒小国的君主被俘虏了吗？米哈伊尔八世放他回去了，他割让 1/4 的领土还给拜占庭，还宣誓效忠。不过他很快就反悔了。威尼斯主导了拉丁帝国的建立，现在说没就没了，没面子，加上米哈伊尔八世现在跟热那亚结伙了，所以威尼斯要找麻烦。伊匹鲁斯一直没有放弃斗争。这三个人加上逃出君士坦丁堡的鲍德温二世，组成联军杀过来了。突厥人听说有人组团攻打拜占庭，也趁着这潮流出兵阿纳托利亚地区。保加利亚也赶紧向色雷斯地区进发。

米哈伊尔八世扳着手指头，算了半天才搞清楚到底来了多少人，这些人真不通情理，人家刚搬回来，还没收拾好东西就过来串门？！

好个米哈伊尔八世，派出弟弟约翰带着包括 5000 名突厥人的军队抗击所有方向的敌人，居然在两年后的 1264 年取得了所有战线的胜利。威尼斯人、伊匹鲁斯人、保加利亚人都签了和平协议。

这一仗让米哈伊尔八世打出很高的声望，也坐稳了江山，虽然因此拜占庭包括之前尼西亚的国库都被打空了。米哈伊尔八世这时底气足，所以罢免了大教长，换了一个听话的约瑟夫上来，新教长当然第一件事就是恢复米哈伊尔八世的教籍。不过阿森尼乌斯依然在拜占庭拥有很高的支持率。

米哈伊尔八世虽然跟热那亚结盟，可热那亚总是打不过威尼斯，拜占庭总跟着受损失，在万般无奈之下，米哈伊尔八世只好又跟威尼斯恢复了原来那些贸易协定。也就是说，现在拜占庭同时要供着威尼斯和热那亚两位大爷，海关关税这一块，是永远收不着了，这也是新王朝的一个重要负担。

如果米哈伊尔八世能这么顺利复国成功就幸运了，上面的只是小打小闹，算是给米哈伊尔八世热身的，更大的对头要来了。

神圣罗马帝国德意志一直跟罗马教廷有仇。1266 年，教皇挑唆着法国安茹伯爵查尔斯进攻西西里岛。查尔斯战胜了曼弗雷德，占有了该岛，教皇给查尔斯加冕为西西里国王。

上面说过，西西里岛的风水对拜占庭不利，谁占领了，第一时间就打拜占庭的主意。正好拉丁帝国那个倒霉鬼鲍德温二世又找了查尔斯，两个人商量联手再打拜占庭。查尔斯还将自己的闺女嫁给了鲍德温的儿子。

一听说又有人张罗打拜占庭了，开头那几家都聚在安茹伯爵麾下了，联姻的联姻，送礼的送礼，一个规模更大的团伙形成了。他们还打了个“十字军”的旗号，在伯罗奔尼撒岛设立了根据地，随时预备发动攻击。

米哈伊尔八世知道，法国人带头，这个联军就不好对付了。又到了生死存亡的关头了。怎么办？米哈伊尔八世不得不使用最无奈的办法。他给教皇写信，表示愿意开启关于东西教会合并的谈判。

教皇克莱门特四世很激动啊，要知道，对教廷来说，君士坦丁堡是谁家天下不重要，他们在意的是东正教这个分离的基督教会。而且自从两边分裂后，每任教皇都知道，只要自己任期内能将东正教拉回来，他将成为天主教历史上最有成就的教宗。米哈伊尔八世的谈判要求就跟朝鲜和伊朗的核问题谈判一样，结果先不论，只要是愿意谈，大家就松了一口气。所以此时教皇觉得，既然米哈伊尔八世有谈判的诚意，不能还没谈就打人家。教皇下令，查尔斯这个团伙，不准对拜占庭下手！

还没谈呢，克莱门特教皇死了。眼看着没有人约束，查尔斯又蠢蠢欲动了。这时米哈伊尔八世非常果断地向查尔斯的哥哥法王路易九世示好，而且表达了自己对教会合并的美好想法。路易九世是个虔诚的教徒，他跟教皇想的一样，“十字军”只能对异教动手，东正教眼看就要回归教廷了，怎么能再欺负人家呢？路易九世拉上查尔斯去打威尼斯了，米哈伊尔八世又安全了。

解除威胁这段时间，米哈伊尔八世可不闲着，因为金帐汗国和埃及来往密切，而这两国的来往要通过拜占庭的海域，经过又打又和的几轮来往，米哈伊尔八世和这两家都建立了友好关系。这样一来，保加利亚的身后就有俄罗斯南部的蒙古人牵制，而小亚细亚的伊克尼乌姆苏丹国就被近东的蒙古人控制，而匈牙利作为传统盟友正在塞尔维亚身后盯着。所以对于身边这个虎视眈眈的包围圈，米哈伊尔八世根本没觉得有压力。

好景不长，新教皇上台了。格里高利十世可不受忽悠，他给米哈伊尔八世最后通牒，不谈了，谈 10 年了还没结果呢。米哈伊尔八世要是答应合并，教会全力支持米哈伊尔八世，谁也不敢动他；要是不答应，还要教会耍这么多年，那就不客气了，马上让查尔斯大兵出征，拜占庭后果自负。正巧威尼斯和拜占庭正在续合同，教皇下令，拜占庭答应合并前，威尼斯不准跟他们眉来眼去。查尔斯一听正好，赶紧把威尼斯也拉入大队，这样，这个团伙更加实力雄厚了。

刀架在脖子上了，米哈伊尔八世知道，他根本不可能不答应，否则拜占庭又是一场灭顶之灾。1274 年，里昂宗教大会上，罗马教廷与拜占庭共同宣布，在相互容忍彼此教义的基础上统一，教会结束分裂状态，拜占庭接受罗马教廷的最高权威。

教宗说话算数，还没正式签字呢，他就下令威尼斯赶紧跟拜占庭继续签约，而查尔斯的军队绝对不许出动。等签完字，米哈伊尔八世带着一腔怒火，就把已经进入阿尔巴尼亚的“十字军”打跑了。

国家又安全了，米哈伊尔八世为啥一腔怒火？因为国内反应大了，大部分东正教徒都不愿意接受这个所谓的“里昂和解令”，米哈伊尔八世这个行为基本上属于叛教。他自己一手提拔的教长约瑟夫表示，他宁可退位也不接受这个结果。米哈伊尔八世的亲妹妹，他最喜欢的尤多西亚公主也是反对派，她甚至带着一帮人跑到保加利亚，成立了一个专门针对她哥哥的组织。

那些信东正教的敌人更麻烦了，他们本来和天主教徒一起攻打拜占庭，也没觉得有什么不妥，现在一听说和平，他们马上以东正教领袖自居，现在打拜占庭的目的是，反对教会统一。查尔斯也没闲着，他跟教皇说，他的“十字军”还是要出征，因为要帮着收拾阻挠统一的人。教皇好像还被他说服了。

米哈伊尔八世的局面又到谷底了。我们不要忘了，米哈伊尔八世可是拜占庭历史上智商最高的皇帝之一，居然真给他想到了解决这个局面的办法。

话说查尔斯是从德意志的霍亨斯陶芬王室手中夺取的西西里，原来的西西里国王曼弗雷德有个女儿，嫁给了伊比利亚半岛阿拉贡王国的国王彼得三世。据说这个彼得三世本来很有希望继承西西里岛的，所以他是查尔斯的敌人。

米哈伊尔八世通过热那亚人在中间牵线，跟彼得三世联系上了，两人天天在网上神聊，相见恨晚。米哈伊尔八世巧舌如簧，很快说服了彼得三世去攻打西西里岛以拿回属于自己的权利。随后，米哈伊尔八世派了一些混混，带着大量的金钱进入了西西里岛。查尔斯的统治并不受欢迎，这里的百姓怨声载道，米哈伊尔八世的挑唆很快发生了作用，当地经常爆发居民和法军的冲突。

1282 年 3 月 30 日，为了参加复活节的晚祷，所有人聚集在西西里岛的巴勒莫大教堂门口。一些法国大兵凑热闹，在人群中喝酒，喝得高兴了，突然有个法国军官在人群中拉出一位少妇，还在众目睽睽之下侵犯了她。妇人的丈夫拔出刀来将法国军官杀死，引发法军掏出家伙要报仇。在场的民众也发怒了，居然将现场所有的法国人都杀了。随后几个月，西西里岛爆发了对法国人的疯狂屠杀，有几千法国人丢了性命。当地人还成立了专门的组织，就为领导大家杀更多的法国人。

彼得三世一看，机会不错啊，赶紧发兵进攻，取得了西西里岛的统治权，成为新的西西里国王。

这一下变生不测，查尔斯慌了，哪还有心思管拜占庭的事啊，根据地都要被端了。查尔斯赶紧回西西里岛跟彼得三世干仗，累得半死，丢掉了大部分江山。他过去几年天天威胁米哈伊尔八世，看他生活在自己的控制中，没想到人家反戈一击，就打中他的要害，笑到了最后。

查尔斯不干了，领头的不在了，教皇因为西西里岛的事也头痛了。也没心思管教会合不合并的事了，关键现在没有压制米哈伊尔八世低头的筹码了，所以，之前统一的事也就不了了之，没有下文了。

米哈伊尔八世在巡视防线时，死于一场风寒，终年 58 岁。

老杨已经说了，拜占庭这个最后的王朝是“垃圾时间”，所以，米哈伊尔八世应该是我们最后一个详细记叙的帝王。以他高超的智慧，让拜占庭平安地回到君士坦丁堡并在众敌环伺中得以延续，非常了不起。但是我们不得不承认，此时的拜占庭，叫帝国是有点脸红，它实实在在不过是个二流的小国家而已。

拜占庭的人非常适应环境，沦落到尼西亚流亡时，愿意团结起来励精图治，等回到君士坦丁堡，就自动自觉放弃了之前的努力，又恢复久违的奢靡颓废的生活。不思进取还罢了，外面的敌人解决不了，所有人还忙着在窝里斗。米哈伊尔八世以后的拜占庭皇室，关键词就是：内战。

三十六　奥斯曼土耳其的兴起

安德罗尼库斯是米哈伊尔八世的儿子，也是该王朝第二个皇帝。他统治时间很长，在位大约半个世纪。时间再长也是垃圾，工作乏善可陈。

米哈伊尔八世任期内的连番恶战，将帝国在尼西亚开荒种地攒的小家当都耗尽了。安德罗二世接班的时候，国库里又只剩下耗子了。除了打仗，君士坦丁堡还要修葺啊，不管皇上有多穷，总觉得自己有义务恢复首都昔日的光彩。唉，如果他们知道这间屋子早晚还是人家的，就不用花这些冤枉钱了。

搞钱的办法不外乎开源节流，开源的办法当然是收税，提高税率，而节流的办法就应该有很多了。老杨想，首都贵族那些奢华的生活如果收敛点，应该能省不少钱。但这是不可能的，他们是罗马人，罗马人活着就是为了享受的。安德罗二世想出来的省钱的办法是：削减海军。

他想的也有道理，养这么多船，保养维护每天都是钱啊，还要养一群海军水手。已经把海关关税牺牲掉了，就为了让威尼斯和热那亚的海军给拜占庭调遣，那自己家再养一支海军就毫无必要了。于是安德罗下令将那些造价昂贵的军舰凿沉。拜占庭三面临海，海军是极重要的配置，毁掉自己的海军，将海上防御交托给别人，这样的败家子，不亡国就奇怪了。

船都凿沉了，陆地上的常备军肯定也不用养了嘛，如果要打仗，满世界都是扛着剑找工作的打手，还怕没人用吗？拜占庭就像个外贸企业，每次接到订单再临时找工人。

这一年又碰上急招临时工的事了。

拜占庭的旧敌人我们就不说了，这家人最不幸的是，总能碰上新对手。这次的麻烦又来自小亚细亚，而这次，正经主角来了，奥斯曼土耳其现身！

奥斯曼土耳其也是突厥人，属于西突厥的乌古斯人，早年生活在中亚的阿姆河流域。蒙古人西征，土耳其人只好向西跑，进入了塞尔柱帝国的境内，当时这一片已经是罗姆苏丹国了。

老乡嘛，应该关照的，罗姆苏丹国就在萨卡利亚河边上给了他们一块地，正好和拜占庭比邻而居。所以土耳其人跟拜占庭也算老熟人了，因为他们一住下，就经常骚扰拜占庭的生活。蒙古人西征，罗姆苏丹国遭受巨大的正面打击，12 世纪至 13 世纪，就分裂成各种小国了。土耳其人趁着这机会，将这些打散的部分全部捡回家，拼成了一个不小的领地。1299 年，土耳其的首领奥斯曼宣布成立自己的国家，从这时起，这个拜占庭最大的敌人开始逐渐成形，而奥斯曼土耳其这个名字也一点一点地露出耀眼的锋芒。

拜占庭拿回君士坦丁堡后，老毛病又犯了，就是对根源之地小亚细亚不够重视，他们一天到晚喜欢跟巴尔干半岛上的各种势力纠缠，没完没了。奥斯曼土耳其正式建国后，拜占庭就是他们的首要目标，他们此时肯定没想过要把这个千年帝国吃下去，不过就是想在小亚细亚扩充土地而已。可等到安德罗二世发现，奥斯曼土耳其不防不行的时候，人家已经占领了拜占庭在亚洲的大部分领土，也就只剩下几个重要城市了，因为城防坚实，奥斯曼土耳其一时还吃不动。

安德罗二世赶紧招工，结果也是民工荒，加上都知道这家人最近落魄，开的工资少，而且说不定还会拖欠工资呢，所以没人愿意来。附近的不来，远的地方总有吧，难道全世界的雇佣兵都死光了？

还真有啊，茫茫的地中海对岸，伊比利亚半岛上，也就是前文说过的阿拉贡王国这个位置。如果详细介绍人种，就太复杂了，我们就说是西班牙人的一支吧，叫加泰隆人。

他们最开始是帮着打西西里岛，现在西西里岛已经是阿拉贡的了，加泰隆人就失业了。他们的首领罗吉尔听说拜占庭招工，赶紧表示了意向。

对安德罗二世来说，这可是雪中送炭啊，当即表示，愿意提前支付 4 个月的工资，还把侄女送给罗吉尔做老婆。即刻安排船只，送他们过海上班去。

罗吉尔此来，带着 6000 人的军团，都是能征惯战的老油子了。此时的奥斯曼土耳其人还真是不禁打，一照面，西班牙人就让土耳其人退却了。这也说明了，奥斯曼土耳其这只后来的雄狮，此时还仅仅是头小山猫，看着凶恶，稍微发点狠，就能把它打成波斯猫。

加泰隆军团本来就不受约束，劳务合同上又没说不准接私活儿，主人家要求的仗打完了，他们就开展副业。雇佣兵的副业历来就是抢劫，麻烦的是，你们在奥斯曼土耳其那边抢几下就算了，不能抢劫到拜占庭来啊。但他们抢劫正在兴头上，居然还开始攻打拜占庭的城市！

加泰隆军团抢完了，被召回欧洲，走的时候还骂骂咧咧，大意是拜占庭这家人不地道，工资从来不按时开，星期天上班从不给加班费，年终也没有双薪，等等。本来拜占庭上下对这些西班牙人已经非常怨恨了，看他们如此放肆，都有点儿压不住火。安德罗二世的儿子，也就是共治君主米哈伊尔九世先沉不住气了，他居然把加泰隆军团的司令罗吉尔叫到宫里杀掉了！

本以为这些雇佣兵一没了首领就乱套，没想到他们还保持团结，并正式跟拜占庭为敌，要为老大报仇！安德罗二世又赶紧忙着招新的雇佣兵对付旧的雇佣兵，还招收了不少奥斯曼土耳其人。显然加泰隆军团是最强的，结果就是安德罗二世御驾亲征，冲锋陷阵，还是让整个色雷斯地区遭到洗劫。

加泰隆军团虽然是外地打工者，但跟本地大佬拜占庭作战一点不孤独，因为支持他们的人太多了。巴尔干半岛的传统敌人几乎都明里暗里搭了一把手。最后，加泰隆军团进入雅典休整，不走了，建立了自己的小国家。

雅典在第四次“十字军”东征后成为属于拉丁帝国的小附属国。拉丁帝国完蛋后，雅典小国附庸着法国继续存在，现在加泰隆军团将这里变成自己家了，那是法国人的问题，安德罗二世算是松了口气。雇佣兵之祸就算暂时平息了，拜占庭又过了一关。

从加泰隆军团在小亚细亚和巴尔干的征战情况来看，拜占庭固然是羸弱，周围的敌人也不见得很强势，如果此时拜占庭发扬尼西亚流亡的精神，韬光养晦，励精图治，说不定还能看到拜占庭美丽的前景。可惜的是，拜占庭人不要前景，他们都只看到眼前的利益。接下来，拜占庭对外的战争已经毫无看点，但是他们对自己人的战争却是毫不留手，非常尽力。

三十七　王朝内战 I

这一章讲讲帕列奥列格王朝的三次内战。

第一场，祖孙战争。爷爷是安德罗二世，孙子是安德罗三世。祖孙俩干仗还是比较罕见，为啥啊？为女人！

安德罗三世是米哈伊尔九世的长子，安德罗二世的长孙。米哈伊尔九世是个孝顺儿子，谦逊而踏实，安德罗二世对这个儿子是非常满意的。他这样的性格后来居然跳起来杀掉加泰隆军团的司令，可见西班牙人也是欺人太甚了。

跟米哈伊尔九世不一样，安德罗三世从小就是风云人物，英俊倜傥，聪明伶俐，幼时就在安德罗二世身边教养，是安德罗二世的掌上明珠。安德罗二世也许嫌自己的儿子不够优秀，好在上帝补偿给他一个如此出色的孙子。

安德罗三世在溺爱中长大，是个标准被惯坏的小孩儿。花天酒地、斗鸡走狗、吃喝嫖赌，全套纨绔子弟的把式都会，是京城出名的浪荡子。他经常酗酒闯祸，要让安德罗二世帮助他出面摆平受害者，但是安德罗二世也不是完全护着他，有些时候他闯祸需要赔钱，安德罗二世坚决不给，安德罗三世只好出去借，借得多了，债主就自动成了安德罗三世的党伙了，你想啊，他们必须支持安德罗三世上台啊，要不然欠的钱跟谁要啊。

像安德罗三世这样的家伙，肯定会养情妇的。京城有一名贵妇，是他心头最爱。可是这个贵妇并不满足于只有太子爷这一个情人。安德罗三世总是听到关于这个女人的传闻，妒火中烧，他决定派人埋伏在情妇的门口，晚上看到有野男人出来，不用问话，直接乱箭射死。

这天，月黑风高的，安德罗三世派出的杀手真的有收获了，一名高大男子低着头，挡着脸，从贵妇的屋里急匆匆跑出来。刺客知道，建功的时候到了，马上乱箭射出，那个男人死的时候像个刺猬。

安德罗三世听到消息过来收拾战果，看看哪个人这么大胆，敢撬太子的墙脚。这一看不要紧，安德罗三世傻了，躺在地上的刺猬正是自己的亲弟弟！

米哈伊尔九世就两个儿子，安德罗三世这哥俩。此时米哈伊尔九世因为跟加泰隆军团的战斗受了重伤，正在家里调养，听说自己的长子杀掉了幼子，一口气上不来，活活气死了！

打击最大的是安德罗二世，这相当于自己宠爱的安德罗三世杀掉了自己的弟弟和父亲。安德罗二世在家痛定思痛，又想到安德罗三世从小到大的种种表现，他知道，这个孩子绝对不适合接掌拜占庭的王位，还不知道会把国家搞成什么样呢。所以第一时间将他关押，随即计划调整继承次序，安排自己的另一个儿子，也就是米哈伊尔九世的弟弟，作为第一继承人。

安德罗三世的党羽里有个高人，大号叫约翰·坎塔库则努斯，这个人在拜占庭历史上名号还是比较响的，是个高明的政客。拜占庭回到君士坦丁堡，卖官鬻爵这种事又开始盛行了，约翰买下了色雷斯地区，是该地区的最高长官。

自古娇儿不孝，安德罗三世一出狱就找到约翰，以色雷斯为根据地，组织党羽，自立为帝，招兵买马向祖父发难。

约翰这样的高级参谋自然知道争取民众的重要性。在他的花言巧语之下，拜占庭的人都感觉安德罗三世上台会给自己更好的生活，所以反而是浪荡子获得了大多数的民众支持。

祖孙战争打了 4 年，和和打打共 3 次。老人家心想，王位现在是我的，以后是儿子的，最后还不是这孙子的？算了，认输吧。他交出了皇位，出家成为修士，寿终于修道院。

第二场内战，约翰对约翰。安德罗三世这个孙子好不容易搞来皇位，还没坐热就死了。约翰·坎塔库则努斯一直是安德罗三世的心腹，所以，扶持幼主的任务当然也落在他身上。他是摄政王，辅助的皇帝跟他同名，是为 9 岁的约翰五世。

摄政王毋庸说是权倾朝野的，大小事都让他操心啊。他是这边打完了奥斯曼土耳其，那边又要安抚塞尔维亚和保加利亚，还有那几个拉丁国家都要过去谈谈，难的这些事都让他办得周详妥帖。回家休息了一阵子，又出发去伯罗奔尼撒岛谈判。

这一趟出差，家里出事了。约翰五世的妈，也就是皇太后和大教长两个人在家犯嘀咕了，说摄政王太辛苦了，咱们要让他休息一下。于是，两人宣布，撤销约翰摄政王和皇宫大总管的头衔，皇太后亲自摄政了。一听说摄政王失势，好多政敌之类的就跑到约翰家打砸抢。

约翰无奈之下，只好宣布自立，排一排，他是约翰六世，但是他说不准备推翻约翰五世，他愿意做共治君主。就这样，约翰对约翰的战争开打了。

这一场内战就不是抢班夺权这么简单了，这中间还包括宗教冲突。

话说 14 世纪，东正教兴起了一个教派，叫作静修派，有点像禅宗或是冥想，认为你静坐凝神，天人合一，就可以感受上帝的思想，练到一定的程度，会看到周围有一圈白光。正统教派认为这是胡说八道，但是约翰六世并不排斥。于是，支持他的队伍中，还有很多静修派的僧侣。

军队在约翰六世一边，但是工商界支持太后，势均力敌，所以双方需要各找帮手。

从 1341 年打到 1347 年，最后以约翰六世的胜利告终，这就说明，约翰六世找的帮手更胜一筹。没错，他找的是奥斯曼土耳其人帮忙。本来在亚洲一带活动的奥斯曼土耳其人，这一趟由约翰报销路费到欧洲开了眼，一致认为，欧洲比亚洲还好玩呢。从此，奥斯曼土耳其的乡亲就有一个远大的理想，他们要把家建在亚欧交界处，以后，想去亚洲玩就去亚洲玩，想去欧洲玩就去欧洲玩，最好把非洲也连上。可惜他们不知道，美洲更好玩。

约翰六世取胜后，并不罢黜约翰五世，还把闺女嫁给他了，证明他对旧主还是有良心的。

要说能力，约翰六世绝对可能胜任拜占庭的皇帝之位，即使是拜占庭全盛的时候。不过他也是不适合这个国家的。在他任期内，先是黑死病，应该说，黑死病对海洋国家的影响要比对内陆国家大得多，所以这场瘟疫差点把拜占庭折腾垮，但是对他的主要敌人——保加利亚人、塞尔维亚人、奥斯曼土耳其人，并没有太要命的损伤。此消彼长，拜占庭就处于弱势了。

后来的事情证明了拜占庭的权力争夺绝对不能手下留情。约翰五世憋着一肚子气在约翰六世的势力中长大了。

约翰六世被巴尔干半岛折腾得头晕，就把几个重要的地方分封给自己的儿子和女婿约翰五世。约翰五世在封地上的主要活动就是袭击近邻的大舅子。约翰六世当然是站在儿子一边，看到约翰五世拉了塞尔维亚人帮忙，他又习惯性叫上奥斯曼土耳其人去巴尔干打架了。

有奥斯曼土耳其帮忙，又赢了，约翰六世觉得，这帮人可真好用啊，所以就将这支盟军留在色雷斯当地，预备随时派上用场。1354 年，色雷斯地区地震了，海峡要塞加里波利的城墙被震塌了。奥斯曼土耳其人就在边上看着，心想：天予不取，反受其咎。于是顺手就将这里占领了。约翰六世好说歹说，求爷爷告奶奶，他们还就是不走了。这一下，拜占庭人明白了，引狼入室的故事再次上演，约翰六世就是个卖国贼。

约翰五世发现约翰六世的名声急转直下，马上联合热那亚人，在君士坦丁堡秘密登陆，首都的党羽跟他会合后，开始逼宫。约翰六世在两个星期后退位，也成为修士。这段时间老杨喜欢，虽然内战打得厉害，但是好久不见刺瞎眼睛的恶性事件发生了。约翰六世保存了视力，在修道院写了一本著名的回忆录，成为研究当时历史的重要文献。

约翰五世实在没有约翰六世的能力，人家在世能治国，出家能写书，而约翰五世的皇帝生涯，基本可以用一个“衰”字来形容。

三十八　王朝内战Ⅱ

却说奥斯曼土耳其已经进入了巴尔干地区，并占领加里波利，使之成为大展宏图的桥头堡。1359 年开始，奥斯曼土耳其各部就开始大规模向欧洲搬家，当然都在君士坦丁堡外围。

1360 年，穆拉德登基了。这位就是大名鼎鼎的穆拉德一世，历史书上说，他是奥斯曼土耳其实质上的奠基者。

1361 年，君士坦丁堡的屏障亚得里亚堡失陷。穆拉德做了一件大工程，他把首都从之前的尼西亚城搬到这里来了！亚得里亚堡此时便改名为埃迪尔内。基本上，如果穆拉德做饭的时候打开窗户，又碰巧刮西北风，约翰五世可以直接知道这位穆斯林的邻居晚饭吃什么。

穆拉德既然过来了，当然不是来建设和谐社区的，马其顿人、保加利亚人，甚至匈牙利人，在巴尔干你死我活争了这么多年，全都不够奥斯曼土耳其人一勺烩的。很快，这几个老住户就向新来的业主交保护费了。

约翰五世此时还不知道着急，他有其他的闹心事，比如他还跟保加利亚打仗。为了拉援手，约翰五世亲自造访匈牙利。这可是个破天荒的事，拜占庭的皇帝除了打架，这种求人的事一般很少自己出差的。谁知从匈牙利回来，要穿过一段保加利亚的领土，他被保加利亚的国王拒绝通过。其实此时保加利亚的驸马爷就是约翰五世的大儿子安德罗尼库斯，他就是不松口让岳父放父王回家，约翰五世可怜兮兮地被困在当地。

多亏约翰五世母亲的侄子，一个意大利北部的伯爵阿玛迪奥率领一支"十字军"过来。他们是过来攻打加里波利的，居然还收复了。转头他们就进攻保加利亚人，解救了可怜的约翰五世。

约翰五世看到"十字军"如此神勇，觉得自己有救了，但是罗马教廷早就告诉过约翰五世派"十字军"帮助他的前提，就是必须皈依天主教。约翰五世当然不能答应，但这次被人救了，加上阿玛迪奥一路上不断给他洗脑，心里就有点松动，如果国家危殆了，是不是可以牺牲一下个人信仰呢？

不久，约翰五世真的去了罗马，当然是在全国人民鄙夷的目光中，罗马教皇非常高兴地看到他们终于收降了一位拜占庭的皇帝，管他是真心还是被逼，总之现在约翰五世就是天主教徒了，爱咋咋的。东正教此时不断地发表通告提醒大家，国王皈依是个人行为，跟整个东正教世界没有关系，东正教继续跟天主教对立。

约翰五世以为自己这样的牺牲可以换来西方世界的支持和援助，谁知道，他更被人瞧不起了。在罗马办完仪式，经过威尼斯返回拜占庭，他又被威尼斯扣下了！没办法，欠人家好多钱，一直给不出。威尼斯人可一点没给新加入的同教兄弟面子啊，教廷也没说帮他。约翰五世只好答应，割让一个很重要的岛屿给威尼斯。

威尼斯觉得还不错，所以去拜占庭找当时的摄政太子爷安德罗尼库斯办手续，谁知这位安德罗太子再次不理他父亲，他坚决拒绝威尼斯的要求，并告诉他们，那老头你们喜欢就一直留着玩吧。幸好小儿子曼纽尔孝顺，砸锅卖铁东拼西借搞了一笔钱，把关了两年的约翰五世赎回家了。

回家的约翰五世日子更不好过，1372 年，巴尔干半岛上大部分势力答应向奥斯曼土耳其俯首称臣，拜占庭当然也不敢落后，承认了奥斯曼土耳其的宗主国地位。也就是说，这几个平时嘚瑟得挺欢的国家，在不到 20 年的时间里，就被一个初来乍到的游牧民族收拾老实了。作为附属国，穆拉德外出征战，这几个国家要派人派兵跟着。

这一年，约翰五世被穆拉德拉上去小亚细亚陪他打架，他前脚走，后脚他的大儿子安德罗就造反了。

这一次造反可不简单，安德罗不知道怎么结交了穆拉德的儿子索泽斯。这两个王子凑在一起喝酒，表达了做老二的郁闷之情，看到两个老头那么精神，还组团出去干架，都觉得自己这个太子生涯不晓得要熬到哪一年。酒喝高了，就什么都敢干了，两人商量，携手举事，你踢走你老爸，我推倒我老爸，咱哥俩一起登基，岂不快哉！

穆拉德多铁腕啊，一听说儿子反了，他掉转马头回到家里就将他打趴下了。用笤帚抽屁股肯定是不解气了，直接刺瞎眼睛吧！看，人家奥斯曼土耳其人就是学得快，刚在拜占庭的土地住下，就学会了他家的手段。

穆拉德办完了他的家事，就过来找约翰五世的麻烦了。你儿子是我儿子的同犯，搞不好还是你儿子挑唆的，现在我儿子瞎了，你儿子同罪，赶紧刺瞎，另外，你孙子也是同谋，一块刺！

说了君士坦丁堡有阵子没见瞎子了，又来了。虽然安德罗是世界上最不孝顺的儿子，但是约翰五世还是念父子之情的，更何况，孙子还没成年，何其无辜？如今穆拉德是约翰五世的主子，他说话不能不服从，只好用技术手段解决吧，反正君士坦丁堡的刽子手有经验。行刑的结果是，安德罗瞎了一只眼，而孙子约翰成了一个斗鸡眼（这个手术不知道怎么做的）。

安德罗和儿子被关进了高塔，约翰五世将共治皇帝的冠冕加给了孝顺的二儿子曼纽尔。几年后，因为威尼斯和热那亚在拜占庭问题上的争风吃醋，安德罗被放出来跟他父亲作对。这一场“约翰父子战争”就是拜占庭晚期的第三次内战。安德罗向穆拉德要求援助，支付的价格是“十字军”收复的加里波利港。

安德罗成功了，他成为安德罗四世，加里波利又回到奥斯曼土耳其人手里。好景不长，3 年后，约翰五世和曼纽尔又跑出来，也是找奥斯曼土耳其帮忙，并许以另一块重要据点，让穆拉德帮着对付安德罗四世。穆拉德在家里都笑抽筋了，这父子三个真是三个活宝贝啊，他非常希望约翰五世父子你关我我关你这种游戏多搞几个来回。

按奥斯曼土耳其人的要求，约翰五世回家，完成剩下的任期，安德罗四世和他儿子约翰成为共治君主，并在约翰五世后继承王位，穆拉德在这件事上操心太多了，所以割三块土地回去算作补偿。

这第三场内战算是打和了。安德罗四世虽然一直不服，想要挑衅闹事，可惜他比他爸死得早。他一死，约翰五世又让曼纽尔成了继承人。

三场内战打下来，别说是一个本来就破落残疾的国家，就算是正常发展的国家也经受不住啊。对奥斯曼土耳其人来说，要不要最后吃掉拜占庭只是个时间问题，如同一块冰箱里的肉，反正不会坏，就再放几天呗。对穆拉德来说，他现在特别重要的事，就是肃清巴尔干半岛，让这些南斯拉夫人彻底臣服。

1389年，“科索沃会战”爆发。在这之前，塞尔维亚人一直没有对奥斯曼土耳其人表示过真正的屈服，而且在这几年塞尔维亚一直主导着巴尔干半岛的抗土耳其斗争。这场大战爆发在科索沃平原，这个地方也是个历史悠久的是非之地了。

穆拉德亲自领兵3万，塞尔维亚只有2万军队应战。不过开局对塞尔维亚非常有利，因为一个塞尔维亚的勇士潜进穆拉德的帐篷，杀掉了这位威风凛凛的苏丹。奥斯曼土耳其军队立时乱了阵脚，侧翼还被塞尔维亚人攻破，当时胜利的消息已经传遍了四方，所有被奥斯曼土耳其征服的斯拉夫人都觉得看到了胜利的曙光。

奥斯曼土耳其很快调整过来了，巴伊札德火线登基成为新的苏丹，军队也迅速找回了感觉，随即便取得了胜利。塞尔维亚的君主和贵族重臣全部被杀。即位的后人承诺向奥斯曼土耳其缴纳贡品，还派军队加入土军作战。

拜占庭人每天都惊恐地打听奥斯曼土耳其人的动向和消息，不知道突厥人什么时候来敲门。巴伊札德刚上班，更愿意拿拜占庭的两个皇帝当玩具玩。他挑唆着安德罗的儿子，也就是约翰七世推翻约翰五世提前登基。约翰七世当然照办了，不过约翰五世的二儿子曼纽尔之前反抗奥斯曼土耳其战败逃走，现在又回来了。他帮助他父亲拿回了王位。

对奥斯曼土耳其来说，谁做皇帝都不要紧，反正都是苏丹的家臣。约翰五世重新掌权后，巴伊札德要求他把曼纽尔送到奥斯曼土耳其皇宫当人质。

曼纽尔算是拜占庭最后时期比较优秀的人物，根据之前的介绍，我们已经知道他至少是孝顺的。巴伊札德也看好他，知道他领兵作战是一把好手，所以下令让他跟随出征。这是对一个拜占庭将军最大的侮辱，曼纽尔恐怕因此成为拜占庭历史上最悲情的人物，因为苏丹下令他攻打的，正是拜占庭帝国自己的城池！

1390年，约翰五世偷偷摸摸地加固“十字军”东征时打坏的海防城墙，这事很快被巴伊札德知道了，他勒令停止施工，并命令将建好的部分全部拆除。苏丹的意思很明显了，他几乎就是在说：“修那劳什子干吗啊？回头我进来多不方便啊，你别费这个事了啊，等我进来我自己修！”约翰五世已经预见了君士坦丁堡最后的结局，他祈祷上帝不要让自己看到那一幕，所以第二年，他幸运地死掉了。

听说父亲驾崩，出征在外的曼纽尔第一时间潜回首都，他要赶在约翰七世之前取得王位。他成功了。也就是说，拜占庭帝国最后一次内战的当事人，都过了一把皇帝瘾，早知道人人有份，打什么呢?

曼纽尔在拜占庭看不到希望的时候接掌了皇位，虽然公认曼纽尔二世是个天生的君王，有帝王之相。连巴伊札德都说:“即使没人告诉你，曼纽尔是皇帝，你看他的气质、做派，就知道他是皇帝。”

不管曼纽尔二世的能力和个人魅力怎么样，这些都不重要了，因为此时的拜占庭，不过就是君士坦丁堡这一座城市和希腊南部一点地方而已。土耳其人迟迟不动手，主要是那些传说中如有神助的高大城防，还是挺让人头痛的。

三十九　最后的灿烂时光

曼纽尔二世上台后，巴伊札德搞了一次觐见活动。也就是组织所有他占领地区的皇帝国王首领等到他的宫里去表示臣服。苏丹连哄带吓，让所有人都感觉到了性命之虞。而对于曼纽尔二世，巴伊札德特别优待，他要求曼纽尔二世将弟弟留在宫中充当人质。

究竟巴伊札德向曼纽尔二世提出什么要求不清楚，但是曼纽尔二世肯定没答应。接着，巴伊札德就下令封锁君士坦丁堡的海域。很快城里就发生了饥荒，幸亏威尼斯商人偷着给送点吃的。

拜占庭的人都知道，如果没有西方人的援助，君士坦丁堡危殆了。城里但凡有条件有办法的人都跑了，西欧有亲戚的幸福了，都拖家带口投奔去了，没条件走的，创造条件也要走。约翰七世虽然被抢走了帝位，但是曼纽尔二世还是让他成为继承人，毕竟是自己的侄子。这时候在约翰七世的眼中，那顶皇冠实在没有意思了，他竟然跟法国国王谈判，说是将自己的王位继承权卖给法王，价格是法国的一幢城堡和每年 2.5 万个佛罗伦金币！这可是东罗马帝国的王位，是带着无上荣光和辉煌的象征，还葬送了无数性命的王位啊！可就是这样贱卖，法王还是没有兴趣。不过法王看着他可怜，发扬骑士精神，帮着组织了一小股“十字军”，居然还冲破了奥斯曼土耳其的包围圈，给君士坦丁堡带去了一点物资。

这支“十字军”来的最大的作用就是带走了曼纽尔二世，他决定亲自到欧洲去，拜访所有的大佬，以获得需要的援助。

这是拜占庭帝国的君主第一次巡游似的出访欧洲，虽然他一点游览的心情都没有。从威尼斯登陆，曼纽尔二世访问了意大利，然后是巴黎和伦敦，整个一欧洲精华游。此时的欧洲文艺复兴已经在酝酿中，而代表着古希腊和古罗马文明的拜占庭国家元首到访，自然给整个欧洲的文艺界带来不小的震动。如果君士坦丁堡不是被奥斯曼土耳其人重重包围，如果拜占庭人不是连温饱都无以为继，在这样伟大的文化变革运动中，拜占庭应该起个生力军或者先锋作用吧。

曼纽尔二世潇洒的谈吐和高贵的气质征服了西欧那些蛮夷建立的国家，即便是落魄到这个程度，这种罗马正统的风范还是让西方人倾倒。曼纽尔二世受到了最好的礼遇和招待，演讲、参观、宴会，生活很丰富，眼看着被围城瘦掉的肉统统长回来了。身体上的滋补不能弥补情绪上的失落，自己的首都正被围困，百姓就快饿死了，自己在欧洲吃得胖胖的，可一点援助也没要到。这些欧洲朋友全都学会了，曼纽尔二世一提到有关的话题，他们就打哈哈装疯卖傻。口头支持都很激动，实质出手的一个都没有。曼纽尔二世实在没脸回家，他居然就在法国住下，一住就是两年！

而这两年里，他侄子约翰七世靠着不断赔小心地巴结苏丹，维持着君士坦丁堡摇摇欲坠的存在。

曼纽尔二世是基督徒，他忘了求那些自私的欧洲佬，肯定不如求上帝。上帝终于怜悯他，自以为无敌于天下的奥斯曼土耳其终于遭遇了更彪悍的对手。

关键时刻拯救拜占庭的总是蒙古人，这次来的是帖木儿。

成吉思汗的子孙建立了四大汗国，其中二儿子察合台封的是察合台汗国。14世纪，这个汗国分成了东西两部分。帖木儿出生于西察合台汗国。他参与汗王争位战，扶持自己的亲戚上台。后来索性干掉亲戚，自己做了汗王，将西察合台汗国变成了帖木儿帝国，他自称是成吉思汗的后裔，不过江湖传说，他根本是突厥人冒充蒙古人。

人是假的，帝国却是真的，帖木儿创下的征服霸业已经不逊色于成吉思汗本人。他征服了中亚和金帐汗国，随后又进驻了印度，然后席卷了波斯、美索不达米亚和叙利亚。帖木儿的征服都是比较彻底的，他的军团走过的地方，几乎寸草不生，更别指望看见活物了。

帖木儿最大的目标是大明朝，他想跟大明帝国打一架试试，但是开打之前，他怕有人在背后使绊子，所以他先清理后背。实际上，他后背最危险的敌人就是奥斯曼土耳其人。

1402年，帖木儿开始进攻奥斯曼土耳其，大约有15万军队，主力是骑兵，还有大量的战象和火器。奥斯曼土耳其在过去几年做老大做得太久了，已经不记得世界上还有“对手”这两个字了。但是一看到帖木儿这个大阵势，还是觉得不能怠慢，巴伊札德带着7万大军在亚洲部分的中心安卡拉附近设防。

这是一场没有悬念的战争，巴伊札德从欧洲赶回来参战，气还没喘匀，兵力又少得多，几乎是被蒙古军队围着打，最后全军覆没，巴伊札德被生擒。

现在对帖木儿来说，想挺进欧洲占有奥斯曼土耳其的地盘易如反掌，可是他脑子里只想着大明王朝，他觉得干掉那个才有成就感，所以战胜奥斯曼土耳其后，他并没有将它一口吃掉，而是转身离开了。奥斯曼土耳其虽然损失惨重，有好一阵子不能恢复，毕竟得以保全，拍着胸口松了一口气。而更松了一口气的，当然就是拜占庭。帖木儿这一次飓风般袭击小亚细亚，帮助拜占庭帝国又勉强维持了50年的寿命。

奥斯曼土耳其人此时遭受重创，对拜占庭是个绝好的机会，正所谓趁他病要他命。可怜的是，拜占庭居然连打落水狗的能力都没有了。也可能是被欺负了这么多年，心理上已经被彻底打垮了，根本没想过正面挑衅穆斯林猛人，即使是他们伤痕累累的时候。

巴伊札德死后，他的儿子蜂拥而上，抢地盘，谁抢得多、势力大，谁就能问鼎苏丹之位。巴伊札德的长子苏莱曼占据了欧洲地盘，跟小亚细亚地面上他的兄弟们对战。苏莱曼放下了老大的架子，找他父亲打残的拜占庭和塞尔维亚帮忙，这两家人还真是以德报怨，还真愿意帮忙。

这是曼纽尔二世的斗争策略，打虽然是不敢打了，但是玩阴谋诡计的技术还没丢。曼纽尔二世觉得自己只要掺和奥斯曼土耳其的王族纠纷，最后就有机会决定他家的苏丹人选，搞不好自己可以兵不血刃把这个大敌拿下。

曼纽尔二世先帮助苏莱曼押错了宝，苏莱曼被弟弟干掉了，弟弟上台讨伐仇家，君士坦丁堡又被围了。曼纽尔二世随后又扶持穆罕默德，这次押对了，穆罕默德一世上台后，感念拜占庭的扶持之恩，要建设睦邻友好关系。

这一通掺和还算颇有成效，拜占庭拿回了之前被占领的城市塞萨洛尼基，爱琴海黑海边的一些岛屿，还免除了对奥斯曼土耳其的贡赋。

第四次“十字军”东征时，拉丁人占领了伯罗奔尼撒岛，建立了拉丁国家。后来拜占庭人一边被奥斯曼土耳其围得不透气，一边还抽空要在那里抢地盘。这段时间也获得了最后的胜利，拜占庭的藩国——莫利亚王国，几乎统一了希腊南部。这个海滨小国还被建设得挺繁荣昌盛的。曼纽尔二世为了保存这颗危难中长出的果实，在科林斯地峡修建了一道长城，把莫利亚小国保存在城墙后面。它代表着拜占庭复兴的希望。

这样安逸的日子静静地过了 10 年，这大约是拜占庭历史上最后一段阳光灿烂的日子了。很多年之后回想这段岁月，当事人会有宿命的悲剧感，在你以为充满希望，一切向好的时候，原来上苍已经为你安排了倒计时了……

四十　帝国灭亡倒计时

倒计时钟究竟是何时开启的？

1422年，穆拉德接替穆罕默德一世成为新的苏丹，而且一上台就扬言，他会重新启动奥斯曼土耳其征服的脚步。拜占庭习惯性的办法就是到奥斯曼土耳其去扶持反对派。

这种做法成功了算是投机，失败了会死得更惨。这一轮又没押对，穆拉德二世再次围困君士坦丁堡。这次不光是围困，他还开始进攻了。神奇的城墙再次保全了城市。穆拉德久攻不下，弟弟又在国内作乱，他只好放弃收兵。这口恶气憋着没出来，穆拉德掉头进入希腊南部，摧毁了曼纽尔二世在科林斯地峡修的长城，莫利亚王国被他蹂躏了一番。

拜占庭不敢嘚瑟了，赶紧要求恢复对奥斯曼土耳其的贡赋，之前趁老大身体不好收复的那些城市，打扫干净还给穆拉德。

拜占庭的第二大城市塞萨洛尼基就更惨了。曼纽尔二世的儿子知道这地方守不住，赶紧转手给威尼斯人。威尼斯人与奥斯曼土耳其人商量价格，每年进贡以保全该城。进贡了几年，即使是威尼斯这么有钱的地方也支持不住了，算了，养不起了，送给奥斯曼土耳其吧。

曼纽尔二世在1425年去世，将一个几乎解体破产的衰败小国留给了儿子约翰八世。

约翰八世一上台，第一考虑的是，只有西方人才能救拜占庭。天主教廷早就发话了：教会统一，西欧就发“十字军”过来帮忙；不同意统一，你就自己跟奥斯曼土耳其玩吧。

曼纽尔二世临死前，最重要的遗言就是告诉儿子，统一是肯定不行的，但是可以运用智慧去跟他们谈，忽悠他们，调戏他们，以达到目的，如果真的统一，约翰八世将面临更糟糕的局面。

约翰八世带着谈判团进入了罗马，基督教历史上最重要的谈判开始了。谈判就是扯皮，教宗说，你签字画押，我帮助你组织“十字军”；约翰八世说，你先帮助我打跑土耳其人，我就签字画押。

这种扯皮的结果肯定是没有生命危险的一方胜利，拜占庭随时在奥斯曼土耳其的围困之下，朝不保夕，哪里有心理优势跟教廷缠斗啊。1439 年，一年扯皮结束，拜占庭答应了罗马教廷的大部分要求，在天主教主导下，两教统一并昭告天下。这是 1274 年的“里昂和解令”后的又一份统一文件。

天主教世界自然是欢欣鼓舞，说这是一次成功的大会、胜利的大会、鼓舞人心的大会和继往开来的大会。但是在东正教的世界里，这毋庸置疑是一次失败的大会、背叛的大会、垂头丧气的大会和前途惨淡的大会。拜占庭遭到了整个东正教世界的鄙夷和唾弃，他家原本在东正教世界的统治地位也土崩瓦解，老盟友俄罗斯直接宣布跟拜占庭断绝关系。

外国人都气不过了，本国人就更不能接受了。君士坦丁堡的教会肯定是不接受这个文件的，城里又闹得不像话。当约翰八世极力解释这样做是为了挽救整个城市和国家时，拜占庭的百姓居然说：“宁可看到穆斯林的头巾，也不愿意看见罗马主教的冠冕！”没办法，上一次拉丁人进城，给老百姓留下的印象太恶劣了。

约翰八世得罪了不少人，还有损脸面，如果能真正得到西方的帮助也值得了。没有，教宗光顾着炫耀自己的功绩呢，况且现在“十字军”征兵工作也不那么容易，约翰八世左等右等也不见教宗派兵过来，他显然是被涮了。

罗马教廷的“十字军”派不出，一些民间力量还是努力了一下。匈牙利被奥斯曼土耳其打得受不了，忍无可忍，召集了塞尔维亚等国家的人马，组织了一支 25000 人的“十字军”，跟奥斯曼土耳其人过了几手，居然还占了一些小便宜。但是这帮乌合之众各怀心思，都是以自己的利益为先，打到一半，认为自己利益得到满足的，就中途撤走了。1444 年，瓦尔纳决战，惨烈异常，血肉横飞，“十字军”全部被歼。

这一仗让西方世界更确定了自己的想法，跟奥斯曼土耳其打架是没有好结果的，派多少人过去也是无谓的牺牲，算了，别去蹚这趟浑水了，明哲保身吧。从此时可以说，约翰八世在宗教问题上的让步没有为自己带来任何收益。

1449 年 1 月 6 日，君士坦丁被加冕为新的拜占庭皇帝，他是君士坦丁十一世。他在阳光灿烂的地中海滨接过了这个千年帝国的玉玺，当海风吹起他的紫袍，所有人都觉得他会是个好皇帝。

君士坦丁十一世是拜占庭帝国的末代君主，是这个故事最后的男主角。此时，与他对应的大反派也上场了。1451 年，穆罕默德二世即位。

穆罕默德二世的妈妈可能是基督徒，先苏丹的诸多后妃之一。但是他本人是很虔诚的穆斯林。这是位博学多才的苏丹，据说会讲 6 种语言，包括已经消失的波斯语。他说他学波斯语完全是为了消磨时间。虽然传闻他比较激进，但是他对西方的文学艺术是不排斥的，尤其精通拉丁语和希腊语，对于两个罗马帝国历史上的重要典籍，他都涉猎浏览，还经常邀请西方的学者和艺术家去他宫中做客交流。不管穆罕默德二世在西方历史上被描绘成怎样的暴徒，这位征战一辈子的马上君主，是公认的知识分子。

但对于他乖张偏激的性格也介绍很多。比如，有一天他想吃刚摘下的罗马甜瓜，结果放在御膳房等着上桌时，甜瓜被偷吃了。当时御膳房当值的都是十来岁的小童，苏丹审问无果后，就下令一个一个剖开这些小童的肚子，在剖到第十四个小童的肚子时，找到了甜瓜。还有一次，新兵刚入伍，看到苏丹随身的女奴美丽出众，有点眼发直，苏丹为了向军士证明自己不是一个流连女色的统帅，一把抓过女奴，当众砍掉了她的头。

穆罕默德二世一上任就显示出巨大的野心和进取心。实际上，在他父亲当政时，他就已经替班做过两次代理苏丹了，上面说到的匈牙利“十字军”的瓦尔纳之战，刚开始奥斯曼土耳其有些怯战，就是穆罕默德二世给他父亲写了一封措辞严厉的指责信，将他逼上战场，赢得了胜利。

登基第一年，穆罕默德二世就率领一支军队巡视了整个亚洲的领地，他要去欧洲实现理想，必须要先稳定亚洲这个大本营。前几任苏丹养着一支 7000 人的猎鹰队伍，以供娱乐，穆罕默德二世上任后，马上予以解散，将这些人充实到部队中。

穆罕默德二世后来有个“征服者”的绰号，但因为刚登基时才 20 岁，所有人都觉得这小毛孩子能掀起多大的浪呢？正好当时君士坦丁十一世两个老婆都死了，有人建议，让君士坦丁十一世娶了穆罕默德二世的寡妇妈，两家继续友好。穆罕默德二世的反应是既没同意也没拒绝，还非常客气地说，不管联姻与否，两家都可以继续睦邻友好嘛。

对于穆罕默德二世说友好，君士坦丁十一世是不太敢相信的，因为他听说，穆罕默德二世刚即位的时候，一边安慰新寡的老妈，一边将自己襁褓中的弟弟溺死在浴缸里。

老杨啰啰唆唆，扯很多无关的闲话，不过就是想延迟悲剧的来临，从古希腊开始，跟随整个罗马帝国走过 1000 年的沉浮，到现在，竟然让老杨这个无关的人产生了强烈的遗憾和不舍，历史的前进是不会停止的，不管老杨再写出多少废话，该来的总是会来……

四十一　东罗马凄美华丽的谢幕

1451 年，在亚洲整理完琐事的穆罕默德二世到了亚得里亚堡，他在欧洲以苏丹身份下达的第一条指令是，在博斯普鲁斯海峡的西岸建一座城堡，这个未来的要塞距离君士坦丁堡大约 2.5 公里。早在 1397 年，穆罕默德二世的爷爷在海峡的东岸已经修了一座堡垒，如果西岸再来一座，整个海峡的入口就被奥斯曼土耳其人卡死了。

君士坦丁十一世派人带了大批礼物过去商量，穆罕默德二世很冷漠地告诉他们："俺在俺自己的土地上，想建啥就建啥，想修啥就修啥。你家忘了，头两年，你勾结匈牙利人抄俺家后路，西欧那些战舰就堵在这个海峡口，两头夹击俺家，俺绝不许这事再发生了。另外，俺要正式通知你们一声啊，俺要做的事会超过俺祖辈的理想！"

就这样，君士坦丁十一世只好眼巴巴看着穆罕默德二世拆掉当地的修道院和教堂，让一座异族风格的堡垒拔地而起。从此，君士坦丁堡和黑海的联系就算是切断了。

随后，穆罕默德二世开始跟邻居谈判。奥斯曼土耳其多少有点忌讳威尼斯的海上力量，而且几次围城都是威尼斯偷偷送物资，让围城无果而终。穆罕默德二世跟威尼斯谈判，说是如果威尼斯想要给拜占庭帮忙，那奥斯曼土耳其就马上跟热那亚结盟，然后先打威尼斯。威尼斯人是商人，这种威胁一般是管用的，我干吗要牺牲自己给拜占庭帮忙？以后还有用得上奥斯曼土耳其的地方啊。威尼斯答应中立。随后，穆罕默德二世又找匈牙利，问他家，奥斯曼土耳其想到多瑙河上建城堡，看行不行？匈牙利当然说不行，穆罕默德二世说：不建也行，奥斯曼土耳其预备找君士坦丁堡的麻烦，你家能不插手不？匈牙利使劲摇头说，这不关自家的事，让穆罕默德二世陛下只管尽兴。用同样的办法，奥斯曼土耳其身后那些国家都同意只当观众，必要时还会为苏丹鼓掌叫好。

这些事准备下来没花太多工夫，但是最困扰穆罕默德二世的中心问题总是得不到解决，那就是，如何攻破君士坦丁堡的城墙。

历史往往会因为一些小人物的小事情改变，在这种变局的时刻，起关键作用的小人物就出现了。

话说君士坦丁十一世刚登基，有人到宫廷里来找工作。这是个匈牙利人，名叫乌尔班。这人专业技能是造大炮。

对，14 世纪的欧洲已经出现大炮了，这个要感谢中国人的火药和火器技术。蒙古帝国军队西征的时候，那些大炮让欧洲人开了眼，他们很快就学会了。不过这个时候的大炮还比较山寨，发射的不是炮弹，而是大石弹，就像更先进的投石机。

君士坦丁十一世不是个粗人，他非常清楚乌尔班造出来的东西是非常有用的。所以他非常客气地留乌尔班在君士坦丁堡上班。乌尔班是个外国的工程师，来君士坦丁堡上班自然是希望有一份满意的待遇，最好是享受国家级的科技津贴。可怜君士坦丁十一世是个穷光蛋皇帝，君士坦丁堡是个穷得叮当响的大城市。别说独立研究津贴了，连乌尔班的工资都经常开不出来，时间长了，乌尔班就开始找猎头，预备跳槽。

乌尔班显然是个国际主义者，没有宗教国界的限制，谁需要就为谁服务，或者说，谁给钱谁就是老板。乌尔班的到来让穆罕默德二世大喜过望，他感觉这个家伙一定是安拉派来的，虽然明知道他是个天主教徒。

穆罕默德二世问他，你造的东西能不能击穿君士坦丁堡的城墙？当时乌尔班的回答非常牛：“我研究过那堵墙了，别说是它了，就算是传说中的巴比伦城墙，我也能造出炮来打穿它！”

奥斯曼土耳其的实力就是不一样，乌尔班一签完聘用合同，亚得里亚堡已经为他准备了一家铸炮厂。厂区里挖了巨大铸造池，熔化青铜，再将铜液倒入模具。这样浩大的工程，这么奢侈的投入，君士坦丁十一世恐怕想都不敢想。

砸开模具那天，所有人都惊呆了，出现在所有人面前的，是一个恐怖的青铜怪物！炮管长度超过 5 米，厚度 20 厘米，口径近 80 厘米，整个炮身重达 17 吨！穆罕默德二世马上下令进行试射，为怕引起恐慌，还提前发布了通告。装填的过程貌似非常复杂，在所有人快要不耐烦的时候，一声巨响，600 公斤重的大石球呼啸而出，落在一里之外的地方，砸出一个 6 尺深的大坑，而那个石弹完全被埋在土层之下。

这一炮打通了穆罕默德二世的任督二脉，他浑身舒爽，知道神功已成，可以争霸天下了。

这个大家伙的运输是个问题，基本上，这是个有钱就能办到的事。30 辆大车组合在一起，将大炮放上，然后用 60 匹牛来拉动，每边有 200 人来保持平衡，250 名工匠专门负责铺路搭桥，保证行进路面平整。从工厂到战场，距离大约是 75 公里，这辆大牛车走了整整两个月的时间！

乌尔班获得了想不到的报酬，穆罕默德二世以他为中心建立了一支炮兵部队，乌尔班开始训练他们装填发射以及应付突发状况。

1452 年底，穆罕默德二世觉得一切都差不多了，卡在亚欧之间，正好是奥斯曼帝国心脏位置的这座伟大城池在向他招手。对君士坦丁堡的渴望，已经让穆罕默德二世在无数的日子里辗转难以入眠，现在终于要动手了。不管之前有多少人铩羽而归，穆罕默德二世相信，真主会保佑真正的穆斯林战士！

1453 年一开春，奥斯曼土耳其人就开始扫荡君士坦丁堡的周边。只要投降就可赦免，只要反抗一律砍头。周围的小城市和小岛屿都受到一样的警告，进入 4 月，君士坦丁堡的城外已经是奥斯曼土耳其人的天下。

1453 年 4 月初，奥斯曼土耳其的军队陆续开到君士坦丁堡城下，一线排开的大军中间夹杂着狰狞的巨型大炮。苏丹的御帐已经支起，掩护在一条深壕之后。估计这次苏丹带来的人马超过 25 万。海面上，300 多艘奥斯曼土耳其战船封锁了海峡要道，奥斯曼土耳其的海军力量不算强，真正的战舰很少，大部分是补给船。

在这最后的时刻，让我们用同情和崇敬的目光好好打量这座千年古城吧。当初君士坦丁大帝走遍欧亚很多城市，就是为了选择一个新的都城，他最后看中君士坦丁堡的原因，就是这易守难攻的地势。

君士坦丁堡实际上近似一个三角形，西边最长的边向色雷斯平原开放了一个大喇叭口。著名的君士坦丁堡城墙就在这一线。城墙内外两层，内墙高12米，厚5米，以石灰岩建造，中间夹着许多砖带，以保证其对地震的抵抗。外墙高8米，全部是花岗岩砌成。两座城墙都各有96座塔楼，塔楼间距55米，能产生非常密集的交叉火力，两座城墙外是护城河，宽20米，水深10米，河内侧有一道专门用于射击的围墙。主城墙共有八道城门。奥斯曼土耳其人经过研究，认为其中有一座叫作圣罗马努斯的大门及其延伸的围墙是整个城防最薄弱的部分，所以进攻时，穆罕默德二世将大量的火炮都集中在这个位置。

君士坦丁堡的另两条边南部濒临马尔马拉海，都是陡峭的崖壁，历史上貌似也没有这么傻的敌人选择从这里进攻。但是拜占庭也没有疏忽，峭壁之上还建有坚实高大的城墙。北部则是著名的金角湾，进入金角湾，这一段的海防城墙比较薄弱，敌人都喜欢水陆并进，就是因为觉得这是一个比较容易的突破口。不过进入金角湾并不容易，金角湾的大门口被拉上碗口粗的巨型铁链，铁索横江，上面还铺有浮筒，加上这个门口比较窄，一受阻就容易被湾内的战舰袭击。第四次“十字军”东征是怎么从这里进去的呢？人家不是带着内奸，还里应外合吗？

穆罕默德二世在城外排兵布阵，君士坦丁堡的人在干什么呢？被围在城中的居民超过10万人，但大多是留守老人或者留守妇孺，大家想想都知道，围城之下，有点办法的早逃走了，留下的都是没用的呗。

君士坦丁十一世秘密地派人去统计，看看有没有愿意跟他一起拼死守城的。内廷总管带回来的数据让皇上抽了一口冷气，有4970名君士坦丁堡男人愿意用生命保护首都。这个消息可不能让百姓知道，只能告诉大家，皇上安排了充裕的守城部队，必然会让奥斯曼土耳其人碰一鼻子灰。不过最后关头，还等来了一支盟友，热那亚人查士丁尼带了2000名国际主义战士过来加入城防，现在陛下有7000人了，可以战斗了。

君士坦丁堡的老百姓对于有人攻城并不陌生，在他们心目中，城墙根本是不可能攻破的，所以虽然城外人声鼎沸，旌旗猎猎，但他们知道，只要守住围墙，过一阵子，城外这帮人自动就走了。虽然有心理准备，4月6日，奥斯曼土耳其人正式进攻时，君士坦丁堡的民众还是被吓坏了，因为没听见过这么大的动静。对，乌尔班的那些大炮正在发射巨型石弹。

各种型号的大炮一字排开，连续对着一段城墙攻打，这工程真不是盖的，虽然是石屑漫天，响声如雷，但是要打穿或者打倒城墙，几乎是办不到的。而乌尔班大炮装填麻烦，守军趁着这边装填空当，那边就将之前打坏的小缺口补上了。

好不容易推进到护城河畔，穆罕默德二世下令填平它，开辟出进攻道路，谁知这个工程根本没办法进行，因为头顶上火力太猛了，真的是火力猛，因为守军一直用“希腊火”。填平壕沟是不可能了，穆罕默德二世决定挖地道，这个办法更臭了，这个地区下面都是岩石，挖半天前进不了几米，对方埋点火药，就把这些“土行孙”炸上天。

把攻城塔车开出来吧。车上筑起塔堡，外面包着三层厚厚的牛皮，开射孔，车上有炮火和弓箭手，还有一架用滑轮升降的云梯。只要这种攻城塔车推到城门边，一座吊桥搭上对方的城楼，就可以突击制胜。结果这些塔车都成了“希腊火”的靶子。

攻城战一鼓作气，气贯长虹地打了10天，城外的奥斯曼土耳其人尸体堆积成山。穆罕默德二世宣布进攻暂停，他需要重新评估对方的防御。

穆罕默德二世可以休息，君士坦丁十一世却不敢休息，攻击都是在白天，夜晚他都用来检查城防，哪些地方被打坏就赶紧组织人力修补。每天早上的画面都让穆罕默德二世很绝望，因为头天打坏的部分，居然又完整如初了！穆罕默德二世怎么也想不到，一伙不信安拉的人能创造这样的神迹。

城墙一时攻不破，但是城内需要食品药品和武器的补充啊。热那亚人够意思，准备了5船物资，预备给送过来。在金角湾口，这5艘船看到了密密麻麻的奥斯曼土耳其舰队，他们用一个新月阵，将整个海面封锁。

接下来的画面算得上君士坦丁堡围城战的经典画面，这5艘热那亚船只跟奥斯曼土耳其的新月阵对峙了一会儿后，居然一起发出冲锋的欢呼，借着海面强大的风力，竟然全速向奥斯曼土耳其的舰队正面撞过去。这是来自航海共和国最先进的战船，庞大坚固，船头配有炮火，还有“希腊火”。土耳其对海军建设一直不够重视，以至于他家的船只虽然多，但大部分是些中看不中用的小木船。看着对方的战舰居然有这样的速度和火力，新月阵开始松动、散乱。穆罕默德二世亲自到了岸边，一会儿喊，一会儿骂，一会儿咆哮，指挥军舰向热那亚的船只进攻。不论是硬件配置，还是战术水平，热那亚的海军都高出太多了，凭借高超的水上技术，3 艘船只成功地越过封锁线，进入金角湾下锚，为弹尽粮绝的君士坦丁堡带来了新的希望和勇气。

穆罕默德二世叫哑了嗓子，也没起到作用，一气之下，让 4 个奴隶将海军司令按在地上，他亲自动手给了一顿廷杖。

陆上受挫，穆罕默德二世决定发动海战，强攻金角湾，可又破不了对方的铁索横江。穆罕默德二世还是有办法啊，他想到了金角湾对面的加拉塔。穆罕默德二世想，如果舰队上岸，从加拉塔镇绕行，就可以避开铁链，进入金角湾了。加拉塔镇现在是热那亚的殖民地，由一帮热那亚商人镇守。穆罕默德二世知道，对商人来说，什么事情都是可以商量的，穆罕默德二世跟他们商量的事是，借道！

热那亚商人果然是好说话的，收了钱之后让奥斯曼土耳其人自便，而且这些热那亚人也想看看，到底舰队怎样从陆上借道。

很简单，整平道路，铺上滚木和木板，木板上擦满羊油和牛油，将船只拉上岸。找到金角湾旁一个高地，将船只拉上去，然后顺地势铺好木板一直延伸到海中，船只从高处滑行而下，直接就进入金角湾深处了。

这样说很容易，进行起来是惊人的，因为整段路超过一公里，能想象战舰在陆地上行走一公里需要付出的力气吗？

穆罕默德二世还真做到了，船只一进入金角湾，就搭设了浮桥，奥斯曼土耳其人开始进攻海防城墙。

这事把君士坦丁十一世吓慌了，他也顾不上研究这些穆斯林是怎么飞进来的，他必须从西部防线调集大批人力过来防守这里。好在拜占庭舰队也不是吃素的，在金角湾不断打击奥斯曼土耳其的船只，让他们的进攻威力总不能发挥到最大。

此时应该说，这一场攻城战进入了非常艰难的相持阶段，对双方来说，都有放弃的理由。君士坦丁十一世向穆罕默德二世请求和谈，穆罕默德二世已经打红眼了，他说：“这座城市我志在必得，如果不能战胜它，就让它战胜我！”坚持了 1 个月，君士坦丁十一世也不愿意投降，双方都知道，这一战必定会以一方的死亡为终结。

一转眼，君士坦丁堡已经被攻击了50多天，时间来到了5月底。城中已经消耗到了极限，所有的物资所有的资源都被用来帮助守城，而城里的居民都明白，这次非同小可，城破之日，就是国破家亡之时。他们想到了，他们是罗马人，是这个世界上最后的罗马人，他们守着世界上最后一片罗马故土。罗马人视荣誉超过自己的生命，即使最后的结局已无法改变，他们也希望用罗马人最荣耀的死法来了断，那就是战死沙场。

君士坦丁十一世几乎是不眠不休地行走在城墙上，绚丽的紫袍在尘埃硝烟下已经看不出颜色，但是守城的人都知道那是皇上。因为他一直高贵而镇定如靴子上那只金色双头鹰，拜占庭的百姓似乎看到，恺撒、屋大维、君士坦丁那些英雄的先帝的身影隐隐出现在皇帝的身后，支持他的身躯格外高大挺拔，有神一般的威武。

穆罕默德二世是个杂家，博学杂收的，什么都会一点，最喜欢的是占星术。他夜观天象，掐指一算，认为君士坦丁堡城破之日应该在5月29日。

5月28日晚，穆罕默德二世开始在军营做战前总动员，这种动员是很容易的，基本不用演讲稿，只需要说，城破之日，所有人狂抢三天，想干什么都不犯纪律，就能收到最好的效果。

在君士坦丁十一世的皇宫里，皇帝也召开了战前动员会，都知道第二天是决胜局了，再坚持也打不动了。可怜的拜占庭皇帝没有任何好处和利益可以许给手下，他唯有承诺，会跟所有人一样战死！拜占庭的战士抱在一起痛哭祈祷，然后擦干眼泪，进入防线，最后检查那些刚被维修的防御工程。

5月29日的晨曦伴着奥斯曼土耳其人的冲锋而来，惊天动地的炮声、号角声、鼓声海啸般席卷着君士坦丁堡的所有防线。为了防御比较薄弱的金角湾，拜占庭本地的战士都被调防，而西线就全部留给了来自热那亚的志愿军。

穆罕默德二世分析得不错，圣罗马努斯门的确是整条防线最脆弱的位置，在炮弹的连续攻击下，已经出现了明显的缺口，而守军因为人手不够，已经越来越不能及时补上这些缺漏。

但是，引发最后溃败的却是热那亚志愿军首领查士丁尼。一支飞箭击穿了他的盔甲，让他流血，其实并没有穿透他的身体，伤势不重，却让他非常惊慌，他坚持离开自己驻守的位置，找个医生检查伤势。随后，他居然顺着奥斯曼土耳其人刚刚打开的缺口跑出去，溜走了！这家伙后来跑到附近一个小镇，苟且偷生了几天，受尽良心的折磨而死。

主将临阵脱逃，热那亚兵团立时傻了，本来这种守城战就是靠效率，绝对不能停顿松懈，而且人手有限，一个萝卜一个坑，哪个位置走神都成为敌人破城的缺口。热那亚兵团醒神后，大部分追随首领行动，一个接一个都跑了，他们驻守的防线成了空当。连续的炮火很快让这段城墙成为废墟。

君士坦丁堡城破，大炮显然是立了大功。不过乌尔班大炮不能算是完全成功的产品。那么大的炮弹出膛，产生巨大的热量，对炮管金属的要求非常高，当时的冶金技术还达不到需要的水平，所以每次发射，炮管都会出现细小的裂缝，然后越来越大，甚至炸膛。乌尔班是战场上最忙的人，他恨不得长出 8 只手来，可他的超级大炮一天也只能发射 7 次。后来匈牙利人想出办法，用小型火炮在城墙上先打出两个点，然后大炮发射，与前两个点构成三角，墙体立即倒塌，非常有效。

乌尔班给奥斯曼土耳其帮了这么大的忙，也没等到战后论功行赏，因为他的大炮炸膛，他被当场炸飞了。如果这一场君士坦丁堡的攻防战真是所谓的“圣战”，那么乌尔班的死显然是某种因果。

天大亮时，奥斯曼土耳其的旗帜已经插上了君士坦丁堡的城墙，奥斯曼土耳其军队便蜂拥进城。城中的老百姓没有放弃抵抗，他们跟入侵者进行了巷战。既然那样坚实神奇的城墙都塌陷了，我们就更不能指望城中的妇孺能创造奇迹了。

君士坦丁十一世呢？城破之时，他脱下紫袍，跟冲上来的敌人肉搏，寡不敌众，被一些不知道姓名的奥斯曼土耳其小兵乱刀砍死，尸体也被压在乱石堆里。

罗马历史上，战死的皇帝不多，而君士坦丁十一世肯定是最悲壮的一个，他是拜占庭帝国最尊贵的陪葬品，他领导的这一场艰苦卓绝的守城战，感天动地，气壮山河，应该说是给了波澜壮阔的罗马历史一个最凄美、最华丽的谢幕。

四十二　尾声

其实应该结束了，不过为了防止听故事的习惯地问“后来呢”，就交代一下后来的故事。

当天的晚些时候，穆罕默德二世带着随从进入了君士坦丁堡。这里经过“十字军”的糟蹋，早就没有昔日的荣光，可就是现在这个破败颓废的状态，还是让苏丹惊叹。那些高大精巧的建筑、教堂、街道，浓浓的拜占庭风情，都让穆罕默德二世很享受很惬意。看到有人在索菲亚教堂的台阶上敲大理石，他立即上去制止。现在这里是他家了，他不容人破坏。

他现在最闹心的是君士坦丁十一世的下落，生不见人死不见尸是挺危险的，有两个士兵过来宣称，皇帝是被他俩杀死的。后来清理尸体，有一具尸体的鞋子上绣着金色的双头鹰，双头鹰是拜占庭的国徽。看来皇帝虽然脱下了紫袍，却忘记了换鞋。经过公示，君士坦丁堡的俘虏认出，这就是圣上，穆罕默德二世悬着的心才放下来。

穆罕默德二世对这位对手是敬重的，尤其是城破之后，他发现这样神勇异常的守军只有区区的几千人。他下令，让君士坦丁十一世享受一个帝王该有的葬礼礼仪。

陆陆续续，那些运送赃物的大船开始出海，奥斯曼土耳其人要把出差去罗马帝国的战利品运回故乡。大小船只吃水很深，航行得非常缓慢，故乡的亲戚人人有份，绝不落空。

看着手下人抢得差不多了，穆罕默德二世下令全部收手，打扫街道，整饬民居，丈量土地，兴建新宫。苏丹搬过来办公了，这里以后是奥斯曼土耳其的首都，从此改名伊斯坦布尔。客观地说，穆斯林进城也烧杀抢掠了，但是适可而止了，大部分的居民没有受到伤害，后来穆罕默德二世带着班子正式进城时，还受到了部分居民的欢迎。也就是说，“十字军”和穆斯林分别攻占过两个城市，耶路撒冷和君士坦丁堡，从进城后的表现看，穆斯林人品好多了，老杨称之为东方人的风范。

穆罕默德二世更了不起的事就是，他进城后保全了东正教，甚至指定了新的教长，不过不能在圣索菲亚大教堂上班了，因为那里现在是清真寺了。他还让新的教长将基督教的典籍翻译成奥斯曼土耳其的文字，以方便奥斯曼土耳其人了解。

穆罕默德二世随后进攻了希腊南部和黑海南部的两个藩国，所有拜占庭血系的王国被全部吞并。而跟拜占庭较劲了几个世纪的那几个国家也都被奥斯曼土耳其吞并，塞尔维亚、波斯尼亚、阿尔巴尼亚，再加上之前的保加利亚，一起被整合在奥斯曼土耳其帝国的版图里，成了一家人。早知如此，何必当初？是非成败转头空，青山依旧在，几度夕阳红……

国家消失了，拜占庭的皇统没有灭绝，君士坦丁十一世的弟弟带着两个儿子和一个女儿来到罗马，托付于罗马教廷。这 3 个孩子在父亲死后由教皇抚养长大，而其中索菲亚公主更是知书达理，容貌出众。当时西欧有不少王子向她求婚，她都没有答应，她是个坚定的东正教教徒，不愿意跟天主教徒过日子。

奥斯曼土耳其拿下君士坦丁堡，如日中天，西欧都在担心它的扩张没有人可以遏制。而教皇想到了俄罗斯，虽然当时的俄罗斯不过是个刚刚进入文明社会的蛮荒小国，教皇却看到了他家的前途，正好当时的大公伊凡三世是个鳏夫，教皇就想到让索菲亚嫁入俄罗斯。

因为教会合并的事，俄罗斯已经宣布不和拜占庭玩了，不过这个国家几乎是作为拜占庭的第一“粉丝”成长起来的。拜占庭所有的一切都让这家人艳羡，而 500 年前，安娜公主嫁入罗斯公国更是史上最大的盛事之一。这次听说又有一位拜占庭公主要屈尊嫁到这苦寒之地，俄罗斯上下怎能不欢喜呢？

索菲亚也是憋着一肚子的亡国之恨，她要找地方让拜占庭帝国延续，可她一个弱女子又能有什么办法呢？所以出嫁时，她将帝国的双头鹰标志戴在身上，然后珍而重之地交给新郎，告诉他，让拜占庭在这片寒冷的大地上重生。从此伊凡三世就以拜占庭的继承人自居。索菲亚为俄罗斯带来了东西方的文明，帮助俄罗斯建立了新的政府体系和管理模式，让俄罗斯从此走向强大。而俄罗斯，偶尔也被人称为“第三罗马”，如果非要找一个罗马继承者，俄罗斯就算是了吧。

面对君士坦丁堡的陷落，西欧那些骑士什么反应呢？激愤啊，后悔啊，伤心啊，传说后来这些骑士开舞会、茶会、沙龙的时候，经常会讨论到这件事，然后大家象征性地发个毒誓，说是有生之年一定要再组“十字军”，收复东罗马诸如此类。但发完誓了，大家酒照喝、妞照泡、舞照跳，而奥斯曼土耳其人依然在东边哈哈笑。1480 年，土耳其还攻打了一次意大利，把西方人吓坏了。

君士坦丁堡失陷对世界历史的影响是巨大的，到底有多大，不知道，这个课题几乎是历史学者的一个独立研究项目了。

一般认为，最大的影响是两件事。第一，文艺复兴。有人说，君士坦丁堡陷落，城中的希腊学者带着古希腊、古罗马流传下来的珍贵典籍、资料进入意大利，引导了文艺复兴。这么说意大利人肯定不同意，文艺复兴最早在 13 世纪末就已经开始萌动了，那时候，君士坦丁堡还在呢。拜占庭最后那百来年，国内天天鸡飞狗跳的，很不太平，学者提前搬家到意大利去了也说不定。不管是不是拜占庭人帮着开的头，君士坦丁堡的沦陷肯定是推动了文艺复兴，起到了“煽风点火”“添油加醋”的作用。

第二，就是大航海时代，以及地理大发现。奥斯曼土耳其人堵在亚欧之间，以后去亚洲做买卖还要经过穆斯林的地盘，搞不好要交路桥费、人头税啥的，西欧人没办法，只好绕远路，从非洲兜个圈。这个说法最近也有人驳斥，说是不管君士坦丁堡有没有陷落，开辟新的航线都是历史发展的必然。

历史问题的争执是最没有意义的，因为没办法检验真相。如果未来发明了时光仪器，我们也不见得敢穿越回去看个究竟，因为当时当地实在太乱了，太危险了。

但是有一个影响是肯定的，伊斯兰教进入巴尔干半岛，和基督教产生冲突，使巴尔干半岛成为世界上最凶险的是非之地，到现在还不适合居住。

四十三　集大成的拜占庭艺术

上一章已经是结局，但是这章一定不是狗尾续貂，之前我们被那些连绵不断的宫廷阴谋与诸国混战弄乱了思路，以为罗马帝国就那点子破事了，其实，罗马带给世界的影响首先是人文方面的，虽然帝国是永远消亡了，可它的文化却留下来，并得以继承传扬，极大地影响改变了人类的审美，而有些经典的痕迹，现在还随处可见。这一章老杨专门说说拜占庭艺术。

拜占庭的文化传承是一个很有趣的循环，古罗马继承了古希腊的文化，拜占庭继承古罗马，随后又回归希腊，再加上东方文化对它的侵蚀和渗透，所以拜占庭基本就是个大锅，四面八方所有的调料都下去炖，好在拜占庭人是不错的厨师，杂烩也做成精品了。

说到古代的尤其是西方的艺术，第一个说到的肯定是建筑。欧洲那些国家长期兵荒马乱的，房子是比较容易保存的东西。而拜占庭的建筑，就是西方的几大著名建筑流派之一。

世界艺术和宗教密不可分，在欧洲尤其明显，西方最华美的建筑不是教堂就是神庙。基督教取得统治地位后，欧洲的建筑尤其是教堂大部分都采用一种叫“拉丁十字型”的构造，太专业的问题老杨也不懂，大约就是建筑的平面看着像个十字，中间一个大厅是主体，前后左右四个方向各伸展出一个部分，结构非常稳定。

罗马建筑风格最早来自希腊，罗马人最大的改良和创造就是穹顶，比如著名的罗马万神庙。十字形建筑加上一个穹顶，就是典型的罗马风格建筑。不过在罗马时代，穹顶一般是建在圆形或者是多边形的底座上，如果整个大厅是方形的，如何给它戴上一个穹顶的帽子呢？拜占庭的建筑师天才地解决了这个问题，方屋子戴上圆帽子是建筑史上最伟大的创造。拜占庭人玩穹顶玩得太投入太痴迷了，以至于一天到晚在穹顶上动脑筋，本来罗马时代的穹顶就是个半球，拜占庭时期的穹顶就已经非常深，有的看着像被敲出一个大包，有的看着像顶了一个洋葱。拜占庭建筑中顶级的作品就是圣索菲亚大教堂以及威尼斯的圣马可大教堂，这两座算是世界建筑中的超级明星了，两者都是一个大洋葱带着好几个小葱头。

巴尔干半岛小亚细亚，受拜占庭文化的影响，顶着圆帽子的建筑非常多，而所有拜占庭文化的拥趸中，最虔诚的就是俄罗斯，俄罗斯自己家盖了一堆圆帽子建筑不算，还传染给咱们国家，以至于东北主要是黑龙江一带不少房子上顶一个葱头，如同咱们苏浙一带的建筑，不管怎么修，总喜欢加个飞檐，成为某种文化标志。

罗马人讲究气派，建筑的外墙喜欢用珍贵的石料，颜色统一，构成端庄静穆的气质。拜占庭的建筑外墙大部分是普通砖石，但是这些砖不是胡乱砌上的，而是根据砖头的厚薄和颜色，在外墙上拼出非常有趣的颜色甚至是图案变化。

拜占庭人对这种细节功夫非常在意，用砖头拼出颜色起伏已经是个很磨人的活了，他们在建筑内的墙面上更下功夫，人家西欧的教堂多省事啊，找几个画师爬上去画画就完了，拜占庭人不偷懒，他们用小石块一块块拼出画来！

我们现在经常说到“马赛克”这个词，一般代表小瓷砖，或者是电视转播出现不雅镜头时的覆盖物。但其实马赛克最早的含义是指镶嵌画或者镶嵌工艺。这个词最早来源于希腊，用彩色小石头拼成图案做装饰也是希腊人的发明，罗马发扬光大，到拜占庭达到顶峰，以至于后来的人将马赛克工艺全部归功于拜占庭人了。

罗马时期，马赛克常用于地面装饰，进入拜占庭时代后，这些小石头上了墙面。这种位置转换也是跟宗教有关系，因为拜占庭时代的大部分图案都是跟基督有关的，把主放在地上踩总是不合适的。

公元 6 世纪，查士丁尼大帝二次征服收复了意大利，为了庆祝这个伟大的胜利，他下令在当时的首都拉文纳建造了圣威塔尔教堂。教堂的内壁用彩色的小石头拼成了两幅巨幅的图画，一幅是《查士丁尼大帝和他的廷臣》，对面墙上是《狄奥多拉皇后和侍女》。

这两幅虽然是镶嵌画，但是在世界美术史上是有重要地位的。画中查士丁尼大帝站在正中央，穿着紫袍，捧着一个盆，估计盆里是圣水，右手边是他的主教马克西米安，拿着十字架，主教右边的人抱着一本装饰华美的书，显然是《圣经》。这3个人动作一致，都将手中的物品放置在心脏这个位置。最右边的人提着一盏油灯，应该是代表着光明引导人的灵魂。整个画面共有13个人，象征耶稣和十二门徒；人物包括僧侣和战士，代表精神世界和世俗世界统治力量；而查士丁尼本人头戴皇冠，脑后还有光环，表现出他既拥有世间的权力，也有神性的荣耀。

这幅画乍一看觉得人物呆滞僵硬，但是你如果仔细研究，就会发现，这些呆滞的面孔都有生动的眼神，他们看着同一个方向，全体肃立，一脸庄重，让人感觉到他们的忠诚和虔诚。长袍垂坠很有质感，颜色绚丽而又和谐统一。要知道，如果是用笔画，这些技术都不难，可是用1厘米见方的小石头拼出来，这就是非常磨人的功夫了。

小石头特殊的质感，打磨后在阳光下有些闪耀的光泽，在教堂这样的地方，容易让人产生一种神秘的晕眩感。更大的好处是，它不容易褪色，颜色可以一直保持鲜艳、清晰，这就不是一般的壁画可以比拟的了。

圣索菲亚大教堂的穹顶，250万块用金粉涂抹的石块来构成的镶嵌画，产生了金碧辉煌、炫目耀眼的效果，也是马赛克艺术中登峰造极的作品了。

综上所述，以后我们去欧洲旅游时，看到顶着一个洋葱的大房子，房子墙上贴满瓷砖，还贴得胡里花哨的，我们就知道，这个是拜占庭风格的建筑。

拜占庭的艺术当然不仅仅是建筑这一个方面，他家在绘画方面也颇有影响，不过因为君士坦丁堡两次被劫，那些珍贵的作品也流落江湖，大部分找不到踪影了。最著名的就是抄本插图。

在有印刷术之前，书籍都是互相抄，抄的过程中，有人顺手加上插画，或者是临摹别人的插画，画出了自己的风格，慢慢形成了独立的绘画类别，也就是画小人书。作为中国之下第二大的文献大国，拜占庭的小人书行业是很发达的，而这种插页画进入宗教书籍，也让该类文献得到了更好的推广。

之前说过，丝绸工艺被印度和尚偷到了拜占庭，让他家成为丝织品中心。

其实中国也没少拿拜占庭的东西，当然，咱们不是偷的啊。这种拜占庭进口产品，我们现在用得最多的就是玻璃。玻璃虽然不是拜占庭人的原创，但是玻璃的制造工艺是通过他家传入咱们西域的。拜占庭制造玻璃的工艺相当高，尤其是彩色玻璃。他家的镶嵌画，有些部分就是将玻璃碎片点缀在石块中，形成了光怪陆离的效果。

从古希腊到君士坦丁堡，3000 年历史一晃而过。老杨要是最后再长篇大论，分析两个罗马盛极而衰的原因，就显得非常庸俗，它们的成功失败和经验教训都已经是历史尘烟，纵然有借鉴价值，恐怕我们平头百姓也用不上。看历史不用分析太多，享受过程最重要，就算是老杨带着大家做了一次 3000 年罗马游吧，虽然导游比较蹩脚，但希望景观没有让人失望……